조선의 영의정
(상)

조선의 영의정
(상)

조 오 현

역락

머 리 말

대학에서 정년퇴임을 하고 비교적 여유로운 시간을 갖게 되자 나는 평소에 하고 싶던 두 가지 일에 집중하게 되었다. 하나는 산에 숲을 가꾸는 일이고 또 하나는 보학과 역사를 공부하는 일이다. 보학을 공부하다보니 우리 문중의 족보는 물론 다른 문중의 족보를 볼 기회가 많았고, 특정 인물에 관심을 갖게 되었다. 그러다보니 자연히 <조선왕조실록>과 <인물사전>을 보는 일이 잦아졌다. 그러는 과정에서 나는 <인물사전>에 부정확한 부분이 있다는 사실을 발견했다.

우선 영의정을 역임한 사람을 조사하는 과정에서 발견된 오류는 다음과 같다.

첫째, 영의정을 역임했는데 인물사전에는 영의정을 역임한 기록이 없거나 반대로 영의정을 역임하지 않았는데도 영의정을 역임한 것으로 기록되어 있는 경우가 있었다.

둘째, 본관이 잘못 기록되어 있어서 아버지와 아들의 본관이 서로 다르게 나온 경우도 발견되었다.

셋째, 관직의 이동 경로나 삶의 모습, 그리고 업적이 자세하게 기록되지 않아서 인물이나 역사의 자료로는 부족하다는 사실을 알 수 있었다.

넷째, 영의정을 역임한 사람의 수가 몇 명인지 어떤 순서로 역임했는지 알 수 없었다.

다섯째, 영의정을 역임한 사람의 가족 관계를 아버지, 할아버지, 증조부, 그리고 외조부로만 한정하여 기록함으로써 조상이나 문중에 관심을 갖는 사람에게 문중의 역사를 제대로 알릴 수 있는 자료로는 부족할 뿐 아니라 기록된 내용도 잘못된 부분이 있음을 확인했다.

여섯째, 요즈음 포털에는 가문을 자랑하기 위해 많은 자료가 올라와 있는데 그 자료가 너무 부정확하여 읽는 사람에게 잘못된 지식을 전하고 있다는 것을 발견했다.

영의정은 언제나 역사의 중심에 있는 사람들이다. 그래서 조선 초기부터 말까지 영의정들의 삶을 살피면 조선의 정치사는 물론 외교사와 문화사, 그리고 경제사의 흐름을 한 눈에 볼 수 있다. 그런데 이런 중요한 자료가 정리되지 않았고 특정 인물에 대한 기록은 있으나 정확한 기술이 아니어서 역사를 왜곡하고 있었다. 영의정을 임명된 순서대로 정리하여 그들의 삶(업적, 임명, 해임, 귀양살이, 죽음)을 살피면 조선의 역사가 한 눈에 들어올 수 있다고 생각했다. 따라서 영의정 한 사람의 삶은 한 개인의 역사가 아니고 영의정이 산 시대의 역사이고 영의정 전체의 삶의 역사는 조선 전체의 역사이다. 따라서 영의정의 삶이 정리되지 않은 역사는 자료가 정리되지 않은 역사이다.

나는 뒤늦게나마 역사의 귀중한 자료를 정리하기로 결심했다. 정리를 마치고 막상 책을 만들려하니 역사학을 전공하지 않은 사람이 영의정에 대해 쓴다는 것이 올바른 일인가 하는 생각으로 망설였으나 학문적인 접근이 아닌 기록의 정리라는 측면으로 접근하는 것은 무리가 없다고 생각해서 출판을 결심했다.

이 책의 집필 과정은 다음과 같다.

첫째, <조선왕조실록>을 검색하여 영의정으로 기록된 사람의 이름과 임명과 퇴임 날짜를 모두 기록했다. 그 다음에 임명된 날을 기준으로 순서대로 배열했다.

  둘째, 영의정으로 제목을 정했으나 수상이란 개념으로 영의정의 직제 개편에 따른 명칭을 찾아서 '문하좌정승', '총리대신', '의정부 의정'도 영의정에 포함시켜 임명된 순서대로 배열했다.

  셋째, 본관별로 배열한 다음 국립중앙도서관 6층의 고전실에 비치된 족보를 참고로 영의정의 문중사와 가족 관계를 정리했고 국립도서관에 족보가 없는 경우는 그 문중의 종친회를 찾아가서 문중에 비치된 족보를 참고했다.

  넷째, 기존의 인물사전에는 영의정의 아버지와 할아버지와 증조부, 외조부만 기록되어 그 가문을 알 수 없는 경우가 많았기 때문에 시조까지의 관직명을 조사하여 기록했으며 조상 가운데 특기할 만한 내용이 있는 경우는 그 사실도 기록했다. 뿐만 아니라 영의정의 형제, 자녀, 혼맥 등을 찾아서 기록했다.

  다섯째, 국사편찬위원회에서 제공하는 <조선왕조실록>을 검색하여 인물의 벼슬 이동과 그 배경, 그리고 졸기 등을 조사하여 정리했다. 그런데 졸기는 실록을 찬집한 사람의 당파적 입장에 따라 좋게도 나쁘게도 기록될 수 있다. 그러나 이것도 하나의 역사라고 생각해서 그대로 적었고, 수정본이 있는 경우는 수정본과 함께 기록해서 중립성과 객관성을 높이도록 노력했다.

  역사의 흐름은 오늘도 반복되고 있다. 따라서 역사는 지나간 과거의 기록이지만 역사를 잘 살피면 앞날의 지표를 밝히는 방향추이기도 하다. 이 글을 쓰는 동안에 벌어지고 있는 역사의 흐름을 보면서 과거의 역사의 흐름이 현재에도 반복되고 있다는 데에 놀라지 않을 수 없었다. 나는 역사를 배우는 이유가 단순히 과거를 알기 위함에만 있는 것이 아니라 앞날을 내다보고 준비하는 데에도 있다고 생각한다. 이 책이 나라의 역사와 가문의 역사, 그리고 특정 개인의 역사에 관심을 갖는 사람들에게 도움을 주고 또 역사를 공부하는 사람들에게 기본적인 자료가 되기를 바란다. 또 이 책을 통해 많은 사람들이 역사에 관심을 가져주었으면 하는 바람도 있다.

이 책을 쓰면서 자세하고 정확하게 쓰려고 노력했으나 간혹 빠진 부분이 있거나 잘못된 기록이 있을 수 있다. 앞으로 깁고 더해서 더 좋은 책이 되기를 기대한다.

끝으로 이 책의 출판을 흔쾌히 수락한 도서출판 역락의 이대현 사장님과 편집을 맡아 수고해 준 박윤정 과장님께 고마운 마음을 전한다.

2017년 7월
가락동 서재에서 지은이 씀

차 례

일러두기

1. 영의정이란 태종 1년 왕권을 강화하기 위해 문하부를 폐지하고 의정부를 설치하여 영의정 부사, 좌의정, 우의정의 삼정승 체제로 바꾸면서 생겨났다. 그러나 이 글에서는 정부의 수상이라는 개념으로 다음을 모두 영의정으로 포함시켰다.

   태조 1(1392)년 7월 28일 고려 직제를 그대로 사용하여 문하좌시중과 문하우시중을 두었기에 이때의 문하좌시중은 영의정에 포함시켰다.

   정종 1(1399)년 문하좌시중과 문하우시중의 이름을 문하좌정승과 문하우정승으로 고쳤기에 이때의 문하좌정승도 영의정에 포함시켰다. 그러나 이 뒤의 좌정승과 우정승은 포함시키지 않았다.

   태종 1(1401)년 7월 3일 직제 개편에 따라 문하좌정승을 영의정부사로 바꾸고 좌정승과 우정승을 두었기에 이때의 영의정부사도 영의정으로 포함시켰다.

   세조 12(1466)년 1월 15일 영의정부사를 영의정으로 고치고 좌정승과 우정승을 좌의정과 우의정으로 바꾸었다.

   고종 32(1895)년 3월 25일 : 칙령 제38호로 의정부를 폐지하고 내각을 구성하며 영의정을 내각 총리대신으로 바꾸었다. 따라서 이때의 내각 총리대신도 영의정으로 분류했다.

   고종 33(1896)년 9월 24일 칙령 제1호로 의정부를 부활하여 내각 총리대신을 의정부 의정으로 바꾸었다. 따라서 이때의 의정부 의정을 영의정에 넣었다.

   고종 44(1907)년 6월 14일 : 칙령 제34호로 의정부를 내각으로 고치고 의정부 의정을 내각 총리대신으로 바꾸었다. 이때의 내각 총리대신도 영의정에 포함시켰다.

2. 순서는 영의정에 첫 번째 임용된 날짜의 순으로 정했다. 따라서 한 사람이 여러 번 영의정을 역임했어도 책의 순서는 첫 번째 임명된 날짜를 기준으로 먼저 임명된 순서로 했다.

3. 임명 날짜와 퇴임 날짜는 그대로 적고 실록의 기록을 각주로 붙였다.

4. <조선왕조실록>에 영의정에 임명된 날은 나타나지 않고 계속해서 영의정으로 기록되다가 퇴임 날짜가 있는 경우는 최초로 영의정으로 기록된 날을 임용된 날로 하고 ▶로 표시했다.

5. <조선왕조실록>에 임명된 날은 있으나 퇴임된 날이 없는 경우는 마지막으로 영의정으로 기록된 날을 퇴임한 날로 하고 ▶로 표시했다.

6. <조선왕조실록>에 임명된 날도 없고 퇴임된 날도 없는데 간혹 영의정으로 표기된 경우는 잘못 기록된 것으로 보아 무시했다.
7. 졸기는 당시 집권자나 기록자의 정치적 성향에 따라 좋게도 기록되고 나쁘게도 기록될 수 있지만 그것도 역사적 기록이라 생각하여 그대로 적었다.
8. 실록 중에 수정본이 있는 경우 인물에 대한 평가가 서로 다르게 기록된 경우가 많다. 이 경우는 두 기록을 모두 옮겨서 중립성과 객관성을 높이도록 했다.
9. <선조실록>의 경우 전쟁 중이라 기록이 불분명하여 영의정에서 빠진 경우가 많다. 그래서 비교적 자세하게 기록되었다고 판단되는 <선조수정실록>을 중심으로 쓰고 <선조실록>은 참고하는 정도로 활용했다.
10. <선조수정실록>은 임명된 날짜가 정확하지 않아서 임명된 날을 모두 1일로 기록했다. 따라서 날짜가 정확하지 않을 수 있다.
11. 고종 32(1895)년 11월 17일까지 사용되던 음력은 11월 17일을 고종 33(1896)년 1월 1일로 바꾸고 양력을 사용했다. 따라서 이 책에서 고종 32년 11월 16일 이전의 날짜는 음력이고 고종 33년 1월 1일 이후의 날짜는 음력이다.

배극렴(裵克廉)

본관은 경산[1]이고 자는 양가(量可)이며 호는 필암(筆菴)·주금당(晝錦堂)이고 시호는 정절(貞節)이다. 고려 충숙왕 12(1325)년에 태어나서 태조 1(1392)년에 죽었다.

재임기간

태조 1(1392)년 8월 20일[2] – 태조 1(1392)년 11월 24일[3] ※ 후임 조준

가문

아버지는 위위시 소경 현보(賢輔)이고 할아버지는 경신(勁伸)이며 증조부는 합문지후 각(恪)이다. 고조부는 재신 신예(臣裔)이고 5대조는 삼한공신 무적(武迪)이며 6대조는 인경(仁慶)이고 7대조는 좌복야 원서(元舒)이다. 8대조는 판전리 양예(良裔)이고 9대조는 문하시랑 인익(仁益)이며 10대조는 성산배씨의 시조인 벽상공신 위준(位俊)이다.[4]

장인은 초배는 집현전 태학사를 역임하고 흥녕부원군에 봉해진 순흥인 안종원(安悰源)이고 계배는 김해김씨이다. 외할아버지는 전객 부령 성주인 이천년(李千年)이고 외종조는 이조년(李兆年)이다. 이조년의 손자이며 좌시중을 역임한 이인임(李仁任)과 외척 관계에 있다.

아들이 없어서 형 극귀의 셋째 아들 우(紆)를 양자로 삼았는데 우가 치정(致禎)을 낳았다. 딸은 하나를 두었는데 충간공 반자건(潘自建)에게 출가했다. 형은 진사 극귀(克貴)이고 아우는 극치(克恥)이다.

---

1) 현재 성산의 옛이름이다.
2) 배극렴을 익대보조공신 문하좌시중 성산백으로 삼고, 조준을…
3) 문하좌시중 배극렴이 병으로 사직하였다.
4) 위준 이상의 세계는 실(實)-천룡(天龍)-사혁(斯革)-헌(軒)-유(裕)-은우(殷佑)-현경(玄慶)으로 이어진다.

공양왕을 폐하고 이성계를 추대한 개국공신으로 조선의 초대 문하좌시중이다.

　고려 말 왜구 토벌에 힘썼던 개국공신으로 조선 초대 문하좌시중(영의정)을 역임했다.

　문음으로 벼슬길에 올라 우왕 2(1376)년 진주 도원수로 진주에 침략한 왜구를 반성현에서 크게 격파했다. 우왕 3(1377)년 우인렬(禹仁烈)을 대신해서 경상도 도순문사에 임명되어 왜구를 방어하는 데 공을 세우고 왜구를 방어하기 위해 창원 인근의 함포에 축성을 주관하고 완성시켰다. 1378년 경상도 도원수가 되어 욕지도에서 왜구를 대파하고 경상도 도순문사로 하동과 진주에 침략한 왜구를 추격하여 사주(오늘의 사천)에서 크게 이겼다. 1379년 반성현 전투·울주 전투·청도 전투·사주 전투에서 활약하고 1380년 밀직부사에 임명되었다.

　1388년 최영이 요동으로 출병할 때 우군의 조전원수로 우군 도통수 이성계의 휘하에서 위화도회군을 도왔고 창왕 1(1389)년 7월 판개성 부사에 임명되었으며 같은 해 10월에 문하찬성사로 승진하여 하정사로 명나라에 다녀왔다.

　공양왕 2(1390)년 평리에 임명되었고 회군공신에 녹훈되었으며 양광도 찰리사가 되어 한양 궁궐의 조성을 감수했다. 공양왕 3(1391)년 이성계가 3군도총제부를 설치하자 3군도총제부의 중군 총제사가 되어 이성계가 병권을 장악하는 데에 큰 역할을 했다. 이어서 판삼사사에 임명 되어 개경의 내성을 축성하는 총책을 맡았고 1392년 수문하시중에 임명되었다가 문하우시중이 되어 조준·정도전과 함께 공민왕비인 정비(定妃)에게 "왕은 정사에 어둡고 덕이 없어 임금으로 삼을 수 없다"고 고하여 교서를 받드는 형식으로 공양왕을 폐하고 이성계를 추대하여 조선을 건국하는 데에 중요한 역할을 했다.

태조 1(1392)년 문하좌시중에 임명되었고 익대보조공신(개국공신) 1등에 녹훈되었으며 성산백에 봉해졌다. 태조 1년 11월 24일 병으로 사직하고 11월 26일 죽었다. 12월 6일은 임금이 친히 빈소에 나아갔으며 아들이 없어서 외손인 안순(安純)이 상사를 주관하였다.

　　<태조실록> 태조 1(1392)년 11월 26일 첫 번째 기사에 '문하좌시중 성산백 배극렴의 졸기'가 있다.

🎁 평가

　　문하좌시중 성산백 배극렴의 졸기

　　…… 극렴(克廉)의 본관(本貫)은 경산(京山)이니, 위위 소윤(衛尉少尹) 배현보(裵玄甫)의 아들이었다. 성품은 청렴하고 근신하며, 몸가짐은 근실하고 검소하였다. 진주(晉州)·상주(尙州) 두 주(州)의 목사(牧使)가 되고, 또 계림 윤(鷄林尹)·화령 윤(和寧尹)이 되어 모두 어진 정치를 하였다. 나가서 합포(合浦) 원수(元帥)가 되어 성을 쌓고 해자(垓字)를 파서 유망(流亡)한 사람들을 안집(安集)하였다. 수비(守備)하는 것은 잘했으나 다만 싸워서 이기거나 공격하여 취하는 것은 그의 장점이 아니었다. 고려 왕조의 말기에 이르러 임금에게 마음을 돌려 조준 등과 더불어 서로 모의하여 임금을 추대하고는, 마침내 수상(首相)이 되었었다. 그러나 배우지 못하여 학술이 없어서 임금에게 의견을 아뢴 것이 없었으며, 세자를 세우는 의논에 이르러서도 이에 임금의 뜻에 아첨하여 어린 서자를 세울 것을 청하고는 스스로 공(功)으로 삼으니, 식자(識者)들이 이를 탄식하였다. 졸(卒)하니 나이 68세였다. 시호는 정절(貞節)이다. 아들이 없었다.

참고문헌

〈태조실록〉, 〈지식백과사전〉, 〈다음백과사전〉, 〈성산배씨족보〉

조 준(趙浚)

본관은 평양이고 자는 명중(明仲)이며 호는 우재(吁齋)·송당(松堂)이고 시호는 문충(文忠)이다. 고려 충목왕 2(1346)년에 태어나서 조선 태종 5(1405)년에 죽었다.

💋 재임기간

태조 1(1392)년 12월 13일[5]–정종 1(1399)년 12월 1일[6] ※ 후임 심덕부
태종 3(1403)년 7월 16일[7]–태종 4(1404)년 6월 6일[8] ※ 후임 조준
태종 5(1405)년 1월 15일[9]–태종 5(1409)년 6월 27일[10] ※ 후임 성석린

💋 가문

아버지는 판도판서 덕유(德裕)이고 할아버지는 도첨의찬성사 상호군 련(璉)이며 증조부는 몽골어 역관 출신으로 태위판중서문하이병부사 태자태사 상장군 인규(仁規)이다. 인규는 원나라의 간섭기에 몽골어에 능통한 역관 출신으로 원나라의 신뢰를 바탕으로 충선왕의 국구가 되어 가문을 일으킨 인물이다. 고조부는 금위오병장 영(瑩)이다. 5대조는 용호군 산원 홍유(洪裕)이고 6대조는 건능직 득립(得立)이며 7대조는 추밀원부사 춘(椿)인데 평양조씨의 시조이다.

장인은 초배는 송(宋)씨였으나 아들이 없고 계배는 고성인 검교시중 이승(李崇)이고 외할아버지는 고상인 첨의평리사 오의(吳毅)이다.

아들은 대림인데 대림은 태종과 원경왕후 민씨 사이에서 태어난 경정공주(慶貞公主)와 결혼하여 평녕군(平寧君)에 봉해졌다가 평양부원군(平讓府院君)에 개봉되었다. 대림의 아들은 첨지중추부사 무영(武英)이다. 딸은 정진(鄭鎭)과 결혼했다.

형은 판전리상서 후(煦)·응양군 상장군 린(璘)·정(靖), 그리고 출가하여 스

---

5) 조준을 문하좌시중으로 삼고, 김사형을 문하우시중 상락백으로 삼고, …
6) 좌정승 조준이 재이(災異) 때문에 전을 올려 사직하였다.
7) 조준을 영의정으로 삼고 이거이로 영사평부사를, …
8) 조준으로 좌정승을 삼고, 이서로 우정승을 …
9) 조준을 영의정부사로, 하윤과 조영무를 좌우정승으로…
10) 영의정부사 평양부원군 조준이 죽었다.

님이 된 순(恂)이고 아우는 안무사 견(絹)이다.

🎲 생애

> 위화도회군으로 권력을 장악한 이성계에 중용되어 정도전 등과 전제개혁 방안을 제시하고 관제
> 와 국정의 개혁을 주장했으며 조민수를 탄핵하여 유배시키고 이성계를 추대했으며 조선왕조 개
> 창의 토대를 마련했다. 이어서 이방원이 왕위에 오르는 데 큰 공을 세웠다.

"1374(우왕 즉위)년 문과에 급제한 뒤 좌우위 호군(左右衛護軍)으로 통례문 부
사(通禮門副事)를 겸했다. 이어서 강릉도 안렴사로 뽑혔는데 정치를 잘해서 이
민(吏民)의 존경을 받았다. 사헌부 장령 등을 거쳐 전법 판서에 임명되었다.
1382년 도통사 최영의 천거로 경상도에 내려가 왜구 토벌에 소극적인 도순
문사 이거인(李居仁)을 벌하고 병마사 유익천을 참하여 기강을 잡았다."(<다음
백과사전>) 이듬해(1383년)에 밀직제학을 지낸 뒤에 도검찰사로 강원도에 쳐
들어온 왜구를 물리쳐 선위좌명공신에 녹훈되었다. 그 뒤로 권간의 발호에
실망하여 4년간 두문불출하며 경사를 익히고 윤소종(尹紹宗) 등과 함께 우왕
의 폐위를 도모했다. 1388년 위화도회군으로 권력을 장악한 이성계에 중용
되어 지밀직사사 겸 대사헌에 임명되었다. 철저한 제도 개혁과 체제 정비를
통해 고려 말기의 사회혼란을 해결하려 한 그는 이성계·정도전 등과 전제
개혁을 협의하고 구체적인 방안을 제시하며 최초로 전제개혁의 필요성을
상소함과 더불어 관제와 국방 등 국정 전반에 걸친 개혁을 주장했다. 이어
전제개혁에 반대하는 조민수(曹敏修) 등을 탄핵하여 유배시켰으며 창왕을 폐
하고 공양왕을 옹립하는 데에 참여했다. 공양왕 2(1390)년에 전제개혁을 단
행하여 구세력의 경제적 기반을 붕괴시키고 조선왕조 개창의 토대를 마련
했다. 전제개혁을 단행한 뒤 평리 겸 판상서시사(判尙瑞寺事)에 올라 전선(銓選)
을 주관하고 다음 해에 찬성사로 승진해서 성절사로 명나라에 다녀왔다.
1392년 정몽주 일파의 탄핵을 받아 체포되었다가 정몽주가 살해되자 풀려
나서 찬성사·판삼사사에 임명되었으며 1392년 7월 이성계를 추대하여 조

선 개국에 큰 힘을 보탰다."(<다음백과사전>에서 발췌)

태조 1(1392)년 개국공신 1등[11]으로 문하우시중에 임명되어 평양백에 봉해졌다. 이어 좌시중 배극렴이 죽자 그의 뒤를 이어 영의정에 해당하는 문하좌시중에 임명되었다. 태조 3(1394)년 이제까지 고려 직제를 사용하다가 직제를 개편하여 문하좌시중과 문하우시중을 문하좌정승과 문하우정승으로 바꾸었는데 개편된 직제에 따라 그 자리에서 문하좌정승(영의정에 해당)에 제수되었다. 이어서 오도 도통사가 되고 태조 6(1397)년 상서사판사 겸 판의흥삼군부사를 역임하였다. 태조 7(1398)년에는 겸 예문춘추관사·좌정승·평양백이 되었으며 1차 왕자의 난이 일어나자 정종이 왕위에 오르는 것을 도와 정사공신 1등에 녹훈되었다.

조선이 개국하고 실권이 정도전에게 집중되자 정도전과 정치적 의견을 달리 했다. 특히 세자 책봉에 대해 정도전은 방석을 지지하고 조준은 방원을 지지했다.

정종 1(1401)년에 좌정승에서 판문하부사가 되었으나 조박의 무고로 순군옥에 하옥되었으나 이방원의 도움으로 석방되어 정종 2년에 다시 판문하부사에 임명되어 이 해 11월에 이방원을 왕으로 옹립했다. 문하좌시중·오도 도통사에 임명되고 판삼군부사에 임명되어 병권을 장악하고 정도전과 대립했다.

태종 1(1401)년 판문하부사에 임명되었고 태종 3(1403)년 의정부의 직제가 개편되어 의정부가 영의정부사와 좌정승 우정승으로 개편되면서 다시 영의정부사에 임명되었다가 좌정승(이때는 좌의정에 해당)으로 물러났다. 태조 5(1405)년 좌정승에서 물러나 평양부원군으로 정사에 참여하다가 다시 영의정부사에 임명되었으며 영의정으로 죽은 뒤에 태종의 묘정에 배향되었다.

"조준은 <경제육전>을 편찬하는 등 조선왕조 체제 정비에 크게 기여했으며 <주자가례>의 보급을 통해 유교질서의 확립을 강조하여 가묘를 세우고 기제를 지내도록 했으며 효자와 절부를 뽑아 조세를 감면하고 정표를

---

11) 좌명개국공신

세워 사회교화를 이루도록 했다."(<다음백과사전>에서 인용)

<태종실록> 태종 5(1405)년 6월 27일 첫 번째 기사에 '영의정부사 평양 부원군 조준의 졸기'가 있다.

📦 평가

영의정부사 평양 부원군 조준의 졸기

…… 준(浚)의 자(字)는 명중(明仲)이고, 호(號)는 우재(吁齋)인데, 평양부(平襄府) 사람이다. 증조(曾祖)는 인규(仁規)인데, 고려(高麗)에 공(功)이 있어 벼슬이 문하 시중(門下侍中)에 이르고, 시호(諡號)는 정숙(貞肅)이다. 아버지는 덕유(德裕)인데, 판도 판서(版圖判書)이다. 준(浚)은 가계(家系)가 귀현(貴顯)하였으나, 조금도 귀공 자(貴公子)의 습관이 없었고, 어려서부터 큰 뜻이 있어 충효(忠孝)로써 자허(自許) 하였다. 어머니 오씨(吳氏)가 일찍이 새로 급제(及第)한 사람의 가갈(呵喝)을 보 고 탄식하기를,

"내 아들이 비록 많으나, 한 사람도 급제한 자가 없으니, 장차 어디에 쓸 것인가?"

하니, 준(浚)이 곧 눈물을 흘리며 스스로 맹세하고 분발해 배움에 힘썼다. 홍 무(洪武) 신해년에 공민왕(恭愍王)이 수덕궁(壽德宮)에 있을 적에, 준(浚)이 책을 끼 고 궁 앞을 지나가게 되었는데, 왕이 보고 기특하게 여겨 곧 보마배 행수(步 馬陪行首)에 보(補)하고 매우 사랑하였다. 갑인년 과거(科擧)에 합격하여 병진년 에 좌·우위 호군(左右衛護軍) 겸 통례문 부사(通禮門副使)에 임명되었다가, 뽑혀서 강릉도 안렴사(江陵道按廉使)가 되었는데, 이민(吏民)들이 두려워하고 사모하여 사납고 간사한 무리가 없어졌다. 순행하다가 정선군(旌善郡)에 이르러 다음과 같은 시귀(詩句)를 남겼는데, 식자(識者)들이 옳게 여기었다.

"동쪽 나라 바다를 깨끗이 씻을 날이 있을 것이니, 여기 사는 백성은 눈 을 씻고 그 때를 기다리게나"

여러 번 옮겨서 전법 판서(典法判書)에 이르렀다. 이때에 조정의 정치가 날

로 어지럽고, 왜구(倭寇)가 가득하여, 장수(將帥)들이 두려워서 위축(萎縮)되어 있었는데, 임술년 6월에 병마 도통사(兵馬都統使) 최영(崔瑩)이 준(浚)을 들어 써서 경상도 감군(慶尙道監軍)을 시키니, 준(浚)이 이르러 도순문사(都巡問使) 이거인(李居仁)을 불러 두류(逗遛)한 죄를 문책하고, 병마사(兵馬使) 유익환(兪益桓)을 참(斬)하여 장수들에게 조리를 돌렸으므로, 제장(諸將)들이 몹시 두려워하여 명령을 받들었다. 계해년에 밀직 제학(密直提學)에 임명되었으며, 무진년 여름에 최영이 군사를 일으켜 요동(遼東)을 칠 때에, 우리 태상왕(太上王)이 대의(大義)를 들어 회군(回軍)하여 최영을 잡아 물리치고, 쌓인 폐단을 크게 개혁하여 모든 정치를 일신(一新)하려고 하였는데, 준(浚)이 중망(重望)이 있다는 말을 일찍이 들으시고, <준을> 불러서 더불어 일을 의논하고는 크게 기뻐하여, 지밀직사사(知密直司事) 겸 사헌부 대사헌(司憲府大司憲)으로 발탁(拔擢)하시고, 크고 작은 일 없이 모두 물어서 하니, 준(浚)이 감격하여 분발(奮發)하기를 생각하고 아는 것이 있으면 말하지 아니함이 없었다.

경기(經紀)를 바로잡고, 이(利)를 일으키고 해(害)를 없애어, 이 나라 백성으로 하여금 탕화(湯火) 가운데서 나와 즐겁게 사는 마음을 품게 한 것은 준(浚)의 힘이 퍽 많았다. 위주(僞主) 신우(辛禑)가 강화(江華)로 쫓겨날 적에 태상왕이 왕씨(王氏)를 세우기를 의논하였는데, 수상(首相) 조민수(曹敏修)가 본래부터 이인임(李仁任)의 편당(偏黨)으로서 우(禑)의 아들 창(昌)을 세웠다. 이에 준(浚)이 맨 먼저 민수(敏修)의 간사함을 논하여 쫓고, 이어서 인임(仁任)의 죄를 논하여 그 시호(諡號)와 뇌문(誄文)을 깎아 없애기를 청하고, 또 사전(私田)을 폐지하여 민생(民生)을 후(厚)하게 하기를 청하니, 세가(世家)와 거실(巨室)에서 원망과 비방이 매우 심하였다. 그러나, 준(浚)이 고집하고 논쟁하기에 더욱 힘쓰니, 태상왕이 준(浚)과 뜻이 맞아 마침내 여러 논의를 물리치고 시행하였다. 지문하부사(知門下府事)에 오르고, 기사년 겨울에 창(昌)이 친조(親朝)하기를 청하니, 예부(禮部)에서 성지(聖旨)를 받들어 도평의사사(都評議使司)에 붙여서 이성(異姓)이 왕이 된 것을 책(責)하였는데, 창(昌)의 외조(外祖) 이임(李琳)이 수상(首相)이 되어 비밀에 붙이고 발표하지 아니하였다. 준(浚)이 본래부터 왕씨(王氏)의 뒤가 끊긴 것을 분하게 여기고, 마침내 태상왕의 계책(計策)에 찬성하여 심덕부(沈德符)·정몽주(鄭夢周) 등 일곱 사람과 더불어 공양왕(恭讓王)을 맞아서 세웠다.

　　문하평리(門下評理)에 옮기고 책훈(策勳)하여 조선군 충의군(朝鮮郡忠義君)을 봉하였다. 세상에서 이를 '구공신(九功臣)'이라 이른다. 경오년 겨울에 찬성사(贊成事)가 되고, 신미년 6월에 중국에 들어가서 성절(聖節)을 하례하였는데, 길[道]이 북평부(北平府)를 지나게 되었다. 이때 태종 황제(太宗皇帝)가 연저(燕邸)에 있을 때인데, <태종 황제가> 마음을 기울여 <준을> 대접하였다. 준(浚)이 물러와서 사람들에게 말하기를,

　　"왕(王)이 큰 뜻이 있으니 아마 외번(外藩)에 있지는 않을 것이다."
하였다. 그때 정몽주가 우상(右相)으로 있었는데, 태상왕의 심복(心腹)과 우익(羽翼)을 없애려고 하여 비밀히 공양왕에게 고하기를,

　　"정책(定策)할 때에 준(浚)이 이의(異議)가 있었습니다."
하니, 공양왕이 이 말을 믿고 준에게 앙심을 품었다. 임신년 3월에 정몽주가, 태상왕이 말에서 떨어져 병이 위독할 때를 타서 대간(臺諫)을 시켜 준(浚)과 남은(南誾)·정도전(鄭道傳)·윤소종(尹紹宗)·남재(南在)·오사충(吳思忠)·조박(趙璞) 등을 탄핵하여, 붕당(朋黨)을 만들어서 정치를 어지럽힌다고 지적하여 모두 외방으로 귀양 보냈다가, 이내 수원부(水原府)로 잡아 올려 극형에 처하려고 하였다. 4월에 우리 주상(主上)께서 조영규(趙英珪)로 하여금 정몽주를 쳐 죽이게 하여, 준(浚)이 죽음을 면하고 찬성사(贊成事)에 복직되었다. 7월 신묘에 준(浚)이 여러 장상(將相)들을 거느리고 태상왕을 추대하였다. 태상왕이 즉위(卽位)하던 날 저녁에 준(浚)을 와내(臥內)로 불러들여 말하기를,

　　"한 문제(漢文帝)가 대저(代邸)에서 들어와서 밤에 송창(宋昌)으로 위장군(衛將軍)을 삼아 남북군(南北軍)을 진무(鎭撫)하게 한 뜻을 경이 아는가?"
하고, 인하여 도통사(都統使) 은인(銀印)과 화각(畫角)·동궁(彤弓)을 하사하면서 이르기를,

　　"5도 병마(五道兵馬)를 모두 경에게 위임하여 통솔하게 한다."
하고, 드디어 문하 우시중(門下右侍中) 평양백(平壤伯)을 제수하고, 1등(一等)의 훈

작(動爵)을 봉(封)하여 '동덕 분의 좌명 개국 공신(同德奮義佐命開國功臣)'의 호(號)를 주고, 식읍(食邑) 1천 호(戶), 식실봉(食實封) 3백 호(戶)와 전지(田地)·노비(奴婢) 등을 하사하였다. 무안군(撫安君) 이방번(李芳蕃)은 차비(次妃) 강씨(康氏)에게서 출생하였는데, 태상왕이 이를 특별히 사랑하였다. 강씨가 개국(開國)에 공(功)이 있다고 칭탁하여 이를 세자(世子)로 세우려고, 준(浚)과 배극렴(裵克廉)·김사형(金士衡)·정도전(鄭道傳)·남은(南誾) 등을 불러 의논하니, 극렴이 말하기를,

"적장자(嫡長子)로 세우는 것이 고금(古今)을 통한 의(義)입니다."

하매, 태상왕이 기뻐하지 아니하였다. 준(浚)에게 묻기를,

"경의 뜻은 어떠한가?"

하니, 준이 대답하기를,

"세상이 태평하면 적장자를 먼저 하고, 세상이 어지러우면 공(功)이 있는 이를 먼저 하오니, 원컨대, 다시 세 번 생각하소서."

하였다. 강씨가 이를 엿들어 알고, 그 우는 소리가 밖에까지 들리었다. 태상왕이 종이와 붓을 가져다 준(浚)에게 주며 이방번의 이름을 쓰게 하니, 준(浚)이 땅에 엎드려 쓰지 아니하였다. 이리하여, 태상왕이 마침내 강씨의 어린 아들 이방석(李芳碩)을 세자로 삼으니, 준(浚) 등이 감히 다시 말하지 못하였다. 12월에 문하 좌시중(門下佐侍中)이 되었다. 준(浚)이 전(箋)을 올려 식읍(食邑)과 실봉(實封)을 사양하니, 특별히 전교(傳敎)하여 윤허하지 아니하고, 은총(恩寵)과 위임(委任)이 비할 데 없었다. 갑술년에 또 5도 도통사(五道都統使)가 되고 막료(幕僚)를 두었는데, 태상왕이 명하여 도성(都城) 사문(四門)의 열쇠를 주관하게 하고, 그것을 준(浚)의 집에 간직해 두고 <사문(四門)의> 열고 닫음을 맡게 하였다.

정축년에 고황제(高皇帝)가 본국(本國)의 표사(表辭) 안에 희모(戱侮)하는 <내용의> 글자[字樣]가 들어있다 하여, 사신(使臣)을 보내 그 글을 지은 사람 정도전(鄭道傳)을 잡아서 경사(京師)로 보내게 하였는데, 태상왕이 준(浚)을 불러 비밀히 의논하니, 대답하기를 보내지 아니할 수 없다고 하였다. 도전(道傳)이 그때 판삼군부사(判三軍府事)로 있었는데, 병(病)을 핑계하여 가지 아니하고 음모하기를, 국교(國交)를 끊으면 자기가 화(禍)를 면할 것이라 하고, 마침내 건

언(建言)하기를,

"장병(將兵)을 훈련하는 것은 군국(軍國)의 급무(急務)이니 진도 훈도관(陣圖訓導官)을 더 두고, 대소(大小) 중외(中外) 관리로서 무직(武職)을 띤 자와 아래로 군졸(軍卒)에 이르기까지 모두 연습하게 하여 고찰(考察)을 엄중히 할 것입니다."

하였다. 그리고 남은(南誾)과 깊이 결탁하여 은(誾)으로 하여금 상서(上書)하게 하기를,

"사졸(士卒)이 이미 훈련되었고 군량(軍糧)이 이미 갖추어졌으니, 동명왕(東明王)의 옛 강토를 회복할 만합니다."

하니, 태상왕이 자못 그렇지 않다고 하였다. 은(誾)이 여러 번 말하므로, 태상왕이 도전(道傳)에게 물으니, 도전이 지나간 옛일에 외이(外夷)가 중원(中原)에서 임금이 된 것을 차례로 들어 논(論)하여 은(誾)의 말을 믿을 만하다고 말하고, 또 도참(圖讖)을 인용하여 그 말에 붙여서 맞추었다. 준(浚)은 <병으로> 휴가<休暇> 중에 있은 지 한 달이 넘었는데, 도전(道傳)과 은(誾)이 명령을 받고 준(浚)의 집에 이르러 이를 알리고, 또 말하기를,

"상감의 뜻이 이미 결정되었다."

고 하였다. 준(浚)이 옳지 못하다 하여 말하기를,

"이는 특히 그대들의 오산이다. 상감의 뜻은 본래 이와 같지 아니하다. 아랫사람으로서 윗사람을 범하는 것은 불의(不義) 중에 가장 큰 것이다. 나라의 존망(存亡)이 이 한 가지 일에 달려 있는 것이다."

하고, 드디어 억지로 병(病)을 이기고 들어와서 <태상왕을> 뵙고 아뢰었다.

"전하께서 즉위하신 후로 백성들의 기뻐하고 숭앙(崇仰)함이 도리어 잠저(潛邸) 때에 미치지 못하옵고, 요즈음 양도(兩都)의 부역으로 인하여 백성들의 피로함이 지극합니다. 하물며, 지금 천자(天子)가 밝고 착하여 당당(堂堂)한 천조(天朝)를 틈탈 곳이 없거늘, 극도로 지친 백성으로서 불의(不義)의 일을 일으키면 패하지 않을 것을 어찌 의심하오리까?"

마침내 목메어 울며 눈물을 흘리니, 은(誾)이 말하기를,

"정승(政丞)은 다만 두승(斗升)의 출납(出納)만을 알 뿐이라, 어찌 기모(奇謀)와

양책(良策)을 낼 수 있겠소?"

하였다. 태상왕이 준(浚)의 말을 좇으니, 의논이 마침내 그치었다. 도전(道傳)이 또 준(浚)을 대신하여 정승(政丞)이 되려고 하여, 은(誾)과 함께 매양 태상왕에게 준(浚)의 단점(短點)을 말하였으나, 태상왕이 대접하기를 더욱 두터이 하였다. 일찍이 화공(畫工)에게 명하여 준(浚)의 화상(畫像)을 그려서 하사(下賜)한 것이 두 번이고, 도전(道傳)으로 하여금 그 화상에 찬(讚)을 짓게 하였다. 임금이 잠저(潛邸)에 있을 때에 일찍이 준(浚)의 집을 지났는데, 준(浚)이 중당(中堂)에 맞이하여 술자리를 베풀고 매우 삼가며, 인하여 ≪대학연의(大學衍義)≫를 드리며 말하기를,

"이것을 읽으면 가히 나라를 만들 것입니다."

하니, 임금이 그 뜻을 알고 받았다. 무인년 가을에 갑자기 변(變)이 일어나서, 임금이 밤에 박 포(朴苞)를 보내어 준(浚)을 부르고, 또 스스로 길에 나와서 맞았다. 준(浚)이 이르러 백관(百官)을 거느리고 전(箋)을 올려 적장자(嫡長子)를 세자(世子)로 삼을 것을 청하니, 태상왕이 이를 가하다고 하여, 9월에 상왕(上王)이 내선(內禪)을 받았다. 이에 공(功) 1등(等)을 기록하고, 인하여 좌정승(左政丞)을 제수하고 정난 정사공신(靖難定社功臣)의 이름을 더하고, 다시 전지(田地)와 노비(奴婢)를 하사하였다. 기묘년 8월에, 상왕(上王)의 꿈에 준(浚)이 벼슬과 지위가 분수에 넘친다고 스스로 진술하여 물러가기를 원하였는데, 날이 밝자, 준(浚)이 과연 전(箋)을 올려 사면(辭免)하니, 상왕이 감탄하기를 매우 오랫동안 하다가, 위로하고 타일러서 허락하지 아니하였다. 12월에 다시 사양하니, 판문하부사(判門下府事)로 집에 가 있게 하였다.

준(浚)이 수상(首相)이 되어 8년 동안 있었는데, 초창기(草創期)에 정사가 번거롭고 사무가 바쁜데, 우상(右相) 김사형(金士衡)은 <성품이> 순근(醇謹) 자수(自守)하여 일을 모두 준(浚)에게 결단하게 하였다. 준(浚)은 <성품이> 강명 정대(剛明正大)하고 과감(果敢)하여 의심하지 아니하며, 비록 대내(大內)에서 지휘(指揮)를 내릴지라도 옳지 못함이 있으면, 문득 이를 가지고 있으면서 내리지 아니하여도, 동렬(同列)들이 숙연(肅然)하여 감히 한마디 말도 하지 못하였다. 이에 체

통(體統)이 엄하고 기강(紀綱)이 떨치었다. 그러나 임금의 사랑을 독점하고 권세를 오래 잡고 있었기 때문에, 원망하는 사람이 많았다. 그러므로 준(浚)이 정승(政丞)을 사면하고 문을 닫고 들어앉아 손님을 사절(謝絶)하며, 시사(時事)를 말하지 아니하였다. 처음에 정비(靜妃)의 동생 무구(無咎)와 무질(無疾)이 좋은 벼슬을 여러 차례 청하였으나, 준(浚)이 막고 쓰지 아니하였다. 그러므로 경진년 7월에 이를 두 사람이 가만히 대간(臺諫)에게 사주(使嗾)하여 몇 가지 유언(流言)을 가지고 준(浚)을 논(論)하여 국문(鞫問)하기를 청하니, 드디어 순위부(巡衛府) 옥(獄)에 가두었다. 임금이 동궁(東宮)에 있으면서 일이 민씨(閔氏)에게서 나온 줄 알고 노하여 말하기를,

"대간(臺諫)은 마땅히 이른 아침부터 저녁 늦게까지 직사(職事)에 이바지해야 될 것인데, 세도가(勢道家)에 분주히 다니면서 그들의 뜻에 맞추어 일을 꾸며 충량(忠良)한 사람을 무고(誣告)하여 해치니, 이는 실로 전조(前朝) 말기의 폐풍(弊風)이다."

하고, 죄를 묻는 위관(委官) 이서(李舒)에게 이르기를,

"재신(宰臣)은 정인군자(正人君子)이다. 옥사(獄辭)를 꾸며서 사람을 사지(死地)에 넣을 수는 없다."

하였다. 그리고, 곧 상왕(上王)에게 아뢰어서 준(浚)을 풀려나오게 하였다. 11월에 임금이 왕위에 오르자 그대로 판문하부사(判門下府事)로 임명하고, 갑인년 6월에 다시 좌정승(左政丞)이 되었다. 준(浚)이 다시 정승이 되어 일을 시행하고자 하였으나, 번번이 자기와 뜻이 다른 자에게 방해를 받아 어찌할 수가 없었다. 얼마 아니 되어 다시 파(罷)하고 영의정부사(領議政府事)가 되었다. 죽은 나이[卒年]가 60이다.

임금이 매우 슬퍼하여 통곡하고, 소선(素膳)을 자시었으며, 3일 동안 조회를 정지[輟朝]하였다. 임금과 세자(世子)가 친림(親臨)하여 조제(弔祭)하고, 시호(諡號)를 '문충(文忠)'이라 하였다. 그의 죽음을 들은 자는 애석해 하지 않는 자가 없었고, 장사할 때 이르러서는 삼도감(三都監) 녹사(錄事)와 각사(各司) 이전(吏典)의 무리들이 모두 노제(路祭)를 베풀고 곡(哭)하였다. 준(浚)이 만년(晩年)에 비방

을 자주 들었으므로, 스스로 물러나 피(避)하려고 힘썼다. 그러나 임금의 사랑과 대우는 조금도 쇠(衰)하지 아니하여, 임금이 일찍이 공신(功臣)들과 함께 잔치를 베풀었는데, 술이 준(浚)에게 이르자, 임금이 수(壽)를 빌고, 그를 위하여 <자리에서> 일어섰다. <그가> 죽은 뒤에 어진 정승[賢相]을 평론(評論)할 적에 풍도(風度)와 기개(氣槪)를 반드시 준(浚)으로 으뜸을 삼고, 항상 '조 정승(趙政丞)'이라 칭하고 이름을 부르지 아니하였으니, 처음부터 끝까지 이를 공경하고 중히 여김이 이와 같았다.

준(浚)은 국량(局量)이 너그럽고 넓으며, 풍채(風采)가 늠연(凜然)하였으니, 선(善)을 좋아하고 악(惡)을 미워함은 그의 천성(天性)에서 나온 것이었다. 사람을 정성으로 대접하고 차별을 두지 아니하며 현재(賢才)를 장려 인도하고, 엄체(淹滯)를 올려 뽑되, 오직 미치지 못할까 두려워하며, 조그만 장점(長點)이라도 반드시 취(取)하고, 작은 허물은 묻어두었다. 예위(禮闈)를 세 번이나 맡았는데, 적격자라는 이름을 들었다. 이미 귀(貴)하게 되어서도 같은 나이의 친구를 만나면, 문(門)에서 영접하여 관곡(款曲)히 대하고, 조용히 손을 잡으며 친절히 대하되, 포의(布衣) 때와 다름이 없이 하였다. 사학(史學)에 능하고, 시문(詩文)이 호탕(豪宕)하여, 그 사람됨과 같았다. 문집(文集) 약간 권(卷)이 있다. 일찍이 검상 조례사(檢詳條例司)로 하여금 국조 헌장조례(國朝憲章條例)를 모아서 이를 교정하여 책을 만들게 하고, 이름을 ≪경제육전(經濟六典)≫이라 하여 중외(中外)에 간행(刊行)하였다. 아들이 하나 있으니 조대림(趙大臨)이다. 임금의 딸 경정 궁주(慶貞宮主)에게 장가들어 평녕군(平寧君)에 봉하였다.

참고문헌

〈다음백과사전〉, 〈태조실록〉, 〈정종실록〉, 〈태종실록〉, 〈평양조씨세보〉

심덕부(沈德符)

본관은 청송이고 자는 득지(得之)이며 호는 노당(蘆堂)·허당(虛堂)이고 시호는 공정(恭靖)·정안(定安)이다. 고려 충숙왕 15(1328)년에 태어나서 태종 1(1401)년에 죽었다.

🪦 재임기간

정종 1(1399)년 12월 1일[12]—정종 2(1400)년 3월 3일[13] ※ 후임 성석린

🪦 가문

아버지는 전리 정랑(典理正郎) 용(龍)이고 할아버지는 합문지후(閤門祗候) 연(淵)이며 증조부는 고려 문림랑 위위시승(文林郎衛尉寺丞) 홍부(洪孚)인데 청송심씨의 시조가 된다.

장인은 초배는 청주인 청원군(淸原君) 송유충(宋有忠)이고 계배는 인천인 감문위 낭장 문필대(門必大)이다. 외할아버지는 본관도 실전되었으나 김씨라는 것만 알려졌다.

아들은 인봉(仁鳳)·의구(義龜)·계년(繼年)·징(澄)·온(溫)·종(淙)·정(泟) 7형제이다. 1남 인봉(仁鳳)은 의흥삼군부 도총제이다. 2남 의구(義龜)는 구(溝)를 낳았는데 구는 이조 좌랑이다. 3남 계년은 지성주지사인데 연(涓)과 기(沂)를 낳았다. 연(涓)은 사헌부 감찰이고 기(沂)는 성균관 학유이다. 4남 징(澄)은 인수부 윤을 역임했다. 증손인 안의(安義)는 세종대왕과 숙빈 이씨 사이에서 태어난 정안옹주(貞安翁主)와 결혼한 청성위(靑城尉)이다. 5남 온(溫)은 세종의 국구로 영의정을 역임한 청천부원군이다. 온은 아들 셋을 두었는데 준(濬)과 회(澮)와 결(決)이다. 준은 태종의 처남 민무휼의 사위이고 회는 영의정을 역임했으며 역시 민무휼의 사위이다. 결은 영중추부사이다. 온은 여섯 명의 딸을 두었는데 1녀는 세종대왕의 비인 소헌왕후이다. 2녀는 진주인 강석덕(姜碩德)과

---

12) 심덕부로 좌정승을, 성석린으로 우정승을…
13) 좌정승 심덕부가 늙었다고 하여 전을 올려 사직하니, 그대로 따랐다.

결혼했는데 동지중추원사를 역임했고 <동국정운>・<용비어천가>・<훈민정음> 저술에 참여한 황해도 관찰사 강희안(姜希顔)과 좌찬성 강희맹(姜希孟) 그리고 세종의 후궁인 영빈 강씨를 낳았다. 3녀는 교하인 우의정 노한의 아들인 노물재(盧物載)와 결혼해서 영의정 노사신(盧思愼)과 목사 노호신(盧好愼)을 낳았다. 4녀는 진주인 부지돈녕 유자해(柳子偕)와 결혼해서 영의정 유순정을 낳았다. 5녀는 전의인 지중추부사 이숭지(李崇之)와 결혼했고 6녀는 순천인 박거소(朴去疎)와 결혼했다. 박거소는 장경왕후의 외조부이며 영의정 박원종의 아버지이고 월산대군, 제안대군, 윤여필의 장인이다. 윤여필은 장경왕후의 친정아버지인 파평부원군이며 대윤의 우두머리인 윤임의 아버지이다. 6남 종(淙)은 경상도 절도사를 역임했는데 태조와 신의왕후 사이에서 태어난 경선공주(慶善公主)와 결혼하여 청원위(靑原尉)가 되었다. 7남 정(泟)은 의흥삼군부 동지총제를 역임했는데 고려 공양왕의 형인 정양부원군(定陽府院君) 왕우(王瑀)의 사위이며 손녀가 성종의 후궁인 숙용 심씨이다.

덕부의 아우는 전리판서 원부(元符)이다.

🎁 생애

이성계・정도전과 함께 창왕을 폐하고 공양왕을 세우는 데에 주도적인 역할을 했고 신도 궁궐 조성 도감판사로 신도 건설을 주도했으며 혼맥을 통해 청송심씨가 조선 전기의 거족으로 성장하는 기틀을 만들었다.

충숙왕 복위(1332)년 음직으로 사온 직장동정으로 벼슬길에 나왔으며 공민왕 13(1364)년 수원 부령・판위시시사를 역임했다. 우왕 즉위(1374)년 우상시・밀직부사・상의회의 도감사・강계도 만호・의주 부원 등을 역임하고 우왕 1(1375)년 예의 판서・서해도 원수를 역임하고 추성협찬공신에 녹훈되었다. 고려말 왜구 토벌에 많은 공을 세웠는데 우왕 6(1380)년 도원수 나세・최무선 등과 진포14)에서 최무선이 만든 화약과 화포를 처음으로 실전에 사용하여 왜구를 격퇴했다. 우왕 11(1385)년 문하찬성사 겸 동북면 사원수로 요외평에서 왜구를 무찌르고 왜구가 단천으로 도망하자 이성계의 도움을 받아 왜구를 격퇴하여 동북면의 안정에 기여했다. 같은 해에 하정사로 명나라에 다녀와서 청성부원군에 봉해졌다. 우왕 14(1388)년 서정 도원수로 조민수 등과 위화도 회군에 참여했다.

공양왕 즉위(1388)년 문하시중·경기좌우도 평양도 도통사를 역임하고 다음 해에 청성군 충의백에 봉해지고 중흥공신에 녹훈되었고 공양왕 1(1389)년 판삼사사로 이성계·정도전·정몽주와 함께 창왕을 폐하고 공양왕을 세우는 데 주도적인 역할을 했다. 이 일로 충근양절협찬좌명공신에 녹훈되었으나 무고로 황해도 토산으로 유배되었다. 공양왕 3(1391)년 문하시중에 복직되었다. 이 해에 세자를 따라 북경에 다녀와서 이성계·정몽주와 함께 안산공신에 녹훈되었다. 또 배극렴 등과 상소하여 관찰사 제도를 폐지하고 안렴사 제도를 부활했다. 또 절제사·경력·도사를 폐지하고 장무 녹사를 복구했다.

태조 2(1393)년 회군공신 1등에 녹훈되고 청성백에 봉해졌다. 같은 해에 아들 심종(㴌)이 태조와 신의왕후 사이에 태어난 경선공주와 결혼해서 청원위가 됨으로 왕실의 인척이 되었다. 태조 3년 신도궁궐조성 도감판사에 제수되어 신도 건설을 주도했고 태조 4(1935)년 도원수를 역임하고 태조 6(1397)년 판문하부사에 제수되었으며 태조 7년 영삼사사에 임명되고 청성백에 봉해졌다.

정종 1(1399)년 좌정승[15]에 임명되었으나 정종 2년 늙었다고 전을 올려 사직을 허락받고 벼슬에서 물러났으며 태종 1년에 74세로 죽었다.

<태종실록> 태종 1(1401)년 1월 14일 첫 번째 기사에 '청성백 심덕부의 졸기'가 있다.

---

14) 현재의 충청남도 서천
15) 문하좌시중이 문하좌정승으로 바뀌어 영의정에 해당한다.

🎁 평가

청성백 심덕부의 졸기

…… 덕부의 자(字)는 득지(得之)이니,…… 문음(門蔭)으로 처음에 좌우위 녹사(左右衛錄事) 참군(參軍)이 되고, 여러 번 옮기어 소부윤(少府尹)이 되었다. 공민왕(恭愍王) 13년 갑진에 나가서 수원 부사(水原府使)가 되었을 때, 안렴사(按廉使)가 부(府)에 이르매, 덕부가 알현(謁見)하러 갔다가, 안렴사가 옷을 갖추지 않은 것을 보고 그대로 물러왔다. 안렴사가 아전을 시켜 꾸짖으니, "옷이 법도와 같지 않다."고 대답하였다. 안렴사가 불민(不敏)함을 사과하였다. 그 단정(端正)하고 개결(介潔)함이 이와 같았다.

병오년에 어머니 상사를 당하여 매우 애통한 나머지, 몸이 수척해져서 소문이 났었다. 위주(僞主) 원년(元年) 을묘에 예의판서(禮儀判書)로 강계도 만호(江界都萬戶)가 되었는데, 재주가 장수(將帥)의 책임을 감당할 만하여 명성이 더욱 드러나서, 발탁되어 밀직부사(密直副使) 의주 부원수(義州副元帥)가 되었다. 정사년에 서해도 부원수(西海道副元帥)가 되었고, 무오년에 밀직사(密直使)로 제수되어, 명(明)나라에 사신으로 가서 전대(專對)함이 재치 있고 빨랐다. 경신년에 왜적이 우리 남쪽 변방을 도둑질하여, 그 형세가 심히 성(盛)하였었다. 덕부가 누선(樓船) 40척을 거느리고 가서 이를 쳤는데, 도적들이 다시는 날뛰지 못했다. 을축년에 동북면(東北面)에 도적의 위급함이 있었으므로, 덕부에게 절월(節鉞)을 주어 토벌하게 하였다. 병인년에 문하 찬성사(門下贊成事)로 명나라 서울에 조회하고 돌아왔으므로, 청성 부원군(靑城府院君)을 봉하였다. 무진년에 우리 태상왕(太上王)을 따라 위화도(威化島)에 이르렀다가 창의(唱義)하여 회군(回軍)하였고, 공양왕(恭讓王) 원년 기사년에 문하 좌시중(門下左侍中), 경기 좌우도 평양도 도통사(京畿左右道平壤道都統使)가 되었다. 경오년에 비어(飛語)의 중상을 받아 토산현(兎山縣)에 귀양갔다가, 얼마 되지 아니하여 소환되었다. 신미년에 다시 좌시중(左侍中)이 되어, 공양왕의 세자(世子) 석(奭)을 따라 명나라 서울에 조회하였다. 임신년에 판문하부사(判門下府事)로 옮겼고, 우리 태상왕(太上王)이 즉위한 뒤에 회군(回軍)한 공을 추록(追錄)하여 제일(第一)이 되어, 청성백(靑城伯)에 봉해졌다. 상왕(上王) 원년 기묘에 다시 좌정승(左政丞)이 되었고, 경진년에 이를 사면하고 청성백(靑城伯)으로서 사제(私第)에 나갔는데, 이때에 이르러 병으로 죽으니, 나이 74세였다. …… 시호(諡號)를 "정안(定安)"이라 주었다. 덕부가 온량(溫良)하고, 청렴하고, 공근(恭謹)하고, 충성하고, 부지런하여, 착한 일을 많이 하였으므로, 죽으매 나라 사람들이 아깝게 여기었다. 아들이 일곱 있으니, 심인봉(沈仁鳳)·심의귀(沈義龜)·심도생(沈道生)·심징(沈澄)·심온(沈溫)·심종(沈淙)·심정(沈泟)인데, 종(淙)은 태상왕(太上王)의 둘째 딸 경선 공주(慶善公主)에게 장가들었다.

참고문헌

〈다음백과사전〉, 〈태조실록〉, 〈정종실록〉, 〈청송심씨대동세보〉 경신보

성석린(成石璘)

본관은 창녕이고 자는 자수(自修)이며 호는 독곡(獨谷)이고 시호는 문경(文景)이다. 고려 충숙왕 복위 7(1338)년에 태어나서 세종 5(1423)년에 죽었다.

🎲 재임기간

정종 2(1400)년 3월 15일[16]−정종 2(1400)년 8월 21일[17] ※ 후임 민제
태종 2(1402)년 10월 4일[18]−태종 3(1403)년 7월 4일[19] ※ 후임 조준
태종 5(1405)년 7월 3일[20]−태종 6(1406)년 12월 8일 ※ 후임 이서
태종 7(1407)년 1월 19일[21]−태종 7(1407)년 7월 4일[22] ※ 후임 이화
태종 12(1412)년 8월 21일[23]−태종 14(1414)년 4월 17일[24] ※ 후임 하륜
태종 15(1415)년 10월 28일[25]−태종 16(1416)년 5월 25일 ※ 후임 남재

🎲 가문

아버지는 여완(汝完)인데 고려 때 정당문학을 역임했고 태조가 회유책으로 창녕부원군에 제수하였으나 고사했다. 할아버지는 판도총량 군미(君美)이고 증조부는 전객서 부령 공필(公弼)이며 고조부는 문하시중 송국(松國)이고 5대조는 창녕성씨의 시조인 인보(仁輔)인데 호장 중윤을 역임했다.

장인은 순흥인 정당문학 안원숭(安元崇)이고 외할아버지는 금성인 밀직사 지신사 나천부(羅天富)이다.

아들은 지도(志道)와 발도(發道)인데 지도는 참의를 역임하고 공신의 아들이기 때문에 가선대부에 가자되었으나 눈이 멀었고 지도가 판서 귀수(龜數)를

---

16) 성석린으로 좌정승을, 민제로 우정승을…
17) 좌정승 성석린이 병으로 사면하였다.
18) 하윤으로 좌정승을 성석린으로 영의정부사를…
19) 성석린으로 우정승을 삼고, …
20) 성석린으로 영의정부사를 삼고, …
21) ▶ 영의정부사 성석린이란 기사 보임
22) 의안대군 이화로 영의정부사를, 성석린으로 좌정승을, 이무로 우정승을, …
23) 성석린으로 영의정부사를, 하윤으로 좌정승을, …
24) 영의정부사 성석린을 파하여 창녕부원군으로 삼고 하윤을 영의정부사로, …
25) 성석린을 영의정부사로, 하윤을 좌의정으로, 남재를 우의정으로, …

낳았으나 귀수도 눈이 멀었다. 후사는 귀수로 이어진다. 둘째 아들 발도(發道)는 의정부 좌참찬을 역임했으나 후사 없이 죽었다.

아우 석용(石瑢)은 대제학이고 석연(石珚)은 형조·호조·예조 판서와 양관 대제학을 역임했으며 석번(石璠)은 낭장을 역임했다.

✿ 생애

> 창왕을 폐하고 공양왕을 세우는 데에 협력한 9공신의 한 사람이다.

공민왕 6(1357)년 과거에 급제한 뒤 국자학유·사관·전의 주부·전리 좌랑·전교부령·전리 총랑을 역임했다. 신돈(辛旽)의 미움을 받아 해주 목사로 나갔다가 성균관 사성·밀직대언·지신사 등을 지냈다. 우왕 6(1380)년 밀직제학으로 있을 때 왜구가 승천부에 침입하자 조전원수로 임명되어 양백연(楊伯淵) 등과 함께 싸워 이긴 공으로 수성좌리공신이 되고 동지밀직사로 승진되었다. 양백연의 옥사에 연루되어 함안으로 유배되었다가 풀려나 창원군(昌原君)에 봉해졌으며 정당문학을 지냈다. 양광도 관찰사로 나갔을 때 흉년이 들자 주·군에 의창(義倉)을 설치할 것을 건의하여 실행케 했다.(<다음백과사전>)

1389년 이성계가 창왕을 폐하고 공양왕을 세우는 데 협력한 9공신의 한 사람으로 1392년 태조가 즉위한 뒤인 태조 2년(1393)년 삼사우복야26)·문하시랑 찬성사에 임명된 뒤 태조 4(1395)년 판개성 부사·판한성 부사를 역임했으며 원종공신에 녹훈되었다. 태조 6년 아버지 창녕부원군 여완이 죽었다. 같은 해에 좌정승에 임명되었다. 태조 7년 예문춘추관 태학사·문하시랑 찬성사·문하시랑 찬성사 겸 판호조사에 제수되었다.

정종 1(1399)년 평양 부윤·서북면 도순문사 겸 평양윤·문하시랑 찬성사·우정승을 역임했다. 정종 2년 좌정승으로 승진하였으나 병으로 사직하고 판의정부사에 임명되었고 동덕찬화공신에 녹훈되었으나 어머니의 병으

---

26) 전 문하찬성사

로 사직을 청하여 창녕백으로 제수되었으며 지경연사를 역임했다.

태종 1(1401)년 직제 개편에 따라 창녕백에서 창녕부원군으로 관직 이름이 바뀌었다. 어머니 상중이었다. 태종 2년 10월 4일 영의정부사에 올랐으며 얼마 뒤에 영의정부사로 판개성 유후사사를 겸했다. 태종 3년 사은사로 명나라에 다녀와서 7월 16일 우정승이 되었고 태조 5(1405)년 좌의정으로 이조 판서를 겸했으나 얼마 뒤에 이조 판서의 겸직에서 해임되고 좌의정만 유지하다가 7월 3일 영의정에 제수되었다. 태종 8년 다시 이조 판서를 겸해 좌의정 겸 이조 판서가 되었으나 노병으로 관직에서 사직하였다가 같은 해에 다시 좌의정에 임명되었다. 태종 12(1412)년 다시 영의정부사에 제수되었으나 태종 14년 영의정에서 물러나 창녕부원군이 되었다가 태종 15(1415)년 다시 영의정부사에 임명되었다.

세종 즉위(1418)년 아들 발도가 죽었고 세종 3(1421)년 궤장을 하사받았고 세종 5년에 죽었다.

<세종실록> 세종 5(1423)년 1월 12일 여덟 번째 기사에 '창녕부원군 성석린의 졸기'가 있다.

📦 평가

창녕 부원군 성석린의 졸기

…… 석린의 자(字)는 자수(自修)이니, 경상도의 창녕(昌寧) 사람으로서 문정공(文靖公) 성여완(成汝完)의 아들이다. 스스로 독곡수(獨谷叟)라고 칭호(稱號)하였다. 공민왕(恭愍王) 6년 정유(丁酉)에 과거(科擧)에 오르니, 나이 20세였다. 처음에 국자학유(國子學諭)에 제수(除授)되어 직사관(直史官)으로 옮겨졌는데, 이때 익재(益齋) 이제현(李齊賢)이 국사(國史)를 편수(編修)하였는데, 그를 한 번 보고 기이하게 여겨, 상시 그로 하여금 붓을 잡게 하였다. 예문관(藝文館)으로 옮겨 삼사 도사(三司都事)·전의 주부(典儀主簿)에 봉직(奉職)하였다. 공민왕이 그를 중히 여겨, 차자방(箚子房)의 비도적(闕闍赤)으로 뽑아 임명하였다. 여러 번 전교 부령(典校副令)으로 옮

겨지고, 또 지인 상서(知印尙書)가 되었다. 예의 총랑(禮儀摠郞)으로 옮겨졌다가 해주 목사(海州牧使)가 되었다. 이 때 신돈(辛旽)이, 그가 임금에게 잘 알리어져 대우를 받음을 시기한 까닭으로 이 명령이 있었던 것이다. 혼자 말을 타고 그 고을에 나아가서 있은 지 3개월 만에 성균 사성(成均司成)·삼사 좌윤(三司左尹)에 임명되고, 밀직사(密直司)의 좌부대언(左副代言)에 뽑혔다가 조금 후에 지신사(知申事)로 옮겨져서 밀직제학(密直提學)에 임명되었다. 경신년 여름에 왜적이 승천부(昇天府)에 들어와서 서울을 거의 함락시킬 뻔하였는데, 이 때 석린은 원수(元帥)가 되고, 양백연(楊伯淵)은 편장(編將)이 되었다. 여러 장수들은 적의 선봉(先鋒)이 매우 날랜 것을 보고는 물러가서 다리를 건너고자 하였으나, 석린이 홀로 계책을 결정하여 말하기를, "만약 이 다리를 지나간다면, 사람들의 마음이 이반(離叛)될 것이니, 다리를 등지고 한번 싸우는 것이 좋겠다."라고 하니, 여러 장수들이 그 말에 따라, 사람이 모두 죽을 힘을 내어 싸우니, 적이 과연 이기지 못하고 도망하였다. 그 해 가을에 백연(伯淵)이 참소로 참형(斬刑)을 당하니, 석린도 또한 함안(咸安)으로 귀양가게 되었다가 불려 돌아와서 창원군(昌原君)에 봉해졌고, 조금 후에 정당문학(政堂文學)에 임명되었다가 나가서 양광도 도관찰사(楊廣道都觀察使)가 되어, 건의(建議)하여 비로소 의창(義倉)을 세웠는데, 국가에서 그 계책을 옳게 여겨, 모두 여러 도(道)로 하여금 이를 시행하도록 하였다. 들어와서 문하평리(門下評理)가 되고, 사헌부 대사헌(司憲府大司憲)을 겸직하였다. 우리 태조가 의병(義兵)을 일으키어 거짓 신씨(辛氏)를 폐하고 왕씨(王氏)를 세우니, 석린이 그 계책을 협찬(協贊)하였으므로, 단성 보절 찬화 공신 창성군(端誠保節贊化功臣昌城郡) 충의군(忠義君)이란 칭호를 내리고, 삼사 우사(三司右使)에 전직(轉職)되었다. 우리 태조가 왕위에 나아가매, 문하시랑 찬성사(門下侍郞贊成事)에 임명되었다. 태조가 잠저(潛邸)에 있을 때로부터 석린을 가장 중히 여기더니, 왕위에 오르매 대우함이 더욱 높아서, 비록 임금의 마음에 기쁘지 않은 일이 있더라도 석린을 보면, 마음이 풀리어 노여움을 그치고, 말하면 반드시 들어주었다. 계유년(癸酉年)에 판개성부사(判開城府事)에 임명되었다가 판한성부사(判漢城府事)로 옮겨지고, 원종공신(原從功臣)의 칭호와 노비(奴婢) 3명, 전지(田地) 30결(結)을 내렸다. 공정왕(恭靖王)이 왕위에 오르매, 서북면 도순찰사 도절제사(西北面都巡察使都節制使) 평양 부윤(平襄府尹)으로 임명되었다가 문하시랑 찬성사(門下侍郎贊成事)로 임명되고, 수충 익대 공신(輸忠翊戴功臣)의 칭호를 내렸으며, 문하 우정승(門下右政丞) 창녕백(昌寧伯)으로 승진시켰다가, 조금 후에 좌정승(左政丞)이 되었다. 경진년에 우리 태종(太宗)이 왕위에 오르며, 추충 동덕 익대 좌명 공신(推忠同德翊戴佐命功臣)의 칭호를 내리고 창녕 부원군(昌寧府院君)에 책봉되었다. 계미년에 다시 우정승(右政丞)에 임명되고, 정해년에 좌정승(左政丞)에 임명되었다. 신묘년 가을에 전(箋)을 올려 관직을 해면(解免)하기를 원하였으나 윤허되지 않았다. 갑오년에 부원군(府院君)으로 집에 있었다. 을미년에 다시 영의정이 되었는데, 다시 부원군으로서 관직에서 물러나와 쉬게 되니, <임금이> 궤장(几杖)을 내렸다.

…… 석린은 용의(容儀)가 청수(淸秀) 괴위(魁偉)하고, 자성(資性)이 탁월하였다. 네 임금을 섬기매 영정(寧靜)함을 힘쓰고, 어수선하게 고치는 것을 좋아하지 않았다. 요동(遼東)의 무너진 군사 임파라실(林波羅實)이 그 무리를 거느리고 국경에 이르니, 조정의 의논이 모두 그를 받아드리고자 하였으나, 석린이 홀로 불가하다고 고집하여 끝까지 이해(利害)를 말하였는데, 후에 그 말이 과연 맞았다. 집에 있을 적에 검소하였으며, 진서(眞書)와 초서(草書)를 잘 쓰고 시율(詩律)을 잘 지었다. 기무(機務)에서 해임(解任)되기를 원하여 한가로이 스스로 즐기며, 평상시에 거처할 적엔 항상 한 나무 안석[木几]에 앉아 있으면서 이를 양화(養和)라고 하였다. 임인년 여름부터 조그만 병이 있었는데, 이때에 이르러 양화(養和)에 의지하고 있다가 조용히 돌아가니, 나이 86세이다. …… 문경(文景)이란 시호(諡號)를 내렸으니, 도덕이 널리 알려진 것을 문(文)이라 하고, 의리에 따라 행하여 이루어진 것을 경(景)이라 한다. 아들은 성지도(成志道)와 성발도(成發道)이다.

참고문헌

〈태조실록〉, 〈정종실록〉, 〈태종실록〉, 〈다음백과사전〉, 〈창녕성씨 상곡공파보〉

민 제(閔霽)

본관은 여흥이고 자는 중회(仲晦)이며 호는 어은(漁隱)이고 시호는 문도(文度)이다. 고려 충숙왕 복위 8(1339)년에 태어나서 태종 8(1408)년에 죽었다.

🎲 재임기간

정종 2(1400)년 9월 8일[27] – 정종 2(1400)년 11월 13일[28] ※ 후임 이거이

🎲 가문

아버지는 밀직대언을 역임하고 여흥군에 봉해진 변(忭)이고 할아버지는 판밀직사사 진현관 대제학 적(頔)이고 증조부는 첨의찬성사 종유(宗儒)이고 고조부는 상서이부시랑 황(滉)이다. 5대조는 판대부사 삼사사·태자좌유덕 인균(仁鈞)이고 6대조는 태보문하시랑평장사·수문전 태학사·태자소보 공규(公珪)이며 7대조는 문하시랑평장사 영모(令謨)이다. 8대조는 호부원 외랑 의(懿)이고 9대조는 감찰어사 세형(世衡)이며 10대조는 상의봉어 칭도(稱道)인데 여흥민씨의 시조이다.

장인은 여산인 좌정승 여량군 송선(宋璿)인데 송선은 정헌대부 군부판서 송염(宋琰)의 손자이며 광정원윤 송혼(宋渾)의 아들이다. 외할아버지는 양천인 도첨의 찬성사 허백(許伯)이다.

네 명의 아들과 세 명의 딸을 두었는데 1남 무구(無咎)는 승추부 참지사를 역임하고 여강군에 봉해졌고 2남 무질(無疾)은 사헌부 대사헌을 역임하고 여성군에 봉해졌다. 3남 무휼(無恤)은 지돈녕부사를 역임하고 여흥군에 봉해졌고 4남 무회(無悔)는 공안 부윤을 역임하고 여산군에 봉해졌다. 1녀는 호조 판서·동북면 체찰사를 역임한 평양인 평원군 조박(趙璞)에게 시집갔고 2녀는 태조의 배다른 서형(庶兄)인 이원계(李元桂)의 둘째 아들로 찬성사 겸 판의

---

27) 성석린으로 창녕백을 봉하고, 민제로 좌정승을, 하윤으로 우정승을, …
28) 민제로 여흥백을, 김사형으로 판문하부사를, 이거이로 문하좌정승을, …

용 순금사를 역임한 완산부원군 이천우(李天祐)에게 시집갔다. 3녀는 태종의 비이며 세종의 어머니인 원경왕후이고 4녀는 우의정 노한(盧閈)에게 시집갔다. 노한의 아들이 동지돈령부사 노물재(盧物載)이며 노물재는 세종의 외할아버지로 영의정을 지낸 심온의 사위이다. 물재의 아들이 영의정 노사신이다. 또 손녀사위는 심온의 아들이며 소헌왕후의 동생인 영중추원사 심준(沈濬)에게 시집갔다.

📦 생애

태종의 정비인 원경왕후의 친정아버지로 아들 무휼과 무회가 논핵되자 멀리 내치도록 조치하였다.

고려 공민왕 6(1357)년 19세에 문과에 급제하고 국자직학에 임명되었다. 공민왕 11(1362)년 예문관에 들어갔고 공민왕 12년 통례문 지후에 임명되었으며 공민왕 15(1366)년 전리 좌랑에 임명되었다. 공민왕 20(1371)년 예부 직랑을 거쳐 공민왕 21(1372)년 춘추관 검열·전리장령 지제고에 임명되었고 공민왕 22년 성균관 사예·전교 부령 등을 지냈다.

우왕 1(1375)년 전의 총랑에 임명되었다가 같은 해에 성균관 사성에 임명되었다. 우왕 8(1382)년 판전교시사를 역임하고 우왕 13(1387)년 춘천의 수령으로 나갔으며 우왕 14년 판소부시사·예문관 제학·전공 판서·예의 판서·동지춘추관사·상호군을 역임했다.

창왕 1(1389)년 판도·전리·개성윤·상의밀직사사 겸 예의 판서를 역임하고 창왕 2년 첨서밀직사사 겸 도평의사사 겸 세자좌빈객을 역임했다. 공양왕 1(1389)년 예문관 제학을 역임했으며 예조 판서에 이어 한양 부윤을 역임했다.(<다음백과사전>)

태조 1(1392)년 예문춘추관 태학사에 임명되었다가 정당문학 동판도평의사사 수문전 학사로 전임되었으며 겨울에 하정사로 명나라에 다녀왔다. 돌아와 삼사우복야 보문각 대제학에 임명되었고 태조 3(1394)년 정당문학으로 중추원부사 유원지와 함께 하정사가 되어 명나라의 남경을 다녀왔다. 태조 4년 삼사우복야에 임명되었다. 태조 7(1398)년 정헌대부로 가자되었다가 숭록대부 여흥백 영예조사 겸 판농상사농시사 수문전 태학사로 중추부에 올랐다.

정종 1(1399)년 여흥백에 봉해지고 충청·전라·경상도에 파견되어 안태할 땅을 징험했고 지공거·판삼사사를 역임했다. 정종 2년 2월 원경왕후가 정빈으로 책봉되었고 문하우정승으로 승진했다가 같은 해에 문하좌정승29) (영의정에 해당)이 되었으며 관직 이름이 바뀜에 따라 여흥백에서 여흥부원군으로 바뀌었다.

태종 즉위(1400)년 11월 태종이 즉위하고 첫째 딸인 원경왕후가 정비로 책봉되었고 태종 1(1401)년 순충동덕보조찬화공신에 녹훈되고 안태사가 되었다. 태종 2년에는 수성 도총사에 임명되었으나 이지직·전가식 등이 순군옥에 관련되자 그 뒤로는 문생들을 만나보지 않았고 같은 해에 탄핵되었다가 태종 4년 영예문춘추관사에 임명되었다. 태종 6(1406)년 태종이 세자지(祗:양녕대군)에게 왕위를 물려주려 하자 하륜·조영무·이숙번 등과 옳지 못하다고 주장했다. 태종 7(1407)년 명나라와 세자간의 혼사 문제로 하륜·조영무 등과 탄핵을 받았으나 왕의 장인이자 태종의 사부였던 관계로 왕의 비호를 받아 무사했다. 그러나 아들인 무휼·무회 등이 논핵되자 민제가 먼저 두 아들을 먼 지방으로 내칠 것을 청하여 무구는 여흥에 안치되고 무질은 대구에 안치되었다. 태종 8년 병이 위독하자 무구와 무질 불러오게 하였고 그 해에 70세로 죽었다.

<태종실록> 태종 8(1408)년 9월 15일 세 번째 기사에 '영흥부원군 민제의 졸기'가 있다.

🎁 평가

여흥 부원군 민제의 졸기

---

29) 문하좌정승은 고려말·조선 초의 문하좌시중의 이름을 바꾼 것으로 영의정에 해당한다.

제(霽)의 자(字)는 중회(仲晦)이며, 호(號)는 어은(漁隱)이니, 여흥군(驪興君) 민변(閔抃)의 아들이다. 나이 19세에 지정(至正) 정유(丁酉) 과제(科第)에 합격하여 한림(翰林)에 뽑혀 들어가 여러 벼슬을 거쳐서 상의 밀직(商議密直)에 이르렀다. 홍무(洪武) 임신년에 우리 태조(太祖)가 개국(開國)하자 정당 문학(政堂文學)에 승진하였고, 무인년에 여흥백(驪興伯)에 봉해졌고 영예조사(領禮曹事)가 되었다. 젊어서부터 예(禮)를 잘 안다고 알려져 무릇 국가의 전례(典禮)를 모두 상정(詳定)하였다. 건문(建文) 기묘년에 지공거(知貢擧)가 되었다. 경진년에 주상께서 세자(世子)가 되매, 승진하여 문하 우정승(門下右政丞)에 제수되고, 조금 뒤에 좌정승(左政丞)으로 옮기었다. 주상께서 즉위(卽位)하자 국구(國舅)로서 다시 여흥백(驪興伯)을 봉하였다. 신사년에 '순충 동덕 보조 찬화 공신(純忠同德補祚贊化功臣)'의 호(號)를 주고 부원군(府院君)으로 고쳐 봉하였다. …… 시호(諡號)를 문도(文度)라 하였다.

제(霽)는 타고난 자품(資稟)이 온인 청검(溫仁淸儉)하여, 경사(經史)에 마음을 두고 가산(家産)은 일삼지 않았으며, 이단(異端)을 배척하고 음사(淫祠)를 미워하여 화공(畫工)을 시켜 노복(奴僕)이 막대기를 가지고 개[犬]를 시켜 중과 무당을 쫓는 그림과 약(藥)으로 사람과 동물을 구제하는 모양을 벽에 그려 놓고 보았다. 존귀(尊貴)와 영화(榮華)가 극진하였으나 조금도 부귀(富貴)한 티가 없이 날마다 바둑판과 더불어 스스로 즐기고, 시(詩)를 잘 평론하여 소연(蕭然)히 출진(出塵)의 정취(情趣)가 있었다. 항상 아들 민무구(閔無咎) 등에게 이르기를,

"너희들이 매우 교만하니 고치지 않으면 반드시 패할 것이다."

하였으니, 자식들을 알아보았다 하겠다.

참고문헌

〈태조실록〉, 〈정종실록〉, 〈태종실록〉, 〈다음백과사전〉, 〈여흥민씨족보〉, 〈국조인물고 : 묘지명변계량(卞季良) 지음〉

이거이(李居易)

본관은 청주이고 자는 낙천(樂天)이며 호는 청허당(淸虛堂)이고 시호는 문도(文度)이다. 고려 충목왕 4(1348)년에 태어나서 태종 12(1412)년에 죽었다.

📦 재임기간

정종 2(1400)년 11월 13일[30] − 태종 1(1401)년 3월 29일[31] ※ 후임 김사형
태종 2(1402)년 4월 18일[32] − 태종 2(1402)년 11월 17일[33] ※ 후임 성석린

📦 가문

아버지는 정(挺)인데 형부 상서와 평장사를 역임했다. 할아버지는 태사 계감(季感)이고 증조부는 판도총랑 창우(昌祐)이며 고조부는 전중감 장(糚)이다. 5대조는 참지정사 춘로(椿老)이고 6대조는 이부상서 참지정사 공승(公升)이며 7대조는 검교태위 인지(仁至)이고 8대조는 정당문학 · 상서성 우복야 중강(仲降)이다. 9대조는 태자 태보 원심(元審)이고 10대조는 형관어사 · 삼한공신 겸의(謙宜)이다. 11대조는 능희(能希)인데 삼중대광 태사이며 청주이씨의 시조이다.

장인은 경주인 판서 최연(崔演)이고 외할아버지는 명주인 통례 부사 김계초(金繼礎)이다.

아들은 1남이 백경(伯卿)인데 정종의 이름과 음이 비슷하다 해서 저(佇)로 바꾸었으나 저가 양녕대군의 이름과 음이 비슷하다 해서 다시 애(薆)로 바꾸었다. 애는 태조와 신의왕후 한씨 사이에 태어난 태조의 장녀인 경신공주(慶愼公主)와 결혼하여 상당군이 되었다. 2남 백관(伯寬)은 첨지중추부사이고 3남 백신(伯臣)은 울산군사 겸 권농사 이조 판서이며 4남 백강(伯剛)은 태종과 원경왕후 민씨의 장녀인 정순공주(貞順公主)와 결혼하여 청평위가 되었다가 청평부원군으로 개봉했다. 5남 백연(伯椽)은 첨지중추부사를 역임했다. 딸은 둘인

---

30) 이거이로 문하좌정승을, …
31) 좌정승 이거이가 사직하니 허락하였다.
32) 이거이는 영의정부사로 삼고, 조은을 …
33) 이거이로 영사평부사를, 성석린으로 영의정부사 겸 판개성유후사를 …

데 1녀는 전농시정 신중선(辛仲善)과 결혼했고 2녀는 청주인 판서 경지(慶知)와 결혼했다.

형은 경상도 안찰사 유신(由信)과 판삼사사 청성백 거인(居仁)과 공조 전서 거의(居義)이다. 누이는 둘인데 첫째는 고성인 문하평리 이숭(李崇)과 결혼했고 둘째는 여흥인 부윤 민경생(閔慶生)과 결혼했다.

🎲 생애

> 태조의 장녀 경신공주의 시아버지이며 태종의 장녀 정순공주의 시아버지이다. 사병 혁파에 반대 하다가 유배되었다.

고려말에 벼슬길에 올라 참찬문하부사를 지냈다. 개국공신은 아니나 아들 애(藹)와 백강(伯剛)이 모두 부마인 관계로 조선의 조정과 깊은 관계가 있다. 태조 2(1393)년 우산기상시에 임명되었으며 태조 6년 평안도 병마절도사에 임명되었다. 태조 7년 1차 왕자의 난에서 방원의 편에 서서 정사공신에 봉해졌고 참지문하부사·참찬문하부사·의흥삼군부 동지절제사를 지냈다.

정종 1(1399)년 판한성부사·참찬문하부사·문하시랑 찬성사를 역임하고 정종 2년 문하부 의정부사 겸 판상서사사를 역임했다. 이 해에 사병을 혁파하고 삼군부에 소속시키라는 명에 따르지 않아 계림 부윤으로 좌천되어 영계림부원군으로 있다가 문하좌정승이 되었다.

태종 1(1401)년 좌명1등공신에 녹훈되고 서원백에 피봉되었다. 좌정승에서 사직하고 서원부원군으로 물러나 있다가 태종 2년 영의정부사에 임명되었다. 곧 물러나 영사평부사로 좌도도통사에 임명되었다. 태종 3년 서원부원군이 되었으나 태종 4년 대간의 탄핵을 받고 반역 죄인이 되어 고향인 진주로 내려간 뒤에 서인이 되었다. 아들과 친인척까지 모두 서인이 되었다. 태종 5년 거이와 저 부자에게 쌀과 콩을 내려 진휼시켰다. 태종 10년에 애는 다시 분충장의정난정사 좌명공신 상당군으로 삼아 복직시켰으나 거이는 끝내 복직되지 못하고 유배지에서 죽었다.

<태종실록> 태종 12년 8월 25일 첫 번째 기사에 '이거이의 졸기'가 있다.

🔲 평가

이거이의 졸기

······ 이거이가 진주(鎭州)에서 죽으니, ······ 또 충청도 도관찰사로 하여금 치제(致祭)하게 하였다.

참고문헌

〈다음백과사전〉, 〈태조실록〉, 〈정종실록〉, 〈태종실록〉, 〈청주이씨대동족보〉

김사형(金士衡)

본관은 (구)안동이고 자는 평보(平甫)이며 호는 낙포(洛圃)이고 시호는 익원(翼元)이다. 고려 충혜왕 2(1341)년에 태어나서 태종 7(1407)년에 죽었다.

🎁 재임기간

태종 1(1401)년 윤 3월 1일[34] – 태종 1(1401)년 7월 13일[35] ※ 후임 이서

🎁 가문

아버지는 지밀직사 상장군 천(蕆)이고 할아버지는 첨의정승 상락후 영후(永煦)이며 증조부는 밀직부사·판삼사사 순(恂)이고 고조부는 첨의중찬 상락공 방경(方慶)이며 5대조는 병부 상서 효인(孝印)이다. 6대조는 사관 겸 장치서령 민성(敏成)이고 7대조는 의화(義和)이며 8대조는 안동 태수 이청(利請)이다. 9대조는 삼사우복야 일긍(日兢)이고 10대조는 공부시랑 숙승(叔承)이며 11대조는 은열(殷說)이고 12대조는 경순왕이다.

장인은 전법 상서 죽산인 박정이고 외할아버지는 집현전 대제학 현풍인 곽원진(郭元振)이며 외증조부는 예부 상서 곽효돈이다.

2남 1녀를 두었는데 1남은 육(陸)이고 2남은 밀직부사 승(陞)이며 딸은 동지총제(同知摠制)·풍수학 제조를 역임한 신효창(申孝昌)과 결혼했다. 손자는 종숙(宗淑)과 동지중추부사 종준(宗濬)이 있고 증손자는 성삼문 등 사육신을 고변한 좌의정 상락부원군 질(礩)이다. 질은 영의정 정창손(鄭昌孫)의 사위이다. 효종 때에 효종의 북벌계획을 청나라에 밀고하여 역적이 된 영의정 김자점(金自點)이 6세손이다. 기타 후손으로 영의정 김수동, 이조 판서 김찬이 있고 대한민국 임시정부 주석 김구가 있다.

형이 셋인데 사겸(士兼)은 판사를 역임했고 사렴(士廉)은 고려 안렴사를 역

---

34) 김사형으로 좌정승을, 이서로 우정승을 …
35) 태종 1년 7월 3일 개정된 관제에 따라 이서로 영의정부사를, 김사형으로 좌정승을, 이무로 우정승을 …

임하고 고려가 망할 때 두문동에 들어가 두문동 72현이 되었고 사안(士安)은 전라도 관찰사를 역임했다.

🎲 생애

> 1차 왕자의 난에서 맏아들에게 선위해야 함을 주장하여 정종이 왕위에 오르는 데에 공헌했다.

고려조에서 음서로 벼슬길에 나아가 영계관직·감찰규정을 지냈다. 공민왕 때 문과에 급제하여 우왕 3(1377)년 사헌부 집의가 되었고 사헌부에서 근무하면서 큰 활약을 보여 능력을 인정받았다. 충주 목사로 부임해서는 선정을 베풀어 충주민의 신망을 얻었고 그 뒤로 여러 관직을 거쳐 개성윤에 임명되고 단성보리공신에 녹훈되었다.

이성계가 위화도회군을 한 뒤 교주강릉도 도관찰출척사로 부임했고 공양왕 2(1390)년 이후 지밀직사사·동지경연사·지문하부사 겸 사헌부 대사헌·삼사우사를 지냈다. 도판도평의사로 재직하던 중 이성계 추대에 동참했다. 이 일로 조선이 개국하자 개국공신에 녹훈되었다.(<디지털충주문화연대>)

태조 1(1392)년 7월 28일 좌명공신에 녹훈되고 상락군에 봉해졌으며 문하시랑 찬성사 판팔위사가 되었다. 태조 2(1392)년 문하우시중에 임명되었고 상락백에 봉해졌다. 태조 3년 직제 개편으로 문하우시중의 벼슬 이름이 문하우정승으로 바뀜에 따라 같은 자리에서 문하우정승에 제수되었고 태조 6(1397)년 5도 도통사에 임명되어 판사헌부사를 겸했다. 태조 7(1398)년 1차 왕자의 난 때 장자에게 선위할 것을 주장하였다.

정종 즉위(1398)년 1차 왕자의 난 때 장자에게 선위해야 함을 주장하여 정종이 왕에 오르는 데 공을 끼쳤다 하여 정사공신 1등에 녹훈되고 상락백에 봉해졌다. 정종 1(1399)년 하등극사로 명나라에 다녀왔으며 우정승에서 물러나 상락백이 되었다가 정종 2년에 판문하부사에 임명되었다.

태종 1(1401)년 직제를 개편함에 따라 백이라는 벼슬 이름이 부원군으로 바뀜에 따라 상락백에서 상락부원군으로 작호가 바뀌었고 문하좌정승36)에 임명되었다. 태종 1(1401)년 7월 13일 개정된 직제에 따라 좌정승37)이 되었다. 태종 2년 좌정승(좌의정)에서 물러나 상락부원군이 되었다가 태종 7년 67세로 죽었다.

사형의 아들 육과 아내 곽씨가 사형보다 먼저 죽었는데 사형의 병이 위독하자 사위 신효창이 무당에게 물었는데, 무당이 사형의 아들 육의 부처가 탓이 되었다고 하므로 신효창이 육과 그의 아내 곽씨의 무덤을 파서 불태워버렸다.

<태종실록> 태종 7(1407)년 7월 30일 세 번째 기사에 '상락부원군 김사형의 졸기'가 있다.

🎁 평가

상락 부원군 김사형의 졸기

상락 부원군(上洛府院君) 김사형(金士衡)이 졸(卒)하였다. 김사형의 자(字)는 평보(平甫)인데, 안동부(安東府) 사람이다. 대대로 귀하고 현달하여, 고조(高祖) 김방경(金方慶)은 첨의 중찬(僉議中贊) 상락공(上洛公)으로서, 문무 겸전의 재주가 있어 당시의 어진 재상이었고, 조부(祖父) 김영후(金永煦)는 첨의 정승(僉議政丞) 상락후(上洛侯)였다.

김사형은 젊어서 화요직(華要職)을 두루 거쳤으나, 이르는 데마다 직책을 잘 수행하였다. 무진년 가을에 태상왕이 국사를 담당하여 서정(庶政)을 일신하고 대신을 나누어 보내 각 지방을 전제(專制)하게 하였을 때, 김사형은 교주 강릉도 도관찰출척사(交州江陵道都觀察黜陟使)가 되어 부내(部內)를 잘 다스렸다. 경오년에 지밀직사사(知密直司事)로서 대사헌(大司憲)을 겸하였고, 조금 뒤에 지문하부사(知門下府事)로 승진하였다. 대헌(臺憲)에 있은 지 일년이 넘었는데 조정

---

36) 개국 초에는 고려의 관제를 그대로 사용해서 문하좌시중이라 부르던 것을 태조 2년 문하좌시중을 문하좌정승으로 바꾸었다. 따라서 문하좌정승은 영의정에 해당한다.
37) 이때 좌정승은 좌의정에 해당한다.

이 숙연(肅然)하여졌었다. 여러 번 전직(轉職)하여 삼사 좌사(三司左使)가 되었다가, 임신년 7월에 여러 장수·재상들과 더불어 태상왕을 추대하여, 문하 시랑찬성사(門下侍郎贊成事) 겸 판상서사사(判尙瑞司事), 겸 병조 전서(兵曹典書), 응양위 상장군(鷹揚衛上將軍)에 승진하고, 일등 공신(一等功臣)에 녹훈(錄勳)되어 분의 좌명 개국 공신(奮義佐命開國功臣)의 칭호를 받았다. 12월에 문하우시중(門下右侍中)에 제수되고 상락백(上洛伯)에 봉작(封爵)되어, 식읍(食邑) 1천호에 식실봉(食實封) 3백 호(戶)를 받았다. 정축년에 겸 판사헌부사(判司憲府事)를 제수받았다.

무인년의 변란에 김사형이 조준(趙浚)과 함께 대궐에 나가 백관을 거느리고 적장(嫡長)을 세워 사자(嗣子)를 삼을 것을 청하였다. 상왕(上王)이 이미 내선(內禪)을 받으니, 녹공(錄功)이 또 1등이 되어 공신의 호를 더하기를, '동덕 정난 정사(同德靖亂定社)'라 하였다. 건문 황제(建文皇帝)의 등극 때에 중국에 들어가 하례하였다. 기묘년 12월에 스스로 성만(盛滿)하다고 진달(陳達)하여 여러 번 직임을 그만두기를 비니, 상왕이 오랜만에 허락하였다. 김사형이 조준과 더불어 8년 동안 함께 정승 노릇을 하였는데, 조준은 강직하고 과감하여 거리낌 없이 국정(國政)을 전단(專斷)하고, 김사형은 관대하고 간요한 것으로 이를 보충하여 앉아서 묘당(廟堂)을 진압하니, 물의가 의중(依重)하였다. 주상이 즉위하자, 신사년 3월에 다시 좌정승(左政丞)이 되었다가, 임오년 10월에 사임하고, 영사평부사(領司平府事)가 된지 달포가 지나서 부원군(府院君)이 되어 사제(私第)로 은퇴하였다.

김사형은 깊고 침착하여 지혜가 있었고, 조용하고 중후하여 말이 적었으며, 속으로 남에게 숨기는 것이 없고, 밖으로 남에게 모나는 것이 없었다. 재산을 경영하지 않고 성색(聲色)을 좋아하지 않아서, 처음 벼슬할 때부터 운명할 때까지 한 번도 탄핵을 당하지 않았으니, 시작도 잘하고 마지막을 좋게 마친 것이 이와 비교할 만한 이가 드물다. 졸(卒)한 나이가 67세이다. 시호를 익원공(翼元公)이라 하였다. 두 아들은 김승(金陞)과 김육(金陸)이다.

▶ 참고문헌

〈태조실록〉, 〈정종실록〉, 〈태종실록〉, 〈다음백과사전〉, 〈안동김씨족보〉

이 서(李舒)

본관은 홍주이고 자는 양백(陽伯)·맹양(孟陽)이며 호는 당옹(戇翁)·송강(松岡)이고 시호는 문간(文簡)이다. 1332년에 태어나서 태종 10(1410)년에 죽었다.

🎁 재임기간

태종 1(1401)년 7월 13일[38]–태종 2(1402)년 4월 18일[39] ※ 후임 이거이
태종 6(1406)년 12월 8일[40]–태종 6(1406)년 12월 8일 ※ 후임 성석린
태종 9(1409)년 8월 10일[41]–태종 9(1409)년 10월 11일[42] ※ 후임 하륜

🎁 가문

아버지 기종(起宗)은 연경궁 제학을 역임하고 홍양부원군에 봉해졌으며 본관을 홍주로 했다.

할아버지는 판전객시사 영분(永芬)이고 증조부는 태부소윤 득자(得滋)이며 고조부는 좌복야 중서성 평장사 지청(之青)이다. 5대조는 문하시중 판이부사 연수(延壽)이고 6대조는 판중추밀원사 응송(應松)이며 7대조는 좌복야 평장사 발(髮)이다. 8대조는 문하시중평장사 채소(債笑)이고 9대조는 정당문학 찬성사 유성(維城)인데 홍주이씨의 1세조다.

장인은 초배는 나주인 진(陳)씨이고 계배는 무안인 참판 박규(朴圭)이다.

아들은 서자로 신지(愼止)와 신유(愼猷)가 있는데 신유는 찬성이다. 형은 삼척 도호부사 성(晟)이고 아우는 병사 표(裱)이다.

🎁 생애

부모 병중에 벼슬에 나가지 않고 친상을 당하자 6년 여묘살이를 한 효자이다. 태조가 함흥에 가 있자 중 설오와 함께 안주에 가서 맞아 귀경하게 했다.

---

38) 개정된 관제에 따라 이서로 영의정부사를, 김사형으로 좌정승을, 이무로 우정승을 …
39) 이서는 영의정으로 그대로 치사하게 하고 이거이는 영의정부사로 삼고 …
40) 이서로 영의정부사를 삼아 그대로 치사하게 하고 …
41) 이서로 영의정부사를, 조영무로 우정승·영삼군사를 …
42) 이서를 파하여 안평부원군을 삼고, 하윤을 영의정부사로 …

공민왕 6(1357)년 문과에 급제하였다. 여러 벼슬을 거쳐 군부 좌랑에 이르렀으나 세상이 어지럽고 정치가 문란한 것을 보고 관직을 버리고 고향으로 돌아와 은둔했다. 우왕 2(1376)년 우헌납에 임명되었으나 노부모의 봉양을 이유로 거절했다. 이어서 친상을 당하자 6년간 여묘살이를 했다. 1388년 내부 소윤에 임명되었으나 상(喪)이 끝나지 않은 것을 이유로 거절했다. 국가에서 효행을 기리기 위해 정문을 세워주었다. 이 해 겨울에 이성계가 실권을 장악하자 유일인사(遺逸人士)로 징발되어 내서사인(內書舍人)에 제수되었다. (<위키백과사전>)

태조 1(1392)년 개국공신 3등에 책록되어 안평군에 봉해지고 형조 전서에 임명되었다. 태조 2(1393)년 현빈 유씨의 일로 관원들을 귀양 보냈으나 이서는 공신이기 때문에 사제로 돌아왔다. 태조 3년 안평군에서 평원군으로 바뀌었으며 사헌부 대사헌에 임명되었다. 그러나 대사헌에서 파직당하고 다시 안평군이 되었다. 태조 5(1396)년 신덕왕후가 죽자 3년간 정릉에서 묘를 지켰고 태조 7(1398)년 참문하부사로 지경연사를 겸했다. 왕자의 난으로 상심하여 태조가 함흥에 가 있자 중 설오(雪悟)와 함께 안주에 나가 맞아 귀경하게 했다.

정종 1(1399)년 상의문하부사에 임명되었고 정종 2년 삼사 좌복야로 전임되어 좌빈객을 겸했다. 이어서 판승녕부사·판승추부사를 역임했다.

태종 즉위(1400)년 문하시랑 찬성사에 임명되고 태종 1(1401)년 우정승으로 승차한 뒤에 안평부원군에 진봉되었으며 같은 해에 영의정부사에 제수되었다. 태종 2년 영의정부사에서 치사한 뒤에 안평부원군으로 있다가 태종 4(1404)년 다시 우정승에 제수되었다. 그러나 태종 5년 75세의 고령으로 치사하였으나 태종 6년 다시 영의정부사에 임명되었다. 태종 9(1409)년 다시 우정승에 임명되었다가 같은 해에 세 번째로 영의정부사에 올랐다. 그러나 같은 해에 영의정에서 물러나 안평부원군으로 기로소에 들어간 뒤에 만년을 향리에서 보내다가 태종 10(1410)년 죽었다.

<태종실록> 태종 10(1410)년 9월 9일 첫 번째 기사에 '안평부원군 이서의 졸기'가 있다.

🎁 평가

안평 부원군 이서의 졸기

…… 이서는 홍주(洪州) 사람인데, 자(字)는 양백(陽伯)이요, 자호(自號)는 당옹(戆翁)이며, 고려(高麗) 시중(侍中) 이연수(李延壽)의 6세손이다. 과거에 올라 벼슬을 거쳐 군부 좌랑(軍簿佐郞)에 이르렀는데, 고려 말년에 조정의 정치가 날로 문란하매, 이서는 물러가 전리(田里)에 거(居)하였다. 홍무(洪武) 병진(丙辰)에 우헌납(右獻納)을 제수하니, 부모가 늙었다고 하여 부름에 나오지 않았고, 부모를 여의매 6년을 시묘(侍墓)하였다. 무진(戊辰)에 내부 소윤(內府少尹)을 제수하니, 상(喪)을 마치지 못하였다고 하여 사양하였다. 국가에서 그 효행을 높이 여기어 문려(門閭)를 정표(旌表)하였다. 그해 겨울에 우리 태조(太祖)께서 당국(當國)하자, 노성(老成)한 이를 천거하고 유일(遺逸)을 물어서 불러다가 내서사인(內書舍人)을 삼으니, 이서가 또한 전(箋)을 올려 사양 하였으나, 윤허하지 않았다. 임신(壬申)에 태조(太祖)께서 즉위하매, 형조 전서(刑曹典書)로 승진하여 익대 개국 공신(翊戴開國功臣)의 호(號)를 주고, 안평군(安平君)에 봉(封)하였다. 갑술(甲戌)에 사헌부 대사헌(司憲府大司憲)을 제수 받고, 어명을 받아 정릉(貞陵)을 3년 동안 지켰다. 무인(戊寅)에 참찬문하부사(參贊門下府事)를 제수하고, 신사(辛巳)에 시랑찬성사(侍郞贊成事)로 옮겼다가, 조금 뒤에 우정승(右政丞)을 제수하여 부원군(府院君)으로 진작(進爵)하고, 동덕 공신(同德功臣)의 호(號)를 가사(加賜)하였다. 6월에 고명(誥命)을 사례하는 일로 표문(表文)을 받들고 경사(京師)에 입조(入朝)하였고, 7월에 영의정부사(領議政府事)를 제수 받아 임오(壬午)에 본관(本官)으로 치사(致仕)하니, 나이 71세였다. 그해 겨울에 화엄 도승통(華嚴都僧統) 설오(雪悟)와 더불어 태조(太祖)를 안주(安州)에서 맞아 행궁(行宮)에 이르러 알현(謁見)하니, 태조께서 기뻐하여 조용히 담소(談笑)하였다. 갑신(甲申)에 다시 우정승(右政丞)을 제수 받아 을유(乙酉)에 재차 치사(致仕)하였고, 기축(己丑)에 또 우정승(右政丞)을 제수하였는데, 스스로 몸이 쇠약하다고 진달하여 간절히 파면하기를 구(求)하니, 달포가 지나서 영의정(領議政)을 제수하고, 얼마 아니 되어 군(君)으로 봉하여 사제(私第)

로 물러났다. 죽으니 나이 79세였다. …… 시호(諡號)를 문간(文簡)이라 하였다. 이서는 정직(正直)하고 방엄(方嚴)하며, 청백(淸白)하고 검소(儉素)하여 스스로 분수를 지켰으며, 평생[平居] 동안 단정히 앉아 나날을 보냈다. 일찍이 계사(啓事)로 인하여 어좌(御座)에 황릉요(黃綾褥)를 깐 것을 보고, 이서가 말하기를,

"신이 요빛을 보니 전하께서 까실 것이 아닙니다." 하니, 임금이 부끄러워서 사례하였다. 비록 늦게 귀하고 현달하였으나 겸양하고 공손하여 자기를 낮추고, 일찍이 세력과 지위로써 남에게 교만하지 않았으며, 이단(異端)에 혹하지 않아서 죽을 때에 가인(家人)에게 경계하여 상제(喪制)를 한결같이 주자(朱子)의 가례(家禮)를 따르고, 불사(佛事)를 짓지 말게 하였다. 서자(庶子)가 두 사람이 있으니, 이신지(李愼止)·이신유(李愼攸)이다.

참고문헌

〈다음백과사전〉, 〈태조실록〉, 〈정종실록〉, 〈태종실록〉, 〈홍주이씨대동보〉

권중화(權仲和)

본관은 안동이고 자는 용부(容夫)이며 호는 동고(洞皐)이고 시호는 문절(文節)이다. 고려 충숙왕 9(1322)년에 태어나서 태종 8(1408)년에 죽었다.

🎲 재임기간

태종 6(1406)년 8월 19일[43] – 태종 7(1406)년 9월 1일[44]

🎲 가문

아버지는 도첨의 정승을 역임하고 예천부원군에 봉해진 한공(漢功)인데 충숙왕을 폐하고 심왕 고를 세우려 했으나 원나라의 반대로 무산되었다. 할아버지는 첨의평리를 역임한 책(頙)이고 증조부는 병부 상서를 역임한 자여(子興)이다. 고조부는 상서성 좌복야 상장군 수홍(守洪)이고 6대조는 호장중윤 중시(仲時)이고 7대조는 호장 이여(利輿)이며 8대조는 호장동정 염(廉)이다. 9대조 호장동정 선개(先蓋)다. 선개 이상의 세계는 권돈인과 같다.

<안동권씨세보>에 장인은 나오지 않았고 외할아버지는 평강인 첨의중찬 채모(蔡謨)이다.

1남 1녀를 두었는데 아들 방위(邦緯)는 도총제이고 딸은 청주인 순창군사 한영(韓寧)과 결혼했다. 한영은 인수대비(仁粹大妃)의 친정아버지인 좌의정 한확(韓確)의 할아버지이다. 방위는 영성(永誠)·영보(永保)·영신(永愼)을 두었다. 형 중달(仲達)은 고려 밀직사를 역임했다.

🎲 생애

영서운관사로 있으면서 한양의 종묘·사직·궁전·조시의 형세도를 올렸다. 고사에 정통하고, 의학에 정통하여 <향약간이방>을 지었고, 한상경과 함께 <신편집성마우의방>을 편집했다. 지리와 복서에도 밝았으며 전서도 잘 써서 <회암사나옹화상비>를 남겼다.

---

43) ▶ 검교 영의정부사 권중화 등이 백관을 거느리고 …
44) 권중화를 예천백으로, 성석린을 문하시랑찬성사 판호조사로…

공민왕 2(1353)년 문과에 을과로 급제하여 우부대언·좌부대언을 역임하고 지신사로 전선45)을 담당했다. 우왕 3(1377)년 정당문학으로 동지동거가되어 과거 시험을 주관했다. 그 뒤 삼사좌사·문하찬성사 등을 지냈다. 공양왕 2(1390)년 윤이(尹彝)·이초(李初)의 옥사46)에 연루되어 유배되었으나 곧풀려나 다시 등용되었다. 한때 이성계 쪽으로부터 조민수·권귀·이구생과함께 살해해야 할 대상에 오르기도 했다. 공민왕 4(1392)년 사은사로 명나라에 다녀왔다.

태조 1(1392)년 정당문학에 임명되고 예문춘추관 태학사에 임명되었으며태조 2년 태실증고사·삼사좌복야로 영서운관사를 겸하면서 새 도읍지 한양의 종묘·사직·궁전·조시의 형세도를 올렸고 영삼사·판문하부사를역임하고 태조 5(1396)년 사은진표사로 명나라에 다녀왔으며 태조 7(1398)년예천백에 봉해졌다.

정종 1(1399)년 조준·김사형의 명에 따라 한상경과 함께 <신편집성마우의방>을 새로 편집했으며 정종 2(1400)년 판문하부사가 되었다.

태종 1(1401)년 예천부원군에 봉해지고 태종 4(1404)년 우의정에 임명되었으며 태종 6년(1406)년 영의정부사에 올랐다가 태종 8(1408)년에 죽었다. 의약에 정통하여 고려말경 <삼화자향약방>이 너무 간요하다 하여 서찬(徐贊)등과 함께 조선 초에 <향약간이방>으로 다시 편집했다. 복서(卜書)에 통달했고 전서에도 능했다. 양주의 회암사 나옹화상비와 개성의 광통보제선사비의 전액이 남아 있다.

<태종실록> 태종 8년(1408) 11월 23일 기사에 '영의정부사로 치사한 권중화의 졸기'가 있다.

---

45) 인사행정을 담당하는 관리
46) 공양왕 2(1390)년 고려의 무신 윤이와 이초가 명나라에 찾아가서 주원장에게 공양왕과 이성계가 공모하여 명나라를 치려 한다고 무고한 사건이다. 이때 이성계의 가계가 고려의 권신인 이인임의 후손이라고 거짓으로 고하여 <대명회통(大明會通)>에 기록되어 종계변무사건의 발단이 되었다. 정도전이 명나라에 가서 무고임을 해명하고 돌아와서 이를 빌미로 이색·우현보일파까지 제거했다.

🎁 평가

영의정부사로 치사한 권중화의 졸기

영의정부사로 치사한 권중화가 죽었다. 중화는 안동 사람인데, 고려 정승 권한공의 아들이다. 지정(至正) 계사년 을과 제2인에 올라 공민왕을 섬겨 대언이 되었다가 지신사로 옮기고 전선을 맡았는데, 근신하고 주밀하여 친구에게 사(私)를 두지 않으니, 공민왕이 심히 중하게 여기었다. 정당문학으로 정사년에 동지동거가 되었는데, 문하에 명사가 많았다. 염정(마음이 고요하고 평안함)하고 자수(행실이나 말을 스스로 조심하여 지킴)하여 권귀에게 아부하지 않아서 세상의 추중을 받았다. 여러 벼슬을 거쳐 문하찬성사에 이르렀다. 태조가 즉위한 뒤에 기년, 숙덕으로 문하판부사를 제수하고 예천백을 봉하여 본관으로 그대로 치사하게 하였다. 고사에 정통하므로 무릇 상정할 일이 있으면 반드시 나가서 물었다. 나이 비록 늙었으나 정력이 쇠하지 않아서 의약, 지리, 복서에 통하지 않은 것이 없고, 더욱이 팔분을 잘 썼다. 평소에 산업을 다스리지 않고 사람들과 더불어 함께 앉아서 이를 잡으며 이야기하였다. 늙어서 다만 말라빠진 말 한 필이 있었다. 나이 87세에 죽으니 조회를 3일 동안 정지하고 중관을 명하여 조제하였다. 유사에 명하여 예장하고, 문정이란 시호를 주었다. 중궁도 또한 내시를 보내어 치제하였다. 아들이 하나이니 권방위(權邦緯)이다.

참고문헌

〈태조실록〉, 〈정종실록〉, 〈태종실록〉, 〈다음백과사전〉, 〈안동권씨세보〉

이 화(李和)

본관은 전주인데 환조 이자춘의 서자이며 이성계의 이복동생이다. 호는 이요정 (二樂亭)이며 시호는 양소(襄昭)이다. 고려말인 1340년에 태어나서 태종 8(1408)년 에 죽었다.

🔲 재임기간

태종 7(1407)년 7월 4일[47] – 태종 8(1408)년 1월 3일[48] ※ 후임 하륜

🔲 가문

태조 이성계의 이복형으로 아버지는 환조로 추존된 자춘이고 할아버지는 도조로 추존된 춘(椿)이다. 춘의 본래 이름은 선래(善來)이다. 증조부는 익조로 추존된 행리(行里)이고 고조부는 목조로 추존된 안사(安社)이다. 5대조 양무(陽 茂)는 상장군에 추증되었고 6대조는 내시집주(內侍執奏) 인(璘)이고 7대조는 대 장군 용부(勇夫)이며 8대조는 한림학사 궁진(宮進)이고 9대조는 호장 진유(珍有) 이다. 10대조는 추밀원사 화(華)이고 11대조는 병조 판서 충민(忠敏)이며 12대 조는 병부시랑 경영(景英)이고 13대조는 생원 충경(充慶)이다. 14대조는 호장 승삭(承朔)이고 15대조는 사공(司空) 긍휴(兢休)이며 16대조는 시중아간 광희(光禧) 이다. 17대조는 좌복야 천상(天祥)이고 18대조는 아간 자연(自延)이며 19대조 는 신라조에서 사공을 역임한 한(翰)인데 전주이씨의 시조이다.

가계를 구체적으로 설명하면 환조의 본처는 최한기(崔閑奇)의 딸인데 천계 와 성계를 낳았고 후처가 둘인데 첫째 후처는 내온장인데 환조와 내온장 사이에서 완풍대군(完豊大君) 원계(元桂)가 태어나고 원계가 완원부원군(完原府院君) 양우(良祐), 완산부원군(完山府院君) 천우(天祐), 완남군(完南君) 조(朝), 완녕군(完寧君) 서(曙)를 낳았으며 환조와 둘째 후처 고음가의 사이에서 의안대군(義安大君) 화 (和)가 태어났다.

---

47) 의안대군 이화로 영의정부사를, 성석린으로 좌정승을, 이무로 우정승을, …
48) 영의정부사 이화가 사면을 청하니 그대로 따랐다.

장인은 초배는 순흥인 영동정(令同正) 안정종(安正宗)이고 계배는 교하인 병부상서 노은(盧誾)이다.

아들은 1남이 완성군(完城君) 지숭(之崇)이고 2남은 완천군(完川君) 숙(淑)이며 3남은 학천군(鶴川君) 징(澄)이다. 4남은 영천군(寧川君) 담(湛)이고 5남은 전천군(全川君) 교(皎)이며 6남은 홍천군(興川君) 회(淮)이고 7남은 익천군(益川君) 점(漸)이다. 딸이 둘인데 1녀는 경주인 부사 최주(崔宙)와 결혼했고 2녀는 나주인 병조판서 정극념(鄭克念)과 결혼했다.

🎲 생애

> 이성계의 이복동생으로 정몽주를 척살하고 이성계를 임금으로 추대했고 1차 왕자의 난 때에는 정도전의 계획을 미리 알려 공을 세웠다. 의안대군(宜安大君)에 봉해졌다.

우왕 14(1388)년 이성계를 따라 위화도에서 회군하여 조선이 개국한 뒤인 태조 2년에 회군공신 1등에 녹훈되었다. 공양왕 4(1392)년 이방원이 정몽주를 척살할 때 가담하였으며 태조를 임금으로 추대하였다.

태조 1(1392)년 좌명개국공신 1등에 녹훈되고 상의문하부사 의흥친군위 도절제사 의안백의 호를 내려 받았다. 이어서 참찬문하부사에 임명되었으며 태조 2년 신도 예정지에 성곽을 축조할 지세를 살폈다. 삼도절제사가 되어 왜적을 토벌했고 고려조에서 위화도회군한 공으로 회군공신 1등에 녹훈되었다. 태조 6(1397)년 영삼사사가 되었으며 태조 7년 1차 왕자의 난 때 정도전의 계획을 미리 알고 정안군 이방원에게 알려 공을 세워 정사공신 1등에 녹훈되었다. 이 일로 판문하부사 겸 영의흥삼군부사 의안공에 올랐다.

정종 1(1399)년 영삼사사가 되었는데 정종 2년 2차 왕자의 난에서 화와 천우가 정안군 이방원에게 계획을 알리고 공을 세웠으며 영삼사사 판 의정부사에 임명되었다.

태종 1(1401)년 2차 왕자의 난에 세운 공으로 익대좌명공신 2등에 녹훈되어 조선의 역사상 공신록에 가장 많이 올랐다. 이 해에 직제를 고쳐서 백을 부원군으로 고쳤기 때문에 의안백에서 의안대군이 되었다. 태종 2년 좌군 도통제를 겸했고 태종 4(1404)년 어머니 정안옹주(고음가) 김씨가 죽었다. 태종 7(1407)년 영의정부사에 올라 영의정부사로 민무구·민무질·신국례의 죄를 청하는 상소를 올려 이들을 처벌하였다. 태종 8년 영의정부사에서 사직하고 그 해에 향년 61세로 죽었다. 죽은 뒤에 임금이 친림하여 제사를 지냈으며 태조의 묘정에 배향됐다. 화가 죽은 뒤에 화의 선처와 후처 사이에 재산 상속으로 인한 싸움이 있자 태종이 조정하여 반씩 나누도록 명했다.

<태종실록> 태종 8(1408)년 10월 6일 일곱 번째 기사에 '의안대군 이화의 졸기'가 있다.

🎲 평가

의안 대군 이화의 졸기

…… 시호(諡號)를 양소공(襄昭公)이라 주었다. 화(和)는 순박하고 씩씩하고 용감하여 젊어서부터 태조(太祖)를 잠저(潛邸)에 모시어 좌우(左右)를 떠나지 않았으며, 매양 정토(征討)에 따라다녀 여러 번 전공(戰功)을 나타내서 마침내 개국공신(開國功臣)이 되고, 또 정사(定社)·좌명(佐命)의 열(列)에 참여하였다. 죽으매 나이 61세였다. 일곱 아들이 있으니 이지숭(李之崇)·이숙(李淑)·이징(李澄)·이담(李湛)·이교(李皎)·이회(李淮)·이점(李漸)이다.

참고문헌

<다음백과사전>, <태조실록>, <정종실록>, <태종실록>, <전주이씨 의안대군 완천군파 용강손보>

하 륜(河崙)

본관은 진주이고 자는 대임(大臨)이며 호는 호정(浩亭)이고 시호는 문충(文忠)이다. 고려 충목왕 3(1347)년에 태어나서 태종 16(1416)년에 죽었다.

재임기간

태종 8(1408)년 2월 11일[49] - 태종 9(1409)년 8월 10일[50] ※ 후임 이서
태종 9(1409)년 10월 11일[51] - 태종 11(1411)년 4월 20일[52] ※ 후임 하륜
태종 11(1411)년 8월 2일[53] - 태종 12(1412)년 8월 21일[54] ※ 후임 성석린
태종 14(1414)년 4월 17일[55] - 태종 15(1415)년 5월 17일[56] ※ 후임 성석린

가문

아버지 윤린(允麟)은 순흥 부사·예의 판서이고 할아버지 시원(恃源)은 식목도감 녹사이며 증조부 식(湜)은 선관서승이다. 고조부는 부심(富深)이고 5대조는 군기소윤 소(邵)이며 6대조는 검교군기감 남수(南秀)이다. 7대조는 한림학사 정재(挺才)이고 8대조는 사문박사 탁회(卓回)이며 9대조는 상서공 부시랑 칙충(則忠)이다. 10대조는 상서성 좌사낭중 공진(拱辰)인데 진양하씨의 시조이다.[57]

장인은 성주인 예의 판서 이인미(李仁美)이다. 이인미는 예의 판서 이조년의 손자로 찬성사 이인복(李仁復)과 당대 최고의 권력자인 좌시중 이인임(李仁任)의 아우다. 외할아버지는 진주인 호조 판서 증 의정부 좌찬성 강승유(姜承裕)이다.

---

49) 진산부원군 하륜으로 영의정부사·세자사를, 좌정승 성석린으로 세자부를, …
50) 하륜으로 진산부원군을, 이서로 영의정부사를, 조영무로 우정승을, …
51) 이서를 파하여 안평부원군을 삼고, 하륜을 영의정부사로, …
52) 동부대언 이발에게 명하여 영의정부사 하륜을 숭례문 밖에서 전송하게 하였다. 하륜이 선영에 …
53) 다시 하륜을 영의정부사로, 최윤덕을, …
54) 성석린으로 영의정부사를, 하륜으로 좌정승을, …
55) ▶ 영의정부사 하륜이 도성형승지곡과 …
56) 영의정부사 하륜을 파직시켜 진산부원군으로, …
57) 진양하씨 문중에서 영의정은 하륜과 하연 2명을 배출했는데 하륜은 시랑공파의 시조인 하공진을 시조로 하고 하연은 사직공파의 시조인 하진(河珍)을 시조로 한다. <진양하씨대동보>에 의하면 진양하씨는 3파로 각각 시조를 다르게 한다. 시랑공파는 하공진을, 직사공파는 하진을, 단계공파는 하성(河成)을 시조로 한다.

아들은 중군도총제부 도총제 구(씨)이고 딸은 전의인 경상우도절제사 이승간(李承幹)과 결혼했다. 구의 장인은 한산인 지밀직사사 이종덕(李種德)이다. 구의 아들은 판군자감사 복생(福生)이다.

📦 생애

> 1차 왕자의 난 때 이방원을 지지했고 조선 왕조를 승인하는 고명인장을 받아왔으며 한양 천도와 문물제도 정비에 기여했다.

"공민왕 9(1360)년 14세에 국자감시에 합격하고 공민왕 16(1365)년 문과에 급제했다. 1367년 춘추관 검열 등을 거쳐 감찰 규정으로 있을 때 신돈(辛旽)의 문객으로 부사가 된 자의 비행을 공박하다가 신돈에게 미움을 사서 파직되었다. 공민왕 20(1371)년 신돈이 벌을 받자 기용되어 지영주사에 임명되었다. 1371년 안렴사 김주(金湊)가 하륜의 치적을 제일로 보고하여 고공좌랑으로 승진했다. 공민왕 22(1373)년 판도좌랑으로 교주 강릉도 찰방에 임명되었다가 1374년 제릉서영이 되었다.

우왕 1(1375)년 전교부령에 임명되어 지제고를 겸하였고 전의부령으로 옮겼다. 우왕 3(1377)년 전법 총랑·보문각 직제학으로 옮겼으나 지제고는 계속해서 겸임했다. 우왕 4(1378)년 전리 총랑에 임명되고 우왕 5(1379)년 전교영으로 승진하여 성균관의 대사성에 임명되었다. 우왕 6(1380)년 아버지 상을 당하였는데 우왕 7(1381)년 판전교시사에 임명되었으나 상을 마치기를 청하여 윤허 받았다. 우왕 8(1382)년 상을 마치고 우부대언·우대언·밀직사 제학·전리판서 등 밀직사 소속의 관직을 역임했다. 우왕 10(1384)년 밀직사 제학에 임명되었고 우왕 11(1385)년 첨서로 승진했다. 우왕 13(1387)년 동지에 오르고 우왕 14(1388)년 최영의 요동정벌계획을 극력 반대하다가 양주에 유배당했다. 그해 여름 이성계의 위화도회군으로 최영이 제거되자 관직을 회복했다.

공양왕 1(1389)년 봄에는 영흥군 왕환(王環)의 진위(眞僞)사건58)으로 광주 등지에 추방되었고 공양왕 2(1390)년 울주로 옮겼으나 같은 해에 윤이(尹彝)·이초(李初)의 옥사가 일어나자 풀려났다. 공양왕 3(1391)년 전라도 도순찰사에 임명되어 공양왕 4(1392)년까지 역임했다."(<다음백과사전>)

처음에는 이색·정몽주와 함께 조선 건국에 반대하였으나 뒤에 권근과 함께 조선 건국을 지지하여 태조 2(1393)년 경기좌도 관찰척출사·경기좌우도 도관찰사를 역임하고 태조 3년 경기좌도 도관찰사·첨서중추원사에 임명되었으나 그때 어머니의 죽음으로 사직했다. 태조 5(1396)년 한성윤을 거쳐 예문춘추관사에 임명되었다. 이때 명나라와 표전시비(表箋是非)59)가 발생하자 정도전을 명나라에 보내야 한다는 주장을 펼쳐 정도전과 대립하였다. 그러나 본인이 계품사가 되어 명나라에 들어가 문제를 해결하고 돌아왔다. 이 일로 정도전의 미움을 사서 태조 6년 계림 부윤으로 좌천되었다. 계림 부윤으로 있을 때 박자안(朴子安) 사건60)에 연루됨으로 옥에 갇혔다가 수원으로 유배되었다. 용서를 받고 태조 7년 충청도 도관찰출척사로 나갔다가 정당문학이 되어 돌아왔고 지경연사 정당문학이 되었다. 이때 제 1차 왕자의 난이 발생하자 이방원을 적극 지원하였다.

정종 즉위(1398)년 1차 왕자의 난에 참여하여 이방원을 지지한 공으로 정사공신 1등에 녹훈되고 진산군에 봉해졌다. 이어서 진위진향사 정당문학에 제수되고 정종 1(1399)년 진위사로 명나라에 다녀와서 이방원의 세자책봉을 위해 힘썼다. 이 일로 12월에는 참찬문하부사 겸 지경연사가 되었고 정종 2년에는 문하시랑 찬성사로 정국을 주도하면서 판삼군부사 겸 판의흥삼군부사에 임명되고 9월에 우정승이 되었다.

태종 1(1401)년 좌명공신 1등에 책록되고 진산부원군으로 개봉됐다. 영삼사사로 지공거에 임명되어 관제를 새로 개혁하였다. 감춘추관사·영사평부사 겸 호조사로 저화(楮貨)를 유통시키게 했고, 태실증고사·영춘추관사를

---

58) 왕환이 일본에서 돌아왔을 때 왕환이 아니라고 말한 사건
59) 조선에서 명에 보낸 외교문서에 명나라를 모욕하는 언사가 있다고 하여 문서 작성자인 정도전을 압송하라는 명나라의 요구
60) 왜추가 도망간 사건

겸하였다. 태종 2년 조선성덕가 12장을 지어 바쳤으며, 문하좌정승 겸 판이조사에 올라 명나라 영락제의 등극을 축하하는 하등극사로 명나라에 들어가서 조선왕조를 승인하는 고명인장(誥命印章)을 받아왔다. 좌정승에서 물러나 진산부원군이 되었고 태종 5(1405)년 다시 좌정승에 임명되고 세자사가 되었으며 한강시를 지어 올렸다 태종 6년 정릉의 영역이 넓다 하여 영역을 정하고 백 보 밖에는 집을 짓게 하자 여러 권세가들이 집을 지었는데 하륜은 여러 사위를 데리고 땅을 선점했다. 세자부에 임명되고 이듬해인 태종 7년에 다시 좌정승이 되어 각 종파의 절 주지들이 전토와 노비를 많이 점유하고 재산을 증식시키고 여색에 빠져 대중을 미혹시킨다 하여 각 주와 군에 한 두 절만 남기고 모두 철거했다. 태종 8년 충녕대군을 세자로 책봉한 날 영의정부사 겸 세자사에 임명되었고 태종 9년 영의정을 사직하고 이서가 영의정이 되었으나 이서가 죽자 다시 영의정에 제배되었다. 태종 11(1411)년 남재와 이숙번이 하륜과 권근의 죄를 청하여 잠시 물러나 있다가 태종 12년 좌정승에 임명되고 다시 영의정에 임명되었으나 태종 13년 좌정승으로 좌천되었다. 태종 14년 사헌부에서 좌정승 하륜의 죄를 청하자 사직서를 제출하였으나 사직서를 돌려받은 뒤에 영의정에 임명되었다. 태종 15년 영의정에서 파직되고 진산부원군이 되었으나 다시 좌의정으로 제수되었다. 태종 16년 나이 70세가 되자 좌의정에서 치사하고 진산부원군에 봉해졌으며 좌의정에서 치사한 뒤에 함길도에 있는 선왕의 능침을 둘러보고 오는 중에 정평의 공관에서 죽었다. 죽은 뒤에 세자가 친히 빈소에 제사를 지냈고 임금이 친히 빈소에서 치제하고 국장으로 하려 하였으나 부인이 하륜의 유언에 따라 국장을 사양하였다. 하륜은 "시문에 능하고 음양·의술·성경(星經)·지리 등에 조예가 깊었으며, 문한을 주관하여 <동국사략>·<태조실록>의 편수에 참여하였고 신왕조 초기의 한양천도와 문물제도 정비에 크게 기여했다."(<다음백과사전>) 죽은 뒤에 태종의 묘정에 배향되었으며 저서로 <호정집>이 있다.

　<태종실록> 태종 16(1416)년 11월 6일 2번째 기사에 '진산부원군 하륜의

졸기'가 있다.

📦 평가

진산 부원군 하윤의 졸기

…… 예조 좌랑(禮曹佐郎) 정인지(鄭麟趾)를 보내어 사제(賜祭)하였는데, 그 글은
이러하였다.

"원로(元老) 대신은 인군의 고굉(股肱)이요, 나라의 주석(柱石)이다. 살아서는
휴척(休戚)을 함께 하고, 죽으면 은수(恩數)를 지극히 하는 것은 고금의 바뀌지
않는 전례(典禮)이다. 생각하면 경은 천지가 정기를 뭉치고 산악(山嶽)이 영(靈)
을 내리받아, 고명 정대(高明正大)한 학문으로 발하여 화국(華國)의 웅문(雄文)이
되었고, 충신 중후(忠信重厚)한 자질로 미루어 경세(經世)의 큰 모유(謀猷)가 되었
다. 일찍 이부(二府)에 오르고 네 번 상상(上相)이 되었다. 잘 도모하고 능히 결
단하여 계책에는 유책(遺策)이 없었고, 사직을 정하고 천명을 도운 것은 공훈
(功勳)이 맹부(盟府)에 있다. 한결같은 덕으로 하늘을 감동시켜 우리 국가를 보
호하고 다스렸는데, 근자에 고사(故事)를 가지고 나이 늙었다 하여 정사를 돌
려보냈다. 그 아량을 아름답게 여기어 억지로 그 청에 따랐다.

거듭 생각건대, 삭북(朔北)은 기업(基業)을 시초한 땅이고 조종(祖宗)의 능침(陵
寢)이 있으므로 사신을 보내어 돌아보아 살피려고 하는데, 실로 적합한 사람
이 어려웠다. 경의 몸은 비록 쇠하였으나, 왕실(王室)에 마음을 다하여 먼 길
의 근로하는 것을 꺼리지 않고 스스로 행하고자 하였다. 나도 또한 능침(陵
寢)이 중하기 때문에 경(卿)의 한 번 가는 것을 번거롭게 하지 않을 수 없었
다. 교외에 나가서 전송한 것이 평생의 영결(永訣)이 될 줄을 어찌 뜻하였겠
는가? 슬프다! 사생(死生)의 변(變)은 인도(人道)에 떳떳한 것이다. 경이 그 이치
를 잘 아니 또 무엇을 한하겠는가! 다만 철인(哲人)의 죽음은 나라의 불행이
다. 이제부터 이후로 대사(大事)에 임하고 대의(大疑)를 결단하여 성색(聲色)을
움직이지 않고, 국가를 반석의 편안한 데에 둘 사람을 내가 누구를 바라겠

는가? 이것은 내가 몹시 애석하여 마지않는 것이다. 특별히 예관(禮官)을 보내어 영구(靈柩) 앞에 치제(致祭)하니, 영혼이 있으면 이 휼전(恤典)을 흠향하라."

하윤(河崙)은 진주(晉州) 사람인데, 순흥 부사(順興府使) 하윤린(河允麟)의 아들이었다. 지정(至正) 을사년 과거에 합격하였는데, 좌주(座主) 이인복(李仁復)이 한 번 보고 기이하게 여기어 그 아우 이인미(李仁美)의 딸로 아내를 삼게 하였다. 신해년에 지영주(知榮州)가 되었는데, 안렴사(按廉使) 김주(金湊)가 그 치행(治行)을 제일로 올리니, 소환되어 고공 좌랑(考功佐郞)에 제수되어 여러 벼슬을 거치어 첨서밀직사사(簽書密直司事)에 이르렀다. 무진년에 최영(崔瑩)이 군사를 일으켜 요양(遼陽)을 침범하니, 하윤이 힘써 불가함을 말하였는데, 최영이 노하여 양주(襄州)에 추방하였다. 태조(太祖)가 즉위하자 계유년에 기용하여 경기 도관찰사(京畿都觀察使)가 되었다. 태조가 계룡산(雞龍山)에 도읍을 옮기고자 하여 이미 역사를 일으키니, 감히 간하는 자가 없는데, 하윤이 힘써 청하여 파하였다. 갑술년에 다시 첨서중추원사(簽書中樞院事)가 되었다. 병자년에 중국 고황제(高皇帝)가 우리의 표사(表辭)가 공근(恭謹)하지 못하다고 하여 우리나라에서 문장을 쓴 사람 정도전(鄭道傳)을 불러 입조(入朝)하게 하였다. 태조가 비밀히 보낼지 안 보낼지를 정신(廷臣)들에게 물으니, 모두 서로 돌아보고 쳐다보면서 반드시 보낼 것이 없다고 하였는데, 하윤이 홀로 보내는 것이 편하다고 말하니, 정도전이 원망하였다. 태조가 하윤을 보내어 경사(京師)에 가서 상주(上奏)하여 자세히 밝히니, 일이 과연 풀렸다. 그때에 정도전이 남은(南誾)과 꾀를 합하여 유얼(幼孽)을 끼고 여러 적자(嫡子)를 해하려 하여 화(禍)가 불측(不測)하게 되었으므로, 하윤이 일찍이 임금의 잠저(潛邸)에 나아가니, 임금이 사람을 물리치고 계책을 물었다. 하윤이 말하기를,

"이것은 다른 계책이 없고 다만 마땅히 선수를 써서 이 무리를 쳐 없애는 것뿐입니다."

하니, 임금이 말이 없었다. 하윤이 다시,

"이것은 다만 아들이 아버지의 군사를 희롱하여 죽음을 구하는 것이니, 비록 상위(上位)께서 놀라더라도 필경 어찌하겠습니까?"

하였다. 무인년 8월에 변이 일어났는데, 그때에 하윤은 충청도 도관찰사(忠淸道都觀察使)로 있었다. 빨리 말을 달려 서울에 이르러 사람으로 하여금 선언(宣言)하고 군사를 끌고와 도와서 따르도록 하였다. 상왕(上王)이 위(位)를 잇자 하윤에게 정당 문학(政堂文學)을 제수하고 정사공(定社功)을 녹훈(錄勳)하여 1등으로 삼고, 작(爵)을 진산군(晉山君)이라 주었다. 경진년 5월에 판의흥삼군부사(判義興三軍府事)가 되고, 9월에 우정승(右政丞)이 되매 작을 승진하여 백(伯)으로 삼았다. 11월에 임금이 즉위하자 좌명공(佐命功)을 녹훈하여 1등으로 삼았다. 신사년 윤3월(閏三月)에 사면하였다가 임오년 10월에 다시 좌정승(左政丞)으로 제수되어 영락 황제(永樂皇帝)의 등극(登極)한 것을 들어가 하례하는데, 하윤이 명(明)나라에 이르러 예부(禮部)에 글을 올려 말하기를,

"새 천자가 이미 천하와 더불어 다시 시작하였으니, 청컨대, 우리 왕의 작명(爵命)을 고쳐 주소서."

하니, 황제가 아름답게 여기어 계미년 4월에 명나라 사신 고득(高得) 등과 함께 고명(誥命)·인장(印章)을 받들고 왔다. 임금이 더욱 중하게 여기어 특별히 전구(田口)를 주었다. 갑신년 6월에 가뭄으로 사면하기를 빌고, 을유년 정월에 다시 복직하였다가 정해년 7월에 또 가뭄으로 사피하기를 청하였다. 기축년 겨울에 이무(李茂)가 득죄하자 온 조정이 모두 베기를 청하였는데, 하윤이 홀로 영구(營救)하니, 임금이 대답하지 않고 안으로 들어가며 말하기를,

"하윤이 '죽일 수 없다.'고 하니, 이것은 실로 그 마음에서 발한 것이다."

하였다. 을미년 여름에 이직(李稷)이 그 향리에 안치(安置)되었는데, 하루는 하윤이 예궐(詣闕)하니, 임금이 내전에서 인견하였다. 하윤이 말이 없이 웃으니, 임금이 그 까닭을 물었다. 하윤이 대답하기를,

"이직의 죄가 외방(外方)에 내칠 죄입니까?"

하니, 임금이 대답하지 않았다. 임진년 8월에 다시 좌정승이 되고 갑오년 4월에 영의정부사(領議政府事)가 되었다. 금년 봄에 이르러 나이 70으로 치사(致仕)하기를 비니, 임금이 오래도록 허락하지 않았는데, 하윤이 청하기를 더욱 간절히 하여 부원군(府院君)으로 집에 나갔다.

하윤이 천성적인 자질이 중후하고 온화하고 말수가 적어 평생에 빠른 말과 급한 빛이 없었으나, 관복[端冕] 차림으로 묘당(廟堂)에 이르러 의심을 결단하고 계책을 정함에는 조금도 헐뜯거나 칭송한다고 하여 그 마음을 움직이지 않았다. 정승이 되어서는 되도록 대체(大體)를 살리고 아름다운 모책과 비밀의 의논을 계옥(啓沃)한 것이 대단히 많았으나, 물러나와서는 일찍이 남에게 누설하지 않았다. 몸을 가지고 물건을 접하는 것을 한결같이 성심으로 하여 허위가 없었으며, 종족(宗族)에게 어질게 하고, 붕우(朋友)에게 신실(信實)하게 하였으며, 아래로 동복(僮僕)에 이르기까지 모두 그 은혜를 잊지 못하였다. 인재(人材)를 천거하기를 항상 불급(不及)한 듯이 하였으나, 조금만 착한 것이라도 반드시 취하고 그 작은 허물은 덮어 주었다. 집에 거(居)하여서는 사치하고 화려한 것을 좋아하지 않고, 잔치하여 노는 것을 즐기지 않았다. 성질이 글을 읽기를 좋아하여 손에서 책을 놓지 않고 유유(悠悠)하게 휘파람을 불고 시를 읊어서 자고 먹는 것도 잊었다. 음양(陰陽) · 의술(醫術) · 성경(星經) · 지리(地理)까지도 모두 지극히 정통하였다. 후생을 권면(勸勉)하여 의리를 상확(商確)함에는 미미(亹亹)하게 권태를 잊었다. 국정(國政)을 맡은 이래로 오로지 문한(文翰)을 맡아 사대(事大)하는 사명(辭命)과 문사의 저술이 반드시 윤색(潤色) · 인가(印可)를 거친 뒤에야 정하여졌다. 불씨(佛氏)와 노자(老子)를 배척하여 미리 유문(遺文)을 만들어 건사(巾笥)에 두고 자손을 가르치는 것이 섬실(纖悉)하고 주비(周備)하였다. 또 상사(喪事)와 장사(葬事)에는 한결같이 ≪주자가례(朱子家禮)≫에 의하고 불사(佛事)를 하지 말라고 경계하였다.

하윤이 죽은 뒤에 그 글이 나오니, 그 집에서 그 말과 같이 하였다. 자호(自號)는 호정(浩亭)이요, 자(字)는 대림(大臨)이요, 시호는 문충(文忠)이었다. 아들은 하구(河久)와 서자(庶子)가 세 사람인데, 하장(河長) · 하연(河延) · 하영(河永)이었다. 하윤이 죽자 부인 이씨(李氏)가 애통하여 음식을 먹지 않아 거의 죽게 되었는데, 임금이 듣고 약주(藥酒)를 하사하고 전지하기를,

"상제(喪制)는 마치지 않을 수 없으니, 비록 죽는 것을 돌아보지 않는다 하더라도 상제를 마치지 못하는 것을 어찌하겠는가? 부디 술을 마시고 슬픔

을 절도 있게 하여 상제를 마치라."

하였다. 이씨가 사람을 시켜 승정원(承政院)에 나와 상언하기를,

　"가옹(家翁)이 왕명을 받들어 외방에서 죽었으니, 원컨대, 시체를 서울 집에 들여와 빈소(殯所)하게 하소서."

하니, 명하여 예조(禮曹)에 내리어 예전 제도를 상고하여 계문(啓聞)하게 하고, 이어서 전지하기를,

　"≪예기(禮記)≫ 증자문편(曾子問篇)에 이러한 의논이 있었다."

하였다. 예조에서 아뢰기를,

　"사명을 받들고 죽으면 대부(大夫)·사(士)는 마땅히 집에 돌아와 염(殮)하고 초빈(草殯)하여야 합니다."

하니, 그대로 따랐다.

　참고문헌

〈국조인물고 : 묘지명. 윤회(尹淮) 지음〉, 〈다음백과사전〉, 〈태조실록〉, 〈정종실록〉, 〈태종실록〉, 〈진양하씨대동보〉

남 재(南在)

본관은 의령이고 처음 이름은 겸(謙)이고 자는 경지(敬之)이며 호는 구정(龜亭)이고 시호는 충경(忠景)이다. 고려 충숙왕 3(1351)년에 태어나서 세종 1(1419)년에 죽었다.

재임기간

태종 16(1416)년 5월 25일[61] – 태종 16(1416)년 11월 2일[62] ※ 후임 유정현

가문

아버지는 고려 밀직부사·조선 전라도 안무사 을번(乙蕃)이고 할아버지는 지영광군사 천로(天老)이며 증조부는 풍저창 부사 익저(益氐)이다. 고조부는 추밀원직 부사 군보(君甫)이고 5대조는 문하시중 진용(鎭勇)이다. 시조는 민(敏)인데 영양(英陽)을 관적으로 받았으나 고려 중엽 추밀원직부사 군보(君甫)가 관적을 의령으로 옮겼다.

장인은 초배는 파평인 판삼사 윤호(尹虎)이고 계배는 남양인 관찰사 홍이(洪彝)이며 외할아버지는 계림인 참의 최강(崔江)이다.

초배 윤부인은 아들 둘을 두었는데 1남이 병조 의랑 경문(景文)이고 2남이 경무(景武)다. 경문이 삼형제를 두었는데 1남이 좌의정 지(智)이고 2남이 직제학 간(簡)이며 3남이 의산위(宜山尉) 소간공(昭簡公) 휘(暉)이다. 휘는 태종과 원경왕후(元敬王后) 사이에서 태어난 정선공주(貞善公主)와 결혼하여 의산위에 봉해졌는데 휘의 손자가 병조 판서 남이 장군이다. 10세손이 영의정 구만(九萬)이고 15세손이 영의정 공철(公轍)이다.

아우 은(誾)은 개국1등공신으로 참찬문하부사 겸 판상서사사를 역임하고 의성부원군에 봉해졌다. 아우 실(實)은 보문각 직제학과 상의중추원사를 역임했고 또 다른 아우 지(贄)는 우상절도사를 역임했다.

---

61) 하륜을 진산부원군으로, 남재를 영의정부사로, 박은을 우의정으로, …
62) 유정현을 영의정부사로, 박은을 좌의정으로, 한상경을 우의정으로, 남재를 의령부원군으로, …

> 아우 은이 정도전·심효생과 더불어 이방원을 비롯한 적자를 죽이려 모의하여 죽임을 당할 때 이
> 성계의 도움으로 살아나 이방원의 세자책봉 여론을 일으켰다.

이색의 문인으로 공민왕 20(1371)년 진사시에 합격했다. 아우 은(誾)과 함께 이성계 진영의 인물로 활동했고 위화도회군 뒤에 회군공신에 녹훈되었다.

태조 1(1392)년 태조에게 재(伫)라는 이름을 하사받아 겸(謙)에서 재로 이름을 바꾸었고 개국공신 1등에 녹훈되고 의성군에 봉해졌다. 뒤에 중추원 학사로 사헌부 대사헌을 겸했고 태조 2(1393)년 중추원 학사에서 밀직제학으로 전임되어 주문사로 명나라에 가서 관계개선하고 3년마다 군공할 것을 승인받고 돌아왔다. 그 공으로 판중추원사에 임명되었다. 태조 3(1394)년 참찬문하부사를 역임하고 태조 4년에 좌복야·판사에 임명되었으나 이 해에 아버지 상을 당했다. 태조 5(1396)년 예문관과 춘추관의 태학사로 도병마사가 되어 도통처치사 김사형을 따라 쓰시마 섬을 정벌했다. 태조 7년 정당문학으로 있을 때 제 1차 왕자의 난에서 아우 은(誾)이 살해되자 의령으로 유배되었다가 풀려났다.

정종 2(1400)년 1월 정안군(태종)을 지금 세자로 삼아야 하고 늦추어서는 안 된다고 주장하여 정안군의 세자책봉 여론을 일으켰다. 이어 하륜이 정종에게 뜻을 전해 정안군을 세자로 삼게 했다.

태종 3(1403)년 예문관 대제학을 역임하고 경상도 관찰사에 임명되었으나 태종 4년 병으로 사직하였다가 개성 유후·만호찬성사를 역임했다. 이어서 의정부 찬성사에 임명된 뒤 판의용 순금사사를 겸했다. 태종 5년 병조 판서를 역임하고 태종 6(1406)년 의정부 찬성사에 임명되어 사헌부 대사헌을 겸하다가 이조 판서에 임명되었다. 태종 7년 이조 판서로 판의용 순금사사를 겸했고 태종 8(1408)년에는 의정부 찬성사로 전임되어 사헌부 대사헌을 겸했다. 같은 해에 병조 판서·이조 판서·순금사 및 판사·의정부 찬성사를 역임했다. 태종 9년 동순금사 및 판사를 역임했고 태종 11(1411)년 찬성사에

임명되었고 원종공신 1등에 녹훈되었다. 태종 13년 의령부원군에 봉해지고 우정승으로 승진했고 태종 14(1414)년 감춘추관사를 역임하고 판의정부사에 임명되었다. 이때 직제 개편에 따라 판의정부사를 좌의정과 우의정으로 나누었는데 남재는 좌의정에 임명되어 상정도감 제조를 맡았다. 태종 15년 좌의정에서 면직되어 의령부원군으로 수문전 대제학과 세자부를 겸하다가 얼마 되지 않아 우의정에 임명되었다. 태종 16(1416)년 2월 손자 휘(暉)가 태종의 제 4녀 정선궁주(貞善宮主)와 결혼함으로 왕실의 인척이 되었다. 같은 해 5월 영의정부사에 임명되었으나 11월 영의정에서 물러나서 의령부원군에 제수되었다.

세종 즉위(1418)년 의령부원군으로 있다가 세종 1년(1419)년 죽었다. 남재가 죽자 세종이 법가를 갖추고 백관을 거느리고 상가를 찾아 제사를 지내고 상제에게 조문했다. 세종 4년 태조의 묘정에 배향되었다. 경제에 밝고 문장에 뛰어났으며 산수에 능하여 당시 사람들이 남산(南算)이라 불렸다. 태조의 묘정에 배향되었다. 저서에 <구정유고>가 있고 하륜과 함께 <고려사>를 개수했다.

<세종실록> 세종 1(1419)년 12월 14일 두 번째 기사에 '의령부원군 남재의 졸기'가 있다.

🏛 평가

의령 부원군 남재의 졸기

시호를 충경(忠景)이라 하였는데, 자신을 위태하게 하면서 윗사람을 받든 것이 충이고, 의(義)에서 행하면서 일을 이루는 것이 경이다. 재는 경상도 의령이 본관이다. 젊어서 과거에 급제하고, 지금 일에도 밝고 옛 일에도 통달하였다. 대성(臺省)을 역임하고 중외에 드나들어 경세제민(經世濟民)하는 재간이 있었다. <고려가 조선으로> 세상이 바뀔 무렵에 <태조를> 추대하는 모략이 재한테서 많이 나왔고, 갑술년 사이에 상왕이 왕자로서 명나라에 들어갔을 때 재가 따라갔는데, 그때 함께 갔던 재상이 자못 불공하였으나 홀로 재만은 예로서 공경하였다. 무인년에 그의 아우 남은(南誾)이 정도전(鄭道傳)·심효생(沈孝生)과 더불어 여러 적자를 없애버리기로 모의하였으나, 상왕이 재는 모의에 간여하지 않았다 하고 사저(私邸)에 두었다가, 사건이 평정된 뒤에 죽음을 면하게 하여 귀양보내고 다시 소환하였다. 여러 번 벼슬이 승진하여 우의정에 이르고 부원군에 봉하게 되었는데, 상왕이 기구 대신(耆舊大臣)으로서 특히 예모(禮貌)를 더하여 대우하였다. 이때에 이르러 병으로 죽으니, 나이 69세였다. 그의 손자 남휘(南暉)는 상왕의 네째 딸 정선 공주(貞善公主)와 결혼하였다. 그가 젊었을 때에는 집이 가난하여 종 하나 말 한 필이었으며, 합문 지후(閤門祗候)로서 아홉 해나 승진하지 못하니, 그의 부옹(婦翁)도 예대(禮待)하지 않았다. 개국 공신이 되자, 세도를 믿고 남의 노비를 많이 탈취하였다. 무인년에 변정 도감(辨定都監) 제조(提調)가 되었을 적에 어떤 사람이 재를 고소한 일이 있는데, 재가 성을 내어 딴 일을 가지고 여러 가지 방법으로 핍박하니, 그 사람은 분해서 죽었다. 그 까닭에 만년에는 재산이 제법 부유하였다. 또 그 아우 남실(南實)과 살림을 다투어서 종신토록 화목하지 못하였으며 남실은 아침밥을 겨우 먹는데도 구휼하지 않았다.

▍참고문헌

〈태조실록〉, 〈정종실록〉, 〈태종실록〉, 〈세종실록〉, 〈다음백과사전〉, 〈의령남씨족보〉, 〈국조인물고 : 비명. 남구만(南九萬) 지음〉

유정현(柳廷顯)

본관은 문화이고 자는 여명(汝明)이며 호는 월정(月亭)이고 시호는 정숙(貞肅)이다. 고려 공민왕 4(1355)년에 태어나서 세종 8(1426)년에 죽었다.

🗃 재임기간

태종 16(1416)년 11월 2일[63] – 태종 18(1418)년 6월 5일[64] ※ 후임 한상경
세종 즉위(1418)년 12월 7일[65] – 세종 6(1424)년 9월 7일[66] ※ 후임 이직

🗃 가문

아버지는 문화군 진(鎭)[67]이고 할아버지는 돈(墩)인데 도첨의 찬성사와 예문관 대제학을 역임했다. 증조부 승(陞)은 동지추밀원사를 역임했고 고조부 경(璥)은 첨의중찬을 역임했다. 5대조는 상서성 좌복야 택(澤)이고 6대조는 참지정사 공권(公權)이며 7대조는 소감 총(寵)이고 8대조 보춘(寶春)도 소감을 역임했다. 9대조 노일(盧一)은 대장군이고 10대조 금환(金奐)은 중윤이며 11대조 효금(孝金)은 좌윤이고 12대조 차달(車達)은 대승공이다. 차달은 아들 둘을 두었는데 1남은 효전(孝全)이고 2남은 효금(孝金)인데 효전은 연안차씨의 시조가 되고 효금은 문화류씨의 시조가 된다.

장인은 초배가 청주인 서원백 문극공(文克公) 정오(鄭䫨)이고 계배는 완산인으로 태조 이성계의 형인 완산군 원계(元桂)로 부인은 화경택주(和敬宅主)이다. 외할아버지는 춘천인 판사복시사 박거실(朴居實)이다.

아들은 1남은 형조 참판 의(顗)이고 2남은 황해도 관찰사 중군동지총제 장(暲)이다.

---

63) 유정현을 영의정부사로, 박은을 좌의정으로, 한상경을 좌의정으로, …
64) 유정현을 영돈녕부사로, 한상경을 영의정부사로, 이원을 우의정으로, 이지를 좌의정으로 치사하게 하고, …
65) 유정현으로 영의정부사를 삼고, 권진으로 좌군도총제를, …
66) 이직으로 영의정을 삼고, 유정현으로 영돈녕 …
67) 처음 이름은 구(玽)

처남은 이천우인데 이천우는 이성계의 서형인 이원계의 아들이다. 이원
계의 큰 딸은 변중량에게 시집갔다가 다시 유정현에 시집와서 이천우는 처
남이 되고 이원계는 장인이 되었다.

🗃 생애

> 양녕대군의 폐세자 논의가 있을 때 현명한 이를 세자로 책봉해야 한다고 주장해서 실질적으로
> 세종을 지지한 사람이다.

고려 말 음보로 사헌 규정이 되고 전라도 안렴사·장령·지양근군사·집
의·우대언을 역임하고 공양왕 때 좌대언을 역임했다.

태조 즉위(1392)년 공양왕 때 정몽주의 일파로 몰려 유배되었으나 조선이
건국하자 풀려났다. 태조 2(1393)년 아들 의(顗)와 장(暲)이 모두 감시(監試)에
합격한 것으로 인해 직첩 돌려받았다. 태조 3(1394)년 상주 목사에 임명되고
병조 전서·완산 부윤을 역임했다.

태종 3(1403)년 승녕부윤을 역임하고 태종 4년 전라도 관찰사에 임명되었
으며 뒤이어 경기좌우도 관찰사를 역임했다. 태종 7(1407)년 중군 동지총
제·우군 도총제를 역임하고 충청도 관찰사에 임명되었고 태종 8년 왜적
포로 1명을 바쳤다. 태종 8년 충청도 관찰사로 판청주 목사를 겸했다. 태종
9년 판한성 부사에 올라 정조사로 명나라에 다녀와서 태종 10년 형조 판서
에 제수되었으며 판공안부사로 판의용 순금사와 동북면 도순문처치사를 겸
했다. 같은 해에 평양부윤을 역임하고 예조 판서에 전임되어 서북면 도순문
사를 겸했다. 태종 11(1411)년 사헌부 대사헌을 역임하고 태종 12년 이조 판
서로 전임되었다. 태종 13년에는 참찬의정부사·병조 판서를 역임했다. 태
종 14년 참찬의정부사로 성절사가 되어 명나라에 다녀와서 동판의정부사와
우참찬을 역임했다. 태종 15년 의정부 참찬을 역임하고 의정부 찬성으로
승진했으며 태종 16년 좌의정으로 승진한 뒤에 영의정으로 승진했다. 태종
18(1418)년 영의정에서 물러나 영돈녕부사가 되었는데 이때 양녕대군의 폐

세자에 관한 논의가 있자 모든 사람들이 말을 아꼈으나 유정현은 현명한
이를 세자로 책봉해야 한다고 주장했다.

　세종 즉위(1418)년 다시 영의정에 제배되었으며 세종 1(1419)년 쓰시마 섬
정벌 때 삼군 도통사로 활약했다. 세종 6년 영의정에서 물러나 영돈녕부사
겸 판호조사를 지낸 뒤 세종 8년 3월 17일 좌의정에 제배되었다. 5월 13일
좌의정에서 병으로 치사한 뒤인 5월 15일 죽었다. "순탄한 관직 생활을 보
낸 인물로 알려져 있다. 성품은 무척 과단성이 있고 검소하고 근면했다고
한다. 그래서 일을 처리함에 있어서도 이치를 따지고 옳은 일을 주장할 때
에는 조금도 꺼리지 않았다고 한다."(<한국민족문화대백과사전>)

　<세종실록> 세종 8(1426)년 5월 15일 네 번째 기사에 '좌의정으로 치사
한 유정현의 졸기'가 있다.

📦 평가

평가　좌의정으로 치사한 유정현의 졸기

　…… 정현은 문화현(文化縣) 사람이었다. 고려 때의 중찬(中贊) 유경(柳敬)의 사
세손(四世孫)이고, 문화군(文化君) 유구(柳丘)의 아들이었다. 처음에는 고려에 벼슬
하여 사헌규정(司憲糾正)에 임명되고, 여러 번 옮겨 전라도 안렴사(按廉使)·사헌
장령(司憲掌令)·지양근군사(知楊根郡事)·사헌집의(司憲執義)·밀직사 우대언(密直司右代
言)을 거쳐 좌대언으로 옮겼다. 우리 조정에서는 갑술년(甲戌年)에 상주 목사(尙
州牧使)·병조 전서(兵曹典書)·완산 부윤(完山府尹)으로 제수되고, 나가서 전라도
도관찰사가 되고, 다시 경기좌우도 도관찰사·중군 동지총제(中軍同知摠制)로
옮기고, 또 충청도 도관찰사·판한성부사로 나갔다가, 형조 판서로 옮기고
예조 판서로 전직되었으며, 또 나가서 서북면 도순문찰리사(西北面都巡問察理使)
와 평양 부윤(平壤府尹)이 되고, 사헌부 대사헌·이조 판서·참찬의정부사(參贊
議政府事)·병조 판서를 거쳐 다시 참찬이 되고, 찬성사(贊成事)로 승진되었다가
병신년에 좌의정에 임명되어 영의정으로 옮겼다. 기해년 대마도 정벌 때에

는 삼군 도통사(三軍都統使)가 되고, 갑진년(甲辰年)에는 영돈녕부사(領敦寧府事)·판호조사(判戶曹事)를 겸무하다가 병오년에 다시 좌의정이 되어 병으로써 면직을 청하여 치사한 지 4일 만에 돌아가니, 나이가 72세이다. …… 정숙(貞肅)이란 시호(諡號)를 내리니, 숨기지 않고 굴함이 없는 것을 정(貞)이라 하고, 헤지지 않게 꽉 잡은 마음으로 결단하는 것을 숙(肅)이라 한다. 정현의 사람됨은 엄의 과단(嚴毅果斷)하고 검약 근신(儉約謹愼)하여, 일을 조리 있게 처리하고 논란하여 토의함에 강정(剛正)하여 피하는 바가 없었다. 태종(太宗)이 양녕(讓寧)을 폐하고 나라의 근본을 정하지 못하매, 여러 사람의 의논이 의위(疑危)하였는데 정현이 맨 먼저 어진 이를 택해야 된다는 의논을 내었으니, 그 뜻은 성상을 두고 말한 것이었다. 태종이 옳게 여기어 들으시고 드디어 계책을 정하였다. 처음부터 끝까지 임금이 그의 소신(所信)을 중히 여겼으나, 정치를 함에 가혹하고 급하여 용서함이 적었고, 집에서는 재물에 인색하고 재화를 늘이어 비록 자녀라 할지라도 일찍이 마되[斗升]의 곡식이라도 주지 않았으며, 오랫동안 호조를 맡고 있으면서 출납하는 것이 지나치게 인색하더니, 사람들이 그를 많이 원망하여 상홍양(桑弘羊)으로 지목하기까지 되었으니, 이 것이 그의 단점(短點)이었다. 아들이 둘이니 곧 유의(柳儀)와 유장(柳章)이었다.

참고문헌

〈다음백과사전〉, 〈태조실록〉, 〈태종실록〉, 〈세종실록〉, 〈문화유씨세보〉, 〈한국민족문화대백과사전〉

한상경(韓尙敬)

본관은 청주이고 자는 숙경(叔敬)·경중(敬仲)이며 호는 신재(信齋)이고 시호는 문간(文簡)이다. 고려 공민왕 9(1360)년에 태어나서 세종 5(1423)년에 죽었다.

🎲 재임기간

태종 18(1418)년 6월 5일[68] - 세종 즉위(1418)년 8월 15일 ※ 후임 이지
세종 즉위(1418)년 8월 15일 - 세종 즉위(1418)년 9월 3일[69] ※ 후임 심온

🎲 가문

아버지는 판후덕부사 수(脩)이고 할아버지는 호부상서 공의(公義)이다. 증조부는 도첨의 우정승으로 상당부원군에 봉해진 악(渥)이고 고조부는 보문각 제학 사기(謝奇)다. 5대조 강(康)은 첨의중찬이고 6대조 광윤(光胤)은 좌복야이며 7대조 희유(希愈)는 검교신호위 상장군이다. 8대조는 상의직장(尙衣直長) 혁(奕)이고 9대조는 별장동정(別將同正) 상휴(尙休)이며 10대조는 용호군 교위 영(穎)이다. 11대조는 청주한씨 시조 란(蘭)인데 고려 개국공신으로 문하태위다.

장인은 해주인 판도판서(版圖判書) 오준량(吳俊良)이고 외할아버지는 안동인 권적(權適)인데 권적은 시중을 역임하고 길창부원군(吉昌府院君)에 봉해졌다.

아들 혜(惠)는 함길도 도관찰척출사 겸 함흥 부윤이다. 혜(惠)가 아들 다섯을 두었는데 1남이 계윤(繼胤)이고 2남이 계미(繼美)이며 3남이 계희(繼禧)이고 4남이 계선(繼善)이며 5남이 계순(繼純)이다. 계윤은 사헌부 장령·검교 참판 겸 경연참찬관을 역임했고 계미는 좌찬성 겸 이조 판서를 역임하고 서원군에 봉해졌으며 세조비 정희왕후의 여동생과 결혼했다. 계희는 유자광과 함께 남이옥사를 주도했고 이조 판서와 좌찬성을 역임하고 서평군에 봉했다. 계순은 공조 판서와 이조 판서를 역임하고 청평군에 봉해졌다. 상경의 딸은 둘인데 1녀는 전의인 한성부 판윤 이사관(李土寬)과 결혼했고 2녀는 전주인

---

68) 유정현을 영돈녕부사로, 한상경을 영의정부사로, 이원을 우의정으로, …
69) 심온으로 영의정부사를 삼고, 한상경을 서원부원군으로, …

증도승지 최진명(崔進明)과 결혼했다.

형은 예문관 대제학 상질(尚質)인데 영의정 명회의 할아버지이고 아우는 상덕(尚德)인데 호조 참판을 역임했다. 명회의 어버이가 죽자 명회를 길렀다.

🎲 생애

> 명회의 종조부로 공양왕을 폐위시키고 옥새를 이성계에게 바치며 즉위를 간청했다. 명회의 아버지가 죽자 명회를 길렀다.

사선 서령으로 있다가 우왕 8(1382)년 문과에 3등으로 급제하여 예의 좌랑·우정언·전리 정랑·예문 응교·공부 총랑·종부시령을 역임하고 공양왕 4(1392)년 밀직사 우부대언으로 승진했다. 1392년 7월 이성계의 왕위 추대에 가담하여 공양왕을 폐위시키고 옥새를 들고 이성계에게 바치며 즉위를 간청했다.

태조 1(1392)년 우승지에 임명되고 개국공신을 정할 때 개국공신 3등[70]에 녹훈되고 태조 2년 중추원 도승지에 임명되었다. 그 뒤에 개국공신을 다시 정할 때 개국공신 2등[71]으로 올랐다. 태조 5(1396)년 첨서중추원사·도평의사사·충청도 도관찰사를 역임하고 서원군에 봉해졌다.

정종 1(1399)년 경기좌도 도관찰출척사[72]를 역임하고 정종 2년 참지의정부사가 되었다.

태종 2(1402)년 참지의정부사로 접반사를 겸하면서 사신을 영접하였고 참지의정부사에서 물러나 서원군이 되었다. 태조 2년 전서·중군총제·풍해도 도관찰사를 역임하고 강원도 관찰사로 전임되었다. 태조 5(1396)년 공조판서로 승차하였고 태조 6년 지의정부사로 사헌부 대사헌을 겸하였으며 판승녕부사를 역임하고 서원군이 되었다. 이때 명나라 황제가 북방을 순행하

---

70) 익대개국공신
71) 추충익대개국공신
72) 관찰사를 말함.

였기 때문에 납징사로 가서 안부를 묻고 돌아왔다. 태종 8년 세자좌빈객에 임명되고 태종 10년 경사로 북경에 다녀왔다. 태종 11년 호조 판서에 임명되고 태종 13년 참찬의정부사를 거쳐 이조 판서에 임명되었다. 태종 15년 이조 판서에서 물러나 서원부원군이 되었다. 태종 16년 지관사를 거쳐 우의정이 되었으며 태종 17년 영예문관사를 겸하다가 태종 18년 우의정에서 영의정부사로 승차하였다. 세종 즉위(1418)년 영의정에서 물러나 서원부원군으로 있다가 세종 5(1423)년에 64세로 죽었다.

<세종실록> 세종 5(1423)년 3월 7일 네 번째 기사에 '서원부원군 한상경의 졸기'가 있다.

🎲 평가

서원 부원군 한상경의 졸기

······ 상경의 자(字)는 숙경(叔敬)이니, 본관(本貫)은 청주(淸州)이다. 문경공(文敬公) 한수(韓脩)의 아들이다. 고려 왕조에 벼슬하여 사선 서령(司膳署令)에 임명되었는데, 임술년 문과(文科)에 제3인으로 뽑혀서 예의 좌랑(禮義佐郞)에 임명되고 우정언(右正言)으로 옮겼으며, 전리 정랑(田理正郞)·예문 응교(藝文應敎)·공부 총랑(工部摠郞)·종부 령(宗簿令)을 거쳐 임신년에 밀직사 우부대언(密直司右副代言)으로 승진되었다. 우리 태조가 나라를 세우매, 태조를 추대한 모의(謀議)에 참여하고, 보새(寶璽)를 받들어 태조에게 올렸으므로, 익대 개국 공신(翊戴開國功臣)이란 칭호를 내리었다. 중추원 도승지(中樞院都承旨)에 옮겨지고 추충 익대 개국 공신(推忠翊戴開國功臣)으로 승진되고, 첨서중추원사(簽書中樞院事)·도평의사사(都評議司使)가 되었으며, 밖으로 나가서 충청도 도관찰사가 되고, 서원군(西原君)에 책봉되었다. 또 경기좌도 도관찰사가 되었다. 건문(建文) 2년에 태종이 왕위에 오르매, 상경(尙敬)에게 이르기를,

"내가 큰 왕업(王業)을 계승하였으매, 세상을 다스릴 줄을 알지 못하여 마음 속으로 실상 어렵게 여긴다."

라고 하니, 상경이 대답하기를,

 "옛 사람의 말에, '임금이 임금노릇 하기를 어렵게 여긴다.'는 말이 있는데, 지금 전하께서는 그 어려움을 능히 아시니, 실로 우리 동방(東方)의 복이옵니다. 그러나, 이를 아는 것이 어려움이 아니라, 이를 실행하는 것이 어렵습니다."

라고 하였다. 태종이 이 말을 옳게 여겨 받아들이고, 참지의정부사(參知議政府事)에 임명하였다. 흠차 병부주사(欽差兵部主事) 단목지(端木智)가 오니, 상경에게 명하여 접반사(接伴使)를 삼았는데, 수십 일이 지나도록 예(禮)로 대접함이 더욱 부지런하니, 단목지가 말하기를,

 "안평중(晏平仲)은 사람들과 더불어 교제를 잘한다고 했는데, 공(公)이 그 사람이다."

라고 하였다. 밖으로 나가서 풍해(豐海)·강원(江原) 두 도의 도관찰사(都觀察使)가 되었다가, 조정에 들어와서는 공조 판서가 되고 지의정부사(知議政府事)로 옮겨 사헌부 대사헌(大司憲)을 겸하였다. 태종은 <명나라> 황제가 북방을 순행하매, 상경을 보내어 안부(安否)를 묻게 하였다. 호조 판서가 옮겨졌다. 삼공신(三功臣)이 헌수(獻壽)하는데, 상경이 술잔을 들어 올리니, 태종이 이르기를,

 "내가 왕위에 오른 처음에 경이 나에게, '임금은 임금노릇 하기가 어려운 줄을 알아야 하며, 아는 것이 어려움이 아니라, 실행하는 것이 어렵다.'라고 했는데, 내가 지금도 잊지 않았다."

라고 하니, 상경이 대답하기를,

 "임금께서 이미 신의 말을 잊지 않으셨다고 하니, 다시 한 말씀을 아뢰기를 청합니다."

라고 하였다. 태종은,

 "무슨 말인가."

라고 하매, 대답하기를,

 "시초는 없지 않으나, 종말이 있기는 적습니다."

라고 하니, 또 칭찬하였다. 참찬의정부사(參贊議政府事)와 이조 판서를 역임하여 을미년에 서원 부원군(西原府院君)·의정부 우의정(議政府右議政)에 승진되었다. 병

신년에 영의정에 임명되고, 다시 부원군(府院君)에 책봉되었다. 상경은 평소부터 풍질(風疾)을 앓았는데, 경자년에 어머니의 상(喪)을 당하여, 슬퍼하여 예절을 다했으니, 이로 말미암아 병이 더욱 심하였다. 임금께서 매우 염려하여 대언(代言)을 보내어 고기를 먹도록 명하고, 내의(內醫)로 하여금 치료하게 하고 위문과 물품을 내림이 그치지 않았는데, 이때에 돌아가니, 나이 64세였다. 부고(訃告)가 들리매, 임금께서 매우 슬퍼하여 즉시 중사(中使)를 보내어 조위(弔慰)하게 하고, 3일 동안 조회를 폐하고 관(官)에서 장사(葬事)를 갖추어 주고, 또 부의(賻儀)를 내리도록 명하였다. 문간(文簡)이란 시호(諡號)를 내렸으니, 학문을 부지런히 하고, 묻기를 좋아함을 문(文)이라 하고, 덕이 순일(純一)하여 게을리 하지 않음을 간(簡)이라 한다. 상경은 소년 시절부터 놀기를 좋아하지 않았으며, 식량(識量)이 정밀(精密)하고 민첩하며, 행실이 단정하고 공손하였다. 장성하여 벼슬에 나아가매, 깨끗하게 자기 몸을 지켰었다. 오랫동안 전선(銓選)을 맡아서 천거한 사람이 공정하였으며, 집에 있을 때는 능히 검소하여 의복과 음식을 정결한 것만 취할 뿐이었다. 어머니를 섬기매 조석으로 안부를 살피고, 몸소 감지(甘旨)를 먼저 맛보아, 비록 관직이 높아지고, 기력이 노쇠(老衰)하여서도 일찍이 이를 폐하지 않았다. 평상시에 스스로 '신재(信齋)'라고 칭호하였다. <어머니의> 상을 당하여 이미 장례(葬禮)를 마치고 나매, 병이 더욱 심해졌는데, 사람들에게 말하기를,

"내가 병이 있은 지가 오래 되었으므로, 다만 먼저 죽어서 늙은 어버이의 마음을 상하게 할까 두려워 하였는데, 지금에 와서 자식의 일을 다 마쳤으니, 죽더라도 또한 유감은 없을 것이다."

라고 하였다. 아들은 한혜(韓惠)이었다.

참고문헌

〈국조인물고 : 유사〉, 〈다음백과사전〉, 〈태조실록〉, 〈정종실록〉, 〈태종실록〉, 〈세종실록〉, 〈청주한씨제6교대동족보〉

이 지(李枝)

본관은 전주이고 태조의 서종제인 순녕군(順寧君)이며 시호는 양안(良安)이다. 충정왕(忠定王) 1(1349)년에 태어나서 세종 9(1427)년에 죽었다.

📖 재임기간

세종 즉위(1418)년 8월 15일[73] - 세종 즉위(1418)년 8월 15일 ※ 후임 한상경

📖 가문

아버지는 완자불화(完者不花)인데 완자불화는 태조 이성계의 할아버지인 도조[74]와 둘째 부인인 쌍성총관 한양인 조휘(趙暉)의 딸 사이에서 태어났다. 따라서 태조 이성계의 서사촌 아우다. 할아버지는 도조[75]이고 증조부는 익조(行里)이며 고조부는 목조(安社)이다. 5대조는 장군 양무(陽茂)이고 6대조는 내시 집주 인(璘)이며 7대조는 대장군 용부(勇夫)다. 8대조는 궁진(宮璡)이고 9대조는 진유(珍有)이며 10대조는 화(華)이고 11대조는 충민(忠敏)이다. 12대조는 경영(景英)이고 13대조는 충경(充慶)이며 14대조는 승삭(承朔)이고 15대조는 염순(廉順)이다. 16대조는 궁휴(兢休)이고 17대조는 입전(立全)이며 18대조는 광희(光犧)이고 19대조는 천상(天祥)이다. 20대조는 자연(自延)이고 21대조는 전주이씨의 시조 한(翰)이다.

장인은 알 수 없고 외할아버지는 한양인 쌍성총관 조휘(趙暉)다.

아들은 넷인데 1남이 경창부 윤과 경성 절제사를 역임한 상흥(尚興)이고 2남이 상항(尚恒)이며 3남이 상진(尚珍)이고 4남이 상신(尚新)이다.

---

73) 안천보를 좌의정으로 치사하게 하고, 이지를 영의정으로 치사하게 하여, …
74) 처음 이름은 선래(善來)였으나 춘(椿)으로 바뀌었다. 몽골이름으로는 발안첩목아(勃顔帖木兒)
75) 도조에게는 두 부인이 있는데 첫 부인은 경순왕후로 추존된 박씨(문하시중 박광朴光의 딸)이고 측실로 한양조씨가 있다. 박씨의 소생으로는 1남이 완창대군 자흥(自興)이고 2남이 환조로 추존된 자춘(子春)이며 3남이 완원대군 자선(子宣)이며 4남이 완천대군 평(平)이고 5남이 완성대군 종(宗)이다. 한양조씨의 소생으로는 1남이 완자불화(完者不花)이고 2남이 나해(那海)다.

이성계의 서사촌 아우로 1차 왕자의 난으로 정도전이 척살될 때 순군옥에 구금되었다가 외방으로 부처되었으나 태종이 즉위하면서 풀려났다. 효성이 지극하여 매년 어머니 제사 때에 절에서 불공을 드렸는데 중과 간통하다 들킨 후처에 의해 죽었다.

태조 1(1392)년 조선이 건국되면서 원종공신이 되어 상호군·이조 전서·호조 전서·예조 전서를 거쳐 태조 6(1397)년 순녕군에 봉해져서 좌상군사를 겸했다. 태조 7년 내상 절제사로 있을 때 1차 왕자의 난으로 정도전 등이 척살될 때 순군옥에 구금되었다가 외방에 부처되었다.

태종 즉위(1400)년 유배에서 풀려나서 태종 8(1408)년 다시 순녕군에 봉해졌고 태종 11년 용양시위사에 임명되었다. 같은 해에 원종공신 2등에 녹훈되고 종1품직인 재내제군(在內諸君)에 임명되었다. 태종 12년 영공안부사가 되었고 태종 14(1414)년 1월 영돈녕부사에 임명되었다가 우의정에 올랐다. 태종 15년 죽은 중추원부사 조화의 아내 김씨에게 장가들었다. 김씨와 결혼하려 하자 "사헌부가 탄핵하였으나 아내 없는 남자와 남편 없는 여자가 혼인한 것을 탓할 수 없다. 그러니 이지가 계실을 취한 것을 논하지 말라."는 태종의 명으로 논의가 없어졌다. 김씨는 문하시랑 찬성사 김주의 딸인데 아름답고 음란하여 늙을수록 더욱 심하였고 형제와 어미가 모두 추한 소문이 있었다 한다. 태종 18년 충녕군으로 세자를 삼고 이제를 양녕대군으로 삼는 날 좌의정으로 잉령치사했다. 좌의정으로 치사한 뒤에 제 2과의 녹을 받았다.

세종 즉위(1418)년 영의정으로 잉령치사했고 세종 3년 종2품의 과에 의거 녹을 받도록 하는 은전을 받았다. 세종 5(1423)년 다시 영돈녕부사가 되었다가 세종 9(1427)년 79세에 죽었다.

이지의 죽음에 대해서는 졸기에 아내 김씨가 중과 간통하다 들켜 이지가 꾸짖고 구타하자 김씨가 불알을 끌어당겨 죽였다는 기록이 있다. 이지가 죽은 뒤에 김씨를 벌해야 한다는 탄핵이 뒤따랐으나 김씨는 서울에서 쫓겨나고 강화로 옮겨 살다가 심악의 농막에 옮겨 살게 했다.

<세종실록> 세종 9(1427)년 1월 3일 두 번째 기사에 '영돈녕부사로 치사한 이지의 졸기'가 있다.

🎲 평가

영돈녕부사로 치사한 이지의 졸기

…… 이지는 우리 태조의 종제(從弟)이다. 이지는 나이 8세에 부모를 여의고 외숙부(外叔父)인 익양군(益陽君) 왕기(王琦)의 집에서 양육되었는데, 태조께서 잠저(潛邸)로 불러와서 두고 무양(撫養)하기를 심히 두터이 하여 상시 휘하(麾下)에 있게 하였다. 정사년에 태조께서 왜구(倭寇)를 해주(海州)에서 정벌할 때에 이지가 적진(賊陣)을 돌격하여 죽이고 사로잡은 것이 많았다. 왜구가 물러갔는데도 이지는 오히려 돌아오지 않으니 태조가 놀라서 말하기를,

"이지는 어디 갔는가." 하니, 마침 말을 달려와서 뵈옵는지라, 태조가 기뻐하여 말하기를,

"나는 네가 죽은 줄로만 알았다."고 하였다.

무진년에 태조가 <위화도에서> 회군(回軍)할 때, 이지는 중랑장(中郎將)이 되어 날랜 기병(騎兵) 수백 명을 거느리고 먼저 떠나서, 이틀 걸릴 길을 하루에 달려, 영풍(永豊)의 사저(私邸)를 방위(防衛)하였다. 임신년에 태조가 나라를 세우자 원종 녹권(原從錄券)을 내리고 상호군(上護軍)에 임명하고, 이조·호조·예조 삼조(三曹)의 전서(典書)를 역임(歷任)하고, 순녕군(順寧君)에 봉해지고, 좌상군사(左廂軍士)까지 겸하여 관장(管掌)하였다. 무인년에 어떤 사건에 연좌(連坐)되어 귀양갔다. 태종(太宗)이 왕위에 오르자, 불러와서 순녕군(順寧君) 영공안돈녕부사(領恭安敦寧府事)로 복직(復職)되고, 우의정에 승진되어 치사(致仕)하였다. 얼마 뒤에 영의정에 임명되어 치사(致仕)하고, 다시 영돈녕(領敦寧)이 되어 그대로 치사(致仕)하게 하였다. 이지의 어머니 기일(忌日)은 섣달 그믐날이고, 아버지 기일(忌日)은 정월 초하루이므로, 매양 세말(歲末)에 죽은 부모를 위하여 절에

가서 부처를 공양하고 중에게 재(齋)올리는 것으로 떳떳한 일로 삼았는데, 이 때에도 향림사(香林寺)에 나아가서 부처에게 공양하였다가, 하룻밤 사이에 갑자기 졸(卒)하니, 나이 79세였다. …… 다스리게 하였다. 사람들이 말하기를,

"이지가 후처(後妻) 김씨(金氏)와 더불어 절에 가서 수일 동안 머물렀는데, 밤에 김씨가 중과 간통(奸通)하므로, 이지가 간통하는 장소에서 붙잡아 꾸짖고 구타하니, 김씨가 이지의 불알을 끌어당겨 죽였다."고 하는데, 그때 따라간 사람이 모두 김씨의 노비(奴婢)였기 때문에 이를 숨겼으니, 외인(外人)들은 알 수가 없었다. 이지의 전처(前妻) 아들 절제사(節制使) 이상흥(李尙興)이 충청도에서 부고를 듣고 왔는데, 한 남자 종이 김씨에게 알리기를,

"상흥(尙興)이 장차 <이 사실을> 형조에 알릴 것입니다."하니,

김씨는 어찌할 바를 모르고 발광(發狂)하여 천치(天癡)처럼 되니, 드디어 일이 잠잠해지게 되었다. 마을 사람들이 모두 말하기를,

"관청에 알려서 시체를 검사하면 원통함을 씻을 수 있을 것이다."고 했으나, 상흥(尙興)은 그 실정을 알면서도 관청에 알리지 않았으니, 모두 하늘과 땅 사이에 용납되지 못할 사람이다. 김씨는 곧 조화(趙禾)의 아내이다. 양안(良安)이란 시호(諡號)를 내렸으니, 온량(溫良)하여 즐거워함을 양(良)이라 하고, 화합을 좋아하여 다투지 않음을 안(安)이라 한다. 전처(前妻)에서 네 아들이 있으니, 이상흥(李尙興)·이상항(李尙恒)·이상진(李尙珍)·이상신(李尙新)이었다.

参고문헌

〈다음백과사전〉, 〈태조실록〉, 〈태종실록〉, 〈세종실록〉

심 온(沈溫)

본관은 청송이고 자는 중옥(仲玉)이며 시호는 안효(安孝)이다. 1375년에 태어나서 세종 즉위(1418)년에 죽었다.

재임기간

세종 즉위(1418)년 9월 3일[76] – 세종 즉위(1418)년 12월 7일[77] ※ 후임 유정현

가문

아버지는 덕부(德符)인데 고려말 문하시중을 역임하고 정종 1년 영의정에 해당하는 좌정승을 역임하고 청성부원군에 봉해졌다. 할아버지는 전리 정랑 용(龍)이고 증조부는 합문지후(閤門祗候) 연(淵)이다. 고조부는 청송심씨의 시조인 고려조 문림랑 위위시승(文林郎衛尉寺丞) 홍부(洪孚)이다.

장인은 순흥인 좌의정 안천보(安天保)이고 처할아버지는 정당문학 보문각 대제학 안천선(安千善)이다. 외할아버지는 초배는 청주인 청원군 송유충(宋有忠)이고 계배는 인천인 감문위 낭장(監門衛郎將) 문필대(門必大)이다. 문필대가 친외할아버지다.

아들 셋과 딸 여섯을 두었는데 아들은 준(濬)·회(澮)·결(決)이다. 준(濬)은 태종의 처남이며 영의정 민제의 아들인 민무휼의 딸과 결혼했으나 일찍 죽었다. 준의 아들 미(湄)가 아버지 대신 전농 직장에 임명되었다. 회(澮)는 영의정인데 역시 영의정 민제의 아들 민무휼의 딸과 결혼했다. 결(決)은 행판중추부사이다.

딸이 여섯인데 1녀는 세종과 결혼한 소헌왕후이고 2녀는 동지중추원사 강석덕(姜碩德)과 결혼해서 강희안과 강희맹 그리고 세종의 후궁인 영빈 강씨를 낳았다. 3녀는 우의정 노한의 아들인 동지돈녕부사 교양부원군 노물재

---

76) 심온으로 영의정부사를 삼고, 한상경을 서원부원군으로 삼다.
77) 유정현을 영의정부사로 삼고(실제로 심온은 전에 파직되었다.)

와 결혼해서 노회신, 노유신, 노사신, 노호신을 낳았는데 노사신은 영의정을 역임했다. 4녀는 유자해에게 시집갔는데 유자해의 아들이 유양이고 유양의 아들이 영의정 유순정이다. 5녀는 이승지와 결혼했다. 6녀는 장경왕후의 외할아버지인 부지돈녕부사 박거소와 결혼해서 아들 넷을 낳았는데 1남은 박중선이고 2남은 박숙선이며 3남은 박계선이고 4남은 박숭선이다. 박중선이 1남 3녀를 두었는데 아들은 중종반정공신으로 영의정에 오른 박원종이고 1녀는 월산대군의 부인인 승평부부인이며 2녀는 제안대군의 부인인 순천부부인이고 3녀는 장경왕후의 친정아버지로 중종의 국구인 파평부원군 윤여필의 부인이다. 또한 인종의 외할아버지이며 대윤의 영수인 윤임의 아버지이다.

형제로는 인봉(仁鳳)·의구(義龜)·계년(繼年)·징(澄)·종(淙)·정(汀)이 있다. 인봉은 좌군 도총제이다. 의구는 의금부 판사를 역임했다. 의구는 구(溝)를 낳았는데 구가 이조 좌랑이다. 계년은 지성주사이고 연(涓)과 기(沂)를 낳았는데 기는 성균관 학유이다. 징은 인수부윤을 역임했다. 징이 석준(石雋)을 낳고 징의 증손은 안의(安義)인데 안의는 정안옹주와 결혼해서 세종의 부마가 되었다. 종은 경선공주와 결혼하여 태종의 부마가 되었고 경상도 절도사를 역임했다. 정은 의흥삼군부 동지총제를 역임했는데 고려 공양왕의 형인 정양부원군 왕우(王瑀)의 사위이며 정의 손녀는 성종의 후궁인 숙용 심씨이다.

📦 생애

> 문하좌정승 덕부의 아들이고 소헌왕후의 친정아버지이고 영의정 심회의 아버지이다. 혼맥을 통해 조선 초기 최고의 세력가가 되었다. 세력이 커지는 것을 경계한 태종의 무고로 사형당했다.

11세에 고려 감시(監試)에 합격하고 벼슬하였다. 조선이 건국하자 태조 때에 병조 의랑·공조 의랑을 역임하고 정종이 즉위하자 보공장군 영무사 대장군에 제수되고, 신문사 대호군으로 옮겼다.

1400년 태종이 즉위하자 지각문사에 임명되었다. 태종 1(1401)년 아버지

덕부78)가 죽었다. 태종 4(1404)년 시묘를 마치고 다시 지각문사(知閣門事)에 임명되고 대호군으로 간판내시다방사(幹辦內侍茶房事)에 임명되었다. 조금 뒤에 용양사 상호군에 승진되어 판통례문사를 겸했다. 태종 7(1407)년 동부대언에 임명되고 태종 8년 딸(뒤의 소헌왕후)이 충녕군(뒤의 세종)에게 시집갔다. 이어 우부대언·좌부대언으로 승진했으며 뒤에 가선대부로 가자되어 동지총제에 임명되었다. 태종 11(1411)년 가정대부에 승진하여 풍해도 관찰사에 임명되었다. 태종 13년 참지의정부사·대사헌을 역임하고 태종 14(1414)년 우군총제·변정도감 제조를 역임하고 형조 판서로 승진했다. 태종 15년 호조 판서로 전임되어 좌군 도총제를 겸했다. 태종 16년 의정부 참찬을 역임하고 판한성 부사에 임명되었으나 어떤 일로 의금부에 하옥되었다가 풀려났다. 태종 17(1417)년에는 진헌색 제조·이조 판서에 임명되었다가 태종 18년 공조 판서·이조 판서·의정부 참찬에 임명되었다.

　세종 즉위(1418)년 청천부원군에 봉해지고 사은사로 명나라에 갔다. 명나라에 갈 때 국구이기 때문에 그에 맞는 지위가 있어야 한다는 태종의 명으로 영의정부사에 임명되었다. 이때 병조 참판 강상인(姜尚仁)과 온의 동생 도총제 심정이 금위군의 군사를 분속시키면서 상왕인 태종에게 보고하지 않았다. 태종은 이에 분노하여 강상인·심정과 함께 병조 판서 박습(朴習)을 참수시켰다. 이때 온은 명나라에 있었기 때문에 이 사건과 관련이 없었으나 온을 배후로 지목하였다. 온이 귀국할 때 수원으로 압송된 뒤에 사사되었다. 이 사건은 국구로 세력이 커지는 것을 염려한 태종과 좌의정 박은(朴訔)이 무고한 것으로 밝혀졌다. 졸기에 의하면 이양(李揚)이 들어와서 심온이 스스로 목숨을 끊었다 보고하였다. 그러나 <세종실록>에 의하면 세종 즉위년 11월 24일 가산을 봉습했고 11월 25일 심온이 오는 대로 비밀리에 잡아오라고 명했다. 그리고 12월 5일 칼을 씌우고 수갑 채워 잡아왔으며 12월

---

78) 청성백 심덕부는 전리정랑 심용(沈龍)의 아들로 일곱 명의 아들을 두었는데 인봉(仁鳳)·의귀(義龜)·도생(道生)·징(澄)·온(溫)·종(淙)·정(泟)이다. 종은 태상왕(이성계)의 둘째딸 경선공주에게 장가갔다.

25일 명에 의해 자결했다고 기록되어 있다.

<세종실록> 세종 즉위(1418)년 12월 25일 두 번째 기사에 '청천부원군 심온의 졸기'가 있다.

🎁 평가

청천 부원군 심온의 졸기

이양(李揚)이 돌아와서 아뢰기를,

"심온은 이미 스스로 목숨을 끊었습니다."

하니, 선지(宣旨)하기를,

"심온은 비록 예(禮)를 갖추어 장사지내지 못할지라도 또한 후하게 하지 않을 수 없다."

하고, 이에 이양달(李陽達)을 보내어 장사지낼 땅을 가려 정하게 하고, 수원부(水原府)에 명하여 장사(葬事)를 치르게 하며, 또 관곽(棺槨)·종이·석회(石灰)를 내려 주고, 내관(內官)을 보내어 장사를 돌보게 하고, 있는 곳의 관원으로 하여금 치제(致祭)하게 하였다. 심온의 자(字)는 중옥(仲玉)이니, …… 심온은 나이 11세에 고려의 감시(監試)에 합격하고, 국초(國初)에 병조와 공조의 의랑(議郎)을 역임하였다. …… 심온은 성품이 인자하고 온순하여 물정(物情)에 거슬리지 않았다. 평소에 심온이 하윤(河崙)과 뜻이 서로 맞지 않았는데, 어느 날 심온이 임금에게 아뢰기를,

"하윤이 빈객(賓客)과 많이 교통하고 뇌물을 많이 받아들이며, 대낮에 첩의 집에 드나드니, 추잡한 행실이 이와 같습니다."

하면서, 장차 밀계(密啓)하고자 하므로, 임금이 상세히 상왕에게 아뢰니, 상왕이 말하기를,

"신하가 밀계(密啓)함이 있는 것은 좋은 일이 아니며, 또 외인(外人)의 의심을 초래(招來)하게 될 것이다."

하여, 마침내 불러 보지 아니하였다. 양녕(讓寧)이 덕을 잃으매, 여러 신하들

이 다 임금에게 마음이 돌아가게 되며, 양녕도 가끔 임금의 어진 덕행을 말하니, 상왕이 이를 듣고 매우 불평하게 여기고, 인하여 심온에게 경계하여, 감히 공공연하게 말하지 말라고 하고, 또 말하기를,

"사인(士人)을 널리 접촉하지 말고 조심하여 법도를 지키라."

고 하였다. 구종수(具宗秀)의 일이 발생하자, 종수의 형 구종지(具宗之)가 의금부에 고하여 말하기를,

"전일에 심판서(沈判書)가 나에게, '네가 신자(臣子)가 되어 동궁(東宮)에 교통하는 것이 옳으냐.' 하고 책망하였다."

하고, 양녕도 말하기를,

"종수가 일찍이 나에게 말하되, '심판서는 내가 동궁(東宮)에 출입하는 것을 알고 일찍이 꾸짖어서 내가 심히 두려워하였다.'고 하더라."

고 하였다. 의금부에서 이를 갖추어 아뢰니, 상왕이 임금에게 이르기를,

"내가 심온에게 그처럼 경계하였는데도, 이런 사람들과 교통하고, 또 말하는 바가 이와 같은 것은 어찌된 까닭인가."

하였다. 일찍이 어느 날 임금이 심온과 더불어 손[客]을 서교(西郊)에서 전송하는데, 종수가 심온을 따라가다, 길에서 심온이 종수와 방종(放縱)하게 농담을 하였다. 얼마 안 되어 종수가 죄를 얻게 되었는데, 양녕이 임금에게 말하기를,

"네가 손을 전송하던 날의 일을 종수가 나에게 상세히 말하더라."

고 하였다. 후에 심온이 이 말을 듣고 뉘우쳐 한탄하며 말하기를,

"그 사람을 믿기가 이와 같이 어려운 줄을 나는 일찍이 알지 못하였구나."

고 하였다. 심온이 중국 서울에 갈 적에 상왕이 임금에게 이르기를,

"네 왕비의 아버지가 사신으로 갔다가 돌아오면, 매양 세말(歲末)이 되니, 친히 왕비의 종족과 더불어 그 집에 가서 잔치를 베풀어 위로할 것이라."

고 하더니, 그가 돌아오기 전에 옥사(獄事)가 일어났다. 임금이 동궁(東宮)에 있을 적에 심온이 아뢰기를,

"지금의 사대부들이 나를 보면 모두 은근(慇懃)한 뜻을 보내니, 내가 심히 두

렵습니다. 마땅히 손[爵]을 사절(謝絶)하고 조용히 여생을 보내야 되겠습니다."

하므로, 임금이 즉시 이 말을 아뢰었더니, 상왕이 심히 옳게 여겼다. 이 때에 이르러, 상왕이 임금에게 말하기를,

"심온이 전일에 손을 사절하고 조용하게 지내겠다는 뜻을 내가 심히 옳게 여겼더니, 지금 이와 같은 것은 무슨 까닭이냐."

고 하였다. 상왕이 임금에게 매양 이르기를,

"네 비(妃)의 집은 상패(喪敗)하였으나, 오직 안수산(安壽山)만이 홀로 남아 있으니, 마땅히 고관대작(高官大爵)에 임명해야 할 것이다."

고 하므로, 수산이 얼마 아니 가서 중추부(中樞府)로 들어왔다. 심온의 세 아들은 심준(沈濬)·심회(沈澮)·심결(沈決)이다.

참고문헌

〈다음백과사전〉, 〈태조실록〉, 〈정종실록〉, 〈태종실록〉, 〈세종실록〉, 〈청송심씨대동세보〉

이 직(李稷)

본관은 성주이고 자는 우정(虞庭)이며 호는 형재(亨齋)이고 시호는 문경(文景)이
다. 공민왕 11(1362)년에 태어나서 세종 13(1431)년에 죽었다.

재임기간

세종 6(1424)년 9월 7일[79] – 세종 7(1432)년 12월 16일[80] ※ 후임 이직
세종 8(1426)년 1월 15일[81] – 세종 8(1426)년 5월 13일[82] ※ 후임 황희

가문

아버지는 문하평리 겸 대제학 인민(仁敏)이고 할아버지는 검교문하시중 겸
판선부사·도첨의평리 포(褒)이다. 증조부는 정당문학 진현관 대제학 조년(兆
年)이고 고조부는 안일 호장 장경(長庚)이다. 5대조는 안일 호장 득희(得禧)이고
6대조는 안일 호장 돈문(敦文)이며 7대조는 효참(孝參)이고 8대조는 영(瑩)이고
9대조는 충경(沖京)이다. 10대조는 정거(廷居)이고 11대조는 범(凡)이다. 12, 13,
14대조는 실전되었고 시조는 15대조 순유(純由)인데 극신(克臣)으로 개명했다.

장인은 양천인 검교참찬의정부사 양천군 허시(許時)이고 외할아버지는 초
배는 복주인 판개성윤 진승서(陳承緖)이고 계배는 함안인 제학 윤당(尹糖)이다.

아들은 1남은 한성 판윤 사후(師厚)이고 2남은 관찰사·중추원부사 사원(師
元)이며 3남은 공조 참판 사순(師純)이고 4남은 이조 판서 홍문관 대제학 사
형(師衡)이다. 사후는 아들 셋을 두었는데 1남이 함녕(咸寧)이고 2남이 충청도
관찰사 정녕(正寧)이며 3남이 계령(繼寧)이다. 정녕은 태종과 소빈 노씨의 소생
인 숙혜옹주와 결혼한 성원위(星原尉)이다. 정녕의 아들이 우찬성 집(諿)이다.
이직의 큰딸은 영의정 민제의 아들인 여원군 민무휼(閔無恤)과 결혼하여 원경
왕후의 시누이가 되었고 이직의 또 다른 딸은 과부가 되었다가 33세 나이

---

79) 이직으로 영의정을 삼고, 유정현으로 영돈녕을, …
80) 이직을 좌의정으로, 황희를 우의정으로 삼고, …
81) 이직을 영의정부사에 임명하고, 조연을 우의정으로, …
82) 이직을 좌의정으로, 황희를 우의정으로 삼고…

로 태종에게 시집가서 태종의 후궁인 신궁궁주에 봉해졌다. 이때 이직도 성산부원군으로 복귀했다.

아우는 좌군도총부 동지총제 수(穗)이다. 방계로는 고조부인 장경이 아들 다섯을 두었는데 1남은 백년(百年)이고 2남은 천년(千年)이며 3남은 만년(萬年)이고 4남은 억년(億年)이며 5남이 조년(兆年)이다. 또 할아버지 포는 6남을 두었는데 1남이 검교문하시중 홍안부원군 대제학 인복(仁復)이고 2남이 경성종무사 광평부원군 인임(仁任)이며 3남은 예의판서 인미(仁美)이고 4남은 밀직사·진현관 대제학 인립(仁立)이며 5남은 주부 인달(仁達)이고 6남은 인민(仁敏)이다. 인임은 고려말 최고의 실력자이다. 당질이 고려말 삼은의 한 사람인 숭인(崇仁)이다.

🎁 생애

> 민무희와 염치용에 죄 주는 것을 방해한 죄로 성주에 안치되었으나 과부가 된 딸이 태종의 후궁이 되면서 성산부원군으로 복귀했다.

고려 우왕 3(1377)년 나이 16세로 문과에 급제하고 경순부 주부로 등용되어 사헌부 지평·성균 사예·전교 부령·예문 제학 등을 지내고 왕부지인 상서에 보직되었다가 종부령으로 옮겼고 이어서 밀직사와 우부대언을 역임했다.

태조 1(1392)년 지신사로 조선 개국에 참여하여 개국공신 3등83)에 녹훈되고 성산군에 봉해졌다. 태조 2년 도승지·중추원 학사·음양 산정도감에 차례로 임명되었다. 그 해에 사은사로 명나라에 다녀왔다. 태조 3(1394)년 순군 만호에 이어 밀직제학에 임명되었고 태조 4년 중추원사에 임명되었다. 태조 6년 대사헌을 거쳐 7년 서북면 도순문 찰리사에 임명되었다. 1차 왕자의 난이 일어나자 이방원을 도왔다.

---

83) 추성익대개국공신

정종 1(1399)년 지중추원사·지문하부사를 차례로 역임하고 정종 2(1400)년 삼사좌사·내상·순군 만호·삼사우사·삼사 우복야를 역임했다.

태종 1(1401)년 삼사우사로 태종의 왕 등극에 공을 세워 좌명공신 4등[84]에 녹훈되었다. 참찬의정부사·삼사우사·참찬문하부사·의정부 찬성사에 차례로 임명되었으나 말 값 문제로 파직되고 본향인 성주에 안치되었다. 태종 2년 참찬의정부사로 관직에 복귀하여 예문관 대제학을 거쳐 태종 3년 판사평부사에 제수되었다. 태종 4년 어떤 일로 파직되어 양천현에 안치되었다가 태종 5년 이조 판서에 임명되고 태종 6년 예문관 대제학이 되었다. 태종 7년 동북면 도순문 찰리사 겸 도병마절도사 겸 영흥 부윤을 역임하고 이어서 의정부 찬성사·의정부 찬성사 겸 사헌부 대사헌에 임명되었다. 태종 8년 이조 판서 겸 판의용 순금사사를 거쳐 서북면 도체찰사에 임명되었다가 파직되었다. 태종 10년 동북면 천릉사(천릉도감 제조)가 되어 경원부에 가서 덕릉과 안릉을 함흥부로 옮기고 돌아왔다. 태종 11년 두 번째로 이조 판서에 임명되었다. 태종 12년 딸인 여원군 민무휼의 처가 죽었다. 태종 12(1412)년 보국숭록대부 성산부원군에 봉해지고 태종 13년 동북면 도체찰사에 임명되었다. 태종 14년 판의정부사로 있었는데 직제 개편으로 판의정부사를 좌의정과 우의정으로 나누었다. 이때 우의정에 제수됨으로 조선 초대 우의정이 되었다. 우의정으로 진하사가 되어 명나라에 다녀왔다. 태종 15년 민무회와 염치용에 죄 주는 일을 방해한 죄로 아들과 함께 성주에 안치되고 직첩과 공신녹권을 빼앗겼다. 태종 16년 민무휼과 민무회가 자진하매 외손주인 민무휼의 선처 자식들을 맡아 양육했다.

세종 4년 태종이 홀로된 이직의 딸을 맞아들이자 아들 이사후와 함께 용서받고 돌아와 성산부원군으로 복귀하여 과전을 돌려받았으며 도제조가 되어 <신속육전>의 편찬에 참여했다. 세종 5(1423)년 영예문관사에 임명되고 세종 6년 영의정으로 승진했으며 세종 7년 영의정으로 하등극사에 임명되

---

84) 추충익대개국좌명공신

어 명나라에 다녀왔다. 세종 8(1426)년 좌의정에 임명되었으나 세종 9년 좌의정에서 사직하고 성산부원군이 되었다. 세종 10(1428)년 기자의 사당에 비를 세울 것을 주장했으며 상정소 제조로 <육전> 5권·<등록> 1권을 올렸다. 세종 13(1431)년 죽었다. 저서로 <형재시집>이 있으며 성주의 안봉서원에 제향되었다.

<세종실록> 세종 13(1431)년 8월 7일 두 번째 기사에 '성산부원군 이직의 졸기'가 있다.

🟦 평가

성산부원군 이직의 졸기

…… 이직의 자(字)는 우정(虞庭)이요, 본(本)은 성주니 이인민(李仁敏)의 아들이었다. 나이 16세에 문과에 급제하여 경순부 주부가 되고, 여러 차례 사헌 지평(司憲持平)·성균 사예(成均司藝)·전교 부령(典校副令) 등을 지내고 왕부 지인 상서(王府知印尙書)에 보직되었다가 종부령(宗簿令)에 옮겼다. 병인년에 밀직사(密直司) 우부대언에 임명되고, 임신년에 우리 태조 대왕을 추대하여 개국(開國)하기를 도와 드디어 지신사에 임명되고, 3등 공신에 책훈(策勳)되었다. 이 해에 모상(母喪)을 당하였다가 계유년에 중추원 도승지로 기복(起復)되어 곧 중추원 학사에 임명되고, 추충 익대 개국 공신(推忠翊戴開國功臣)의 호를 내려 주었다. 정축년에 사헌부 대사헌으로 옮기고, 건문(建文) 기묘년에 중추원사로서 서북면 도순문 찰리사를 겸임하여, 겨울에 항복한 왜적을 달래어 배 6척을 모두 서울로 보내고, 참지문하부사(參知門下府事)에 올랐다. 경진년에는 참찬 문하부사로 올랐다가 곧 삼사 좌사로서 지의정부사로 소환되었다. 신사년에 좌명 공신 4등에 책훈되고 이내 참찬의정부사로 바꾸어 추충 익대 개국 좌명 공신의 호를 더하였다. 사명을 받들고 북경에 가서 고명(誥命)과 인장(印章)을 청하여 받아 가지고 돌아왔는데, 어떤 사건으로 양천현(陽川縣)에 안치되었다가 임오년에 석방되어 다시 참찬의정부사에 제수되었다. 영락 계미년에 판

사평부사(判司平府事)에 임명되매, 전(箋)을 올려 사양하였으나 윤허하지 아니하였다. 을유년에 비로소 육조에 판서를 두어 계급을 정 2품으로 하였는데, 직(稷)이 이조 판서에 임명되었다. 정해년에 동북면 도순문 찰리사, 영흥 부윤(永興尹)으로 나갔다가 곧 의정부 찬성사로 불러 들여서 사헌부 대사헌을 겸하였다. 무자년에 다시 이조 판서가 되고, 경인년에는 천릉 도감 제조(遷陵都監提調)로서 경원부(慶源府)에 이르러 덕릉(德陵)·안릉(安陵) 두 능을 함흥부로 받들어 옮겼다. 임진년에 성산 부원군으로 오르고, 갑오년에 판의정부사가 되어 전(箋)을 올려 사직하였으나 윤허하지 아니하고, 얼마 안 되어 의정부 우의정에 올랐다. 황제가 북정(北征)하여 개선(凱旋)하자 직이 표(表)를 받들고 가서 진하(進賀)하였다. 을미년에 죄로 인하여 성주에 안치되었다가 임인년에 소환하여 다시 성산 부원군에 봉하였다. 갑진년에 영의정부사를 배(拜)하고, 인종 황제(仁宗皇帝)가 등극하매 표(表)를 받들고 가서 진하하였다. 선덕(宣德) 병오년에 좌의정을 배하고, 정미년에 사직을 원하여 성산 부원군을 봉하였는데, 이에 이르러 졸하니 나이가 70이었다. …… 직은 천성이 후중하고 근신하며, 국초에 어울려 붙게 된 인연으로 공신의 반열에 참예함을 얻어 지위가 극품(極品)에 이르렀으나 세상과 더불어 돌아가는 대로 좇아 따라가며, 일을 당하여서는 가부의 결단이 없으므로 시대 사람들이 이로써 부족하였다고 하였다. 아들은 이사후(李師厚)·이사원(李師元)·이사순(李師純) 셋이 있었다.

사제문

성산 부원군 이직에게 사제하다

성산 부원군 이직에게 사제하였다. 그 교지에,
"국운을 도와 나라를 다스렸으니, 의리는 이미 나라에 기쁨과 근심을 같이 했으며, 공을 포창하고 덕을 높였으니, 예절은 마땅히 사후의 영광이 갖추어졌도다. 이것이 곧 일정한 규정인데, 어찌 사사로 베푸는 은혜이랴. 경은 성질이 온화하고 순수하며, 기국은 크고 깊었도다. 일찍이 경제의 재주를 가지고, 이내 성현의 학문을 궁구하였다. 도량은 중임을 맡을 만하고, 밝음은 기미를 환하게 알 만하였도다. 고려의 국운이 쇠진하여, 하늘이 덕 있는 이를 찾았는데, 마침 풍운의 기회를 만나자 친히 일월의 빛에 의지하였도다. 이미 성조를 따라서 나라를 세운 훈공을 이루었고, 또한 소고를 도와서 천명을 보좌하는 공렬을 이루었다. 정성을 다하여 임금을 섬겼으며, 힘을 다하고 꾀를 합하였도다. 산하의 맹서를 두 조정(兩朝)에 서약하고, 죽백의 공명을 만세에 전했으니, 경의 우리 종사에 힘을 쓴 것이 또한 컸도다. 이로 인하여 조고께서 고굉(股肱)의 도움을 입게 되고, 묘당(廟堂)에서는 주석의 바탕이 높았었다. 두 번이나 사헌부에 봉직하였고, 여러 번 관찰사 되었다. 네 번이나 황제의 조정에 조회했으나 모두 응대를 잘했으며, 세 번이나 정승이 되었으나 진실로 백성들이 우러렀도다. 참으로 국가의 <의문을 점치는> 큰 거북이요, 난국(亂局)을 처리하는 예리한 무기였도다. 생각하건대, 나의 작은 몸을 전부터 아는 사람에게 맡기려 했는데, 대대로 섬기는 신하를 돌아보니 다시 생존한 사람이 없었다. 우뚝 선 한 늙은이가 네 조정(四朝)까지 남아 있어, 이에 돌보아 주는 마음이 깊었으며, 더욱 보좌하는 힘을 입었도다. 무릇 이 제도가 모두 경이 만든 것인데, 어찌 질병이 오래 머물어 부음이 문득 이르게 되었을까. 하늘이 좋은 보좌를 빼앗아 이미 의지할 바를 잃었으니, 나라에 큰 의심이 있으면 누구에게 이를 결정하겠는가. 지금 예관을 보내어서 전을 드리고, 또 치상하는 일로써 종말을 수습하려 하노라. 아아, 평탄할 때나 헌난할 때에 변하지 않으니, 감히 경의 그전 공적을 잊겠는가. 저승과 이승의 간격이 없으니 진실로 나의 지극한 심정을 헤아리리라." 하였다.

▸ 참고문헌

〈다음백과사전〉, 〈태조실록〉, 〈정종실록〉, 〈태종실록〉, 〈세종실록〉, 〈성주이씨문열공파세보〉

황 희(黃喜)

본관은 장수이고 처음 이름은 수로(壽老)이다. 자는 구부(懼夫)이고 호는 방촌(尨村)이며 시호는 익성(翼成)이다. 고려 공민왕 12(1363)년에 태어나서 문종 2(1452)년에 죽었다.

📦 재임기간

세종 13(1431)년 9월 3일[85] − 알 수 없음 ※ 후임 황희
세종 14(1432)년 9월 7일[86] − 세종 31(1449)년 10월 5일[87] ※ 후임 하연

📦 가문

아버지 군서(君瑞)는 강릉 대도호부사이고 할아버지는 균비(均賦)이다. 고조부 석부(石富)는 장수 황씨의 중시조인데 시조 경(瓊)의 18세손이다. 시조 경은 시중을 역임했고 경순왕의 사위다.

장인은 초배가 판사복시사 최안(崔安)이고 계배가 청주인 공조 전서 양천진(楊天震)이다. 양천진은 고려 승상 양기(楊起)의 아들이다. 외할아버지는 용궁인 감문위 호군 김우(金祐)인데 친어머니는 노비 출신의 첩이었다.

초배에게서는 1녀를 두었는데 이천인 판사 서달(徐達)과 결혼했고 계배와의 사이에서 4남 1녀를 두었는데 1남 치신(致身)은 호조 판서·판중추부사이고 2남 보신(保身)은 종친부 전첨을 역임했고 보신의 딸이 광산인 좌의정 김국광(金國光)과 결혼했다. 3남 수신(守身)은 영의정이고 4남 직신(直身)은 오위사직(五衛司直)이다. 계배에서 딸 하나를 두었는데 강화 부사 기찬(奇贊)과 결혼했다.

---

85) 황희를 영의정으로 삼고, 맹사성을 좌의정으로, 권진을 우의정으로, …
86) 황희를 영의정부사로, 오승을 중추원사로, …
87) 황희를 영의정부사로 그대로 치사하게 하고, 하연을 영의정부사로, 황보인을 좌의정으로, 남지를 우의정으로, …

조선에서 가장 오랜 기간 영의정으로 있으면서 조선 초기의 국가 기틀을 잡는 데에 기여했다.

고려 우왕 2(1372)년 음직으로 복안궁 녹사로 관직에 올랐다. 우왕 9(1383)년 진사시에 합격했고 공양왕 1(1389)년 문과에 합격하고 1390년 성균관 학관에 임명되었다. 1392년 고려가 멸망하자 70여명의 유신들과 두문동에 들어가 은거했으나 1392년 태종이 즉위하고 새 조정에 참여할 것을 요구하는 한편 두문동 동료들의 천거가 있자 벼슬길에 나가 성균관 학관으로 세자 우정자를 겸하다가 직예문춘추관·사헌부 감찰로 천전되었다. 태조 6(1397)년 장무 습유에 임명되고 태조 7년 정자 우습유로 있다가 경원 교수관으로 폄직(좌천)되었다.

정종 1(1399)년 경기도 도사에 임명되고 정종 2(1400)년 형조 정랑·예조 정랑·병조 정랑·이조 정랑을 차례로 역임했다.

태종 1(1401)년 지신사 박석명(朴錫命)의 추천으로 도평의사사 경력이 되었고 이어서 승추부 도사가 되었다. 태종 2(1402)년 부친상을 당하였다. 그 해 겨울에 나라에 사변이 있어 승추부가 군기를 맡게 되었는데 임금은 적임자를 구할 수 없게 되자 희를 기복하여 대호군 겸 승추부 경력으로 삼았다. 태종 4년 우사간 대부에 임명되고 태종 5(1405)년 좌부대언·승정원 지신사에 차례로 임명받고 태종 6년 상서윤을 겸했다. 태종 9(1409)년 참지의정부사와 대사헌을 거쳐 형조 판서에 승차하였고 태종 10년에는 지의정부사를 역임하고 대사헌에 제수되었다. 태종 11년 병조 판서에 임명되었다가 태종 13년 예조 판서로 전임되고 태종 15년에는 이조 판서로 전임되었다. 이때 노비판결이 문제가 되어 이조 판서에서 파직되고 황해도감 제조로 좌천되었으나 같은 해에 의정부 참찬으로 복귀된 뒤에 호조 판서에 제수되었다. 태종 16년 이조 판서로 있을 때 세자 양녕대군의 폐위에 관한 논의가 있자 반대하였다. 공조 판서로 전임되고 태종 17(1417)년에는 평안도 도순문사 겸 평양 윤으로 파견되었다. 같은 해에 형조 판서에 임명되고 태종 18년 판한성부사로 있을 때 세자의 폐위가 결정되고 태종의 미움을 샀을 때 구종수의 죄를 가볍게 논했다 하여 파직된 뒤에 전리방귀되고 서인으로 강등되어 교하에 유배되었다가 남원으로 이배되었다.

세종 4(1422)년 귀양에서 풀려 남원에서 돌아오고 직첩과 과전을 돌려받았다. 이어 의정부 좌참찬으로 관직에 복귀하여 세종 5년 예조 판서에 임명되었으나 이때 강원도 지방에 흉년이 들자 강원도 도관찰사로 파견되어 선정을 베풀었다. 숭정대부로 가자되어 판우군 도총제부사에 임명되었다. 세종 6년 의정부 찬성으로 승차하고 세종 7년 대사헌을 겸했다. 세종 8년 이조 판서를 거쳐 우의정으로 승차하였고 세종 9(1427)년 좌의정이 되었으나 서달이 신창의 아들을 죽인 사건에 연루되어 의금부에 갇히고 파직되었다. 그러나 곧 좌의정에 복귀했다. 이 해 7월에 어머니가 죽어서 관직에 물러났으나 기복하여 다시 좌의정이 되고 세종 12(1430)년 태석균(太石均)의 치죄에 관여하다가 사헌부의 탄핵을 받고 파면된 뒤에 파주의 반구정에 은거했다. 세종 13(1431)년 영의정에 오르고 세종 14년 영의정으로 함길도 도체찰사로 파견되었다 돌아왔다. 세종 21(1439)년 영의정으로 영집현전사를 겸했고 세종 30년 아내가 죽었다. 세종 31(1449)년 10월 5일 영의정에서 사직하니 조선 최장수인 18년이었다. 물러날 때 특별히 명하여 2품의 봉록을 종신토록 지급하게 했다.

문종 1(1451)년 죽음에 앞서 서인으로 강등되어 노비로 있던 아들 보신의 직첩을 돌려 달라고 상언하여 돌려받게 하고 문종 2(1452)년에 죽었다. 세종의 묘정에 배향되었고, 세조 1(1455)년 순충보조공신남원부원군에 추증되었으며 상주의 옥동서원과 장수의 청계서원에 제향되고 파주의 반구정에 영정이 봉안되었으며 저서로는 <방촌집>이 있다.

"성품이 강직·청렴했으며, 사리에 밝고 정사에 능해 역대 왕들의 신임을 받았지만 때로는 소신을 굽히지 않아 왕과 다른 대신들의 미움을 사서 좌천과 파직을 거듭했다. 그는 오랜 관직생활 동안 조선 초기의 국가 기틀을 바로 잡는 데 힘을 기울였다. 현실적으로 불합리하거나 중복·누락된 부분이 있던 <경제육전>을 온전한 법률집으로 만드는 등 법전의 정비에 힘썼으며, 농업 생산력 발전을 위해 농사의 개량과 종자 보급을 실행하고, 양잠을 장려하여 의생활을 일신시켰다. 건국 초기의 어지러운 정세를 틈타 북쪽의 여진족과 남쪽의 왜구가 자주 침범하자 이에 대한 방비책 마련에도 힘을 쏟았다. 또한 원나라의 잔재가 많이 남아 있던 고려의 예법을 시의에 맞게 고치기도 했다."(<다음백과사전>)

<문종실록> 문종 2(1452)년 2월 8일 첫 번째 기사에 '영의정부사 황희의 졸기'가 있다.

🎁 **평가**

영의정부사 황희의 졸기

······ 황희는 장수현(長水縣) 사람인데, 자(字)는 구부(懼夫)이며, 판강릉 부사(判江陵府事) 황군서(黃君瑞)의 아들이다. 출생해서 신기(神氣)가 보통 아이와 달랐는데, 고려(高麗) 말기에 과거(科擧)에 올라서 성균관 학관(成均館學官)에 보직(補職)되었다. 우리 태조(太祖)께서 개국(開國)하시매 선발되어 세자 우정자(世子右正字)를 겸무하고, 조금 후에 예문춘추관(藝文春秋館)을 맡았다가 사헌 감찰(司憲監察)과 우습유(右拾遺)에 전직(轉職)되었는데, 어떤 일로써 경원 교수관(慶源敎授官)으로 폄직(貶職)되었다. 태종(太宗)이 사직(社稷)을 안정시키니 다시 습유(拾遺)의 벼슬로써 불러 돌아왔는데, 어떤 일을 말하였다가 파면되었는데, 조금 후에 우보궐(右補闕)에 임명되었으나 또 말로써 임금의 뜻에 거슬려서 파면되었다. 형조(刑曹)·예조(禮曹)·병조(兵曹)·이조(吏曹) 등 여러 조(曹)의 정랑(正郞)을 역임(歷任)하였다. 이때 박석명(朴錫命)이 지신사(知申事)로서 오랫동안 기밀(機密)을 관장(管掌)하고 있었는데, 여러 번 사면(辭免)하기를 청하니, 태종이 말하기를,

"경(卿)이 경과 같은 사람을 천거해야만 그제야 대체(代遞)할 수 있을 것이다."

하니, 박석명이 황희를 천거하여서 갑자기 도평의사 경력(都評議司經歷)과 병조

의랑(兵曹議郞)으로 천직(遷職)되었다. 그가 아버지 상사(喪事)를 만나니, 태종은 승추부(承樞府)가 군무(軍務)를 관장하고, 또 국가에 사고가 많은 이유로써 무관(武官)의 백일(百日)에 기복 출사(起復出仕)시키는 제도를 권도(權道)로 따르게 하여 대호군(大護軍)에 임명하고, 승추부 경력(承樞府經歷)을 겸무하게 하였다. 우사간대부(右司諫大夫)로 승진되었다가 얼마 안 있어 좌부대언(左副代言)에 발탁되고 마침내 박석명(朴錫命)을 대신하여 지신사(知申事)에 임명되었다. 후하게 대우함이 비할 데가 없어서 기밀 사무(機密事務)를 오로지 다하고 있으니, 비록 하루이틀 동안이라도 임금을 뵙지 않는다면 반드시 불러서 뵙도록 하였다. <태종이> 일찍이 말하기를,

"이 일은 나와 경(卿)만이 홀로 알고 있으니, 만약 누설된다면 경(卿)이 아니면 곧 내가 한 짓이다."

하였다. 훈구대신(勳舊大臣)들이 좋아하지 아니하여 혹은 그 간사함을 말하는 사람이 있기도 하였다. 이때 민무구(閔無咎)·민무질(閔無疾) 등이 권세(權勢)가 크게 성하여 종지(宗支)를 모해(謀害)하니, 황희는 이숙번(李叔蕃)·이응(李膺)·조영무(趙英茂)·유양(柳亮) 등과 더불어 밀지(密旨)를 받아 이들을 도모하였는데, 태종이 일찍이 이르기를,

"만약 신중히 하여 빈틈이 없지 않으면 후회하여도 미칠 수 없을 것이다."

하였더니, 여러 민씨(閔氏)들이 마침내 실패하였다. 무자년에 목인해(睦仁海)의 변고가 일어나니 황희가 마침 집에 있었으므로, 태종이 급히 황희를 불러 말하기를,

"평양군(平壤君)이 모반(謀反)하니, 계엄(戒嚴)하여 변고에 대비(待備)하라."

하였다. 황희가 아뢰기를,

"누구가 모주(謀主)입니까?"

하니, 태종이 말하기를,

"조용(趙庸)이다."

하였다. 황희가 대답하기를,

"조용의 사람된 품이 아버지와 군주를 시해(弑害)하는 일은 반드시 하지 않을 것입니다."

하였다. 후에 평양군(平壤君)이 옥(獄)에 나아가므로 황희가 목인해(睦仁海)를 아울러 옥에 내려 대질(對質)하도록 청하니 태종이 그대로 따랐는데, 과연 목인해의 계획이었다. 그 후에 김과(金科)가 죄를 얻으니, 조용(趙庸)도 또한 공사(供辭)에 관련되었다. 태종이 대신(大臣)들을 모아 놓고 친히 분변하니 정직한 것이 조용에게 있었다. 태종이 황희에게 이르기를,

"예전에 목인해의 변고에 경(卿)이 말하기를, '조용은 아버지와 군주를 시해(弑害)하는 짓은 반드시 하지 않을 것입니다.' 하더니, 과연 그렇다."

하니, 조용이 비로소 그 말뜻을 알고 물러가서는 감격하여 능히 말을 하지 못하였다. 기축년 가을에 가정 대부(嘉靖大夫) 참지의정부사(參知議政府事)에 발탁되고, 겨울에는 또 형조 판서(刑曹判書)에 발탁되었다. 다음해 3월에 지의정부사(知議政府事)가 되고 대사헌(大司憲)에 천직(遷職)되었다. 그 다음해에는 병조 판서(兵曹判書)에 천직(遷職)되었다가 예조 판서(禮曹判書)에 옮겨졌으나 병을 얻어 매우 위급하니, 태종이 내의(內醫) 김조(金慥)·조청(曹聽) 등에게 명하여 병을 치료하게 하고, 안부(安否)를 물은 것이 하루에 3, 4번이나 이르게 되어 병이 나았다. 태종이 김조(金慥) 등에게 이르기를,

"이 사람이 성실하고 정직하니 참으로 재상(宰相)이다. 그대들이 능히 병을 치료했으니, 내가 매우 기쁘게 여긴다."

하고는, 마침내 후하게 상을 주었다. 얼마 후에 어떤 일로써 파면되었다가 을미년에 이조 판서(吏曹判書)에 임명되었으며, 의정부 참찬(議政府參贊)과 호조 판서(戶曹判書)를 역임(歷任)하고 다시 이조 판서에 임명되었다. 병신년에 세자(世子) 이제(李禔)가 덕망을 잃어서, 태종이 황희와 이원(李原)을 불러서 세자(世子)의 무례(無禮)한 실상을 말하니, 황희는 생각하기를 세자(世子)는 경솔히 변동시킬 수 없다고 여겨, 이에 아뢰기를,

"세자가 나이가 어려서 그렇게 된 것이니, 큰 과실은 아닙니다."

하였다. 태종은 황희가 일찍이 여러 민씨(閔氏)들을 제거할 의논을 주장하였

으므로 세자에게 붙어서 민씨에게 분풀이하고 후일의 터전을 삼으려 한다는 이유로써 크게 성내어 점점 멀리 하여서 공조 판서(工曹判書)에 임명하였다가 다음해에는 평안도 도순문사(平安道都巡問使)로 내보내었다. 무술년에 판한성부사(判漢城府事)로 불러서 돌아왔으나, 세자가 폐위(廢位)되니 황희도 폐하여 서인(庶人)으로 삼고 교하(交河)에 폄출(貶黜)시키고는 모자(母子)를 함께 거처하도록 허가하였다. 대신(大臣)과 대간(臺諫)들이 죄 주기를 청하여 그치지 않으니, 태종이 황희의 생질(甥姪) 오치선(吳致善)을 폄소(貶所)에 보내어 말하기를,

"경(卿)은 비록 공신(功臣)이 아니지마는 나는 공신으로 대우하므로, 하루 이틀 동안이라도 보이지 않으면 반드시 불러 보아서 하루라도 나의 좌우에서 떠나 있지 못하게 하려고 하는데, 지금 대신(大臣)과 대간(臺諫)들이 경(卿)에게 죄 주기를 청하여 양경(兩京) 사이에는 거처시킬 수 없다고 한다. 그런 까닭으로 경(卿)을 경의 향관(鄕貫)인 남원(南原)에 옮겨 두니, 경(卿)은 어미와 더불어 편리할 대로 함께 가라."

하고는, 또 사헌부(司憲府)에 명하여 압송(押送)하지 말도록 하였다. 오치선(吳致善)이 복명(復命)하므로, 태종이 묻기를,

"황희가 무슨 말을 하더냐?"

하니, 오치선이 아뢰기를,

"황희의 말이, '살가죽과 뼈는 부모(父母)가 이를 낳으셨지마는, 의식(衣食)과 복종(僕從)은 모두 성상의 은덕이니, 신(臣)이 어찌 감히 은덕을 배반하겠는가? 실상 다른 마음은 없었다.'고 하면서, 마침내 울면서 어찌할 바를 모르고 있었습니다."

하니, 태종이,

"이미 시행하였으니 어떻게 할 수 없다."

하였다. 황희가 남원(南原)에 이르러서는 문을 닫고 빈객(賓客)을 사절(謝絶)하니 비록 동년(同年) 친구일지라도 그 얼굴을 보기가 드물었다. 태종이 그 사실이 아닌 것을 알고서 임인년 2월에 불러서 서울에 돌아오게 하였다. 황희가 태종을 알현(謁見)하고 사은(謝恩)하니, 세종(世宗)이 곁에 뫼시고 있었다. 태종이

말하기를,

"내가 풍양(豊壤)에 있을 적에 매양 경(卿)의 일을 주상(主上)에게 말하였는데, 오늘이 바로 경(卿)이 서울에 오는 날이로다."

하고는, 명하여 후하게 대접하도록 하고, 과전(科田)과 고신(告身)을 돌려주게 하고, 세종(世宗)에게 부탁하여 임용하도록 하였다. 10월에 의정부 참찬(議政府參贊)에 임명되고, 예조 판서에 전직(轉職)되었다. 강원도(江原道)에서 기근(饑饉)이 있었는데, 관찰사(觀察使) 이명덕(李明德)이 구황(救荒)의 계책을 잘못 썼으므로 황희로써 이를 대체(代遞)시켰더니, 황희가 마음을 다하여 진휼(賑恤)하였다. 세종(世宗)이 이를 가상(嘉尙)히 여겨 숭정대부(崇政大夫) 판우군 도총제부사(判右軍都摠制府事)에 승진 임명하고 그대로 관찰사(觀察使)로 삼았다. 다음해 6월에 불러 와서 의정부 찬성(議政府贊成)에 임명하고 대사헌(大司憲)을 겸무하게 하였으며, 이조 판서로 천직(遷職)하였다가 마침내 의정부 우의정(議政府右議政)에 임명되고 판병조사(判兵曹事)를 겸무하게 하였다. 세종이 어느 날 황희를 불러 일을 의논하다가, 황희에게 이르기를,

"경(卿)이 폄소(貶所)에 있을 적에 태종(太宗)께서 일찍이 나에게 이르시기를, '황희는 곧 한(漢)나라의 사단(史丹)과 같은 사람이니, 무슨 죄가 있겠는가?' 하셨다."

하고는, 좌의정(左議政)과 세자사(世子師)에 승진시켰다. 황희가 평안도(平安道)의 순문사(巡問使)가 되었을 적에 행대(行臺) 이장손(李長孫)이 대등(對等)한 예(禮)로써 황희를 모욕하고, 황희와 더불어 서로 글장을 올려 논핵(論劾)하므로 태종(太宗)이 양편을 화해(和解)시켰었는데, 후에 황희가 정권을 잡으니 이장손(李長孫)은 통진 수령(通津守令)으로서 교대(交代)를 당하게 되었다. 황희가 말하기를,

"이 사람이 관직에 있으면서 명성(名聲)이 있었다."

하고는, 천거하여 헌납(獻納)으로 삼았고, 또 천거하여 사인(舍人)으로 삼았었다. 황희는 어머니 상사(喪事)를 당하여 불사(佛事)를 행하지 않고 한결같이 가례(家禮)에 따랐다. 때마침 임금이, 세자(世子)를 장차 북경(北京)에 입조(入朝)시키려 하였기 때문에 황희를 기복(起復)시켜 보행(輔行)을 삼으려고 하므로 두세

번 사양하였으나, 윤허하지 아니하였다. 사헌부(司憲府)에서 황희가 동산 역리 (東山驛吏)의 뇌물 주는 것을 받았다고 탄핵하므로 황희가 또 사양했으나, 윤 허하지 아니하였다. 겨울에 평안도 도체찰사(平安道都體察使)가 되어 약산(藥山)의 성터[城基]를 정했는데, 황희는 약산(藥山)이 요충(要衝)에 있으므로 영변 대도호 부(寧邊大都護府)를 설치하여 도절제사(都節制使)의 본영(本營)으로 삼았다. 황희가 하혈(下血)하는 병을 앓아 치료하기가 어렵게 되자 세종은 내의(內醫) 노중례(盧 重禮)를 보내어 포백(布帛)을 가지고 요동(遼東)으로 가서 명의(名醫)에게 묻도록 하였다. 경술년 12월에 태석균(太石鈞)의 일로써 파면되었으나, 신해년 9월에 이르러 영의정부사(領議政府事)에 임명되었다. 임자년에는 나이 70세가 되자 전문(箋文)을 올려 벼슬을 그만두고 물러가 있기를 청하였으나, 윤허하지 아 니하고 궤장(几杖)을 하사하였다. 또 겨울 날씨가 따뜻하고 얼음이 얼지 않 아, 음양(陰陽)을 조화시키는 직책에 면목(面目)이 없다는 이유로써 사직(辭職)하 였으니, 윤허하지 아니하였다. 무오년 겨울에는 또 천둥이 일어난 변고로써 사직하였으나, 윤허하지 아니하였다. 신유년에는 세종께서 황희가 연로하 니, 다만 초하루와 보름에만 조회(朝會)하도록 명하니, 황희가 파직하기를 청 했으나, 윤허하지 아니하였고 계해년 겨울에 또 사직하기를 청했으나 윤허 하지 아니하였다. 을축년에는 또 큰 일 외에 보통 행하는 서무(庶務)는 번거 롭게 하지 말도록 명하였다. 기사년에 본직(本職)으로써 치사(致仕)하니, 명하 여 2품의 봉록(俸祿)을 주어 그 평생을 마치도록 하고, 나라에 큰일이 있으면 가서 묻도록 하였다. 이때에 와서 대단치 않은 병으로 졸(卒)하니, 조회를 3 일동안 폐지하고 관청에서 장사(葬事)를 다스렸다. 조정과 민간에서 놀라 탄 식하여 서로 조문(弔問)하지 않는 이가 없었으며, 이서(吏胥)와 여러 관사(官司) 의 복례(僕隷)들도 모두 전(奠)을 베풀어 제사를 지냈으니, 전고(前古)에 없었던 일이었다. 일찍이 유서(遺書)를 지어 자손(子孫)들에게 보이기를,

"내가 죽은 후에는 상장(喪葬)의 예절은 한결같이 《가례(家禮)》에 의거하 되, 본토(本土)에서 시행하기 어려운 일을 억지로 따라 할 필요는 없다. 능력 과 분수의 미치는 대로 집의 형세(形勢)에 따라 알맞게 할 뿐이며, 허식(虛飾)

의 일은 일체 행하지 말라. 가례(家禮)의 음식(飮食)에 관한 절차는 질병(疾病)을 초래할까 염려되니, 존장(尊長)의 명령을 기다리지 않고 억지로 죽을 먹도록 하라. 이미 시행한 가법(家法)에 따라 불사(佛事)는 행하지 말고, 빈소(殯所)에 있은 지 7일 동안은 요전(澆奠)하는 것은 《가례(家禮)》에 없는 바인데, 부처에게 아첨하는 사람이 꾀를 내어 사사로이 하는 것이니 행할 수 없다." 하였다.

황희는 관후(寬厚)하고 침중(沈重)하여 재상(宰相)의 식견과 도량이 있었으며, 풍후(豐厚)한 자질이 크고 훌륭하며 총명이 남보다 뛰어났다. 집을 다스림에는 검소하고, 기쁨과 노여움을 안색에 나타내지 않으며, 일을 의논할 적엔 정대(正大)하여 대체(大體)를 보존하기에 힘쓰고 번거롭게 변경하는 것을 좋아하지 아니하였다. 세종(世宗)이 중년(中年) 이후에는 새로운 제도를 많이 제정하니, 황희는 생각하기를,

"조종(祖宗)의 예전 제도를 경솔히 변경할 수 없다."

하고, 홀로 반박하는 의논을 올렸으니, 비록 다 따르지 않았으나, 중지시켜 막은 바가 많았으므로 옛날 대신(大臣)의 기풍(氣風)이 있었다. 옥사(獄事)를 의정(議定)할 적에는 관용(寬容)으로써 주견(主見)을 삼아서 일찍이 사람들에게 이르기를,

"차라리 형벌을 경(輕)하게 하여 실수할지언정 억울한 형벌을 할 수는 없다."

하였다. 비록 늙었으나 손에서 책을 놓지 아니하였으며, 항시 한쪽 눈을 번갈아 감아 시력(視力)을 기르고, 비록 잔 글자라도 또한 읽기를 꺼리지 아니하였다. 재상(宰相)이 된 지 24년 동안에 중앙과 지방에서 우러러 바라보면서 모두 말하기를, 「어진 재상(宰相)」이라 하였다. 늙었는데도 기력(氣力)이 강건(剛健)하여 홍안백발(紅顏白髮)을 바라다보면 신선(神仙)과 같았으므로, 세상에서 그를 송(宋)나라 문 노공(文潞公)에 비하였다. 그러나 성품이 지나치게 관대(寬大)하여 제가(齊家)에 단점(短點)이 있었으며, 청렴결백한 지조가 모자라서 정권(政權)을 오랫동안 잡고 있었으므로, 자못 청렴하지 못하다[簠簋]는 비난이 있었다. 처(妻)의 형제(兄弟)인 양수(楊修)와 양치(楊治)의 법에 어긋난 일이 발각되

자 황희는 이 일이 풍문(風聞)에서 나왔다고 글을 올려 변명하여 구(救)하였다. 또 그 아들 황치신(黃致身)에게 관청에서 몰수(沒收)한 과전(科田)을 바꾸어 주려고 하여 또한 글을 올려 청하기도 하였다. 또 황중생(黃仲生)이란 사람을 서자(庶子)로 삼아서 집안에 드나들게 했다가, 후에 황중생이 죽을 죄를 범하니, 곧 자기 아들이 아니라 하고는 변성(變姓)하여 조(趙)라고 하니, 애석하게 여기는 사람이 많았다.

......

"황희는 수상(首相)이 된 지 20여 년 동안에 비록 전쟁에서 세운 공로[汗馬之勞]는 없지마는, 임금을 보좌한 공로는 매우 커서 대신(大臣)의 체통(體統)을 얻었으니 선왕(先王)에게 배향(配享)시킨다면 사람들의 청문(聽聞)에 충분할 것입니다."

하였다. 명하여 세종의 묘정(廟庭)에 배향(配享)시키게 하고 익성(翼成)이란 시호(諡號)를 내렸으니, 사려(思慮)가 심원(深遠)한 것이 익(翼)이고 재상(宰相)이 되어 종말까지 잘 마친 것이 성(成)이다. 아들은 황치신(黃致身)·황보신(黃保身)·황수신(黃守身)이다.

참고문헌

<국조인물고 : 묘지명. 신숙주(申叔舟) 지음>, <다음백과사전>, <태조실록>, <정종실록>, <태종실록>, <세종실록>, <문종실록>, <장수황씨세보>

하 연(河演)

본관은 진주이고 자는 연량(淵亮)이며 호는 경재(敬齋)이고 시호는 문효(文孝)이
다. 고려 우왕 2(1376)년에 태어나서 단종 1(1453)년에 죽었다.

🎲 재임기간

세종 31(1449)년 10월 5일[88] – 문종 1(1451)년 7월 13일[89] ※ 후임 황보인

🎲 가문

아버지는 자종(自宗)인데 고려조에서 병부상서를 역임하고 조선에서 판청
주 목사를 역임했다. 할아버지 윤원(允源)은 대사헌을 역임했고 증조부 즙(楫)
은 찬성사를 역임했다. 즙은 원나라 기황후의 남동생 기삼만을 처단하는 데
에 앞섰다. 고조부는 직의(直漪)이고 5대조는 보(保)이며 6대조는 의(義)이고 7
대조는 백부(白富)이다. 8대조는 원경(元慶)이고 9대조는 맹기(孟基)이며 10대조
는 영상(永尚)이고 11대조는 진양하씨의 시조인 진(珍)이다.[90]

장인은 성산인 삼사우사 이존성(李存性)인데 이존성은 정당문학 이조년(李兆
年)의 현손이고 고려말 실력자인 이인임(李仁任)의 종손자이다. 외할아버지는
진주인 이조 판서 정우(鄭寓)이다.

아들은 셋인데 1남 효명(孝明)은 증이조 참판이고 2남 제명(悌明)은 예조 좌
랑을 역임했으며 3남 우명(友明)은 동지중추부사를 역임했다. 2명의 형과 2
명의 아우가 있는데 왕(演)은 병조 판서를 역임했고 형(炯)은 관찰사를 역임
했다. 아우 결(潔)은 대사간을 역임했고 부(溥)는 영의정에 추증되었다.

---

88) 하연을 영의정부사로, 황보인을 좌의정으로, 남지를 우의정으로, …
89) 하연을 영의정으로 삼아서 이어 치사시키고, 안숭선을 …
90) <진양하씨대동보>에 의하면 진양하씨는 3파로 시조를 각각 다르게 한다. 시랑공파는 하공진
    (河拱辰)을 시조로 하고, 직사공파는 하진(河珍)을 시도로 하며 단계공파는 하성(河成)을 시조
    로 한다.

🎁 생애

> 조계종 등 7종을 혁파하여 선·교 2종 36본산으로 통합하고, 혁파된 사원의 토지와 노비는 국가에 환수하도록 건의하여 채택되었으며 공세법을 마련하고 행수법을 제정했다.

정몽주로부터 학문을 배워 성리학에 입문하였다. 태종 5(1396)년 식년문과에서 병과로 급제하여 봉상시 녹사를 거쳐 직예문관 춘추관 수찬관을 역임했다.

태종 3(1403)년 봉상시 주부에 임명되었고 태조 5년 이조 정랑에 임명되었으며 태종 7년 봉상시 부령에 임명되었다. 태종 11(1411)년 예빈 소윤으로 동북면 경차관으로 나갔다가 파면되었다. 태종 14년 전사부령·사헌부 장령을 역임하고 태종 16년에는 의금부 부진무를 거쳐 사헌부 집의에 임명되었다. 태종 17(1417)년 승정원 동부대언과 승정원 우대언 그리고 승정원 대언을 역임하고 태종 18년 지병조대언에 임명되었다. 태종은 이때 간관(諫官)으로서 의연한 자세로 일하는 것을 보고 하연의 손을 잡고서 "경이 대간에 있을 때에 의연하게 일을 말하였으므로, 내가 곧 경을 알았다." 하였다.(<태종실록> '영의정으로 잉령 치사한 하연의 졸기'에서) 이어서 예조 참판으로 승차하였다.

세종 즉위(1418)년에 지신사에 임명되었는데 "이때에 나라에 일이 많았는데, 하연이 조심하고 근신하여 그 사이에서 주선하"(<태종실록> 하연의 졸기에서)였다 한다. 다시 대언이 되었으나 관직에서 파면되었고 허지가 하연의 죄를 청하기도 하였다. 세종 1(1419)년 강원도 관찰사로 나가서 우군 동지총제를 겸임했고 세종 2년에 다시 예조 참판에 임명되어 주문사로 명나라를 다녀왔다. 세종 3(1421)년 전라도 관찰사로 나갔다가 세종 4년 병조 참판을 제수받고 돌아와서 세종 5년 대사헌에 임명되었다. 대사헌으로 있으면서 부도(浮屠)의 일을 논하자 세종이 받아들여 조계종 등 7종을 혁파하여 선(禪)·교(敎) 2종만 두고 주군(州郡)의 사사(寺社)와 토지를 줄여서 선·교 양종 36본산으로 통합하였다. 세종 6(1424)년 형조 참판을 역임하고 중군 동지총제로 경상도 도관찰사로 나갔다. 경상도 관찰사로 나가서는 <경상도지리지>를 편찬하고 서문을 지었으며 <사서오경대전>·<성리대전>을 판각하여

한 부를 경상도 본영에 안치했다. 이어서 세종 7년에는 이조 참판에 제수되었고 세종 8년에는 예조 참판으로 전임되었다. 세종 9년에 평안도 관찰사로 나갔으나 전지의 뜻을 잘못알고 행한 죄로 천안군에 정배되었다. 세종 10(1428)년 풀려나서 세종 11년 병조 참판으로 복귀한 뒤에 우군 총제를 겸임하였다. 세종 12년 형조 판서로 승차한 뒤에 허조와 함께 <국조오례의> 편찬에 참여했다. 세종 13년 1월 의례를 연구하는 상정소 제조를 역임하고 2월에 예문관 대제학에 임명되었다. 세종 15(1433)년 대사헌으로 있을 때 판충주 목사를 역임한 아버지 지종이 죽어서 벼슬을 떠나 시묘살이를 하였다. 세종 18(1436)년 상을 마치고 형조 판서로 관직에 복귀한 뒤로 의정부 참찬·예조 판서를 역임하고 세종 19년에는 이조 판서에 제수되었다. 세종 21(1439)년 의정부 좌참찬·의정부 우참찬·의정부 좌참찬 겸 이조 판서를 역임하였다. 이때에 각 품의 행수법을 제정하는 일에 참여하였다. 세종 22년 의정부 우찬성으로 승진하여 세종 23년 의정부 좌찬성으로 전임되고 세종 26년에는 의정부 좌찬성으로 판이조사를 겸했다. 세종 27(1445)년 나이 70이 되어 우의정으로 승차하여 임금으로부터 궤장을 하사받았으며 영집현전 경연사를 겸했다. 세종 29년 좌의정으로 승진하고 세종 31(1449)년 74세의 나이로 영의정 부사에 임명되었다.

　문종이 즉위(1450)하여 대자암을 중수하려 하였으나 불가함을 고집하였고, 문종 1(1451)년 몇 번에 걸쳐 늙고 병들어서 물러가기를 청하여 영의정으로 잉령치사[91]를 윤허 받고 물러나 있다가 단종 1(1453)년에 죽었다. 편서로 <경상도지리지>·<진양연고>가 있고 저서로 <경재집>·<자경잠>이 있다.

　<단종실록> 단종(1453)년 8월 15일자 3번째 기사에 '영의정으로 잉령치사한 하연의 졸기'가 있다.

🎁 평가

　영의정으로 잉령 치사한 하연의 졸기

---

91) 영의정의 직위는 그대로 두면서 치사하게 하는 것.

하연의 자(字)는 연량(淵亮)인데, 진주(晉州) 사람이다. 병자년에 과거에 올라 봉상 녹사(奉常錄事)에 보직(補職)하였다가 뽑혀서 직예문 춘추관 수찬관(直藝文春秋館修撰官)이 되고 여러 관직(官職)을 더하여 사헌부 집의(司憲府執義)에 이르렀다가 승정원 동부대언(承政院同副代言)에 발탁(拔擢) 제수되었다. 태종(太宗)이 하연의 손을 잡고 말하기를,

"경은 이 벼슬에 이른 까닭을 아는가?"

하니, 대답하기를,

"알지 못합니다."

하니, 태종이 말하기를,

"경이 대간(臺諫)에 있을 때에 의연(毅然)하게 일을 말하였으므로, 내가 곧 경을 알았다."

하였다. 세종이 내선(內禪)을 받자, 지신사(知申事)에 제수하였다. 이때에 나라에 일이 많았는데, 하연이 조심하고 근신(謹愼)하여 그 사이에서 주선(周旋)하니, 두 임금의 은우(恩遇)가 매우 융숭하여 예조 참판에 제수하고, 대사헌(大司憲)에 옮겼는데 부도(浮屠)의 일을 논하니, 세종이 기꺼이 받아들여서 조계종(曹溪宗) 등 7종(宗)을 혁파(革罷)하여 단지 선(禪)·교(敎) 2종만 두고 아울러 주군(州郡)의 사사(寺社)와 토지를 헤아려 줄였다. 뒤에 평안도 관찰사(平安道觀察使)가 되었다가 어떤 일로 파면되어 천안군(天安郡)으로 귀양갔었는데, 얼마 안 되어 불러서 병조 참판에 제수하였다가 형조 판서(刑曹判書)·이조 판서(吏曹判書)에 승천(陞遷)하고, 의정부 참찬(議政府參贊) 겸 판이조사(判吏曹事)에 천전(遷轉)하였다. 여러 번 승진하여 좌찬성(左贊成)과 좌의정(左議政)에 이르고 나이가 70에 궤장(几杖)을 하사받았다. 영의정이 되자 문종(文宗)이 대자암(大慈庵)을 중수하고자 하니, 하연이 불가함을 고집하였다. 신미년에 늙고 병듦으로써 물러가기를 청한 것이 두 번이었으나 본직(本職)으로 잉령치사(仍令致仕)하게 하였다. 유명(遺命)으로 불사(佛事)를 하지 못하게 하였다. 나이는 78세이나, 성품이 간고(簡古)하고 어버이 섬기기를 효성으로 하며, 친족에게 화목하기를 인으로써 하고, 옛 친구를 버리지 아니하며, 경축(慶祝)과 조위(弔慰)를 폐하지 아니

하고, 글을 보기를 즐기고 시(詩)를 읊기를 좋아하며, 가산(家産)에 힘쓰지 아니하고 성색(聲色)을 기르지 아니하여 가정이 화목하였다. 관(官)에 있어서 일을 처리하는 데에 밝게 살피기를 힘쓰고, 일을 일으키기를 좋아하지 아니하였다. 두 어버이가 모두 나이 80세인데, 무릇 그 마음을 기쁘게 하는 것이면 하지 않는 것이 없었다. 구경당(具慶堂)을 지어서 세시복랍(歲時伏臘)에 반드시 술잔을 받들어 올려서 수(壽)를 칭송하니, 사람들이 모두 영광으로 여겨서 그 일을 노래하고 읊조리기까지 하였다. 어버이가 죽으니 나가고 들어올 때에는 반드시 사당(祠堂)에 고하며 또 구경당을 그 선인(先人)의 거처하던 곳이라고 하여 해마다 수리하고 이엉을 덮어서 이름을 영모(永慕)라고 고쳤는데, 자질(子姪)들이 기와로 바꾸기를 청하니, 하연이 탄식하기를,

"선인의 예전 살던 집을 어찌 고치리요. 또한 우리 후세로 하여금 선인의 검소함을 본받게 함이 족하다."

하였다. 묘당(廟堂)에 있은 지 전후 20여 년에 사대부를 예(禮)로 대접하고, 문(門)에서 사알(私謁)을 받지 아니하고, 처음에서 끝까지 근신(謹愼)하며 법을 잡고 굽히지 아니하였으니, 태평 시대의 문물(文物)을 지킨 정승이라고 이를 만하다. 그러나 그 논의가 관후(寬厚)함을 숭상하지 아니하여 대신의 체면을 조금 잃었고 늘그막에는 일에 임하여 어둡고 어지러웠으나, 오히려 한가롭게 세월을 보내면서 물러가지 아니하다가 치사(致仕)하기에 이르렀다. 또 급하지 않은 일을 가지고 상서(上書)하니, 이때 사람들이 이로써 작게 여겼다. 그러나 처음부터 끝까지 온전함을 지키기를 하연과 같이 한 이도 적었다. 시호(諡號)는 문효(文孝)인데, 배우기를 부지런히 하고 묻기를 좋아함은 문(文)이고, 자혜(慈惠)하고 어버이를 사랑함은 효이다.

참고문헌

〈다음백과사전〉, 〈태종실록〉, 〈세종실록〉, 〈문종실록〉, 〈단종실록〉, 〈하씨삼파세계도〉

황보인(黃甫仁)

본관은 영천이고 자는 사겸(四兼)·춘경(春卿)이며 호는 지봉(芝峰)이고 시호는 충정(忠定)이다. 고려 우왕 13(1387)년에 태어나서 단종 1(1453)년에 죽었다.

🎲 재임기간

문종 1(1451)년 10월 27일[92] – 단종 1(1453)년 10월 11일[93] ※ 후임 수양대군 이유

🎲 가문

아버지 임(琳)은 지중추원사이고 할아버지 안(安)은 진주 목사이다. 증조부는 순(淳)이고 고조부 이전의 세계는 실전되었으나 <영천황보씨족보원편>에는 시조는 금강성(金剛城) 장군 능장(能長)으로 기록되어 있다.

장인은 양성인 이지택(李之擇)이고 외할아버지는 연안인 문절공 차운암(車雲巖)이다.

아들은 참판 석(錫)·은·직장 흠(欽)이고 딸은 1녀는 기계인 첨정 유목노(兪牧老)와 결혼했고 2녀는 남양인 홍원숙(洪元淑)과 결혼했으며 3녀는 최열(崔烈)과 결혼했고 4녀는 장계숙(張季淑)과 결혼했으며 5녀는 찰방 윤당(尹塘)과 결혼했다. 형은 군자부정 규(規)이다.[94]

🎲 생애

함경도 국경 지역에 보를 설치하고 요충지에 만호를 배치하여 김종서와 함께 북방 개척과 방어에 공을 세우고 문종의 고명대신으로 단종이 즉위하자 의정부의 권한을 강화했다. 수양대군과 갈등을 겪다가 계유정난으로 효수되었다.

---

92) 황보인을 영의정부사로, 남지를 좌의정으로, 김종서를 우의정으로, …
93) 계유정난으로 사망함. 세조 수양대군을 영의정부사 영경연서운관사 겸 판이병조사로 삼고, …
94) <태조실록>, 태조 3(1394)년 기사에 "황보인의 아버지 지중추원사 황보임(琳)이 죽다. 아들은 전(琠)과 인(仁)이 있다."고 기록되어 있다.

문음으로 관직에 오른 뒤 태종 12(1412)년 내자 직장으로 있으면서 오색 폐백이 아닌 백색 폐백을 올린 까닭으로 면직되고 태종 13년 파직되었다. 태종 14(1414)년 친시문과에서 급제했다.

세종 즉위(1418)년 좌정언으로 관직에 복귀하고 세종 2(1420)년 좌헌납을 거쳐 세종 4년 사재감 부정에 임명되었다. 이때 강원도 지방에 기근이 들자 강원도 경차관으로 파견하여 민심을 수습하게 했다. 돌아와서 사헌부 장령에 임명되고 세종 7(1425)년 한성부 소윤에 임명되었는데 백성의 고통을 살피기 위해 경상도 찰방으로 파견되었다. 경상도에서 돌아와 다시 사헌부 장령에 임명되었고 세종 8년 지승문원사에 제수되었다. 세종 10(1428)년 사헌부 집의로 있을 때 양녕대군 이제의 죄를 청하는 상소를 올렸다. 세종 11년 동부대언과 좌부대언을 역임하고 세종 12년 우대언에 제수되었다가 지신사에 임명되었다. 세종 13(1431)년 형조 참의에 임명되었다가 강원도 관찰사에 제수되어 외직으로 나갔다. 세종 14(1432)년 돌아와서 형조 좌참의에 임명되었다가 형조 좌참판으로 승차했다. 이어서 병조 우참판으로 전임되었다. 세종 15(1433)년 병조 참판으로 사은사에 임명되어 명나라를 다녀왔다. 세종 18(1436)년 병조 참판에서 병조 판서로 승진했다. 세종 22(1440)년 평안 함길도 체찰사로 장성 쌓을 계획을 세웠다. 1440년부터 10년간 함길도 국경 지역에 보를 설치하고 요충지에 만호를 개척하는 등 김종서와 함께 북방 개척과 방어에 힘을 기울였다. 세종 22년 좌참찬 겸 판병조사에 임명되고 세종 25(1443)년 우찬성으로 승진했다. 이때 건의하여 평안도에 위원과 우예 두 고을을 두게 했다. 세종 27(1445)년 좌찬성으로 전임되어 판이조사를 겸하고 세종 29(1447)년 평안도 행성 수축이 완성되고 우의정으로 승진했다. 우의정이 된 뒤에는 양계의 축성을 건의하는 등 북방 개척에 큰 공을 세웠다. 세종 31(1449)년 좌의정에 제수되었다.

문종 1(1451)년 좌의정으로 사은사에 임명되어 명나라에 다녀온 뒤로 영의정부사가 되었다.

1452년 단종이 12세의 나이로 보위에 오르자 좌의정 남지·우의정 김종서와 함께 왕을 보살피면서 의정부에 권력을 집중시켰다. 이로 인해 왕실과 집현전 출신 관료 등의 불만을 불러일으켰다. 단종 1(1453)년 수양대군이 일으킨 계유정난으로 김종서·정분·조극관 등과 함께 10월 10일 효수되었다. 이어서 16세 이상의 친자는 모두 교수형에 처해졌고 15세 이하는 어미를 따라 자란 뒤에 성년이 되면 거제, 제주, 남해, 진도의 관노로 영속시키라는 명을 받았다.

영조 1년 후손(적장손) 겸(鎌)을 특별히 채용하고 고조할아버지에 제사지내게 했으며 영조 22(1746)년 복관·신원되었다. 영월에 있는 단종의 능에 배향되고, 영천의 임고서원, 구룡포의 경남서원, 종성의 행영사에 제향되었다. 졸기는 없다.

🎲 평가

졸기 없음.

참고문헌

〈다음백과사전〉, 〈태조실록〉, 〈태종실록〉, 〈세종실록〉, 〈문종실록〉, 〈단종실록〉, 〈영조실록〉, 〈황보씨족보〉

이 유(李瑈)

이름은 유(瑈)이고 자는 수지(粹之)이다. 처음에 진평대군(晉平大君)으로 봉해졌다가 함평대군(咸平大君)으로 고치고 다시 진양대군(晉陽大君)으로 고치고 수양대군(首陽大君)으로 고쳤으며 뒤에 세조가 되었다.

📦 재임기간

단종 1(1453)년 10월 11일[95] - 세조 1(1455)년 윤 6월 11일[96] ※ 후임 정인지

📦 가문

아버지는 세종이고 할아버지는 태종이며 증조부는 태조이다.

장인은 공조 판서·판중추원사를 역임한 파평부원군 윤번(尹璠)이고 외할아버지는 소헌왕후의 아버지이며 세종의 국구인 영의정 심온(沈溫)이다.

📦 생애

계유정난으로 정권을 장악한 뒤에 단종을 폐위시키고 임금에 오른 세조 수양대군이다.

세종 10(1428)년 대광보국 진평대군으로 봉해지고 윤번(尹璠)의 딸에 장가갔다. 부인은 삼한국대부인으로 봉해졌다. 처남은 우의정 사분(士昐)과 공조 판서 사윤(士昀) 그리고 공조 판서 사흔(士昕)이다. 세종 12년 성균관에 입학했고 세종 15(1433)년 군호를 진평대군에서 함평대군으로 고쳤다. 그러나 함평은 함흥의 별칭인데 전라도의 함평현과 혼동될 수 있다 하여 세종 15년 진양대군으로 고쳤다. 세종 25(1443)년 전제상정소 도제조에 임명되었으며 세종 26년 수기색 제조가 되었다. 세종 27(1445)년 군호를 수양대군으로 고쳤다.

단종 즉위(1452)년 사은사로 명나라에 다녀왔고 단종 1(1453)년 계유정난

---

95) 세조 수양대군을 영의정부사 영경연사서운관사 겸 판이병조사로 삼고, 정인지를 의정부 좌의정으로 삼아, …
96) 경태 6년 윤 6월 11일 근정전에서 즉위하고, 주상을 높여 상왕으로 받들게 했다.

으로 실권을 장악하고 영의정이 되었다. 단종 2년 분충장의광국보조정책정
난공신 수양대군 영의정부사 영집현전 경연예문춘추관 서운관사 겸 판이병
조사 중외병마도통사로 식읍 1천호와 실식봉 5백호를 받았다. 세조 즉위
(1454)년 왕에 올라 세조 14(1468)년 9월 8일 수강궁 정침에서 훙했다.

세조가 왕위 재임 중에 이룬 업적은 <세종실록> 세조 14년 11월 28일
자 첫 번째 기사에 있는 '애책문과 묘지문'을 그대로 수록한다.

🎲 평가

태상왕을 광릉에 장사지내다. 그 애책문(哀冊文)과 묘지문[誌文]

태상왕(太上王)을 광릉(光陵)에 장사지냈다. 그 애책문(哀冊文)은 이러하였다.
"유(維) 성화(成化) 4년 세차(歲次) 무자(戊子) 9월 정사삭(丁巳朔) 초8일 갑자(甲子)
에 세조 승천 체도 열문 영무 지덕 융공 성신 명예 흠숙 인효 대왕(世祖承天體
道烈文英武至德隆功聖神明睿欽肅仁孝大王)께서 정침(正寢)에서 훙(薨)하시어 이해 겨울 11
월 28일 갑신(甲申)에 영좌(靈座)를 광릉(光陵)에 옮기었으니, 예(禮)이었습니다.
용순(龍輴)을 조심스럽게 이끌고, 신로(晨輅)가 길을 열어 진상(陳象)을 원침(園寢)
에 설치하고, 허위(虛衛)에 지발(池綍)을 엄(儼)히 하매, 많은 백성들이 거리와
들에서 비 오듯 울고, 만령(萬靈)이 요곽(寥廓)에서 바람처럼 호곡(號哭)합니다.
효자(孝子) 사왕(嗣王)은 땅을 쳐도 용납할 데가 없고, 하늘이 다하더라도 어찌
다하겠습니까? 계침(雞寢)이 영원히 어기는 것을 슬퍼하고, 봉어(鳳馭)를 더위
잡으려 해도 미치지 못합니다. 난전(鸞殿)에서 윤음(綸音)을 내리어 휘유(徽猷)를
옥첩(玉牒)에 찬술(撰述)합니다."

그 사(辭)는 이러하였다.
"선리(仙李)는 뿌리를 뻗고, 전조(傳祚)는 잎을 거듭하여 성계(聖繼)가 신령스
럽게 이어지고, 중희누흡(重熙累洽)하였으며, 태도(泰道)는 중미(中微)하였고, 둔운
(屯運)을 마침 만나서 성한 가지가 그 사이에서 움트고, 신기(神器)를 비예(睥睨)
하게 되었습니다. 세조(世祖)께서 잠저(潛邸)에 계시니 종사(宗社)는 옳게 지키어

지고, 지명(至明)은 밝은 징조를 보였으며, 대용(大勇)이 전체(電制)하여 천보(天步)는 다시 편안하여졌습니다. 역수(曆數)에 매이는 바 되어 굳게 사양함을 얻을 수 없어서 대통(大統)을 입계(入繼)하시었습니다. 군웅(群雄)을 가어(駕馭) 하시니 일세(一世)를 고무(鼓舞)케 하시고, 서정(庶政)을 정신(鼎新)하며, 옛 적폐(積弊)를 고쳤습니다. 성학(聖學)이 고명(高明)하고 도묘(道妙)가 묵계(默契)하여, 지나간 심전(心傳)을 계승하고, 《주역(周易)》의 구결(口訣)을 정(定)하시었습니다. 숙유(宿儒)를 초연(招延)하여 전석(前席)에서 강론(講論)하게 하고 때로는 훈사(訓辭)를 저술하여 날로 세자의 덕을 이루게 하였습니다. 남교(南郊)에서 하늘에 제사 지내고, 태학(太學)에서 선비를 뽑으셨습니다. 밝게 깨끗이 세탁한 옷으로 검박하게 하시고 힘써 화식(華飾)을 배척하시었습니다. 초곤(椒壺)은 의례를 바르게 하고, 제악(棣萼)으로 은총을 넓게 하였으며 오형(五刑)은 오직 구휼로 하고, 태형(笞刑) 한대라도 그릇되는 것을 경계하여 원민(冤民)이 거의 없었고, 늙은이를 잘 봉양하였습니다. 대사(大事)는 군사에 있는 것이므로, 열무(閱武)에 주의(注意)하시고, 위장(衛長)・부장(部長)에게 명(命)하여 총관부(摠管府)를 두었으며, 선전(宣傳)하는 데에 관직(官職)을 설치하고, 《병장설(兵將說)》을 저술(著述)하였으며, 장정(壯丁)을 호패(號牌)로 총괄하고 액수(額數)를 군적(軍籍)에 더했습니다. 동쪽으로 순행(巡行)하시고 남쪽으로 순행하시어 백성을 물부(物阜)로 편안하게 하고, 농잠(農蠶)을 먼저 하게 하여 부(富)를 창유(倉庾)에 쌓았습니다. 조과(條科)를 참작(參酌)하시어 전장(典章)을 늑성(勒成)하였고, 진교(眞敎)를 여사(餘事)로 하시어 도량(道場)에 공손히 예(禮)하니 천화(天花)가 낮에 내리고, 감로(甘露)가 밤에 내리어 협기(協氣)는 골고루 오르고, 정부(貞符)는 여러 번 빛났으며, 백록(白鹿)이 와서 깃들고, 청학(靑鶴)이 비상(飛翔)하였습니다. 위풍(威風)이 북쪽으로 떨치어 삭정(朔庭)이 드디어 비었고, 신화(神化)가 동쪽으로 번지어 항해(航海)하여 내동(來同)하였으며, 농금(隴禽)으로 입공(入貢)하고, 수훙(水兄)이 주석[錫]을 바쳤습니다. 지치(至治)의 형상은 오직 덕(德)으로 만물을 긴절(緊切)히 하시매 도둑은 공험(公險)에 의거하고 군사는 황지(潢池)를 희롱하며, 감히 건유(虔劉)를 함부로 하거나, 스스로 정휘(旌麾)를 옹립하면 장수에게 명(命)하여 깃발을 뽑아 버리고 납후(拉朽) 건영(建領)하게 하시었습니다. 호로(胡虜)가 변방을 범하였을 때에 천자(天子)께서 군사를 부르시어 만군(萬軍)을 일제히 향하게 하매, 군추(群醜)가 이에 굴복하고, 삼위(三衛)를 혈도(穴擣)하여 부로(俘虜)를 구궐(九闕)에 바쳤습니다. 황제께서는 비적(조績)을 가상(嘉尙)히 여기시어 예권(睿眷)을 더욱 윤택하게 하였으니 성덕(盛德)과 신공(神功)은 지금까지도 없었으며, 앞으로도 없을 것입니다. 억년의 장수(長壽)를 빌었고, 만민(萬民)의 아버지를 위하였는데, 어찌 의빙하여 이를 예상이나 하였겠습니까? 재앙의 기운이 갑자기 궁궐을 찾아와 수레로 안출(晏出)하시니, 아아! 슬프도다. 성상은 본래 나면서부터 아셨고, 예(藝)와 재(材)가 많았으며, 오로지 한결같이 대(對)하시고, 넓게 관찰(觀察)하시어 대도(大度)가 더욱 더 넓고 커서 구우(區宇)를 확청(廓淸)하셨습니다. 두 번이나 요에(妖孽)를 일소(一掃)하시매 훈충(勳忠)과 석보(碩輔)는 띠[帶]와 같고 숫돌[礪]과 같았습니다. 을야(乙夜)까지 여정(勵精)하시고 연익(燕翼)을 이모(貽謀)하시어 태평(太平)이 이르도록 도모하셨고, 삼오(三五) 동안 만륭(嬔隆)하시었습니다. 그 위(位)를 극간(克艱)하시어 14년 중 절선(節宣)하심에 어긋남이 있었고, 우로(憂勞)가 오래도록 쌓이어, 아직 대점(大漸)에 이르지 못하였을 때에 드디어 무거운 짐을 놓으시고, 한가히 거(居)하시어 이양(怡養)하시기를 바라셨고, 경조(慶祚)에서 영형(永亨)하시기를 바랐습니다. 아아! 금방(金方)에 양약(良藥)이 효험이 없어서 이에 옥궤(玉几)에 말명(末命)이 잠깐 사이에 이르렀습니다. 아아! 슬프도다. 해[日]가 갑자기 잠기매 창을 휘둘러도 머물지 않고, 하늘이 무너지매 돌을 단련(鍛鍊)하여서라도 누가 보충하오리까? 정호(鼎湖)에 활을 버림이요, 교산(橋山)에서 빛을 거둔 것입니다. 상고(喪考)를 슬퍼하여 수레를 붙들고 호곡(號哭)하옵고, 유곡(孺哭)을 애통하여 오열(嗚咽)하옵니다. 아아! 슬프도다. 백운(白雲)을 타시고 제향(帝鄕)으로 가시옵니까? 청조(靑鳥)를 가려서 수원(壽原)으로 가시옵니까? 밤에 올리오니 경가(瓊珂)이옵고, 새벽에 떠나오니 금근(金根)이옵니다. 기성(綺城)의 애장(哀仗)을 벌리고 자교(滋橋)의 도헌(度幰)을 이끄니, 바람은 처초(悽楚)하여 산조(酸旗)를 불어오게 하고, 달은 참담(慘淡)하여 고만(苦輓)을 흐느끼게 합니다. 선유(仙遊)를 우러러보오매 표묘(縹緲)하옵고, 야대(夜臺)를 다듬으매 격적(闃寂)하옵니다. 아아! 슬프도다. 대덕(大德)이 반드시 장수하지 못하니, 교역(巧歷)을 능히 헤아릴 수 없고, 요명(窅冥)의 이수(理數)를 맡기매 외탕(巍蕩)한 공렬(功烈)을 높이 올립니다. 현양(玄壤)을 뒤로 하여 장존(長存)케 하옵고, 창궁(蒼穹)을 관(冠)하오니 망극(罔極)하옵니다. 아아! 슬프도다."

그 지문(誌文)은 이러하였다.

"유명(有明) 조선국(朝鮮國) 세조 승천 체도 열문 영무 지덕 융공 성신 명예 흠숙 인효 대왕(世祖承天體道烈文英武至德隆功聖神名睿欽肅仁孝大王) 광릉(光陵)이라 하였다. 넓게 생각하건대, 우리 세조대왕(世祖大王)의 성덕(盛德)과 대업(大業)은 외탕(巍蕩)하고 혁탁(赫濯)하여 모두 명언(名言)할 수가 없으나 이제 경개(梗槪)를 대략 서술하여 현궁(玄宮)에 기록하는 데에 쓰고자 합니다. 삼가 살펴보건대 대왕(大王)은 세종(世宗)의 제2자(第二子)로 소헌왕후(昭憲王后) 심씨(沈氏)가 영락(永樂) 15년 정유(丁酉) 9월 병자(丙子) 일에 탄생하셨습니다. 왕(王)은 영예(英睿)하시고 학문(學問)을 좋아하여 게을리 하지 아니하였으므로 양궁(兩宮)께서 특별히 사랑하시어 진양대군(晉陽大君)으로 봉(封)하였다가 뒤에 수양대군(首陽大君)으로 고쳤습니다. 정통(正統) 11년 병인(丙寅)에 소헌왕후가 훙(薨)하고, 경태(景泰) 원년(元年) 경오(庚午)에 세종이 훙하니, 왕은 애훼(哀毁)하며 예(禮)를 다하시어 보는 자가 비감(悲感)하지 아니함이 없었습니다. 임신년에 문종(文宗)이 훙하여 황제(皇帝)가 사신(使臣)을 보내어 시호(諡號)와 제문(祭文)을 내려 주었고, 또 사왕(嗣王)의 고명(誥命)을 내려 주었으므로 사왕은 왕을 보내어 표(表)를 받들고 중국 서울에 가서 진사(陳謝)하게 하였습니다. 계유년에 간신(姦臣)이 정사를 오로지하고 무리를 모아 불령(不逞)하게 변란(變亂)을 도모하므로, 왕이 사왕에게 고(告)하여 이들을 베고, 공훈(功勳)으로써 '분충 장의 광국 보조 정책 정란 공신(奮忠仗義匡國輔祚定策靖亂功臣)'에 봉(封)해져 백관(百官)을 거느리어 정사를 돕고, 중외(中外)의 병마(兵馬)와 여러 군사를 모두 통솔하였습니다. 을해년 후6월(後六月)에 사왕이 유충(幼沖)하고 또 병이 있으므로 왕에게 선위(禪位)하였습니다. 왕은 이미 왕위에 이르러서는 아침부터 밤까지 근심하고 부지런하며 항상 농사를 권하고, 학교를 일으키며, 어진 이를 구(求)하고, 군사를 기르는 것을 선무(先務)로 삼았으며, 하교(下敎)하여 백성의 장(長)이 된 자에게 돈독히 권려하였습니다. 7월에 적자(嫡子) 이장(李暲)을 세워 세자(世子)로 삼고, 왕은 한위(捍衛)의 노고(勞苦)를 생각하여 좌익공신(佐翼功臣) 43인을 봉하였습니다. 천순(天順) 원년(元年) 정축(丁丑)에 군신(群臣)이 존호(尊號)를 올리어 이르기를, '승천 체도 열문 영무(承天體道烈文英武)'라고 하였습니다. 가을 9월에 세자 이장(李暲)이 병들어 졸(卒)하였으므로 시호(諡號)를 의경(懿敬)이라 하사(下賜)하고, 금상(今上)을 세워 세자(世子)로 삼고서, 선성(先聖)을 배알(拜謁)하고 치주례(齒胄禮)를 행하였습니다. 왕은 매양 일을 당하면 반드시 비유(譬喩)를 원인(援引)하여 세자를 교회(敎誨)하고, 또 친히 훈사(訓辭) 1편을 저술(著述)하였는데 늘 변함없이 한결같은 덕을 가질 것[恒德], 신(神)을 공경하여 섬길 것[敬神], 간언을 받아들일 것[納諫], 참소를 막을 것[杜讒], 사람을 쓰는 일[用人], 사치하지 말 것[勿侈], 환관을 부리는 일[使宦], 형벌을 삼가는 일[愼刑], 문무(文武), 부모의 뜻을 잘 좇을 것[善述]의 열 가지 일을 항목(項目)으로 삼아 항상 이를 외우게 하였습니다. 문신(文臣)에게 명(命)하여 선조(先祖)의 가모(嘉謨)와 선정(善政)을 엮어서 이름을 ≪국조보감(國朝寶鑑)≫이라 이르고, 또 ≪동국통감(東國通鑑)≫을 찬술(撰述)하였는데, 모두 예단(睿斷)을 받은 것입니다. 무인년에 호패(號牌)의 법을 세웠고, 기묘년에 국학(國學)에 행행(行幸)하여 선성(先聖)을 배알(拜謁)하고 책사(策士)하였으며, 왕은 학자(學者)들의 사수(師授)가 분명(分明)치 못하고 사람마다 각각의 소견(所見)이 있는 것을 걱정하여 여러 선비들을 모아 오경(五經)의 동이(同異)를 논란(論難)하게 하고, 친(親)히 스스로 결정하였으므로 여러 가지 의심이 얼음 녹듯이 풀리었고, 또 ≪역학계몽요해(易學啓蒙要解)≫를 저술(著述)하여 학자를 이끌어 주셨습니다. 경진년에 왕(王)이 이르기를, '한(漢)나라 광무제(光武帝)는 천하(天下)가 컸어도 오히려 이직(吏職)을 감손(減損)하여 열에 그 하나만을 두었는데, 나라는 작고 관리(官吏)가 많아서 먹는 것이 일보다 지나치니, 어찌 천록(天祿)을 무겁게 여기는 뜻이겠느냐?'하고 드디어 용관(冗官) 백여 원(員)을 도태(陶汰)시켰습니다. 가을에 동여진(東女眞)의 낭복아합(浪卜兒哈)이 반란을 꾀하므로 복주

(伏誅)하고, 그 아들 아비거가 당류(黨類)를 불러 모아 변어(邊圉)를 침요(侵擾)하므로 왕이 군사를 발(發)하여 이를 토평(討平)하였습니다. 겨울에 임금이 서쪽으로 순행하여 평양(平壤)에 이르러, 책사(策士)하고 뜰에서 기애(耆艾)들을 잔치하였으며, 지나는 곳의 전조(田租)를 감하였습니다. 신사년에 명하여 제도(諸道)의 군적(軍籍)을 개수(改修)하게 하고, 평안도(平安道)와 황해도(黃海道)의 두 도는 백성의 사는 것은 드물고 넓었으므로 백성을 모아서 여기에 옮기고 10년을 급복(給復)하였습니다. 계미년에는 교지(敎旨)를 내리어 장수를 구(求)하며 벼슬이 낮거나 높거나 친척이거나 인척이거나에 구애되지 말고 재행(才行)을 기록하여 계문(啓聞)하게 하였습니다. 왕은 융사(戎事)에 열심히 하여 매달 두 번씩 진(陣)을 사열(査閱)하고, 춘추(春秋)로 강무(講武)하였으며, 스스로 ≪병장설(兵將說)≫ 등을 제술(製述)하여 여러 장수를 훈련(訓勵)하였습니다. 매양 장사(將士)에게 말하기를, '무(武)를 하면서 문(文)을 하지 아니하면 장수가 아니다.' 하고, 드디어 돈독히 권려함을 더하니 무릇 행간(行間)8737)에 있으면서도 독서(讀書)를 하지 않을 수 없었습니다. 성화(成化) 원년(元年) 을유년 가을에 남쪽으로 순행하여 온양(溫陽)에 이르러 책사(策士)와 양로(養老)하기를 서쪽 순행의 예(禮)와 같이 하였습니다. 병술년에는 왕이 누조(累朝)에서 입법(立法)한 것의 과조(科條)가 진실로 번거롭고 상완(商宛)이 손익(損益)되었다 하여 ≪경국대전(經國大典)≫을 정(定)하여 만드셨고, 또 경비(經費)가 의거할 데가 없으므로 공부(貢賦)가 고르지 못하였으므로 규식(規式)을 상정(詳定)하였으니, 이에 관리(官吏)들이 쉽게 봉행(奉行)할 수 있게 되었고, 민폐(民弊)를 모두 덜어주었습니다. 동쪽으로 순행하여 강릉(江陵)에 이르러 책사(策士)하고, 포흠(逋欠)을 견면해 주고서, 전조(田租)를 감해주었습니다. 정해년에 함길도(咸吉道) 사람 이시애(李施愛)가 절도사(節度使) 등을 교살(矯殺)하고 백성을 꾀어 반란(反亂)을 일으켰으므로, 장수에 명(命)하여 이를 토평(討平)하고, 군사가 돌아오자 장수(將帥)와 사졸(士卒)에게 상(賞)을 주기를 차등(差等)이 있게 하고, 적개공신(敵愾功臣) 45인을 봉하였습니다. 가을 8월에 중국 황제(皇帝)가 사신(使臣)을 보내어 건주 삼위(建州三衛)의 여러 오랑캐를 공벌(攻伐)하는 데에 군사를 도와줄 것을 청하자, 왕은 장수에게

명(命)하여 군사 1만 명(名)을 거느리고 파저강(婆豬江) 올미부(兀彌府)의 여러 채(寨)를 격파(擊破)하고 부로(俘虜)를 바치니, 황제께서 중사(中使)를 보내어 포장(褒獎)을 하면서 상(賞)을 내리어 준 것이 넉넉하고 후하였는데, 여러 장수에게도 각각 하사(下賜)가 있었습니다. 무자년 9월 8일(갑자)에 임금이 병으로 수강궁(壽康宮)의 정침(正寢)에서 훙(薨)하시니, 향년(享年) 52세였고, 재위(在位)한 지는 14년이었습니다. 왕은 예지롭고 영의(英毅)하시며, 관간(寬簡)하고 인검(仁儉)하시며, 용력(勇力)은 세상을 뒤덮을 만하였고, 학문(學問)에는 내전(內典)과 제가(諸家)를 두루 꿰뚫으시고, 또한 몸소 연구하지 않음이 없었으며, 일을 처리하는 데는 정대(正大)하고, 말 한 마디와 한 가지 동작도 간연(間然)한 것이 없었습니다. 제부(諸父)를 공경스럽게 섬기고, 여러 형제들은 우애(友愛)롭게 하여 모두 기뻐하였습니다. 규위(閨闈)는 옹목(雍睦)하게 하고, 명분(名分)을 정숙(正肅)하게 하였으며, 선민(先民)을 돈박(敦朴)하게 여기고, 몸에는 세탁한 옷을 입었으며, 궁인(宮人)은 다만 쇄쇄(灑麗)할 사람만 갖추고 나머지는 모두 내어 보냈습니다. 날마다 대신(大臣)을 인견(引見)하여 치도(治道)를 자방(咨訪)하거나 혹은 유아(儒雅)에 미치기도 하시었으며, 역대(歷代)의 치란(治亂)의 자취를 상론(尙論)하기도 하고, 도학(道學)의 깊은 뜻을 강명(講明)하기도 하여, 미미(亹亹)하며 피로를 잊으셨으며, 혹은 야분(夜分)에 이르러서야 겨우 파(罷)하였습니다. 정사에 다스리는 데에는 여정(勵精)하시고, 하루하루를 삼가하셨으며, 공(功)을 높이시고, 어진이를 숭상하였으며, 삿된 자를 내치고, 아첨하는 자를 멀리하였으며, 상(賞)을 주는 것을 믿음있게 하고 벌(罰)주는 것을 밝게 하였습니다. 백성에게 적축(積蓄)하기를 권하고, 요역(徭役)을 가볍게 하였으며, 거두는 것을 박하게 하고 부비(浮費)를 태거(汰去)하여 재용(財用)을 절약함으로써 수년이 되지 않는 사이에 부고(府庫)는 가득차고 민물(民物)은 은부(殷阜)하였습니다. 매양 감사(監司)와 수령(守令)에게 거듭 경계하고, 혹은 사자(使者)를 보내시어 염문(廉問)하기도 하였으며, 조신(朝臣)과 외보자(外補者)에게 모두 폐사(陛辭)를 허락하고, 분우(分憂)의 뜻을 면전에서 개유하여 성효(成效)를 책(責)하였습니다. 다스림에 있어서 남달리 재능이 있는 자는 관질(官秩)을 더하여 넉넉히 포상

(襄賞)하고, 혹 어탈(漁奪)하거나 남형(濫刑)하는 자는 비록 세세(細)한 일이라도 용서하지 않았으며, 준이(俊異)한 선비를 찾아 모아 작은 선(善)이나 한 가지의 재주가 있으면 모두 기록하였다가 왕왕(往往)히 불차(不次)로 탁용하였습니다. 선비를 만나서 한번 안색(顔色)을 보면 폐부(肺腑)까지 통조(洞照)하시어 뒤에 어질고 그렇지 못함을 말하시는데 하나도 맞히지 않음이 없었습니다. 환과(鰥寡)를 혜선(惠鮮)하고 널리 묻고 찾아서 민은(民隱)을 구(求)하는 데에 힘쓰니 전리(田里)에 원통함을 품은 자가 없었습니다. 14년 동안 하늘을 공경하고 백성을 다스리는 데에 부지런히 하였는데 한결같이 지성(至誠)에서 나왔습니다. 사대(事大)와 교린(交隣)에 있어 모두 그 도리를 다하여, 섬의 오랑캐와 산(山)의 오랑캐가 진귀한 물건을 받들고 성심으로 복종하며 멀리서 이르지 않는 자가 없었으니, 동방(東方)의 다스림이 이로써 성(盛)하게 되었습니다. 백성은 어리거나 크거나를 막론하고 영원히 오래 살기를 크게 바랐는데 호천(昊天)이 부조(不弔)하여 팔음(八音)이 갑자기 그쳤으니, 애통(哀痛)함을 이길 수 있겠습니까? 궤(几)에 기대어 <훙하기> 하루 전에 왕은 옥쇄(玉璽)를 금상 전하(今上殿下)에게 전(傳)하시고, 후사(後事)를 유명(遺命)하시어 모두 검약(儉約)에 따르도록 하시니 금상(今上)께서는 양음(亮闇)에 예(禮)를 다했으며, 군신(群臣)을 거느리고 시호(諡號)을 올리기를, '승천 체도 열문 영무 지덕 융공 성신 명예 흠숙 인효(承天體道烈文英武至德隆功聖神明睿欽肅仁孝)'라 하고, 묘호(廟號)를 세조(世祖)라 했습니다. 11월 28일(갑신)에 양주(楊州) 치소(治所) 아래의 동쪽 풍양현(豊壤縣) 직동(直洞)언덕에 장사 지내고 이름하기를, '광릉(光陵)'이라 하였습니다. 아아! 글에서는 성신(聖神) 문무(文武)하시고, 역(易)에는 강건(剛健) 수정(粹精)하시며, 시(詩)에는 명류장군(明類長君)이시니, 우리 세조대왕(世祖大王)께서는 실로 이를 겸(兼)하였습니다. 태비(太妃) 윤씨(尹氏)는 파평(坡平)의 세가(世家)인 증 좌의정(贈左議政) 윤번(尹璠)의 딸인데, 성상(聖上)의 배필(配匹)이 되시어 덕(德)을 길러 2남(二男) 1녀(一女)를 탄생하였으니, 맏이는 의경세자(懿敬世子)며 다음은 우리 전하(殿下)이시며, 딸은 의숙공주(懿淑公主)입니다. 세조(世祖)는 처음에 전하(殿下)를 상당군(上黨君) 한명회(韓明澮)의 여식(女息)에게 장가들게 하여서 빈(嬪)으로 삼으니 아들

_125

하나를 낳았는데, 빈과 아들이 모두 먼저 죽었고, 또 청천군(淸川君) 한백륜(韓伯倫)의 딸에게 장가들게 하여 아들 둘과 딸 하나를 낳았는데, 다 어리고, 아들 하나는 먼저 죽었습니다. 세조가 이미 왕위를 전하에게 전하고, 봉하여 비(妃)를 삼도록 명(命)하였습니다. 의경 세자는 처음에 도원군(桃原君)에 봉해졌으며 우의정(右議政) 한확(韓確)의 딸에게 장가들어 아들 둘을 낳았으니, 맏이는 이정(李婷)이라 하며 월산군(月山君)에 봉해졌고, 병조 판서(兵曹判書) 박중선(朴仲善)의 딸에게 장가들었으며, 다음은 【금상의 휘.】인데 자을산군(者乙山君)에 봉해졌고 한명회의 차녀(大女)에게 장가들었으며, 딸은 승빈(承賓) 홍상(洪常)에게 시집가고, 의숙 공주는 하성군(河城君) 정현조(鄭顯祖)에게 시집갔으며, 귀인(貴人) 박씨(朴氏)가 아들 둘을 낳았으니, 맏이는 이서(李曙)라 하는데, 덕원군(德原君)에 봉하였고, 다음은 이성(李晟)이라 하는 데 창원군(昌原君)에 봉하였습니다. 덕원군은 사직(司直) 김종직(金從直)의 딸에게 장가들어 아들 둘과 딸 하나를 낳았는데 모두 어립니다."

참고문헌

〈세종실록〉, 〈단종실록〉, 〈세조실록〉

정인지(鄭麟趾)

본관은 하동이고 자는 백저(伯雎)이며 호는 학역재(學易齋)이고 시호는 문성(文成)이다. 태조 5(1396)년에 태어나서 성종 9(1478)년에 죽었다.

🔲 재임기간

세조 1(1455)년 윤 6월 11일[97] — 세조 2(1456)년 4월 10일[98] ※ 후임 정인지
세조 2(1456)년 5월 18일[99] — 세조 4(1458)년 2월 13일[100] ※ 후임 정창손

🔲 가문

아버지는 석성 현감 홍인(興仁)이고 할아버지는 종부령 을귀(乙貴)이다. 증조부는 대호군 익(翊)이고 고조부는 도첨의 찬성사 지연(芝衍)이다. 5대조는 증밀직부사 국룡(國龍)이고 6대조는 하동 호장 연서(延敍)이며 7대조는 의균(義均)이고 8대조는 탁신(卓申)이다. 9대조는 하동현이(河東縣吏) 석숭(碩崇)이다. 석숭을 하동 정씨 1세로 하고 상계는 실전되어 알 수 없으나 시조는 평장사 도정(道正)이다.

장인은 초배가 한양인 지돈녕부사 조후(趙侯)이고 계배는 경주인 판한성사 이휴(李携)이다. 이휴는 문하좌정승 이성중의 아들이다. 외할아버지는 흥덕인 중랑장 진천의(陳千義)이다.

아들은 1남은 용양위 대호군 광조(光祖)이고 2남은 하성부원군 현조(顯祖)다. 현조는 세조와 정희왕후 윤씨 사이에서 태어난 의숙공주(懿淑公主)와 결혼하여 하성위(河城尉)에 봉해졌다가 하성부원군(河城府院君)으로 개봉되었다. 3남 숭조(崇祖)는 한성부 판윤과 호조 판서를 역임하고 하남부원군(河南府院君)에 봉해졌다. 4남 경조(敬祖)는 사헌부 대사헌과 동지중추부사를 역임했는데 세종과

---

97) 하동부원군 정인지를 영의정으로 삼았다.
98) "익녕군 이치와 영의정 정인지·좌의정 한확·우의정 이사철·좌참찬 윤사로·우찬성 정창손·좌참찬 강맹경·도승지 박원종·좌승지 구치관·우승지 한명회·좌부승지 성삼문·우부승지 조석문·동부승지 윤자운 등이 입시하였다"라는 기사가 있다.
99) 정인지를 의정부 영의정으로, 박중손을 형조 판서로…
100) 명하여 정인지의 고신을 거두었다.(취중에 실수한 정인지를 추국하고 고신을 거두었다. : <능엄경>을 칭찬하고 <중용>을 비방함.)

신빈김씨 사이에서 태어난 계양군(桂陽君) 이증(李璔)의 사위이다. 5남은 부호군 상조(尙祖)인데 찬성을 역임했고 정의공주 손녀와 결혼했다.

아우는 내섬시 판관 인종(麟踵)과 인각(麟角)이다.

🎁 생애

> 학문이 해박하여 <용비어천가> 저술에 참여하고 <훈민정음>의 서문을 지었으며 <자치통감훈의>·<치평요람>·<역대병요>·<고려사> 저술에 참여해서 세종조의 문음을 높이는 데 공헌했다. 폐비 윤씨의 문제로 연산군 때 비석이 훼손되었다.

권우(權遇)의 문인으로 태종 14(1414)년 식년문과에 장원급제했다. 예빈시 주부로 등용되어 감찰로 전임되었으며 태종 15(1415)년 집현전 부교리에 임명되었으나 도망해 온 박몽사 등 23명을 요동으로 가게 한 죄로 하옥되었다가 석방되어 직에 복귀하였다. 태종 16(1416)년 예조 좌랑을 거쳐 태종 17(1417)년 병조 좌랑에 제수되었다.

세종 즉위(1418)년 어떤 일로 태장 40대 맞고 본직에서 쫓겨나 하옥되었다. 세종 5(1423)년 집현전 응교 겸 춘추에 임명된 뒤에 세종의 집현전 융성책에 맞추어 큰 활약을 하였다. 세종 7(1425)년 직집현전에 임명되고 세종 9년에 예문관 응교를 역임하였다. 이어서 실시한 문과중시에서 장원하고 집현전 직제학에 임명되고 좌필선으로 옮겨 사은정사의 서장관에 임명되었으나 상을 당하여 사직하였다. 상을 마치고 세종 10(1428)년 집현전 부제학에 오르고 세종 12(1430)년 우군 동지총제에 제수되어 <아악보> 서문을 지었다. 세종 13(1431)년 대제학으로 세자빈객을 겸하고 세종 14년에 예문관 제학·동지춘추관사를 역임했다. 세종 15(1433)년 인수부윤·예문관 제학에 임명되었고 세종 16년에는 이조 좌참판·예문관 제학에 임명되었다. 세종 17(1435)년에는 가대사성과 충청도 관찰사에 임명되었다. 세종 20년에는 형조 참판에 제수되고 세종 22년에는 형조 참판에서 형조 판서로 승차하였으며 사은정사가 되어 명나라에 다녀왔다. 이어서 지중추원사·승문원 제조를 역임하고 세종 24(1442)년 예문관 대제학에 임명되었다. 세종 25(1443)년 하삼도 도순찰사로 나갔다. 세종 27년 의정부 우참찬에 제수되었는데 이 해에 <용비어천가> 10권을 올렸으며 세종 28(1446)년 예조 판서로 있을 때에 훈민정음이 완성되어 서문을 지었다. 세종 29년에는 이조 판서로 옮겼다가 세종 31(1449)년에 공조 판서로 옮기었다.

문종 즉위(1450)년에 의정부 좌참찬과 공조 판서에 제수 되었으며 문종 1(1451)년에 성균관 대사성을 겸했다.

단종이 즉위(1452)하자 병조 판서로 예조 판서를 겸하였다. 단종 1(1453)년에 판중추부사로 수양대군의 계유정난에 적극 참여함으로써 정난공신 1등[101]에 올라 수충위사협찬정난공신 의정부 좌의정 하동부원군의 작호를 받았다. 이어서 좌의정·판중추원사·하동부원군이 되었다.

세조 1(1455)년 영의정으로 승진하여 세자사를 겸하면서 좌익 2등 공신[102]에 녹훈되었다. 세조 2년 영의정에서 물러나 하동부원군으로 체봉되었으나 같은 해 5월에 다시 영의정에 제수되었다. 세조 4년 술자리에서 <능엄경>을 칭찬하고 <중용>을 비판하는 듯한 발언을 함으로 고신을 빼앗기고 부여로 유배를 갔다가 같은 해에 부여에서 돌아와 고신을 돌려받았다. 세조 6년 하동부원군으로 있었다.

성종 1(1470)년 대광보국숭록대부 하동부원군 겸 영경연사로 원상을 겸해 서정을 처결했고 성종 3년 대광보국숭록대부 영춘추관사에 임명되었다. 성종 9(1478)년 83세로 죽었다. <사륜요집>·<치평요람>·<고려사절요>를 편찬하고, <칠정산내편>을 저술하고 <용비어천가>·<훈민정음> 저술에 참여했으며 문집으로 <학역재집>이 있다.

<성종실록> 성종 9(1478)년 11월 26일 첫 번째 기사에 '하동부원군 정인지의 졸기'가 있다.

---

101) 수충위사협찬정란좌익공신 의정부 좌의정 하동부원군
102) 수충결절좌익공신

하동 부원군 정인지의 졸기

…… 정인지의 자(字)는 백저(伯睢)이고, 호(號)는 학역재(學易齋)이며, 본관은 하동(河東)이다. 고려(高麗) 때의 첨의 찬성사(僉議贊成事) 정지연(鄭芝衍)의 후손(後孫)이며, 석성 현감(石城縣監) 정흥인(鄭興仁)의 아들인데, 정흥인이 내직 별감(內直別監)으로 있을 때 소격전(昭格殿)에 들어가 재(齋)를 올리면서 집안을 일으킬 아들을 낳게 해달라고 마음속으로 빌었었다. 그래서 그의 아내 진씨(陳氏)가 임신(姙娠)하였을 때 이몽(異夢)을 꾸고 정인지를 낳았는데, 5세(歲)에 독서(讀書)할 줄 알아 눈만 스치면 곧 암송(暗誦)하고 글도 잘 지었다.

영락(永樂) 신묘년에 16세로 생원시(生員試)에 합격하였고, 갑오년에 문과(文科)의 제일(第一)로 뽑혀 예빈시 주부(禮賓寺注簿)에 제수(除授)되었고, 사헌부 감찰(司憲府監察)·예조 좌랑(禮曹佐郎)을 거쳐 병조 좌랑(兵曹佐郎)으로 옮겨졌다. 어느 날 군신(群臣)이 조정(朝廷)에 모였는데, 정인지가 전폐(殿陛)에서 모시었다. 태종(太宗)이 명(命)하여 앞에 나오게 하고 말하기를,

"내가 그대의 이름을 들은 지 오래였으나, 다만 얼굴을 알지 못하였을 뿐이다."

하고, 머리를 들게 하고서 자세히 본 뒤에 태종이 세종(世宗)에게 말하기를,

"나라를 다스림은 인재(人材)를 얻는 것보다 더 먼저 해야 할 것은 없는데, 정인지는 크게 등용(登用)할만하다." 하였다.

그 후 여러 번 승진하여 예조(禮曹)·이조(吏曹)의 정랑(正郎)과 집현전 응교(集賢殿應敎)에 전직(轉職)되고, 선덕(宣德) 정미년에 문과 중시(文科重試)에 장원하여 집현전 직제학(集賢殿直提學)에 제수되었으며, 이어 모친상(母親喪)을 당하였다. 세종이 바야흐로 문학을 숭상하여 경연관(經筵官)을 중(重)하게 선발하였는데, 무신년에 특별히 기용(起用)하여 부제학(副提學)에 경연 시강관(經筵侍講官)으로 삼았다. 정인지는 이를 굳이 사양하였으나, 윤허(允許)하지 아니하였다. 경술년에 우군 동지총제(右軍同知摠制)로 예문관 제학(藝文館提學)·인수부윤(仁壽府尹)·이조

참판(吏曹參判)을 역임(歷任)하였다. 당시 정인지의 아버지 정흥인(鄭興仁)이 노경(老境)으로 부여현(扶餘縣)에 살고 있었는데, 정인지가 귀양(歸養)하기를 희망하였으나, 세종이 윤허하지 아니하고 이어 충청도 관찰사(忠淸道觀察使)로 제수하였다. 정통(正統) 병진년에 부친상(父親喪)을 당하였는데, 세종이 부의(賻儀)를 특사(特賜)하였고 무오년에 예문관 제학(藝文館提學)에 제수되었다가 형조 참판(刑曹參判)으로 천직(遷職)되었다. 세종이 판서(判書) 정연(鄭淵)에게 묻기를,

"경(卿)을 대신할 만한 자가 누구인가?" 하니,

정연이 대답하기를,

"정인지가 재주와 덕망(德望)이 출중(出衆)합니다." 하니,

곧 발탁하여 판서(判書)로 삼았다. 그리고 예문관 대제학(藝文館對提學), 의정부 우참찬(議政府右參贊), 예조(禮曹)·이조(吏曹)·공조(工曹)의 판서(判書)와 의정부 좌참찬(議政府左參贊)을 역임(歷任)하였다. 임신년에 병조 판서(兵曹判書)에 제수되고 얼마 안 되어 판중추원사(判中樞院事)로 옮겨졌다. 경태(景泰) 계유년에 세조(世祖)가 정난(靖難)할 때 정인지가 대책(大策)을 참결(參決)하여 의정부 우의정(議政府右議政)으로 승진해서 제수되고, 추충 위사 협찬 정난공신(推忠衛社協贊靖難功臣)의 위호(位號)를 받았으며, 하동 부원군(河東府院君)에 봉작(封爵)되었다. 을해년에 세조가 즉위(卽位)하고는 영의정(領議政)에 승진되고, 동덕 좌익공신(同德佐翼功臣)의 위호를 받았다. 병자년에 부원군(府院君)으로 체봉(遞封)되고 곧 이어 다시 영의정(領議政)으로 제수되었다. 천순(天順) 무인년에 부원군에 체봉되었는데, 세조가 일찍이 정인지와 유교(儒敎)와 불교(佛敎)의 시비(是非)를 논란(論難)하다가 세조의 뜻에 거슬러 부여현(扶餘縣)으로 귀양갔고, 한 달이 넘어 소환(召還)되어 다시 부원군에 봉해 졌다. 성화(成化) 을유년에 나이 70세이었는데, 치사(致仕)하기를 청(請)하였으나 윤허하지 않고, 궤장(几杖)을 내려 주었다. 예종(睿宗)이 즉위(卽位)하고 남이(南怡)가 모역죄(謀逆罪)로 복주(伏誅)되자, 정난 익대 공신(定難翊戴功臣)의 위호를 내렸고, 성종(成宗)이 즉위하고는 순성 명량 경제 좌리 공신(純誠明亮經濟佐理功臣)의 위호를 내렸으며, 이때에 와서 졸(卒)하였는데, 나이가 83세였다.

정인지(鄭麟趾)는 타고난 자질(資質)이 호걸(豪傑)스럽고 영매(英邁)하며, 마음이

활달하고, 학문(學問)이 해박(該博)하여 통하지 아니한 바가 없었다. 세종(世宗)이 천문(天文)과 역산(曆算)에 뜻을 두어 그 대소(大小)의 간의(簡儀), 규표(圭表)와 흠경각(欽敬閣)·보루각(報漏閣)의 제작(製作)에 있어서 다른 신하(臣下)들은 그 깊이를 이해하지 못하였는데, 세종이 말하기를,

"정인지만이 이것을 함께 의논할 수 있다."

하고, 명하여 모두 담당하게 하였다. 또 역대(歷代)의 역법(曆法)의 같고 다른 점과 일식(日食)·월식(月食)·오성(五星)·사암(四暗), 그리고 전도(躔度)의 유역(留逆) 관계를 편찬하게 하였는데, 가령 정인지가 직접 맡아서 계산한 것은 추보(推步) 함이 매우 정확하여 노련(老鍊)한 일관(日官)이라도 따라갈 수가 없었다. 그 밖에 ≪자치통감훈의(資治通鑑訓義)≫·≪치평요람(治平要覽)≫·≪역대병요(歷代兵要)≫·≪고려사(高麗史)≫도 정인지가 참여하여 만들었다. 정인지가 일찍이 말하기를,

"국가(國家)에서 일일이 현지를 답사하여 조사한 뒤에 세금을 매기는 것은 선왕(先王)의 제도(制度)가 아닙니다."

하고, 상서(上書)하여 공법(貢法)을 중지할 것을 청하였으나, 군신(群臣)이 각각 자기의 소견을 고집하여 논의(論議)가 분분하였다. 그러나 세종은 마침내 정인지의 계책에 따라 이에 정인지를 순찰사(巡察使)로 삼아서, 충청도(忠淸道)·경상도(慶尙道)·전라도(全羅道)의 토지의 품질을 살펴보고 그에 알맞은 법을 제정(制定)하게 하니, 백성이 매우 편리하게 여겼다. 중국의 조사(詔使)인 시강(侍講) 예겸(倪謙)이 왔을 때 정인지를 관반(館伴)으로 삼았는데, 어느 날 밤늦게까지 자지 않고 있다가 예겸이 말하기를,

"이 달은 어느 분야(分野)에 있소?"

하니, 정인지가 대답하기를,

"동정(東井)에 있소이다."

하니, 예겸이 탄복하였다. 정인지의 문장(文章)은 호한(浩汗)하고 발월(發越)하여 조탁(雕琢)함을 일삼지 아니하였다. 오래도록 문병(文柄)을 장악하여 고문대책(高文大冊) 등이 그의 손에서 많이 나왔다. 시호(諡號)는 문성(文成)인데, 도덕이

높고 견문이 넓음[道德博聞]이 문(文)이고, 임금을 도와 끝맺음이 있음[佐相克終]이 성(成)이다. 아들은 정현조(鄭顯祖)·정숭조(鄭崇祖)·정경조(鄭敬祖)·정상조(鄭尙祖)이다. 정현조는 세조의 딸인 의숙공주(懿淑公主)에게 장가들었고, 좌리공신(佐理功臣)에 참여하여 하성군(河城君)에 봉(封)해졌으며, 정숭조도 좌리공신에 참여하여 하남군(河南君)에 봉해졌다.

사신(史臣)이 논평하기를, "정인지는 성품이 검소하여 자신의 생활도 매우 박하게 하였다. 그러나 재산 늘리기를 좋아하여 여러 만석(萬石)이 되었다. 그래도 전원(田園)을 널리 차지했으며, 심지어는 이웃에 사는 사람의 것까지 많이 점유하였으므로, 당시의 의논이 이를 그르다고 하였다. 그의 아들 정숭조는 아비의 그늘을 바탕으로 벼슬이 재상(宰相)에 이르렀으며, 그 재물을 늘림도 그의 아비보다 더하였다." 하였다.

참고문헌

〈다음백과사전〉, 〈태종실록〉, 〈세종실록〉, 〈문종실록〉, 〈단종실록〉, 〈세조실록〉, 〈성종실록〉, 〈하동정씨대동합보〉

정창손(鄭昌孫)

본관은 동래이고 자는 효중(孝仲)이며 시호는 충정(忠貞)이다. 태종 2(1402)년에 태어나서 성종 18(1487)년에 죽었다.

🔲 재임기간

세조 4(1458)년 12월 7일[103] - 세조 4(1458)년 12월 18일 ※ 후임 강맹경
세조 7(1461)년 4월 29일[104] - 세조 8(1462)년 5월 10일[105] ※ 후임 신숙주
성종 6(1475)년 7월 1일[106] - 성종 16(1485)년 3월 27일[107] ※ 후임 윤필상

🔲 가문

아버지는 중추원사 흠지(欽之)이고 할아버지는 한성부 판윤 부(符)이다. 증조부는 고려말 증대광단성보리찬화공신 봉원부원군 청백리 양생(良生)이며 고조부는 집의 호(瑚)이다. 5대조는 판도시사 유의(惟義)이고 6대조는 태부 소경 균(筠)이며 7대조는 태자 첨사 승종(承宗)이고 8대조는 교서랑 보(輔)이다. 9대조는 전옥 서령 자가(子家)이고 10대조는 태자 찬선대부 택(澤)이며 11대조는 태부경 상서성 좌복야 목(穆)이다. 12대조는 안일 호장 문도(文道)이고 13대조는 보윤 호장 지원(之遠)이다. 상계는 유실되었고 시조가 안일 호장 회문(繪文)이다.

장인은 승녕부 소윤 청주인 정지(鄭持)이고 외할아버지는 전주인 형조 전서 최병례(崔丙禮)이다.

아들은 1남 개(价)가 첨지중추부사이고 2남 이(佁)도 첨지중추부사이며 3남 괄(佸)은 좌의정이다. 딸은 셋인데 1녀는 사육신을 고변한 안동인 좌의정 김질(金礩)과 결혼했고 2녀는 최직(崔直)과 결혼했으며 3녀는 첨정 조윤벽(趙允璧)과 결혼했다. 정창손의 3남 괄은 부사 이긴(李緊)의 딸과 결혼하여 종보(宗輔)를 낳았고 1남 개는 군사 홍서종(洪瑞從)의 딸과 결혼하여 주함(奏緘)과 계함(啓

---

103) 전 좌의정 정창손을 기복시켜 영의정으로 삼고 강맹경을 좌의정으로 신숙주를 우의정으로…
104) 정창손을 영의정부사로, 이호성을 경상우도 처치사로, …
105) 드디어 명하여 정창손을 파직하게 하고 전교하기를, …
106) 정창손을 대광보국숭록대부 의정부 영의정으로, 윤사흔을 …
107) 영의정 정창손의 사직을 허락한다.

咸)을 낳았으며 2남 칭은 최계겸(崔季謙)의 딸과 결혼하였으나 아들은 없다. 형은 좌참찬 갑손(甲孫)과 경력 인손(麟孫)과 부윤 홍손(興孫)이고 아우는 감찰 희손(喜孫)과 목사 육손(六孫)이다.

🎲 생애

사위인 김질이 성삼문·박팽년 등의 단종복위 계획을 알고 상의하자 이 계획을 세조에게 고하였고, 남이옥사를 다스렸다. 폐비 윤씨와 관련하여 갑자사화 때에 부관참시를 당했으나 중종반정 이후 신원되었다.

세종 5(1423)년 사마시에 합격하고 세종 8(1426)년 식년문과에 급제하여 승문원 부정자로 관직에 들어와서 집현전 저작랑을 거쳐 박사·수찬을 역임했다. 세종 17(1435)년에 교리로 경연 지제교를 겸하면서 <통감훈의> 편찬에 참여하였다. 세종 21(1439)년에 아버지 중추원사 흠지(欽之)가 죽었다. 복제를 마치자 사섬시영에 제수되었으며 세종 25(1443)년에 집현전 응교로 승진하여 경연과 춘추관을 겸했다. 세종 26(1444)년 응교로 있을 때 최만리, 신석조 등과 함께 훈민정음 창제에 반대하는 상소를 올려 파직되고 투옥되었다가 풀려났다. 세종 27(1445)년에 사헌부 집의에 임명되고 응교를 거쳐 다시 사헌부 집의에 임명되었다. 이때 왕실의 불교숭상을 반대하는 상소를 올렸다가 다시 파직되고 군기시 부정으로 좌천되었다. 세종 28(1446)년 직예문관으로 문과중시에 합격하고 집현전 직제학으로 승진하였다. 세종 30년에 집현전 부제학에 임명되고 세종 31년에 부제학으로 춘추관 편수관과 수서관을 겸직하면서 정인지 등과 함께 <고려사>·<치평요람> 편찬에 참여했다. 세종 32년에는 가사성으로 부제학을 겸하였다.

문종이 즉위(1450)하자 부제학에서 좌부승지로 옮겨 지예조사를 겸하다가 우승지로 승진하였으며 8월에 <고려전사>를 올려 안마와 옷감을 하사받았다. 문종 1(1451)년에는 사헌부 대사헌에 임명되어 세자좌부빈객을 겸했다. 문종 2년에 예문관 제학에 제수되었으며 <세종실록> 편찬에 참여했다.

단종 즉위(1542)년에 계속하여 예문관 제학으로 <문종실록> 찬수에 참여했다. 단종 1(1453)년에 이조 판서로 있었는데 계유정난으로 수양대군이 병권과 정권을 장악하자 세조의 신료로 활약하였다.

세조 1(1455)년에 우찬성으로 이조 판서를 겸하였으며 좌익 3등공신에 책록되고 봉원군에 봉해졌다[108]. 세조 2년 우찬성 겸 판이조사로 있을 때 사위인 성균관 사예 김질이 성삼문의 불궤에 대해 상의하자 바로 세조에게 고하였다. 그 공으로 정창손은 좌익 3등 공신에서 좌익 2등 공신으로 올라가고 보국숭록대부로 가자되어 봉원부원군에 봉해졌다. 이어서 성균관 대사성과 세자이사를 겸했고 사위인 김질은 좌익 3등 공신이 되었다.[109] 이어서 10월에 우의정으로 승차하고 세조 3년에 좌의정으로 승차하였다. 잠시 우의정으로 옮겼다가 다시 좌의정에 임명되었다. 세조 4년에 어머니의 상을 당하여 여묘살이를 하였는데 세조 4(1422)년 세조가 평안도를 순행하려고 기복하여 여묘살이하는 정창손을 영의정으로 제수하여 서울을 유수하도록 했다. 세조 6년에 영의정에서 물러나서 봉원부원군으로 있다가 세조 7년에 다시 영의정부사를 제수 받고 영예문춘추관사와 세자사를 겸했다. 세조 8년에 술자리에서 세자의 학문을 논하다가 실언하여 세조가 크게 노하여 파직되고 여산으로 부처되었다. 실언의 과정은 임금이 중신들과 술자리를 하다가 어느 정도 취했을 때 임금이 "크게 통달한 뒤에 국사를 돌려주려고 한다" 하니 정창손이 "진실로 마땅합니다" 하였다. 이에 세조는 굳은 얼굴로 술자리를 파하고 다음날 보위를 물려준다고 했다. 신숙주, 권남 등이 정창손을 추국하도록 건의하였다. 결국 정창손은 파직된 뒤에 전라도 여산으로 부처되었다. 그 해에 고신과 과전을 돌려받고 봉원부원군의 관작이 회복되었다. 세조 11년 사서오경을 나눠주고 구결을 확정할 때 <상서(尙書)>를 받았다.

예종 즉위(1468)년에 남이와 강순과 조경치의 옥사를 다스린 공으로 수충경절좌익정난익대공신 봉원군이 되었다.

---

108) 추충좌익공신 우의정 봉원군
109) 수충경절좌익공신 보국숭록대부 의정부 우찬성 집현전 대제학 겸 판이조사 겸 성균관 대사헌 세자이사 봉원부원군

성종이 즉위(1469)하자 원상 겸 영경연사로 국정에 참여하고 성종 1(1470) 년에 좌리공신 2등에 책록되어 대광보국숭록대부 봉원부원군 겸 영경연사가 되었다. 성종 3년에 나이가 70이 되자 치사를 청했으나 허락받지 못하고 궤장을 하사받았다. 성종 6(1475)년에 다시 영의정에 제수되고 성종 10(1479)년 연산군의 모후인 윤비가 폐비될 때 적극적으로 가담하지는 않았으나 윤비가 폐비되고 사사 당하였다. 성종 16(1485)년 영의정 사직상소를 내어 사직 허락받았다. 그러나 다음 해인 성종 17년에 다시 영의정에 제수되었으나 얼마 되지 않아 사직하였다가 성종 18년 86세로 죽었다.

연산군 10(1504)년에 갑자사화가 일어나자 한명회, 윤필상 등과 함께 12 간으로 몰려 아내의 묘석물까지 제거된 뒤에 종묘에서 내치고 부관참시를 당하였다. 중종반정이 성공한 뒤에 신원되고 성종의 묘정에 배향되었으며 중종 9(1514)년에 청백리에 녹선되었다. <통감훈의>·<고려사>·<치평요람> 편찬에 참여했다.

<성종실록> 성종 18(1487)년 1월 27일 첫 번째 기사에 봉원부원군 정창손의 졸기가 나타나 있다.

🟩 평가

봉원 부원군 정창손의 졸기

…… 정창손의 자(字)는 효중(孝中)이며 본관은 동래(東萊)인데, 중추원사(中樞院使) 정흠지(鄭欽之)의 아들이다. 어려서부터 글 읽기를 좋아하여 영락(永樂) 계묘년에 사마시(司馬試)에 합격하고, 선덕(宣德) 병오년에 문과(文科)에 합격하여 권지 승문원 부정자(權知承文院副正字)에 보임되었다가 곧 집현전 저작랑(集賢殿著作郞)으로 옮기고 여러 번 승진하여 교리(校理)에 이르렀다. 정통(正統) 신유년에 사섬서 령(司贍署令)에 제수되고, 임술년에는 승진하여 시전장 부정(試典醬副正)에 임명되었다가 집현전 응교(集賢殿應敎)로 옮겼다. 을축년에 사헌 집의(司憲執義)에 임명되어 강개(慷慨)하게 곧은 말을 하였고, 병인년에는 언사(言事)로 좌천되어 군기 부정(軍器副正)이

되었다. 정묘년에는 직예문관(直藝文館)에 임명되었다가 중시(重試)에 합격하여 집현전 직제학(集賢殿直提學)에 제수되었고, 무진년에 부제학(副提學)에 승진하여 ≪고려사(高麗史)≫와 ≪세종실록(世宗實錄)≫을 편수하는데 참여하였다. 경태(景泰) 경오년에 승정원 좌부승지(承政院左副承旨)에 임명되었다가 우승지(右承旨)로 옮기고 신미년에 가선 대부(嘉善大夫) 사헌부 대사헌(司憲府大司憲)에 올라 조정의 기강(紀綱)을 크게 떨치게 하였다. 임신년에 예문 제학(藝文提學)으로 옮기고, 계유년 세조정난(世祖靖難)에 뽑혀서 자헌대부(資憲大夫) 이조판서(吏曹判書)에 제수되고, 갑술년에는 자급이 정헌대부(正憲大夫)에 올랐다. 을해년에 세조(世祖)가 즉위하자, 숭정대부(崇政大夫)를 가하여 의정부 우찬성(議政府右贊成)에 임명되고 추충좌익공신(推忠佐翼功臣)의 호(號)를 받고 봉원군(蓬原君)에 봉해졌으며, 병자년에는 숭록대부(崇祿大夫)에 가자(加資)되었다. 이때 성삼문(成三問)·박팽년(朴彭年) 등이 난(亂)을 꾀하자, 정창손이 변(變)을 고(告)하여 경절공신(勁節功臣)의 칭호가 더 내려지고 보국숭록대부(輔國崇祿大夫) 봉원부원군(蓬原府院君)에 오르고 성균관 대사성(成均館大司成)을 겸하였는데, 대개 문형(文衡)을 맡은 것이었다. 곧 대광보국숭록대부(大匡輔國崇祿大夫) 의정부 우의정(議政府右議政)에 올랐다가 천순(天順) 정축년에 좌의정(左議政)으로 올랐다. 무인년에는 어머니 상(喪)을 당하였는데, 예(例)에 부인은 정조(停朝)가 없었으나 임금의 특명으로 조시(朝市)를 하루 정지하여 특별한 은혜를 보였다. 장사지냄에 미쳐 정창손이 묘려(墓廬)에 있고 한 번도 사가(私家)에 오지 아니하였는데, 세조가 듣고 직제학(直提學) 서강(徐岡)을 보내어 내온(內醞)과 소찬(素饌)을 내려 주었으며, 서울 집에 있고 묘려(墓廬)에 돌아가지 말도록 하였으나 예전대로 무덤을 지키고 있었다. 세조가 장차 평안도에 거둥하려고 하면서 정창손을 서울에 머물게 하여 지키도록 하려고, 특별히 기복(起復)하여 영의정(領議政)을 삼았으나 전문(箋文)을 올려 사양하자, 어서(御書)로 유시(諭示)하기를,

"나에게 경(卿)은 좌우의 손과 같으니 장차 백관을 거느리고 친히 가서 기복(起復)하도록 하겠다." 하고,

갑자기 순행(巡幸)을 정지하였는데, 정창손이 또 전문을 올려 굳이 사양하였다. 경진년에 복(服)을 마치자 세조가 내전(內殿)에 불러 들여서 위로 하고,

단의(段衣) 한 벌을 내려 주며 부원군(府院君)으로 봉하였다. 신사년에 영의정에 임명되었다가 임오년에 어떤 사건으로 여산군(礪山郡)에 귀양 갔으나 곧 불러서 부원군에 봉해지고 특별히 잔치를 내려 위로해 주었다. 성화(成化) 무자년에 예종(睿宗)이 즉위하여 남이(南怡) 등을 죽일 적에 추충 정난 익대 공신(推忠定難翊戴功臣)의 칭호가 내려지고, 기축년에 임금이 즉위하자 원상(院相)으로 서무(庶務)를 참결(參決)하였다. 신묘년에 순성 명량 경제 좌리공신(純誠命亮經濟佐理功臣)의 칭호를 받고 나이가 70인 까닭으로 치사(致仕)하였으나 윤허하지 아니하였다. 임진년에 궤장(几杖)을 하사받고 을미년에 영의정에 임명되었는데 을사년에 늙었다고 하여 사직하고 다시 부원군에 봉해졌는데, 이때에 이르러 졸(卒)하니 나이가 86세이다. 시호(諡號)는 충정(忠貞)인데, 임금을 섬김에 절의를 다한 것이 충(忠)이고, 도(道)를 곧게 지키고 굽히지 아니한 것이 정(貞)이다. 아들은 정개(鄭价)·정칭(鄭偁)·정괄(鄭佸)이고 사위는 김질(金礩)이다.

사신(史臣)이 논평하기를, "정창손은 천성이 조용하고 소탈하여 산업(産業)을 경영하지 아니하였으며 집에 사는 것이 쓸쓸하고 뇌물을 받지 아니하여 비록 지친(至親)이라도 감히 사사로이 간청하지 못하였다. 어버이에게 효도하고 친구에게 신의를 지켜 정승이 된 지 30여 년 동안 한결같이 청렴하고 정직하여 처음부터 끝가지 변하지 아니하였다. 나이가 많아지자 정신이 혼란하여 일을 의논할 때에 비록 더러 착오는 있었으나 조금도 임금의 뜻에 맞추어 아부하는 사사로운 마음이 없었다. 매양 조정의 모임에서 기거 동작하는 데에 넘어지면서도 오히려 사직(辭職)하지 아니하므로 사람들이 가만히 비난하였다." 하였다.

부음(訃音)이 알려지자, 전교하기를,

"청빈(淸貧)한 재상이니, 부물(賻物)을 넉넉히 주도록 하라." 하였다.

■ 참고문헌

〈국조인물고 : 비명. 서거정(徐居正) 지음〉, 〈다음백과사전〉, 〈세종실록〉, 〈문종실록〉, 〈단종실록〉, 〈세조실록〉, 〈예종실록〉, 〈성종실록〉, 〈연산군일기〉, 〈중종실록〉, 〈동래정씨익혜공파세계〉

강맹경(姜孟卿)

본관은 진주이고 자는 자장(子章)이며 시호는 문경(文景)이다. 태종 10(1410)년에 태어나서 세조 7(1461)년에 죽었다.

📗 재임기간

세조 5(1459)년 11월 6일[110]−세조 5(1459)년 11월 11일[111] ※ 후임 신숙주
세조 5(1459)년 11월 15일[112]−세조 7(1461)년 4월 17일[113] ※ 후임 정창손

📗 가문

아버지는 지창녕현사로 우의정에 증직된 우덕(友德)이고 할아버지는 회백(淮伯)인데 동북면 도순문사 겸 병마수군절도사를 역임하고 의정부 우찬성에 증직되었다. 증조부는 시(蓍)인데 문하찬성사・동판도평의사사・좌우위상호군을 역임했는데 시호는 공목(恭穆)이고 공양왕과 사돈이다. 고조부는 정당문학과 첨의평리를 지낸 군보(君寶)이고 5대조는 판도정랑 창귀(昌貴)이다. 6대조는 감찰어사・판내의령 사첨(師瞻)이고 7대조는 전중내급사 인문(引文)이다. 8대조는 국자박사 계용(啓庸)[114]이고 9대조는 고려 장군 이식(以式)인데 진주 강씨의 시조이다.

장인은 사간 윤수미(尹須彌)이고 외할아버지는 재령인 지보주사(知甫州事) 이혜(李惠)다.

1남 2녀를 두었는데 아들 윤범(允範)은 경상도 관찰사와 중추부 첨지사를 역임했으며 1녀는 동정 남희(南暿)와 결혼했고 2녀는 첨지중추부사 박수장(朴壽長)과 결혼했다.

아우 숙경(叔卿)은 강원도 도사와 사헌부 집의를 역임했고 숙경의 아들 인

---

110) 강맹경을 영의정부사로, 신숙주를 좌의정으로, 권남을 우의정으로 삼았다.
111) 신숙주를 영의정으로 삼고 이인손을 우의정으로 삼았다.
112) 강맹경을 영의정으로 신숙주를 좌의정으로 권남을 우의정으로 삼고, …
113) 영의정 강맹경이 졸하였다.
114) <진산강씨족보>에는 계용을 1세로 하고 시조는 병마도원수 이식(以式)으로 기록되어 있다.

범(仁範)은 우찬성과 판중추부사를 역임했다.

작은아버지 석덕(碩德)은 지돈녕부사로 세종의 동서이고 영의정 심온의 사위인데 아들 희안(希顔)은 <훈민정음>의 저술에 참여하고 호조 참의를 역임했고 희맹(希孟)은 좌찬성을 역임했으며 희맹의 아들 구손(龜孫)은 우의정을 역임했다.

🎁 생애

영의정 심온의 사위이고 석덕의 조카이고 <훈민정음> 저술에 참여한 황해도 관찰사 희안의 4촌이며 우의정 구손의 종조부다. 계유정난 때 세조를 도와 좌익공신 2등에 녹훈되었다.

세종 8(1426)년 진사시에 합격하고 세종 11(1429)년 문과에서 병과로 급제하고 의정부 사인·지승문원사·집의를 역임했고 세종 12(1430)년 검열에 임명되고 세종 15(1433)년 승정원 주서에 임명되었으며 세종 16년 사헌부 감찰을 역임했다. 세종 25(1443)년 수사인이 되고 세종 32년 집의에 임명되었다.

문종 즉위(1451)년 판내자시사·동부승지·우부승지에 임명되었고 문종 2(1452)년 도승지에 올랐다.

단종 즉위(1453)년 도승지를 역임하고 단종 1(1453)년 이조 참판으로 전임되었는데 계유정난이 일어나자 수양대군을 도와 그 공으로 좌익공신 2등에 녹훈되었다. 병으로 예문관 제학으로 전임되었다가 단종 2년 판한성부사·의정부 우참찬·의정부 좌참찬에 임명되었다.

세조 1(1455)년 좌참찬으로 세자우빈객을 겸했고 이어서 판예조사를 겸했으며 이 해에 수충경절좌익공신 2등에 녹훈되었다. 세조 2년 진산군에 봉해지고 좌찬성으로 승진했다가 세조 3년 우의정으로 승진하여 하등극사로 명나라 황제의 등극을 하례하고 돌아와서 진산부원군에 봉해졌다. 세조 4(1458)년 좌의정으로 승진하고 세조 5(1459)년 영의정부사에 올랐다가 세조 7년에 영의정으로 죽었다.

<세조실록> 세조 7년(1461)년 4월 17일 '영의정 강희맹의 졸기'가 있다.

🎲 평가

영의정 강희맹의 졸기

······ 강맹경은 성품이 관후하고 활달하며 풍채가 훌륭하였다. 젊어서 과거에 올라 여러 벼슬을 거쳐 의정부의 사인이 되고 문종조에 미치어서는 판내자시사로 전직되었다가 승정원의 동부승지로 발탁되고 여러 번 도승지에 올랐는데 병 때문에 예문관 제학으로 바꾸었다. 세조가 임금의 계통을 잇게 되자 좌익공신에 참여하여 더욱 알아줌을 받아서 드디어 영의정에 올랐다. 힘써 대체를 따르고 대신다운 위엄이 있어서 매우 담론하고 주대할 때마다 말이 급히 흐르는 물과 같이 거침없이 유창하였다. 정인지가 일찍이 면대하여 말하기를,

"경은 정사에 재주가 있으나, 다만 박학하지 못한 것이 한이다."라고 하였다. 시호를 문경이라 내려 주었는데, 충성하고 신의가 있으며 예문에 의한 것이 문(文)이요, 의로 말미암아 구원한 것이 경(景)이다.

> 참고문헌

〈세종실록〉, 〈문종실록〉, 〈단종실록〉, 〈세조실록〉, 〈다음백과사전〉, 〈진주강씨세보〉, 〈진산강씨족보〉, 〈진산강씨세보〉

신숙주(申叔舟)

본관은 고령이고 자는 범옹(泛翁)이며 호는 보한재(保閑齋)·희현당(希賢堂)이고 시호는 문충(文忠)이다. 태종 17(1417)년에 태어나서 성종 6(1475)년에 죽었다.

🎲 재임기간

세조 5(1459)년 11월 11일[115]−세조 5(1459)년 11월 15일[116] ※ 후임 강맹경
세조 8(1462)년 5월 20일[117]−세조 12(1466)년 1월 15일[118] ※ 후임 신숙주
세조 12(1466)년 1월 15일[119]−세조 12(1466)년 4월 18일[120] ※ 후임 구치관
성종 2(1471)년 10월 23일[121]−성종 6(1475)년 6월 21일[122] ※ 후임 정창손

🎲 가문

아버지는 공조 참판·집현전 제학 장(檣)이고 할아버지는 공조 참의 포시(包翅)이며 증조부는 두문동 72현의 한 사람으로 고려의 예의 판서·전의 판서·보문각 제학를 역임한 덕린(德隣)이다. 고조부는 감문위 대호군 사경(思敬)이고 5대조는 첨의평리 상호군 인재(仁材)이다. 6대조는 좌우위 상호군 강승(康升)이고 7대조는 고령신씨의 시조 검교군기감 성용(成用)이다.

장인은 무송인 사재시 부정 윤경연(尹景淵)이고 처할아버지는 신숙주의 스승으로 <팔도지리지>를 편찬하고 집현전의 조직을 정착시키는 데 공헌한 찬성 윤회(尹淮)이며 처증조부는 정도전·조준과 함께 전제개혁에 힘쓴 예조 판서 윤소종(尹紹宗)이다. 외할아버지는 금성인 지성주사 정유(鄭有)이다.

---

115) 신숙주를 영의정으로 삼고 이인손을 우의정으로 삼았다.
116) 강맹경을 영의정으로 신숙주를 좌의정으로 권남을 우의정으로 삼고, …
117) 신숙주를 영의정으로 권남을 좌의정으로 한명회를 우의정으로, …
118) 관제 개편으로 영의정 부사가 없어지고 영의정이 생기다.
119) 개편된 관제에 따라 신숙주를 의정부 영의정으로, 정인지를 하동군으로,…
120) 직제개편으로 영의정부사가 영의정으로 바뀌었다. 구치관을 영의정으로 삼고 황수신을 좌의정으로 박원형을 우의정으로 신숙주를 고령군으로, …
121) 신숙주를 대광보국숭록대부 의정부 영의정으로 최항을 대광보국숭록대부 의정부 좌의정으로, …
122) 영의정 신숙주가 졸하였으므로 …

아들은 아홉이다. 1남은 주(澍)인데 일찍 죽었다. 한명회의 사위로 공혜왕후·단경왕후와 자매간이다. 2남은 면(沔)인데 함길도 도관찰사로 이시애의 난을 만나 죽었다. 정호(丁湖)의 사위인데, 좌의정·예문관 대제학 용개(用溉)를 낳았다. 3남은 황해도 관찰사 찬(澯)이고 4남은 이조 참판을 역임하고 좌리공신에 녹훈된 고천군 정(瀞)이다. 정은 태종과 숙의 최씨 사이에서 태어난 후녕군(厚寧君) 이간(李衦)의 사위이다. 5남은 좌리공신 이조 판서·호조 판서·형조 판서·좌찬성 준(浚)이다. 준의 손녀는 태종과 영월신씨 사이에서 태어난 온녕군(溫寧君) 이정(李裎)의 손자인 금천도정 변에게 시집갔다. 6남은 강원도 관찰사 부(溥)이고 7남은 사헌부 장령 형(泂)이며 8남은 상호군 필(泌)이고 9남은 결(潔)이다. 결은 후처 배씨의 소생이다. 딸이 둘인데 1녀는 평산인 사과 신명수(申命壽)와 결혼했고 2녀는 광릉(光陵)[123)]의 후궁 숙원(淑媛)이다.

형으로는 평양 서윤 맹주(孟舟)와 순창군사 중주(仲舟)가 있고 아우로는 안동 대도호부사 송주(松舟)와 전주 부윤 말주(末舟)가 있다.

📦 생애

성삼문 등이 단종 복위를 모의했다가 실패하자 단종과 금성대군의 사사를 요청하여 관철시켰으며 세조가 '경은 나의 위장'이라고 할 만큼 총애를 받았다. 정음과 한어에 능통하여 <훈민정음> 저술에 참여하고 <홍무정운역훈>·<동국정운>·<사성통고> 등의 운서 편찬에 큰 공을 끼친 대학자다. 저서로 <해동제국기>·<보한재집>이 있다.

세종 20(1438)년 진사시에서 장원으로 합격하고 생원시에도 합격했다. 세종 21(1439)년 친시문과에 급제하여 전농시 직장에 임명되었고 세종 23(1441)년 집현전 부수찬이 되었는데 부수찬으로 있을 때 입직할 때마다 장서각에 파묻혀서 귀중한 서적을 읽었으며 자청하여 숙직을 도맡았다 한다. 이 일로 세종으로부터 어의를 하사받기도 했다. 세종 25(1443)년 일본통신사 변효문(卞孝文)의 서장관으로 일본에 가서 우리나라의 문화와 학문을 과시했다. 가

---

123) 세조이다.

는 곳마다 산천의 경계와 요해지를 살펴서 지도를 작성하고 그들의 제도와 풍속 그리고 각지 영주들의 강약을 기록했다. 돌아오는 길에는 쓰시마섬(대마도)에 들러 계해조약을 체결하여 세견선 50척, 세사미두 200섬으로 제한했다. 세종 26년 집현전 부수찬에 임명되었고 성삼문(成三問), 조변안(曺變安)과 함께 요동에 가서 요동으로 귀양 와 있던 음운학자 황찬(黃瓚)에게 질정하여 음운 연구에 힘썼다. 세종 28(1446)년 부교리에 임명되었고 이 해에 훈민정음이 이루어졌다. 세종 29(1447)년 집현전 교리로 있으면서 문과중시에 합격했고 집현전 응교로 <동국정운>이 완성되자 서문을 지었으며 세종 31(1449)년 강수원 우익선에 임명되었다.

문종 즉위(1450)년 장령·집의에 임명되고 문종 1(1451)년 집현전 부제학이 되었다.

단종 즉위(1452)년 기주관을 역임하고 직제학에 임명되었으며 사은사 서장관으로 명나라에 다녀와서 집의에 임명되었다. 단종 1(1453)년 동부승지를 거쳐 우부승지로 있을 때 계유정난에 공을 세워 수충협책정난공신 2등에 녹훈되고 좌승지에 올랐다가 단종 2년 도승지가 되었다.

세조 1(1455)년 수충협책정란동덕좌익공신 1등에 녹훈되고 고령군에 봉해졌으며 예문관 대제학에 올라 왕의 즉위를 알리는 주문사로 명나라에 가서 임무를 완수하고 세조 2년에 돌아왔다. 돌아와서 병조 판서에 임명되었고 보문각 대제학을 겸임했으며 판중추원사로 병조 판서를 겸했고 우찬성이 되어 대사성을 겸했다. 세조 3(1457)년 좌찬성으로 성삼문 등에 의한 단종 복위사건이 일어나자 금성대군과 단종의 사사를 요청하여 관철시켰다. 세조 4년 평안도 도체찰사를 거쳐 우의정이 되었고 세조 5(1459)년 함길도 도체찰사를 역임하고 11월 6일 좌의정에 임명되었다. 5일 뒤인 11월 11일 영의정에 임명되었다가 11월 15일 다시 좌의정에 임명되었다. 세조 6년 여진족이 동북방면에 침범하자 좌의정으로 함길도 도체찰사가 되어 여진족을 소탕했고 같은 해에 여진족이 두 번째로 동북방면에 침범하자 다시 좌의정으로 함길도 도체찰사가 되어 소탕했다. 세조 7(1461)년 좌의정으로 충청도 도체찰사가 되었으며 세조 8년 정창손이 실언으로 물러나자 다시 영의정에 제수되었다. 세조 12(1466)년 영의정에서 물러나 고령군이 되었고 세조 13년 이시애의 모반에 연루되었다는 의혹으로 한명회와 함께 의금부에 갇혔으며 아들 찬·정·준·부도 함께 갇혔다. 풀려나서 고령군으로 예조 판서에 임명되었다.

예종 즉위(1468)년 원상으로 정사를 살폈고 남이의 옥사를 다스린 공으로 수충보사병기정난익대공신 1등에 녹훈되었다. 예종 1(1469)년 예조 판서 겸 춘추관 영사를 역임했다.

성종 즉위(1469)년 원상으로 경연청 영사를 겸했으며 성종 2(1471)년 순성명량경제홍화좌리공신 2등에 녹훈되고 다시 영의정에 임명되어 예조 판서를 겸하다가 성종 6년 영의정으로 죽었다. 죽은 뒤에 성종의 묘정에 배향되었다.

세종이 훈민정음을 창제하고 집현전 학자들에게 설명한 뒤에 책으로 엮으라는 명을 내리자 왕명을 받들어 <훈민정음>을 저술하는 데에 참여했고 국가의 중요 서적의 찬수에 참여하는 등 조선 전기의 문물제도 완비에 기여했다. 저서로는 <동국정운>·<사성통고> 등의 운서 편찬에 참여했고 <국조오례의>를 교정하여 간행했으며 <세조실록>·<예종실록>·<동국통감>·<국조보감>·<영모록>의 편찬에도 참여했다. <해동제국기>·<보한재집>·<북정록>·<사성통고> 등이 있고 글씨로 <몽유도원도>의 찬문과 <화명사예겸시고> 등이 전한다.

<성종실록> 성종 6(1475)년 6월 21일 첫 번째 기사에 '영의정 신숙주의 졸기'가 있다.

🔳 평가

영의정 신숙주의 졸기

…… 신숙주의 자(字)는 범옹(泛翁)이고 …… 어려서부터 기량(氣量)이 보통 아이들과 달라서 글을 읽을 때 한 번만 보면 문득 기억하였다. 정통(正統) 무

오년에 세종(世宗)이 비로소 시부 진사(詩賦進士)를 두었는데, 신숙주는 초시(初試)와 복시(覆試)에 연이어 장원을 하였고, 또 생원(生員)에 합격하였으며, 기미년에 문과(文科)에 제 3인으로 뽑히어 처음에는 전농 직장(典農直長)에 제수되었다. 이조(吏曹)에서 신숙주를 제집사(祭執事)에 임명하였는데, 관원이 잊어버리고 첩(牒)을 주지 아니하였다. 이로 인하여 일을 궐하게 되었으므로, 헌부(憲府)에서 이를 탄핵하여 관원이 죄를 얻어 파역(罷役)을 당하게 되었다. 신숙주가 이를 민망히 여기어 곧 스스로 거짓 복죄(服罪)하여 이르기를, '관원은 실제로 첩(牒)을 전했지마는 내가 스스로 나아가지 아니하였다.'라고 하였다. 이로 말미암아 관원은 온전할 수 있었으나 신숙주는 파면되었으므로, 사람들이 그의 후덕(厚德)함을 추앙하였다.

…… 계해년에 국가(國家)에서 사신을 보내어 일본(日本)과 교빙하게 되자, 신숙주를 서장관(書狀官)으로 삼았다. 신숙주가 마침 병들었다가 처음으로 나왔는데 세종(世宗)이 편전(便殿)에서 인견(引見)하고 묻기를, '들으니 네가 병으로 쇠약하다고 하는데, 먼 길을 갈 수 있겠느냐?'고 하니, 대답하기를, '신의 병이 이미 나았는데, 어찌 감히 사양하겠습니까?'라고 하였다. 장차 떠나려고 하자 친척(親戚)과 고구(故舊)들은 사별(死別)하는 것이라고 여겨 눈물을 흘리는 자까지 있었으나, 신숙주는 온화하여 조금도 난처한 기색이 없었다. 일본에 도착하여 그 나라 사람들이 붓과 종이를 가지고 와서 시(詩)를 써 달라고 구(求)하는 자가 모여들었으나 신숙주는 붓을 잡고 즉석에서 써 주었으므로 사람들이 모두 탄복(歎服)하였다.

돌아올 때 대마도(對馬島)에 이르러서, 우리나라가 도주(島主)와 더불어 세견선(歲遣船)의 수(數)를 약정(約定)하려고 하는데 도주가 아랫사람들에 오도(誤導)되어 의위(依違)하게 결정하지 못한다는 것을 듣고, 신숙주가 도주에게 말하기를, '배의 수가 정해지면 권한이 도주에게 돌아갈 것이요, 아랫사람들에게 이익되는 바가 없을 것이며, 수를 정하지 아니하면 사람들이 마음대로 행할 것인데, 무엇 때문에 도주에게 의뢰하겠느냐? 그 이롭고 해로움은 지혜로운 자를 기다리지 아니하더라도 뒷날에 알 수 있을 것이다.'라고 하니, 도주가 드디어 약속을 정하였다. 우리나라로 향할 때 구풍(颶風)을 만나서 여럿이 모두 얼굴빛이 변하였으나, 신숙주는 신색(神色)이 태연자약하여 말하기를, '장부(丈夫)가 사방(四方)을 원유(遠遊)함에 이제 내가 이미 일본국(日本國)을 보았고, 또 이 바람으로 인하여 금릉(金陵)에 경박(經泊)하여 예악 문물(禮樂文物)의 성(盛)함을 얻어 보는 것도 또한 유쾌한 것이 아니겠느냐?'라고 하였다. 어떤 본국(本國)의 여자가 일찍이 왜적(倭賊)에게 사로잡혔다가 임신을 하였는데, 이때에 이르러 같은 배로 오게 되었다. 배 가운데에서 모두 말하기를, '아이 밴 여자는 배가 가는 데에 꺼리는 바인데, 오늘의 폭풍(暴風)은 이 여자의 탓이라.'라고 하면서 바다에 던지고자 하였으나, 신숙주가 홀로 말하기를, '남을 죽이고 삶을 구(求)하는 것은 차마 할 바가 아니다.' 하였는데, 얼마 있지 아니하여 바람이 자게 되어서 일행이 모두 무사하였다. 정묘년 가을의 중시(重試)에 합격하여 집현전 응교(集賢殿應教)에 뛰어넘어 제수되었고,……

신숙주는 천자(天資)가 고매(高邁)하고 관후(寬厚)하면서 활달(豁達)하였으며, 경사(經史)에 두루 미치고 의논(議論)에 항상 대체(大體)를 지녀서 까다롭거나 자질구레하지 아니하였으며, 대의(大義)를 결단함에 있어 강하(江河)를 터놓은 것과 같이 막힘이 없어서 조야(朝野)가 의지하고 중히 여겼다. 오랫동안 예조(禮曹)를 관장하여 사대교린(事大交隣)을 자신의 소임을 삼아 사명(詞命)이 그의 손에서 많이 나왔다. 정음(正音)을 알고 한어(漢語)에 능통하여 ≪홍무정운(洪武正韻)≫을 번역하였으며, 한음(漢音)을 배우는 자들이 많이 이에 힘입었다. 친히 일본에 건너가서 무릇 그 산천(山川)·관제(官制)·풍속(風俗)·족계(族系)에 대하여 두루 알지 못하는 것이 없어서 ≪해동제국기(海東諸國紀)≫를 지어 세종에게 올렸다. ≪오례의(五禮儀)≫를 찬술하여 아직 반포하지 못하였는데, 임금이 신숙주에게 명하여 간정(刊定)하여 이를 인행(印行)하게 하였다. 문장(文章)을 만드는 것은 모두 가슴 속에서 우러나왔고, 각삭(刻削)을 일삼지 않았으며, 스스로 호(號)를 보한재(保閑齋)라 하고 그 집(集)이 있어 세상에 인행되었다. 친척(親戚)을 은혜로써 위무(慰撫)하였고, 요우(寮友)를 성심으로 대접하였으며, 비록 복례(僕隸)와 같이 천한 자라도 모두 은의(恩義)로써 대우하였다. 졸(卒)하게 되자 듣는 자가 애석해 하지 않는 이가 없었고 눈물을 흘리는 자까지 있었다. 유명(遺命)으로, 검소하게 장례를 치르고 부도(浮屠)의 법을 쓰지 말게 하였으며 서적(書籍)을 함께 묻도록 하였다. 시호(諡號)를 문충(文忠)이라 하였는데, 도덕(道德)을 지키고 문장에 박학한 것을 문(文)이라 하고, 자신이 위태로우면서도 임금을 받드는 것을 충(忠)이라 한다. 신숙주는 증 영의정 부사(贈領議政府事) 윤경연(尹景淵)의 딸에게 장가들어 여덟 아들을 낳았으니, 장남(長男)은 신주(申澍)인데 먼저 죽었고, 다음은 신면(申㴐)인데 함길도 도관찰사(咸吉道道觀察使)로서 이시애(李施愛)의 난(亂)을 만나 죽었으며, 다음은 신찬(申澯)인데 황해도 관찰사(黃海道觀察使)이고, 다음은 신정(申瀞)인데 이조 참판(吏曹參判)이며, 다음은 신준(申浚)인데 병조 참의(兵曹參議)로서, 신정과 신준은 모두 좌리공신(佐理功臣)에 참여하였다. 다음은 신부(申溥)이고, 다음은 신형(申泂)이며, 다음은 신필(申泌)이다.

사신(史臣)이 논평하기를, "신숙주는 일찍이 중한 명망이 있어, 세종이 문종(文宗)에게 말하기를, '신숙주는 국사(國事)를 부탁할 만한 자이다.'라고 하였고, 세조를 조우(遭遇)하여 계책이 행해지고 말은 받아들여져, 세조가 일찍이 말하기를, '경은 나의 위징(魏徵)이다.'라고 하였고, 매양 큰 일을 만나면 반드시 물어보았다. 임금으로 즉위함에 미쳐서는 보양(輔養)하고 찬도(贊導)하는 공이 많았다. 그러나 세조를 섬김에는 승순(承順)만을 힘썼고, 예종조(睿宗朝)에는 형정(刑政)이 공정함을 잃었는데 광구(匡救)한 바가 없었으니, 이것이 그의 단점이다. 은권(恩眷)이 바야흐로 성하였으나 자신이 유설(縲絏)의 욕(辱)을 만났고, 죽은 지 얼마 되지 아니하여 신정도 또한 베임을 당했으니, 슬퍼할진저!" 하였다.

참고문헌

〈세종실록〉, 〈문종실록〉, 〈단종실록〉, 〈세조실록〉, 〈예종실록〉, 〈성종실록〉, 〈다음백과사전〉, 〈고령신씨세보〉

구치관(具致寬)

본관은 능성이고 자는 이율(而栗) 또는 경율(景栗)이며 시호는 충열(忠烈)이다. 태종 6(1406)년에 태어나서 성종 1(1470)년에 죽었다.

🎲 재임기간

세조 12(1466)년 4월 18일[124] 세조 12(1466)년 10월 19일[125] ※ 후임 한명회

🎲 가문

아버지 양(揚)은 정주 목사·광주 목사·공주 목사를 역임했고 할아버지는 안동 도호부사·강원도 도원수 성로(成老)이고 증조부는 소부윤(小府尹) 위(褘)이며 고조부는 전리판서 영검(榮儉)이다. 5대조는 판전의사 예(藝)이고 6대조는 도감판관 연(珚)이며 7대조는 진주 목사록참군 민첨(民瞻)이고 8대조는 능성구씨의 시조인 검교 상장군 존유(存裕)이다.

장인은 청주인 이중부(李仲扶)인데 사정을 역임했고 외할아버지는 해평인 황해도 관찰사 윤사영(尹思永)이다.

1남 4녀를 두었는데 아들 경(慶)은 일찍 죽었고 손자 장손(長孫)은 종친부 전부를 역임했다. 1녀는 함양인 목사 박휘(朴暉)와 결혼했고 2녀는 안동인 광흥창수 권영손(權永孫)과 결혼했으며 3녀는 양주인 부사 조선(趙選)과 결혼했고 4녀는 진주인 목사 유익후(柳益厚)와 결혼했다. 아우로는 훈련원 도정 치명(致明)이다.

🎲 생애

계유정난 때에 세조를 도왔고 건주위의 여진족이 변경을 침범하자 진서대장군으로 이를 토벌했다.

---

124) 구치관을 영의정으로 삼고 황수신을 좌의정으로 박원형을 우의정으로 …
125) 한명회를 영의정으로 심회를 좌의정으로 황수신을 우의정으로 구치관을 능성군으로 …

세종 11(1429)년 사마 생원시에 합격하고 세종 16(1434)년 알성문과에 급제하여 승문원 정자·예문관 검열·병조 정랑 등을 거쳤다. 세종 21(1439)년 도사에 임명되고 세종 25(1443)년 도관 주부에 임명되었고 세종 30(1448)년 병조 정랑에 임명되었다.

문종 즉위(1450)년 병조 정랑으로 수호군이 되었고 문종 1(1451)년 평안도 도체찰사 김종서의 종사관을 역임하고 성균관 사예에 임명되어 평안 함길도 도체찰사 황보인의 종사관이 되었다.

단종 1(1453)년 별감·사복시 소윤·의금부지사·지사간원사·대호군·도통사 종사관·부지승문원사·의금부지사를 역임했다. 이 해에 계유정난에 가담하여 수양대군을 도왔고 도통사 종사관으로 함길도에 파견되어 경성 부사 이경유를 참살하여 수양대군의 인정을 받았다. 단종 2년 동부승지·우부승지를 역임하고 단종 3년 좌부승지에 임명되었다.

세조 1(1455)년 우승지로 승진하였고 좌익공신 3등에 녹훈되었으며 좌승지에 임명되었다. 세조 2(1456)년 이조 참판·병조 참판을 역임하고 세조 3년 하삼도 부사를 겸했고 같은 해에 예조 참판으로 해양대군을 세자로 책봉하는 것을 청하기 위해 주문사로 명나라에 다녀왔다. 이어서 호조 참판에 임명되었고 세조 4(1458)년 인수부윤·평안도 병마절제사에 임명되었다. 이때 부모와 처가 모두 봉작되었다. 세조 5년 이조 판서로 승진하고 세조 7년 숭록대부 함길도 도체찰사가 되었으며 우찬성으로 강무 지응사에 임명되었다. 세조 8년에는 우찬성으로 보국숭록대부로 가자되었으며 세조 9(1463)년 우의정으로 승진하고 세조 10년 좌의정으로 전임되어 강무 선전관을 겸했다. 세조 12(1466)년 4월 18일 영의정으로 승진했으나 같은 해에 영의정에서 물러나 한명회가 영의정을 잇게 되었다. 세조 13년 건주위의 여진족이 변경을 침범하자 진서대장군으로 군사를 이끌고 싸워 이겨서 3등 공신에 녹훈되었다.

예종 즉위(1468)년 예종이 즉위하자 원상으로 호조 판서를 겸했으며 예종 1(1469)년 진서대장군이 되었다.

성종 즉위(1469)년 원상으로 호조 판서(호조겸판서)를 겸하는 한편 경연청 영사를 겸했고 성종 1(1470)년 원상으로 호조 판서와 이조 판서를 겸했고 이 해에 죽었다. 죽은 다음 해에 순성붕량경제좌리공신에 추증되었다.

<성종실록> 성종 1년(1470)년 9월 13일 기사에 '능성부원군 구치관의 졸기'가 있다.

🎁 평가

능성부원군 구치관의 졸기

구치관은 용모와 행동이 엄숙하고 확연하게 지키는 것이 있어서 이익과 세력에도 흔들리지 않고 몸가짐을 청백하고 겸손하게 하였으며, 악을 미워하기를 원수같이 하였다. 전후하여 전형선발의 임무를 맡았으나 자기 집에 개인적으로 찾아오는 사람이 없었고, 뽑아 쓰기를 모두 공평하게 하였다. 혹 간청하는 자가 있으며, 관례상 응당 옮길 사람이라도 끝내 옮겨 주지 아니하였다. 생업을 돌보지 아니하여 죽던 날에도 집에 남은 재산이 없었다. 그러나 좋아하고 미워하는 것이 편벽되어 사람들이 자못 비난하였으며, 심지어는 거짓으로 행동하여 이름을 낚는다고 비방하는 자도 있었다.

참고문헌

<세종실록>, <문종실록>, <단종실록>, <세조실록>, <예종실록>, <성종실록>, <다음백과사전>, <능성구씨세보>

한명회(韓明澮)

본관은 청주이고 자는 자준(子濬)이며 호는 압구정(狎鷗亭)·사우당(四友堂)이고 시호는 충성(忠成)이다. 태종 15(1415)년에 태어나서 성종 18(1487)년에 죽었다.

재임기간

세조 12(1466)년 10월 19일[126]—세조 13(1467)년 4월 6일[127] ※ 후임 황수신
예종 1(1469)년 1월 23일[128]—예종 1(1469)년 8월 22일[129] ※ 후임 홍윤성

가문

아버지 기(起)는 사헌부 감찰을 역임했고 할아버지 상질(尙質)은 개국공신으로 도평의사사·예문관 대제학을 역임했으며 증조부 수(脩)는 판후덕 부사·우문각 대제학을 역임했다. 고조부는 호부상서 공의(公義)이고 5대조는 도첨의 우정승(都僉議右政丞) 악(渥)이며 6대조는 보문각 제학 사기(謝奇)이고 7대조는 도첨의중찬(都僉議中贊) 강(康)이다. 8대조는 상서성 좌복야 광윤(光胤)이고 9대조는 검교신호위(檢校神虎衛) 상장군 희유(希愈)다. 10대조는 상의직장(尙衣直長) 혁(奕)이고 11대조는 별장동정 상휴(尙休)이며 12대조는 용호군 교위 영(潁)이다. 13대조 란(蘭)은 청주한씨의 시조인데 고려 개국공신이며 문하태위다.

장인은 여흥인 민대생(閔大生)인데 한성부 윤과 중추원 부사를 역임했다. 단종의 비인 정순왕후의 외조부인 민소생(閔紹生)의 형이다. 외할아버지는 여주인 예문관 직제학 이적(李逖)이다.

아들은 보(堡)인데 무과에 올라 한성부 우윤과 도총부 도총관을 역임하고 좌리공신에 녹훈되고 낭성군(琅城君)에 봉해졌다. 손자는 경기(景琦)·경종(景琮)·경침(景琛)·경환(景環)·경순(景珣)이다. 경침은 성종과 폐비 윤씨 사이에서 태어난 공신옹주(恭慎翁主)와 결혼하고 청녕위(清寧尉)에 봉해졌다. 딸이 넷인데 1

---

126) 한명회를 영의정으로 심회를 좌의정으로 황수신을 우의정으로 …
127) 한명회를 상당군으로 삼고 황수신을 영의정으로 …
128) 한명회를 영의정으로 영성군 최항을 겸 춘추관 영사 …
129) 홍윤성을 의정부 영의정으로 윤자운을 좌의정으로 한명회를 상당군으로 …

녀는 고령인 봉례랑 신주(申澍)와 결혼했는데 신주는 영의정 신숙주의 장남이다. 2녀는 윤사로(尹師路)의 아들 돈녕부 도정 영천군 윤반(尹磻)과 결혼했다. 윤사로는 세종과 상침 송씨 사이에서 태어난 정현옹주(貞顯翁主)와 결혼하여 영천위(鈴川尉)에 봉해졌다. 3녀는 예종의 정비 장순왕후이고 4녀는 성종의 정비 공혜왕후다.

아우 서원군 명진(明溍)은 권제(權踶)의 딸이며 계유정난공신으로 좌의정에 오른 권람(權擥)의 여동생과 결혼했다. 명진의 후손이 만해 한용훈이다.

할아버지 상질(尙質)의 형이 상환(尙桓)이고 아우는 상경(尙敬)과 상덕(尙德)이다. 상경은 영의정을 역임했는데 상경의 아들 혜(惠)는 함흥 부윤을 역임했다. 혜가 아들 다섯을 두었는데 1남이 계윤(繼胤)이고 2남이 계미(繼美)이며 3남이 계희(繼禧)이고 4남이 계선(繼善)이며 5남이 계순(繼純)이다. 계윤은 사헌부 장령·검교 참판 겸 경연참찬관을 역임했고 계미는 좌찬성 겸 이조 판서를 역임하고 서원군에 봉해졌으며 계희는 이조 판서와 좌찬성을 역임하고 서평군에 봉했다. 계순은 공조 판서와 이조 판서를 역임하고 청평군에 봉해졌다.

🎁 생애

영의정 상경의 종손이고 예종의 국구이며 성종의 국구이다.
세조의 책사로 계유정난 때에 수양대군의 심복으로 큰 공을 세웠고 성삼문 등의 단종 복위 운동을 좌절시켰으며 남이옥사를 다스렸다. 갑자사화 때에 부관참시 되었다가 중종반정 뒤에 신원되었다.

"잉태하여 일곱 달 만에 낳으니 사채가 채 갖춰지지 않아 온 집안에서 기르지 않으려고 하였는데 늙은 종이 헌 솜에 싸서 극진히 간호하니 몇 달이 지나자 형체를 갖추었는데 배와 등에 검은 사마귀가 뭇 별처럼 있어 사람들이 기이하게 생각했다. 일찍 부모를 여의고 어린 시절을 종조인 참판 상덕(尙德)을 찾아가 의탁하며 불우하게 보냈다. 여러 번 과거를 보았으나 합격하지 못하고 권람과 더불어 산천을 주유하였다. 문종 2(1452)년 38세에 문음으로 경덕궁 궁지기가 되었다."(<다음백과사전>)

단종 즉위(1452)년 궁지기로 있으면서 수양대군과 의기투합하였고, 무사 홍달손 등 30여 명을 수양대군에 추천했다. 단종 1(1453)년 계유정난[130] 때 수양대군의 심복 참모로 큰 공을 세워 군기 녹사에 임명되고 [131]정난공신 1등에 녹훈되고 사복시 소윤에 임명되었다. 단종 2년 승정원 동부승지에 임명되고 단종 3년 승정원 동부승지로 경연참찬관 겸 판사재감사 지예조사를 겸했다.

세조 1(1455)년 우부승지에 승진했다가 좌부승지가 되고 세조가 왕위에 오르는 데 공을 세워서 좌익공신 1등[132]에 녹훈되었다. 이어서 우승지가 되었다. 세조 2년 단종의 복위 운동을 좌절시키고 사육신 주살에 협조하였으며 좌승지를 거쳐 도승지로 승차하였다. 세조 3년 자급을 뛰어넘어 숭정대부에 올라 이조 판서가 되고 겨울에 세자 책봉 주문사로 명나라에 다녀왔다. 세조 4(1458)년에는 하삼도에 흉년이 들어 경상 전라 충청도 도순문진휼사로 하삼도를 순시하고 돌아와서 병조 판서에 제수되었다. 세조 5년 숭록대부에 올라 강원도 황해도 평안도 함길도 군용도체찰사로 외직에 나갔는데 마침 아내의 병이 심하여져서 소환되었다가 다시 부임했다. 세조 6(1460)년 서북면 도체찰사에 임명되었고, 이때 딸이 왕세자빈으로 간택되었다. 세조 7년 북정할 때 평안 황해 함길 강원 4도 도체찰사에 임명되었으며 상당부원군 겸 판병조사에 임명되었다. 세조 8년에 대광보국숭록대부로 가자되어 우의정으로 승진하여 4도 도체찰사를 그대로 겸했다. 세조 9년 좌의정에 임명되었으나 외손자인 원손이 죽었다. 원손이 죽자 장례를 치르기위해 서울에 오려하였으나 오지 말라는 명을 받고 임지에 있었다. 세조 10(1464)년 상당부원군 겸 판병조사에 임명되었고 세조 12년에 의정부 영의정이 되었다. 병으로 사직하려 했으나 윤허 받지 못했다. 세조 13년에 사직하고 상당군으로 온천에 가서 휴양했다. 이 해에 이시애의 난이 발생하였는

---

130) 수양대군이 김종서, 황보인 등을 죽이고 정권을 장악한 일
131) 수충위사협책정난공신
132) 수충위사동덕좌익공신

데 모함을 받고 옥에 구금되었다가 석방되었다. 세조가 죽자 유교명을 받들어 다른 대신과 함께 승정원에서 숙직하면서 서정을 결재했다.

사위인 예종이 즉위(1468)하자 원상이 되었으며 남이옥사를 다스린 공으로 익대공신 1등[133]에 녹훈되었다. 예종 1(1469)년에 다시 영의정이 되었으나 얼마 되지 않아 영의정에서 물러나서 상당군이 되어 <세조실록>을 찬수했다.

성종 즉위(1469)년에 원상 겸 병조 판서에 제수되었으며 성종 1(1470)년 진휼사로 명나라에 다녀왔다. 같은 해에 순성명량경제홍화좌리공신에 녹훈되고 대궐의 동·서쪽에 군영을 설치할 것을 청하고 직접 서영을 거느렸으며 학문의 융성이 중요함을 역설하면서 성균관을 정비·확충했다. 성종 5(1474)년 좌의정이 되었고 사은사로 명나라를 다녀왔으며 성종 7년에 좌의정에서 물러나 상당부원군이 되었다. 성종 10(1479)년 명나라 조정에서 건주위를 치려고 우리나라에 후원을 요청하여 어유소(魚有沼)에게 참전하게 하였다. 성종 11(1480)년 왕비 책봉의 일로 주문사가 되어 다시 명나라를 다녀왔다. 성종 12(1481)년 자신의 별장인 압구정에서 중국 사신을 위한 연회를 베풀 것을 요청했으나 허락받지 못하고 탄핵받고 파직되었다가 바로 직첩을 돌려받았다. 성종 13년 상당부원군이 되었고 성종 14년 세자 책봉을 위한 주문사로 명나라에 다녀왔다. 성종 15(1484)년 나이가 많아 사직을 청하였으나 허락받지 못하고 궤장을 하사받았으며 성종 18(1487)년 풍덕으로 목욕을 떠나 같은 해 73세로 죽었다. 죽은 뒤에 세조의 묘정에 배향되었다.

연산군 10(1504)년 갑자사화가 일어나자 종묘에서 내침을 당하고 효수(부관참시)당한 뒤에 시체를 저자에 매달았다. 중종반정이 성공하자 중종 1(1506)년에 다시 예장하였다.

<성종실록> 성종 18(1487)년 11월 14일 두 번째 기사에 '상당부원군 한명회의 졸기'가 있다

---

133) 수충보사병기정난익대공신

📦 평가

상당 부원군 한명회의 졸기

…… 한명회의 자(字)는 자준(子濬)이고, 청주인(淸州人)이며, 증(贈) 영의정(領議政) 한기(韓起)의 아들이다. 어머니 이씨(李氏)가 임신한 지 일곱 달 만에 한명회를 낳았는데, 배 위[腹上]에 검은 점이 있어, 그 모양이 태성(台星)과 두성(斗星) 같았다. 일찍이 어버이를 여의고, 가난하여 스스로 떨쳐 일어나지 못하였으며, 글을 읽어 자못 얻은 바가 있었으나, 여러 번 과거(科擧)에 합격하지 못하였다. 이에 권남(權擥)과 더불어 망형우(忘形友)를 맺고, 아름다운 산이나 수려(秀麗)한 물이 있다는 말을 들으면 문득 함께 가서 구경하고, 간혹 해[歲]를 마치도록 돌아올 줄 몰랐다. 경태(景泰) 임신년에 경덕궁직(敬德宮直)에 보직(補職)되어, 일찍이 영통사(靈通寺)에 놀러 갔었는데, 한 노승(老僧)이 사람을 물리치고 말하기를, '그대의 두상(頭上)에 광염(光焰)이 있으니, 이는 귀징(貴徵)이다.'라고 하였다. 이때 문종(文宗)이 승하[賓天]하고 노산(魯山)이 나이 어리어 정권(政權)이 대신(大臣)에게 있었는데, 한명회가 권남에게 이르기를, '지금 임금이 어리고 나라가 위태로운데, 간사한 무리들이 권세를 함부로 부리고, 또 안평 대군(安平大君) 이용(李瑢)이 마음속으로 다른 뜻을 품고 대신(大臣)들과 친밀하게 교결(交結)하며, 여러 소인들을 불러 모으니, 화기(禍機)가 매우 급박(急迫)하오. 듣자니, 수양 대군(首陽大君)이 활달(豁達)하기가 한 고조(漢高祖)와 같고 영무(英武)하기가 당 태종(唐太宗)과 같다 하니, 진실로 난세를 평정할 재목이오. 그대가 문필[筆硯]에 종사하는 즈음에 모신 지가 오래인데, 어찌 은밀한 말로 그 뜻을 떠보지 아니하였소.' 하였다. 권남이 한명회가 한 말로써 아뢰니, 세조(世祖)가 한명회를 불러 함께 이야기하였는데, 한 번 만나보고 의기가 상통하여 마치 옛날에 사귄 친구와 같았다. 마침내 무사(武士) 홍달손(洪達孫) 등 30여 인을 천거하고, 계유년 겨울 10월 초10일에 세조가 거의(擧義)하여, 김종서(金宗瑞) 등을 주살(誅殺)하고, 한명회를 추천하여 군기 녹사(軍器錄事)로 삼고, 수충 위사 협책 정난공신(輸忠衛社協策靖難功臣)의 호(號)를 내려 주고, 곧

사복시 소윤(司僕寺少尹)으로 올리었다. 갑술년에 승정원 동부승지(承政院同副承旨)로 초배(超拜)되고, 을해년 여름에 세조가 선위(禪位)받자, 여러 번 승진하여 좌부승지(左副承旨)가 되고, 가을에 동덕 좌익공신(同德佐翼功臣)의 호(號)를 내려 주고, 우승지(右承旨)로 올렸으며, 병자년 여름에 성삼문(成三問) 등이 노산(魯山)을 복립(復立)할 것을 꾀하고, 은밀히 장사(將士)들과 교결(交結)하여, 창덕궁(昌德宮)에서 중국 사신[華使]을 연회(宴會)하는 날에 거사(擧事)하기로 약속하였는데, 이 날에 이르러, 한명회가 아뢰기를, '창덕궁은 좁고 무더우니, 세자(世子)가 입시(入侍)하는 것은 불편(不便)하고, 운검(雲劍)의 제장(諸將)도 시위(侍衛)하는 것은 마땅치 않습니다.' 하니, 임금이 모두 옳게 여겼다. 장차 연회가 시작되려 하자, 성삼문의 아비 성승(成勝)이 운검(雲劍)으로서 장차 들어가려 하자, 한명회가 꾸짖어 저지하기를, '이미 제장(諸將)들로 하여금 입시(入侍)하지 말게 하였소.' 하니, 성승이 마침내 나갔다. 성삼문 등이 일이 이루어지지 못 할 것을 알고, 말하기를, '세자(世子)가 오지 아니하고, 제장(諸將)이 입시(入侍)하지 않으니, 어찌해야 하겠는가?' 하였다. 그 무리 가운데에 한명회를 해치려는 자가 있자, 성삼문이 말하기를, '대사(大事)를 이루지 못하였는데, 비록 한명회를 제거한다 한들, 무슨 이익이 되겠는가?' 하였다. 이튿날 일이 발각되어, 모두 복주(伏誅)되었다. <이 해> 가을에 좌승지(左承旨)로 올랐다. 천순(天順) 정축년 가을에 숭정대부(崇政大夫) 이조 판서(吏曹判書)로 뛰어 임명되고, 상당군(上黨君)에 봉(封)해졌으며, 겨울에 병조 판서(兵曹判書)로 옮기었다. 기묘년에 황해 평안 함길 강원도 체찰사(黃海平安咸吉江原道體察使)가 되고, 경진년에 숭록대부(崇祿大夫)에 가해졌으며, 신사년에 보국 숭록 대부(輔國崇祿大夫)에 가해지고, 상당 부원군(上黨府院君)에 봉해져서, 판병조사(判兵曹事)를 겸하였다가, 임오년에 대광 보국 숭록 대부(大匡輔國崇祿大夫) 의정부 우의정(議政府右議政)에 가해지고, 계미년에 좌의정(左議政)에 올랐으며, 성화(成化) 병술년에 영의정(領議政)에 올랐다가, 곧 병(病)으로 인하여 사임(辭任)하였다. 정해년에 길주인(吉州人) 이시애(李施愛)가 반란을 일으켜, 터무니없는 뜬소문을 만들어 말하기를, '한명회가 신숙주(申叔舟)와 더불어 불궤(不軌)를 꾀한다.'고 하자, 한 재상(宰相)이 아뢰기를, '옛날에 칠국(七國)이 반(反)하자, 한(漢)나라에서 조조(晁錯)를 죽이자 칠국이 평정되었으니, 두 사람을 마땅히 속히 가두소서.' 하여, 임금이 그대로 따랐는데, 곧 죄가 없는 것을 알고 석방하였다. 무자년 가을에 세조가 승하하고, 예종(睿宗)이 유교명(遺敎命)을 받들자, 한명회가 한두 대신(大臣)과 더불어 승정원(承政院)에서 윤번(輪番)으로 숙직(宿直)하며 서정(庶政)을 참여하여 결정하였다. 이때에 혜성(彗星)이 나타나자, 한명회가 아뢰기를, '성문(星文)이 변(變)을 보이었으니, 그 응험(應驗)이 두렵습니다. 창덕궁(昌德宮)에 성(城)이 없으니, 마땅히 중신(重臣)들로 하여금 군사를 거느리고 숙위(宿衛)하게 하소서.' 하니, 그대로 따랐다. 얼마 아니 되어, 남이(南怡) 등이 반역을 꾀하여 복주(伏誅)되자, 추충 보사 병기 정난 익대 공신(推忠保社炳幾定難翊戴功臣)의 호(號)를 내려 주고, 기축년 봄에 다시 영의정(領議政)에 제수되었다가, 가을에 사임(辭任)하였다. 예종(睿宗)이 승하하고 금상(今上)이 즉위(卽位)하자, 정희 왕후(貞熹王后)가 임시로 함께 청정(聽政)하여 한명회에게 명하여 이조 판서와 병조 판서를 겸하게 하니, 극력(極力)으로 이를 사양하였다. 정희 왕후가 전교하기를, '세조(世祖)께서 경(卿)을 사직지신(社稷之臣)이라고 하셨소. 지금 국상(國喪)이 잇달아 인심(人心)이 매우 두려워서 당황[遑遽]하니, 대신(大臣)이 자신만 편할 때가 아니오.' 하니, 한명회가 눈물을 흘리며 말하기를, '재주는 없고 임무는 중하여, 국사(國事)를 그르칠까 두렵습니다.' 하자, 다만 병조 판서만 겸하도록 명하고, 신묘년 여름에 순성 명량 경제 홍화 좌리 공신(純誠明亮經濟弘化佐理功臣)의 호(號)를 내려 주었다. 이 해에 혜성(彗星)이 또 나타나자, 한명회가 군영(軍營)을 대궐(大闕)의 동쪽·서쪽에 설치하기를 청하고, 한명회가 서영(西營)을 거느리었다. 하루는 소대(召對)에서 흥학(興學)의 중요함을 진술하고, 이어서 아뢰기를, '성균관(成均館)에 서적이 없으니, 마땅히 경사(經史)를 많이 인쇄하고, 각(閣)을 세워 간직하게 하소서.' 하여, 임금이 그대로 따랐는데, 한명회가 사재(私財)를 내어 그 비용을 돕게 하였으므로, 사림(士林)에서 이를 훌륭하게 여겼다. 갑진년 봄에 나이가 많은 것을 이유로 치사(致仕)하기를 청하니, 윤허(允許)하지 아니하고, 궤장(几杖)을 내려 주었다. 이때에 이르러 병으로 자리에 눕게 되었는데, 임금이 내의(內醫)를 보내어 치료하게 하고 날마다 중관(中官)을 보내어 문병하게 하였으며, 병이 위독하여지자 승지(承旨)를 보내어 하고 싶은 말을 물으니, 시중드는 사람으로 하여금 관대(冠帶)를 몸에 가하게 하고, 후설(喉舌)을 놀려 입속으로 말하기를, '처음에는 부지런하고 나중에는 게으른 것이 사람의 상정(常情)이니, 원컨대, 나중을 삼가기를 처음처럼 하소서.' 하고, 말을 마치자 운명하였는데, 나이가 73세이다. 임금이 매우 슬퍼하여 음식을 들지 아니하고, 특별히 내신(內臣)을 보내어 제사(祭祀)를 내렸으며, 또 백관(百官)에게 명하여 회장(會葬)하게 하였다. 시호(諡號)를 충성(忠成)이라 하였으니, 임금을 섬기어 절개를 다한 것을 충(忠)이라 하고, 임금을 보좌하여 능히 잘 마친 것을 성(成)이라 하였다. 한명회는 성품이 관홍(寬弘)하고 도량(度量)이 심침(深沈)하여 소절(小節)에 구애하지 아니하고, 항상 주장하는 이론[持論]은 화평(和平)에 힘쓰고, 일을 결단(決斷)함에 있어서는 강령(綱領)을 들어서 행하였으므로, 세조(世祖)가 일찍이 말하기를, '한명회는 나의 자방(子房)이다.'라고 하였다. 아들은 한보(韓堡)이고, 딸은 장순 왕후(章順王后)와 공혜 왕후(恭惠王后)이다.

사신(史臣)이 논평하기를, "한명회(韓明澮)는 젊어서 유학(儒學)을 업(業)으로 삼아 <학문을> 이루지 못하고, 충순위(忠順衛)에 속하여서, 뜻을 얻지 못하고 불우(不遇)하게 지내다가, 권남(權擥)과 더불어 문경교(刎頸交)를 맺고, 권남을 통하여 세조(世祖)가 잠저(潛邸)에 있을 때에 알아줌을 만나, 대책(大策)을 찬성(贊成)하여, 그 공(功)이 제일(第一)을 차지하였으며, 10년 사이에 벼슬이 정승에 이르렀고, 마음속에 항상 국무(國務)를 잊지 아니하고, 품은 바가 있으면 반드시 아뢰어, 건설(建設)한 것 또한 많았다. 그러므로 권세(權勢)가 매우 성하여, 추부(趨附)하는 자가 많았고, 빈객(賓客)이 문(門)에 가득 하였으나, 응접(應接)하기를 게을리 하지 아니하여, 일시(一時)의 재상들이 그 문(門)에서 많이 나왔으며, 조관(朝官)으로서 채찍을 잡는 자까지 있기에 이르렀다. 성격이 번잡(煩雜)한 것을 좋아하고 과대(夸大)하기를 기뻐하며, 재물(財物)을 탐하고 색(色)을 즐겨서, 전민(田民)과 보화(寶貨) 등의 뇌물이 잇달았고, 집을 널리 점유하고 희첩(姬妾)을 많이 두어, 그 호부(豪富)함이 일시(一時)에 떨쳤다. 여러 번 사신(使臣)

으로 명나라의 서울에 갔었는데, 늙은 환자(宦者) 정동(鄭同)에게 아부하여, 많이 가지고 간 뇌물로써 사사로이 황제에게 바쳤으나, 부사(副使)가 감히 말리지 못하였다. 만년(晩年)에 권세(權勢)가 이미 떠나자, 빈객(賓客)이 이르지 않으니, 초연(怊然)히 적막한 탄식을 하곤 하였다. 비록 여러 번 간관(諫官)이 논박(論駁)하는 바가 있었으나, 소박하고 솔직하여 다른 뜻이 없었기 때문에 그 훈명(勳名)을 보전(保全)할 수 있었다." 하였다.

참고문헌

〈국조인물고 : 비명. 서거정(徐居正) 지음〉, 〈다음백과사전〉, 〈단종실록〉, 〈세조실록〉, 〈예종실록〉, 〈성종실록〉, 〈청주한씨제6교대동족보〉

황수신(黃守身)

본관은 장수이고 자는 수효(秀孝)이며 호는 나부(儒夫)이고 시호는 열성(烈成)이다. 태종 7(1407)년에 태어나서 세조 13(1467)년에 죽었다.

📦 재임기간

세조 13(1467)년 4월 6일[134] – 세조 13(1467)년 5월 20일[135] ※ 후임 심회

📦 가문

아버지 희(喜)는 영의정으로 청백리에 녹선되었고 할아버지 군서(君瑞)는 강릉 대도호부사이다. 증조부는 균비(均庇)이고 고조부는 석부(石富)이다. 석부는 장수 황씨의 중시조이고 시조 경(瓊)의 18세손이다. 시조 경은 시중이며 경순왕의 사위다.

장인은 상주인 판전농시사 김준덕(金俊德)이고 외할아버지는 초배가 청주인 판사복시사 최안(崔安)이고 계배는 공조 전서 양천진(楊天震)이다.

아들이 넷인데 좌통례·호조 참판 신(眘), 사복시정·첨지중추부사 찰(察), 사헌부 장령 성(省), 중추부첨지사 욱(旭)이다. 딸은 둘인데 1녀는 전의인 군사 이계중(李繼重)과 결혼했고 2녀는 화순인 사예 최한량(崔漢良)과 결혼했다.

형은 호조 판서와 판중추부사를 역임한 치신(致身)과 종친부 전첨 보신(保身)인데 보신의 사위는 좌의정 김국광(金國光)이다. 아우는 오위사직 직신(直身)이다.

📦 생애

영의정 황희의 아들로 세조가 등극할 때 도와 좌익공신이 되었다. 문과에 합격하지 않았는데도 우의정으로 있으면서 예문관·춘추관직을 겸했다.

---

134) 황수신을 영의정으로 최항을 우의정으로 …
135) 심회를 영의정으로 최항을 좌의정으로 홍윤성을 우의정으로 황수신을 남원군으로 …

홍천사 중에게 유학했다. "세종 5(1423)년 사마시에 응시했다가 학문이 부족하다고 시관에게 욕을 당하고는 1연에 '백성에게 은혜를 베풀고 세상을 구제함은 과거 시험을 말미암지 않으니 평생을 부유로 지낼 필요는 없네'라 짓고 발분해 학문에 진력했다. 문음으로 종묘 부승·종부시 직장·사헌부 감찰·도관서영 등을 역임하였다."(<다음백과사전>) 세종 11(1429)년 사헌부 지평·호조 정랑·사재감 부정 등을 역임하고 세종 14년 경기도 관찰사 조속(趙涑)의 추천으로 호군에 임명되어 경기도 경력을 겸했다. 세종 16(1434)년 사헌부 장령으로 있었는데 이때 도성 안에서 인간의 화복을 마음대로 할 수 있다고 민심을 현혹시키는 요무(妖巫)가 있어서 성 밖으로 내쫓았다. 세종 21(1439)년 지사간원사에 임명되고 세종 22(1440)년 사섬시 윤으로 전라도 경차관의 일을 마치고 돌아와서 상호군 겸 지형조사에 임명되어 형정을 바로 잡았다. 세종 23년 첨지중추원사에 임명되고 세종 24(1442)년 겸 지병조사에 임명되었다. 세종 25년 우부승지에 임명되었다가 좌부승지로 전임되었으며 세종 27년 우승지·좌승지를 거쳐 세종 28(1446)년 문과에 급제하지 않은 사람으로 최초로 도승지에 임명되었다. 세종 29년 친분이 있는 임원준(任元濬)을 의서 찬집으로 발탁한 것이 발각되어 고신을 빼앗겼으나 세종 30년 직첩을 돌려받았다.

문종 즉위(1450)년 첨지중추원사로 복직되어 동지중추원사가 되었을 때 문종의 특명으로 병조의 습진 및 군사 검찰의 논의에 참여하고 병조 참판으로 전임되었다. 병조 참판으로 있을 때 수양대군을 도와 진법의 상정(詳定)에 공헌했다. 문종 2(1452)년 아버지 황희가 죽어서 관직에서 물러났다.

단종 2(1454)년 기복되어서 동지중추부사로 복귀해서 한성부윤으로 전임되었다. 당시 삼포의 왜인들이 불손한 말을 하자 경상도 관찰사에 임명되어 진무하고 성절사로 명나라에 다녀왔다.

세조 1(1455)년 의정부 우참찬에 임명되었는데 경상도 관찰사를 재직할 때 작성한 경상도 웅천의 지도를 올리면서 비방책을 건의했다. 또 세조가 왕이 되는 데 끼친 공으로 좌익공신 3등[136]에 녹훈되고 남원군에 봉해졌다.

세조 2년 의정부 좌참찬에 임명되고 세조 3년 예조겸판서(판예조사)를 겸임했다. 이 해에 명나라 명종이 등극하고 황태자를 책봉할 때 강맹경은 하등극사가 되고 황수신은 황태자사의 책봉을 축하하는 진하사가 되어 명나라에 다녀와서 우찬성으로 승진했다. 세조 4년 숭정대부로 가자되고 좌찬성에 임명되었다. 세조 5(1459)년 충청도에 기근이 들자 충청도 도순문진휼사로 파견되었다 돌아온 뒤 보국숭록대부로 가자되고 남원부원군으로 개봉되었다. 바로 경상도 모민체찰사로 파견되었다가 돌아왔다. 세조 8(1462)년 관노와 아산의 채전을 사사로이 사용한 것이 탄로 나서 탄핵을 받았으나 용서받았다. 세조 10(1464)년 명나라 헌종이 즉위하자 대광보국숭록대부로 가자되고 우의정에 승진한 뒤에 하등극사로 명나라에 다녀왔다. 세조 12년 좌의정에 임명되었다가 다시 우의정으로 전임되었으며 문과에 합격한 사람이 아니면서 예문춘추관직을 겸대했다. 세조 13(1467)년 병으로 사직을 청했으나 허락되지 않고 4월에 영의정에 임명되었다. 그러나 이 해에 영의정에서 물러나 남원군으로 죽었다. "풍모가 뛰어나고 인품이 중후하면서도 기국이 있어 세조대의 민심 수습과 치적에 큰 공헌이 있었다."(<다음백과사전>) 장수의 창계서원에 제향되었다.

저서로 세조의 명을 받아 <법화경>·<묘법연화경>의 언해를 주관했고 세조 11(1465)년 <대방광원가수다라요의경>을 찬진했다.

<세조실록> 세조 13(1467)년 5월 21일 네 번째 기사에 '남원군 황수신의 졸기'가 있다.

🎲 평가

남원군 황수신의 졸기

······ 황수신의 자(字)는 계효(季孝)요, 익성공(翼成公) 황희(黃喜)의 아들이다. 음직(蔭職)으로 종묘 부승(宗廟副丞)에 보직되어 여러 벼슬을 역임하여 겸 지형조

---

136) 추충좌익공신

사(兼知刑曹事)가 되고, 승정원 우부승지(承政院右副承旨)에 제수되어 도승지(都承旨)까지 천전되었다가 사건으로 인하여 파직되었고, 형조 참판(刑曹參判)을 거쳐서 경상도 도관찰사(慶尙道都觀察使)가 되어 나갔다가 의정부 우참찬(議政府右參贊)에 제수되고, 좌익공신(佐翼功臣)에 참여하여 남원군(南原君)에 봉해지고, 좌참찬(左參贊)에 올랐으며, 좌찬성(左贊成)에 승진되고, 다시 우의정(右議政)에 제수되었다가 마침내 영의정(領議政)에 올랐는데, 이때에 이르러 졸하였다.

그 사람됨이 골모(骨貌)가 웅위(雄偉)하고, 성자(性資)가 관홍(寬洪)하여, 재상(宰相)의 기도(器度)가 있었으며, 경사(經史)를 조금 섭렵(涉獵)하여 이치(吏治)에 능하였고, 정승이 되어서 대체(大體)는 힘썼으나, 처세하는 데 능히 방원(方圓)하게 하고, 세상과 더불어 부침(浮沈)하여, 누조(累朝)를 역사(歷仕)하면서 크게 건명(建明)함이 없었고, 회뢰(賄賂)가 폭주(輻輳)하여 한 이랑[一畝]의 밭을 탐하고, 한 사람의 노복을 다투어서, 여러 번 대간(臺諫)의 탄핵(彈劾)을 받는 데 이르렀으므로, 당시 사람들이 말하기를,

"성이 황(黃)이니, 마음도 또한 황(黃)하다."

하였다. 부음이 들리자 조회와 저자를 3일 동안 폐하고, 시호(諡號)를 열성(烈成)이라 하였으니, 덕성(德性)을 잡고 업(業)을 숭상하는 것을 열(烈)이라 하고, 상신(相臣)을 보좌하여 잘 마친 것을 성(成)이라 한다. 아들이 하나이니, 황신(黃愼)이다.

참고문헌

〈국조인물고 : 비명. 이승소(李承召) 지음〉, 〈다음백과사전〉, 〈세종실록〉, 〈문종실록〉, 〈단종실록〉, 〈세조실록〉, 〈장수황씨세보〉

심 회(沈澮)

본관은 청송이고 자는 청보(淸甫)이며 시호는 공숙(恭肅)이다. 태종 18(1418)년에 태어나서 성종 24(1493)년에 죽었다.

재임기간

세조 13(1467)년 5월 20일[137] – 세조 13(1467)년 9월 20일[138] ※ 후임 최항

가문

아버지는 영의정 온(溫)이고 할아버지는 고려 문하시중을 지내고 조선조에서 문하좌정승[139]을 역임한 청성백 덕부(德符)이다. 덕부는 고려 말 문하시중을 역임했고 조선 초 정종 1년 영의정에 해당하는 좌정승을 역임한 개국공신 청성부원군이다. 증조부는 전리 정랑(典理正郎) 용(龍)이고 고조부는 합문지후 연(淵)이며 5대조는 문림랑 위위시승 홍부(洪孚)인데 청송심씨의 시조이다.

장인은 원주인 판중추부사 김연지(金連枝)이고 외할아버지는 순흥인 좌의정 안천보(安天保)다.

아들은 인(潾)·한(澣)·원(湲)이다. 인은 병조 참의이고 한은 한성부 좌윤·순성좌리공신 가선대부 청천군이며 원은 내자시 판관으로 이시애의 난에서 전사했다.

형제로는 형 준(濬)과 아우 결(決)이 있는데 준은 민무휼의 사위로 영의정 회와 친가로는 형제이고 처가로는 동서가 되며 결은 영중추부사이다.

누나는 여섯인데 큰 누나는 소헌왕후로 세종이 매형이 되고 생질로는 정소공주·문종·세조·안평대군·광평대군이 있다. 둘째누나는 전주인 동지중추원사 강석덕(姜碩德)에게 시집갔다. 강석덕이 <훈민정음> 저술에 참여한 인수부윤 강희안과 찬성 강희맹과 강희삼과 세종의 후궁인 영빈 강씨를 낳

---

137) 심회를 영의정으로 최항을 좌의정으로 홍윤성을 남원군으로 …
138) 심회를 영중추부사로 최항을 영의정으로 조석문을 좌의정으로 강순을 우의정으로 …
139) 영의정에 해당함

왔다. 셋째누나는 교하인 노물재에게 시집갔는데 노물재는 우의정 노한의 아들이고 영의정 노사신과 목사 노호신(盧好愼)의 아버지이다. 넷째누나는 전주인 부지돈녕부사 유자해에게 시집갔는데 유자해의 아들은 유양이고 손자는 영의정 유순정이다. 다섯째누나는 전의인 지중추부사 이숭지(李崇之)에게 시집갔고 여섯째누나는 순천인 박거소(朴去疎)에게 시집갔는데 박거소는 좌익원정공신으로 평원군에 봉해졌고 부지돈녕부사를 역임했다. 박거소는 아들이 넷인데 박중선(朴仲善)·박숙선(朴叔善)·박계선(朴季善)·박승선(朴承善)이다. 박중선이 박원종(朴元宗)을 낳았는데 박원종이 중종반정공신 영의정이다. 또 박중선은 딸을 셋 낳았는데 1녀는 월산대군의 아내인 승평부부인이고 2녀는 제안대군의 아내인 순천부부인이며 3녀는 장경왕후의 친정아버지인 파평부원군 윤여필(尹汝弼)의 아내이다. 또 윤여필은 인종의 외할아버지이고 대윤의 영수 윤임(尹任)의 아버지이다.

🎲 생애

> 문하좌정승 심덕부의 손자이고 영의정 심온의 아들이며 소헌왕후의 동생이다. 심온의 태종 비난 사건에 연루되어 등용하지 못했으나 이 사건이 세력이 커지는 심온을 제거하기 위한 태종의 계획된 무고임이 밝혀져서 관직에 올랐다. 남이옥사사건을 다루었고 갑자사화 때 부관참시를 당했으나 중종반정이 성공하고 신원 복관되었다.

아버지인 청천부원군 영의정 심온이 세종 즉위(1418)년 태종 비난사건에 연루되어 형 준과 아우 결과 함께 사사되어 등용되지 못했으나 뒷날 이 사건이 국구로 심온의 세력이 커지는 것을 염려한 태종과 좌의정 박은(朴訔)의 무고에 의한 것임이 밝혀지자 문종 1(1451)년 돈녕부 주부에 임명됨으로 관직에 들어왔다. 같은 날 아우 결도 돈녕부 주부에 임명되었으며 형 준은 이미 죽었기 때문에 준의 아들 미(湄)가 아버지를 대신하여 전농 직장에 임명되었다.

단종 1(1453)년 첨지중추원사에 임명되고 가선대부로 가자되어 단종 2년 동지돈녕부사에 임명됐다.

세조 1(1455)년 원종공신 2등에 녹훈되었다. 이때 아우 결과 죽은 형 증사헌부 감찰 준도 모두 원종공신 2등에 녹훈되었다. 세조 3년 자헌대부로 가자되어 중추원사·공조 판서에 임명되었다가 세조 4(1458)년 중추원 부사·판한성 부사에 임명되었다. 판한성 부사로 임명된 뒤에 어머니를 봉양하러 선산에 갔다. 세조 5년 판한성 부사에서 판중추원사로 전임되었으며 전라도 모민체찰사로 파견되었다. 세조 6년 중추원사를 역임하고 세조 7년 보국숭록대부로 가자되어 영중추원사로 도진무를 겸했다. 세조 9(1463)년 중추원사로 수궁대장을 겸하다가 경기도 관찰사에 임명되었다. 세조 12(1466)년 도총관에 이어 중추부 영사를 역임하고 대광보국숭록대부로 가자되어 좌의정으로 승진하여 감춘추관사·세자시강원부를 겸했고 세조 13년 영의정에 임명되어 춘추관·예문관·홍문관·관상감의 영사와 세자시강원부를 겸하다가 물러나서 중추부 영사에 제수되었다.

예종 즉위(1468)년 남이의 옥사를 다스린 공으로 수충보사정난공신 2등에 녹훈되고 청송군에 봉해졌다.

성종 즉위(1469)년 원상으로 정사에 참여했고 성종 1(1470)년 청송부원군에 봉해진 뒤에 윤비의 왕비 책봉을 고하는 주문사로 명나라에 다녀왔으며 성종 2년 좌리공신 2등[140]에 녹훈되었다. 성종 5(1474)년 양모(養母)인 족고모 전씨(全氏)가 경상도 선산부에서 죽었는데 모두 중책을 벗을 수 없다 하였으나 길러준 은혜를 버릴 수 없다 하고 달려가 3년 상을 마쳤다. 성종 7(1471)년 대광보국숭록대부 청송부원군으로 있다가 좌의정으로 관직에 복귀했다. 성종 10(1479)년 좌의정에서 물러나 대광보국숭록대부 청송 부원군으로 있다가 성종 20(1489)년 유도대장에 제수되었다. 성종 22(1491)년 궤장을 하사받았으며 성종 24년 76세로 죽었다.

연산군 10(1504)년 갑자사화가 일어났을 때 윤비 폐출에 동조했다는 이유로 관작이 추탈되고 부관참시를 당했으나 중종반정이 성공한 뒤에 신원되었다.

---

140) 순성명량경제좌리공신

<성종실록> 성종 24(1493)년 1월 12일 네 번째 기사에 '청송부원군 심회의 졸기'가 있다.

🎁 평가

청송 부원군 심회의 졸기

…… 심회의 자(字)는 청보(淸甫)이고 본관은 청송(靑松)으로 영의정 부사(領議政府事) 심온(沈溫)의 아들이다. 심회는 심온의 죄에 연좌되어 폐하고 서용(敍用)되지 않았는데, 문종(文宗)이 비로소 돈녕부 주부(敦寧府主簿)에 제수하였고, 수차례 옮겨서 부지돈녕부사(副知敦寧府事)에 이르렀다. 경태(景泰) 계유년에 올라서 통정대부(通政大夫) 첨지중추원사(僉知中樞院事)가 되었고, 얼마 안 되어 가선대부(嘉善大夫) 동지돈녕부사(同知敦寧府事)로 올랐다. 천순(天順) 정축년에 자헌대부(資憲大夫) 공조 판서(工曹判書)로 올랐고, 판한성 부사(判漢城府事)로 옮겼다. 신사년에 보국숭록대부(輔國崇祿大夫) 영중추원사(領中樞院事)를 더하였고, 이윽고 대광보국숭록대부(大匡輔國崇祿大夫) 의정부 좌의정(議政府左議政)을 더하였다. 성화(成化) 정해년에 영의정(領議政)으로 올랐다가 이윽고 영중추원사(領中樞院事)로 옮겼다. 무자년에 남이(南怡)가 난(亂)을 도모하였다가 죽음을 당하자 수충보사 정난익대 공신(輸忠保社定難翊戴功臣)의 칭호를 내리고 청송군(靑松君)에 봉하였다. 신묘년에 순성 명량 경제 좌리 공신(純誠明亮經濟佐理功臣)의 칭호를 내렸고, 병신년에 다시 좌의정(左議政)이 되었다. 이때 왕비를 폐하고 중궁(中宮)의 자리를 바르게 하였는데, 심회가 주문사(奏聞使)로 북경에 가서 고명(誥命)을 받아 가지고 돌아왔으므로, 노비[臧獲]와 전토(田土)를 내려 주었다. 기해년에 청송부원군(靑松府院君)으로 바꾸어 봉해졌고, 병오년에 나이가 다 되었다고 하여 퇴임(退任)하기를 바랐으나 허락하지 않았다. 홍치(弘治) 신해년에 궤장(几杖)을 내려주었는데, 이때에 이르러 졸(卒)하였으니, 나이는 76세이다. 시호(諡號)는 공숙(恭肅)인데, 공경하고 순종하며 임금을 섬긴 것을 공(恭)이라 하고, 강직한 덕(德)으로 능히 이룬 것을 숙(肅)이라 한다. 아들이 있는데, 심인(沈潾)은 병조 참의(兵曹參議)

이고, 심한(沈瀚)은 순성 좌리 공신(純誠佐理功臣) 청천군(靑川君)이며, 심원(沈湲)은 내자시 판관(內資寺判官)이다.

　사신(史臣)은 논한다. 심회(沈澮)는 성품이 대범하고 중후하여, 비록 학술(學術)은 없어도 천성이 정직하였다. 그가 나라의 정사를 의논할 때에는 영합(迎合)하거나 부회(傅會)하지 않고 처음부터 끝까지 신중하고 치밀하여 훈공(勳功)의 칭호를 보전할 수 있었으니, 외척(外戚)의 현명함으로써 심회만한 자가 없었다.

　참고문헌

　〈국조인물고 : 비명. 어세겸(魚世謙) 지음〉, 〈세조실록〉, 〈예종실록〉, 〈성종실록〉, 〈연산군일기〉, 〈청송심씨 대동세보〉

최 항(崔恒)

본관은 삭녕이고 자는 정부(貞父)이며 호는 태허정(太虛亭) 또는 동량(幢粱)이고 시호는 문정(文靖)이다. 태종 9(1409)년에 태어나서 성종 5(1474)년에 죽었다.

🎲 재임기간

세조 13(1467)년 9월 20일[141] − 세조 13(1467)년 12월 12일[142] ※ 후임 조석문

🎲 가문

아버지는 성균관 사예 사유(士柔)이고 할아버지는 호조 전서 윤문(潤文)이다. 증조부는 고려말 홍조서승(洪造署丞) 충(忠)이고 고조부는 선보(善甫)이다. 선보는 낭장을 역임했는데 낭장공파의 파조이다. 그 이상의 세계는 알려지지 않았고 문하시랑 평장사 유가(瑜價)를 중시조로 문하시랑 평장사 천로(天老)를 시조로 하고 있다.

장인은 대구인 달천부원군 서미성(徐彌性)이다. 서미성은 대제학과 형조 판서를 역임한 서거정(徐居正)의 아버지로 안주 목사를 역임했다. 외할아버지는 해주인 종부시정 오섭충(吳燮忠)이고 처외할아버지는 대제학을 역임하고 <상대별곡>을 지은 상촌 권근(權近)이다.

2남을 두었는데 영린(永潾)과 영호(永灝)이다. 영린은 예조 참의를 역임했고 영호는 사도시 정이다. 딸은 넷인데 1녀는 연일인 장악원 첨정 정함(鄭涵)과 결혼했고 2녀는 남평인 통례원 문간(文簡)과 결혼했으며 3녀는 사복시 판관 이균(李鈞)과 결혼했고 4녀는 평산인 사직서 참봉 신수(申銖)와 결혼했다. 손자는 영린이 수영(秀永)과 수웅(秀雄)과 수걸(秀傑)을 낳았고 영호는 계림군 정효상(鄭孝常)의 딸과 결혼하여 전첩 수진(秀珍)을 낳았으며 수진이 영의정 홍원(興原)을 낳았다.

---

141) 최항을 영의정으로 조석문을 좌의정으로 강순을 우의정으로 …
142) 조석문을 영의정으로 홍달손을 좌의정으로 최항을 영성군으로 …

형은 이조 참판 형(衡)과 군자 주부 화(華)이다.

방계로는 큰아버지 사앙(士柳)은 부사이고 중부 사홍(士弘)은 선절장군이다.

🎁 생애

> "훈구파의 대학자로 문물제도 정비에 크게 기여하였고, 언어문장에 정통하여 실록 편찬 및 대중국 외교문서 작성을 전담하였"고(<다음백과사전>) <운회> 번역, <용비어천가> 저작, <훈민정음 해례> 저작, <동국정운> 편찬에 참여했다.

세종 16(1434)년 알성문과에서 장원하고 부수찬에 등용되었다. 세종 18(1436)년 수찬에 임명되었고 세종 23(1441)년 부교리에 임명되었다. 세종 26년 교리로 <오례의주> 편찬과 <운회> 번역에 참여하였다. 세종 24(1445)년 집현전 응교로 <용비어천가> 저작에 참여하였다. 세종 28(1446)년 <훈민정음>이 완성되었는데 최항은 응교로 <훈민정음해례> 저술에 참여했다. 세종 29(1447)년 집현전 직제학으로 서연관을 겸하여 세자우보덕에 올라 세자를 보도하고 <동국정운> 편찬에 참여하였다. 세종 31년 직제학으로 <고려사> 편찬에 참여했다.

문종 즉위(1450)년 선위사로 명나라에 다녀왔고 <세종실록> 편찬에 참여하였으며 사간원 우사간대부와 좌사간대부를 역임했다. 문종 1(1451)년 집현전 부제학에 임명되어 <통감훈의>를 편찬하고 <세종실록> 찬술에 참여했다. 문종 2년 동부승지에 제수되었다가 좌부승지로 전임되었다.

단종 즉위(1452)년 가사성과 동부승지를 역임하였고 <문종실록> 편찬에 참여하였다. 단종 1(1453)년 우부승지를 지내고 좌부승지로 전임되었다. 좌부승지로 당직으로 있을 때 계유정난이 일어나 수양대군의 집권을 도왔다. 그 공으로 정난공신 1등[143]에 녹훈되고 도승지에 올랐다가 첨지중추원사로 전임되었다. 단종 2년에 이조 참판으로 영성군(寧城君)에 봉해졌으며 <공신연곡> 4장을 지어 올렸고 단종 3년 대사헌에 임명되었다.

---

143) 수충위사협찬정난공신승정원도승지

세조 1(1455)년 세조의 등극을 도와서 좌익공신 2등[144]에 책훈되었고 어머니의 상을 당하여 여묘살이를 하였다. 세조 3(1457)년 복을 마치고 호조 참판으로 관직에 복귀했다. 이조 참판으로 전임되어 성균관 대사성을 겸했다. 세조 4년에 인수부윤에 제수되고 형조 판서로 승차하였다가 공조 판서로 전임되어 지중추원사를 겸했으며 이 해에 <신육전>의 초안을 작성하여 올렸다. 세조 7(1461)년에 이조 판서로 옮겼는데 이때에 양성지의 <잠서>를 한글로 번역·간행하였다. 세조 8년에 중추원사·예문관 대제학을 역임하고 세조 9년 의정부 우참찬으로 옮겼는데 이때에 <동국통감> 편찬에 착수하고 신숙주와 <어제유장설>을 주해했다. 세조 10(1464)년 의정부 좌참찬에 임명되어 세자이사를 겸했고 사서오경의 <구결>을 바로 잡는 일에 참여했다. 세조 12(1466)년 좌찬성으로 승차하여 판병조사를 겸하다가 세조 13(1467)년에 우의정으로 승진하여 춘추관 감사를 겸했다. 얼마 뒤에 좌의정으로 승진했다가 같은 해에 영의정으로 승진하여 예문관·홍문관·춘추관·관상감 영사를 겸했다.

예종 즉위(1468)년에 영경연사를 더하였고 예종 1(1469)년 원상으로 경국대전 상정소 제조를 겸하여 <경국대전>을 완성하고 <무정보감>을 찬수했다. 이 해에 겸 춘추관사 동지중추부사가 되었다.

성종 즉위(1469)년 원상으로 국정에 참여하였고 <역대 제왕후비 명감>을 지어 올렸다. 성종 1(1470)년 순성명량경제홍화좌리공신에 녹훈되고 영성부원군으로 봉작되었다. 성종 2년에 다시 좌의정에 임명되어 경연과 춘추를 겸하면서 <세조실록>과 <예종실록>을 편찬했다. 성종 4(1473)년 큰물이 들자 사임을 요청했으나 허락되지 않았고 성종 5년 66세로 죽었다. 저서로 <태허정집>·<관음현상기>가 전한다.

<성종실록> 성종 5(1474)년 4월 28일 세 번째 기사에 '좌의정 최항의 졸기'가 있다.

---

144) 수충경절좌익공신

🎲 평가

좌의정 최항의 졸기

…… 최항의 자는 정보(貞父), 삭녕인(朔寧人)으로, 증 영의정(贈領議政) 최사유(崔士柔)의 아들이다. 최항은 어려서부터 총명하고 글 읽기를 좋아했다. 선덕(宣德) 갑인년에 세종(世宗)이 관학(館學)에 나아가 학사(學士)에게 책문(策問)을 하고서 제 1인(人)으로 발탁(拔擢)을 하고, 선교랑(宣敎郞) 집현전 부수찬(集賢殿副修撰)에 특별히 제수하여, 수찬(修撰)·교리(校理)·직전(直殿)을 역임(歷任)시켰다. 정묘년에 중시(重試)에 합격하여 직제학(直提學)에 승진이 되었다. 경태(景泰) 경오년에 문종(文宗)이 즉위(卽位)하고선 좌사간대부(左司諫大夫)에 제수(除授)되고, 신미년에 부제학(副提學)에 승진되고, 임신년에 동부승지(同副承旨)에 제수되었다가 이어 좌부승지(左副承旨)에 전보(轉補)되었다. 계유년에 세조(世祖)가 정란(靖亂)을 할 때에 최항이 마침 정원(政院)에 숙직(宿直)을 하였으므로, 공신(功臣)에 참여(參與)하게 되어, 도승지(都承旨)에 승진이 되고, 수충 위사 협찬 정란공신(輸忠衛社協贊靖亂功臣)의 호(號)를 받았다. 갑술년에 가선 대부(嘉善大夫) 이조 참판(吏曹參判)에다 영성군(寧城君)에 봉(封)해졌고, 을해년에 대사헌(大司憲)이 되었다. 세조가 즉위(卽位)하고서는 좌익공신(佐翼功臣)의 호가 내려졌다. 천순(天順) 정축년에 가정대부(嘉靖大夫) 호조 참판(戶曹參判)에서 곧이어 이조 참판(吏曹參判)이 되었으며, 무인년에 자헌대부(資憲大夫) 형조 판서(刑曹判書)가 되었다가 이어 공조 판서(工曹判書)가 되었다. 그 해 겨울에 모친(母親)의 상(喪)을 당하였는데, 기묘년에 기복(起復)되어 정헌대부 중추원사(中樞院使) 예문관 대제학(藝文館大提學) 겸 성균관 대사성(成均館大司成)이 되었다. 이는 문형(文衡)을 담당하는 직인데, 최항이 세 번이나 상서(上書)하여 3년상(三年喪)을 마치게 해달라고 요청하였으나 허락하지 아니하였다. 경진년에 숭정대부(崇政大夫) 이조 판서(吏曹判書)에 올랐으며, 계미년에 의정부 우참찬(議政府右參贊)에 제수(除授)되고, 이어 좌참찬(左參贊)에 전임(轉任)되었다. 성화(成化) 병술년에 숭록대부(崇祿大夫)에 승진이 되어 병조 판서(兵曹判書)의 일까지 겸임(兼任)을 하고, 이어 보국숭록대부(輔國崇祿大夫) 좌찬성(左贊成)에 승진이

되었다. 정해년에 대광보국(大匡輔國) 우의정(右議政)에서 영의정(領議政)으로 전임 (轉任)이 되었다가 얼마 안 가서 또다시 영성군(寧城君)으로 봉해졌다가, 경인년 에 부원군(府院君)으로 다시 봉해졌다. 신묘년에 순성 명량 경제 홍화 좌리공 신(純誠明亮經濟弘化佐理功臣)의 호를 내리고, 다시 의정부 좌의정(議政府左議政)에 제수 되었으며, 이때에 이르러 졸(卒)하니 나이가 66세이다. 문정(文靖)이라고 시호 (諡號)하니 '도덕(道德)이 높고 박학다문(博學多聞)한 것을 문(文)이라 하고, 몸가짐 을 공손히 하고 말이 적은 것을 정(靖)이라 한다.

최항의 사람됨은 겸손하고 조심성 있고 말이 적은데다가, 비록 한더위라 도 의관(衣冠)을 정제(整齊)하고 무릎을 모으고 꿇어앉아 온종일 게으른 표정 이 없었으며, 학문(學問)을 좋아하고 기억력이 좋았다. 문장(文章)으로는 대우 (對偶)에 능하여 한때의 표문(表文)과 전문(箋文)은 모두 그의 손에서 나왔다. 그 래서 중국(中國) 조정(朝廷)에서까지도 정절(精切)하다고 평을 하였으며, 세조(世 祖)·예종(睿宗)의 《실록(實錄)》과 《무정보감(武定寶鑑)》·《경국대전(經國大典)》 은 모두 그가 찬정(撰定)한 것이다. 그의 호(號)는 태허정(太虛亭)이며, 유집(遺集) 이 세상에 전(傳)한다. 최항은 어떤 일에 임(臨)해서는 과단성 있게 재결(裁決) 함이 적었다. 전조(銓曹)의 장(長)이 되고 상위(相位)에 있을 때에도, 건백(建白)한 것은 하나도 없고 그대로 의위(依違)할 뿐이었다. 세조(世祖)가 일찍이 훈구 대 신(勳舊大臣)들과 시비(是非)를 논란(論難)하면서 그의 뜻을 관찰하려고, 최항에게 묻기를,

"내가 어떤 일을 하기 위하여 어떤 법을 제정하려 하고, 남쪽과 북쪽도 정벌(征伐)하려고 하는데, 가능한가?"

하니 최항은 옳고 그름과 쉽고 어려움도 계산해 보지 않고서 고개를 숙이 고 몸을 움츠리며 조심성 있게 대답하기를,

"옳습니다."

하였다. 임금이 두 번 최항에게 물으니, 다시 대답하는 말도,

"옳습니다."

라고만 하였다. 이보다 앞서서는 문형(文衡)을 맡은 자로서 의정(議政)에 제수

(除授)가 되면 반드시 사양을 하였었는데, 최항은 의정에 제수되었을 때에 그대로 받으면서 사양을 하지 않으니, 그 당시의 여론이 그러한 점을 비난하였다. 그의 아내는 서씨(徐氏)인데, 성질이 사나왔으며, 가정일은 모두가 서씨가 하자는 대로 했고, 마음대로 할 수가 없었다. 최항은 딸이 많았는데, 사위를 선택함에 있어서, 부자 사람만 취택하고 인품(人品)은 논(論)하지 않았으므로 대다수가 어리석은 자들이었다. 최항이 일찍이 탄식하기를,

   "우리 집은 활인원(活人院)이다."

하였는데, 그것은 병신만 모였다는 뜻이었다. 기채(奇采)라는 자가 있었는데, 그는 최항의 친구의 사위인, 이배륜(李培倫)이란 자의 사위였다. 그 기채에겐 딸만 하나 있었다. 그 딸이 정효상(鄭孝常)의 집안으로 시집을 갔는데, 부유(富裕)하게 잘살자 최항은 그 부(富)를 탐하여 근족(近族)임도 혐의하지 않고 그의 딸을 데려다가 아들 최영호(崔永灝)의 아내를 삼으니, 온 조정(朝廷)에서 비난을 하였다. 최항의 아들은 최영린(崔永潾)과 최영호(崔永灝)인데, 최영린은 과거에 급제하여 형조 참의(刑曹參議)가 되었다. 그런데 성품이 잔악하고 혹독하여 비록 처로(妻孥)들이라도 형편없이 학대하였다.

참고문헌

〈국조인물고 : 비명. 서거정 지음〉, 〈다음백과사전〉, 〈세종실록〉, 〈문종실록〉, 〈단종실록〉, 〈세조실록〉, 〈예종실록〉, 〈성종실록〉, 〈삭녕최씨세보〉

조석문(曺錫文)

본관은 창녕이고 처음 이름은 석문(碩門)이었으나 뒤에 석문(錫文)으로 바꾸었다. 자는 순보(順甫)이고 시호는 충간(忠簡)이다. 태종 13(1413)년에 태어나서 성종 8(1477)년에 죽었다.

🔷 재임기간

세조 13(1467)년 12얼 12일[145] ─ 세조 14(1468)년 7월 17일[146] ※ 후임 이준

🔷 가문

아버지는 전라도 관찰사 항(沆)이고 할아버지는 밀직부사 상호군 경수(敬修)이다. 경수는 고려말 좌시중을 역임한 조민수 장군의 아우이다. 증조부는 판전의시사 우희(遇禧)이고 고조부는 찬성사 원계(元桂)다. 조상들은 5대에 걸친 소감과 8대에 걸친 평장사를 배출했는데 5대조는 소감 인취(仁取)이고 6대조는 소감 준(俊)이며 7대조는 소감 송무(松茂)이고 8대조는 소감 우(瑀)이며 9대조도 소감 대재(大才)로 5대 연속 소감을 지냈다. 10대조는 문하시랑평장사 자기(自奇)이고 11대조는 문하시랑평장사 의문(義文)이며 12대조는 문하시랑평장사 중룡(仲龍)이고 13대조는 문하시랑평장사 정린(正鱗)이며 14대조는 문하시랑평장사 사전(思佺)이고 15대조는 문하시랑평장사 지현(之賢)이며 16대조는 문하시랑평장사 한지(漢知)이고 17대조도 문하시랑평장사 연우(延祐)로 8대에 걸쳐 연속해서 문하시랑평장사를 지냈다. 18대조는 형부 원외랑 서(瑞)이고 19대조는 대낙서승 겸(謙)이다. 겸은 고려 태조와 제2비인 신덕왕후 사이에 태어난 덕흥공주(德興公主)와 결혼했다. 20대조는 아간시중 흠(欽)이고 21대조는 복주밀금도단련사 돈(敦)이며 22대조는 동각사인 수형(壽亨)이고 23대조는 응신(應神)이며 24대조는 창녕조씨의 시조인 태사 계룡(繼龍)이다. 계룡은

---

145) 조석문을 영의정으로 홍달손을 좌의정으로 최항을 영성군으로 …
146) 귀성군 이준을 영의정으로 김질을 우의정으로 조석문을 창녕군 겸 호조 판서 오위도총부 도총관으로 …

진평왕의 사위로 창성부원군에 봉해졌다.

장인은 초배가 순흥인 좌참찬 안숭선(安崇善)이고 처할아버지는 대제학 안순(安純)이다. 계배는 평강인 좌군섭 사정 채하정(蔡河禎)이며 외할아버지는 여흥인 지사간원사 민설(閔渫)이다.

초배에서는 아들이 없고 계배에서 1남 헌(憲)을 두었는데 첨지중추부사를 역임했고 2남이 다수(多壽)이며 3남이 의(義)인데 사과이다. 손자는 헌의 아들이 수원(守元)인데 아들이 없고 다수의 아들이 수형(守亨)인데 군자감 판사를 역임했고 수형의 아들 심(沈)이 과천 현감을 역임했다. <창녕조씨세보> 갑자보(1924)에 의하면 제사는 적장손 정(頲)이 지낸다고 기록되어 있다. 측실에서 4남 3녀를 두었다.

방계는 증조부 원계가 아들 셋을 두었는데 1남이 문하좌시중을 지내고 이성계와 위화도회군을 한 민수(敏修)이고 2남이 경상도 병마도절제사 익수(益修)이며 3남이 석문의 할아버지 밀직부사 상호군 경수(敬修)이다. 경수가 아들 셋을 두었는데 1남은 대호군 혼(渾)이고 2남은 석문의 아버지인 전라도 관찰사 항(沆)이며 3남은 산원 심(深)이다. 혼의 아들은 효문(孝門)인데 예조 참판을 역임하고 좌익공신에 오른 성도공이다. 심이 아들 둘을 두었는데 1남이 선무랑 승중(承重)이고 2남이 울진 현령 계문(繼門)이다. 계문의 아들이 호조 참판을 역임하고 <만분가>를 지은 매계(梅溪) 위(偉)이고 사위가 점필재 김종직(金宗直)이다.

🎁 생애

> 이준의 부사로 이시애의 난에서 병마부총사로 출전하여 반란군을 토벌하고 남이옥사를 다스렸다. 과거를 맡아 인재를 잘 뽑았으며 노사신과 함께 <북정록>을 편찬했다.

세종 14(1432)년 20세에 사마시에 합격하고 세종 16(1434)년 알성문과에 급제하고 그 해에 세자좌정자로 관직에 들어와서 세자우사경에 임명되었다. 세종 17년에 세자좌사경에 임명되고 이어서 집현전 부수찬・봉상시 주부에 임명되었다. 세종 18년에 사간원 우정언을 역임하고 이어서 형조 좌랑·종부시 판관·성균관 직강을 거쳐 세종 24년에 이조 정랑에 임명되었다. 세종 25(1443)년 여름에 어머니 상을 당하여 시묘했다. 복을 마치자 예조 정랑에 제수되었는데 작은 죄에 걸려 파직되자 장단으로 들어갔다. 세종 28(1446)년 소헌왕후가 승하하자 돌아오게 하여 산릉의 일을 다스리게 하고 일이 끝나자 형조 정랑으로 제수되었으나 다시 면직되었다. 이때 정인지에게 명하여 남쪽 지방을 순행할 때 막료로 충원되었다. 돌아오자 예조 정랑에 임명되었으나 사양하고 장단으로 들어가서 모후를 봉양했다. 그 뒤에 안산군사에 임명되었고 세종 31년에 의금부 도사에 임명되었다.

문종 1(1451)년에 안산군사에 임명되었다.

단종 3(1455)년에 세조가 섭정하면서 특명으로 홍주 목사를 삼으니 치효를 잘해서 대호군 겸 지형조사에 임명되었다.

세조 1(1455)년에 동부승지로 있었는데 동부승지로 세조가 왕위에 오르는 데에 가담함으로써 좌익공신 3등[147]에 녹훈되고 우부승지로 승진하였다. 세조 2년에는 좌부승지·우부승지·우승지·좌승지를 역임하였고 세조 3년에 우승지와 좌승지를 거쳐 도승지에 올랐다. 세조 5년에 이조 참판에 임명되었는데 조선이 여진족에게 관직을 수여한 것이 명나라와 외교적 문제로 비화하자 이를 해결하기 위하여 주문사로 명나라에 다녀왔다. 다녀와서 호조 참판 창녕군이 되었다가 호조 판서로 승차하여 세조 7(1461)년에는 호조 판서로 총중외탁지사를 겸했다. 세조 10(1464)년 부친의 상을 당했다. 세조 12(1466)년 복이 끝나자 의정부 우찬성에 임명되어 호조 판서를 겸했다. 세조 13년에는 우찬성으로 경상도 도체찰사에 제수되어 순행하고 돌아와서 의정부 좌찬성에 임명되었다. 이 때에 이시애난이 일어나자 구성군 이준이 4도병마도총사가 되고 조석문이 부사가 되어 이시애의 난을 토벌하였다. 이시애의 난을 토벌한 공으로 적개공신 1등에 책록되고 좌의정을 거쳐 영

---

147) 추충좌익공신

의정으로 승차하였다. 세조 14(1468)년에 영의정 겸 호조 판서로 있으면서 왕의 명에 따라 노사신과 함께 세조 6(1460)년에 모련위의 여진족을 정벌한 <북정록>을 편찬하였으며 영의정에서 물러나 창녕군 겸 호조 판서 오위도 총부 도총관에 임명되었다.

예종이 즉위(1468)하자 원상으로 겸 호조 판서가 되었으며 남이·강순·조경치의 옥사를 다스려 정난익대공신 3등에 책록되었다.[148]

성종이 즉위(1469)하자 원상으로 참여하면서 대광보국숭록대부 의정부 좌의정 겸 호조 판서로 국정을 이끌었다. 성종 2(1471)년 성종 임금을 잘 보좌했다 하여 좌리공신 1등[149]에 녹훈됨으로 네 번째 공신에 책록되었다. 성종 7(1471)년 다시 좌의정에 제수했는데 가을에 병으로 관직에서 물러나 창녕부원군이 되고 성종 8(1477)년에 영중추부사가 되었는데 8월에 설사병인 이질에 걸려 향년 65세로 죽었다. 과거를 세 번이나 맡아 뛰어난 인재를 잘 뽑았으며 세조의 신임을 받아 내실에서 국정을 논하는가 하면 때로는 어포를 벗어주기도 하는 등 극진한 사랑을 받은 것으로 알려졌다. 노사신과 함께 <북정록>을 찬정했다.

<성종실록> 성종 8년 8월 5일 두 번째 기사에 '영중추부사 조석문의 졸기'가 있다.

🎁 평가

영중추부사 조석문의 졸기

……

조석문의 자(字)는 순보(順甫)이고, 창녕(昌寧) 사람인데, 관찰사(觀察使) 조항(曹沆)의 아들이었다. 어려서 힘써 배워 생원시(生員試)에 합격하고, 선덕(宣德) 갑인년에 세종(世宗)이 성균관에 거동하여 선비를 책문(策問)하는 데 뽑히어 제2

---

148) 추충정난익대공신
149) 순성명량경제홍화좌리공신

등이 되고, 세자 좌정자(世子左正字)에 제수되었다. 집현전 부수찬(集賢殿副修撰)과 사간원 정언(司諫院正言), 이조(吏曹)·형조(刑曹)·예조(禮曹)의 정랑(正郎)을 역임하고, 얼마 안 되어 어머니가 늙어서 사직하고 장단(長湍)에서 살았다. 조정에서 그 재주를 아끼어 기복(起復)시켜 안산 군사(安山郡事)를 삼으니, 치적이 한 도(道)에서 가장 우수하였다. 세조(世祖)가 이것을 듣고 홍주목(洪州牧)에 보냈으며, 특별히 명하여 옮겨서 제수할 때에, 제도(諸道)의 감사(監司)에게, '특이하게 정사를 한 자를 천거하라.'고 명하니, 감사가, '조석문이 공정(公正)하고 염간(廉簡)하여, 관리가 두려워하고 백성이 사모하여 따른다.'고 천거하니, 특별히 상호군(上護軍) 지형조사(知刑曹事)로 올렸으며, 얼마 후에 탁용되어 동부승지(同副承旨)가 되었다. 세조(世祖)가 즉위하자, 훈공(勳功)을 기록하고 추충 좌익 공신(推忠佐翼功臣)의 호(號)를 내리고, 벼슬을 옮기어 도승지(都承旨)에 이르렀다. 천순(天順) 기묘년에, <중국> 황제(皇帝)가 우리나라에서 사사로이 야인(野人)에게 벼슬을 준다고 하여 사신을 보내어서 책유(責諭)하니, 세조(世祖)가 사신으로 갈 만한 자를 뽑을 때, 조석문에게 이조 참판(吏曹參判)을 제수하고 창녕군(昌寧君)을 봉하여 주문사(奏聞使)로 세워, 사신을 따라가서 회주(回奏)하게 하고, 돌아와서는 호조 참판(戶曹參判)을 제수하였는데, 곧 승급하여 판서(判書)가 되었다. 병술년에 의정부 우찬성 겸 판호조(議政府右贊成兼判戶曹)를 제수하고 서대(犀帶)를 하사하였으며, 또 부진헌(浮塵軒)의 소전(小篆)을 주어서 총애함을 보였다. 정해년에 길주(吉州) 사람 이시애(李施愛)가 모반하니, 세조(世祖)가 명하여 귀성군(龜城君) 준(浚)을 병마 도총사(兵馬都摠使)로 삼고, 조석문을 부사(副使)로 삼아, 제도(諸道)의 군사를 거느리고 가서 토벌하게 하니, 모든 군사가 진군하여 홍원(洪原)에 머물고, 조석문은 정졸(精卒)을 뽑아서 스스로 지키며 함흥(咸興)에 머물러 발병하지 않고, 하나도 지휘함이 없었다. 군관(軍官) 남이(南怡) 등이 분연히 이르기를,

"조정에서 장사(壯士)를 기른 것은 바로 오늘을 위함인데, 여기에 머물러서 무엇을 하겠는가? 우리가 먼저 나아갈 것을 청한다."

하여, 조석문이 부득이하여 보냈고, 진북 장군(鎭北將軍) 강순(康純)이 무리에게

이르기를,

"도총사(都摠使)는 나이가 어리고, 부총사(副摠使)도 또한 선비로서 전진(戰陣)을 익히지 않아, 두려워하고 겁만 먹으니, 이와 같이 하고서야 어찌 대사를 이루겠는가? 우리들 제장(諸將)이 다른 주장(主將)을 계청(啓請)하는 것이 어떻겠는가?"

하니, 혹은 말하기를,

"전진(戰陣)에 임하여 장수를 바꾸는 것은 병가(兵家)에서 꺼리는 것이니, 어찌 그렇게 할 수 있는가?"

하였다. 돌아올 때 미쳐서는 승진하여 좌의정(左議政)을 배수하고 정충 출기포의 적개 공신(精忠出氣布義敵愾功臣)의 호를 주었다. 당시에 군공(軍功)의 높고 낮은 것이 모두 조석문에게서 나왔으므로, 장사(將士)들이 그 불공평함을 분히 여기고 상서(上書)하여 진소(陳訴)하는 자가 매우 많았었는데, 세조(世祖)께서는 조석문이 새로 큰 공을 세웠다 하여 모두 묻지 않았다. 군관(軍官) 박식(朴埴)은 조석문의 족속(族屬)으로서 병을 칭탁하고 함흥(咸興)에 누워 있었는데, 마침내 공신의 반열에 참여하였으므로, 어떤 사람이 시(詩)를 지어 조롱하기를,

"함양(咸陽)의 꽃 아래에서 잠에 취하였던 손이, 조패(曹霸)가 단청(丹靑)하여 제 1등 공신이 되었네[咸陽花下醉眠客 曹霸丹靑第一功]."

하였다. 얼마 뒤에 영의정(領議政)에 오르고, 예종(睿宗)이 즉위하자, 남이(南怡)가 모역하여 복주(伏誅)되고, 정난 익대 공신(定難翼戴功臣)의 호(號)를 내리고, 성종(成宗)이 즉위함에 미쳐서 순성 명량 경제 홍화 좌리공신(純誠明亮經濟弘化佐理功臣)의 호를 주었다. 병신년 여름에 다시 좌의정(左議政)을 배수하고, 가을에 병으로 사면하니, 창녕 부원군(昌寧府院君)을 봉하였으며, 정유년 봄에 영중추부사(領中樞府事)에 옮겼다가, 이때에 이르러 졸(卒)하니, 나이는 65세이다. 시호(諡號)가 충간(忠簡)이니, 몸이 위태로우면서 임금을 받든 것을 '충(忠)'이라 하고, 평이(平易)하고 게으르지 않은 것을 '간(簡)'이라 하였다. 조석문은 성품이 자세히 살피고 재물을 잘 다스리었으므로, 세조께서 호조(戶曹)의 일을 위임하니, 모든 세금을 받는 이로움과 저축[蓄積]의 귀(貴)한 것은 그가 건의[建白]한 것이

많았다. 세조가 일찍이 조석문에게 이르기를,

"호조(戶曹)의 계차(啓箚)는 다만 경의 이름만 있으면 내가 다시 살펴보지 않겠다."

하였다. 조석문의 어머니가 늙어서, 특별히 잔치를 그 집에 내리고, 종친(宗親)과 대신(大臣)에게 명하여 잔치에 참여하게 하여서 영화롭게 하였으나, 조석문은 아첨하여 남의 마음에 들도록 잘 하고, 임금의 뜻을 잘 맞추어서, 사람들이 이를 기롱하였다.

사신(史臣)이 논평하기를, "조석문은 천성이 사특(邪慝)하여 말솜씨로써 발라맞추고, 항상 자제들에게 가르치기를, '남아(男兒)가 임금의 뜻을 얻어 높은 지위를 취하려면 꾀가 없어서는 안 된다.'고 하고, 항상 집 뒤에 단(壇)을 쌓고 하늘에 절하면서 수복(壽福)을 빌었으니, 그 요사[妖惑]함이 이와 같았다." 하였다.

▶ 참고문헌

〈국조인물고 : 비명. 이승소(李承召) 지음〉, 〈다음백과사전〉, 〈세종실록〉, 〈문종실록〉, 〈단종실록〉, 〈세조실록〉, 〈예종실록〉, 〈성종실록〉, 〈창녕조씨세보〉

강 순(康純)

본관은 신천이고 자는 태초(太初)이며 시호는 장민(莊敏)이다. 공양왕 2(1390)년
에 태어나서 예종 즉위(1468)년에 죽었다.

🏷 재임기간

강순에 대한 영의정 기록은 <세조실록>이나 <예종실록>에 나오지 않
는다. 그러나 <고종실록>에 영의정으로 기록되어 있고, <신천강씨세보>
에도 영의정으로 기록되어 있다. 또 모든 인명사전에 영의정으로 기록되어
있다. 그러나 임명 날짜나 퇴임 날짜는 기록되어 있지 않다. 다만 야사에
남이가 죽으며 한 말을 보면 남이옥사가 있던 날은 영의정으로 있었을 것
이란 추측만 가능하게 한다.

🏷 가문

아버지는 진행(鎭行)이고 할아버지는 득룡(得龍)인데 공민왕 때 문과 급제하
여 삼사우사를 지내고 이성계가 조선을 건국하자 연주암에서 송도(개성)를
바라보며 고려의 멸망을 애도하였다 한다. 태조 때 좌리공신에 녹훈되고 안
릉부원군에 봉해졌으며 첨의정승에 추증되었다. 시호는 안정(安靖)이다. 증조
부는 판삼사사·문하찬성사 윤성(允成)이다. 윤성은 태조의 2비인 신덕왕후
의 친정아버지로 무안대군 방번(芳蕃)·의안대군 방석(芳碩)·경순공주의 외할
아버지로 2차 왕자의 난으로 가족이 거의 몰살되어 멸망하였다. 고조부는
상호군 서(庶)이다. 5대조는 우정승 숙재(淑材)이고 6대조는 찬성사·상산부원
군 득함(得鹹)이며 7대조는 신원부원군 원(遠)이고 8대조는 집현전 전한 부전
(富傳)이다. 9대조는 문하시중·신성부원군 지연(之淵)이고 10대조는 문하좌참
찬 시필(時弼)이며 11대조는 전법판서 만성(萬成)이고 12대조는 종사랑 유(瑜)
다. 13대조는 판도판서 삼욱(參郁)이고 14대조는 종사랑 돈순(敦順)이며 15대
조는 이부상서 억(億)이고 16대조는 형부상서 태주(泰周)다. 17대조는 우정승

연창(衍昌)이고 18대조는 대장군 만루(萬嶁)이며 19대조는 좌정승 순산(淳山)이고 20대조는 문하태학사 보전(寶甸)이다. 21대조는 아간 충(忠)이고 22대조는 신천강씨의 시조 성골장군 호경(虎景)이다.

장인은 전주인 병조 참의를 역임한 이확이고 외할아버지는 강은(姜闇)이다.

1남은 공이(孔伊)이고 2남은 석손(碩孫)이다. 옥사사건 이후 가족 대부분은 노비가 되었으나 공이는 고모가 명나라 영종의 후궁이기 때문에 연좌되지 않았다.

🧊 생애

> 이성계의 계비 신덕왕후의 친정 혈족으로 이시애의 난을 토벌하고, 건주위를 토벌하여 이만주를 죽이는 등 북벌에 공이 컸다. 유자광의 모함으로 시작된 남이옥사에서 누명을 쓰고 거열형을 당하고 가족은 노비로 전락되었다. 고종 때 남공철의 건의로 신원·복관되었다.

음보로 무과에 등용되었다. 세종 25(1443)년 제주도 지대정현사로 있을 때 왜선 한 척을 만나서 두 사람을 쏘아 죽이고 아홉 명을 사로잡았으며 세종 26(1444)년 대정면 요고 천호로 있으면서 왜선을 만나 군사 2명을 쏘아 죽이고 괴수 소애(蘇崖) 등 49명을 사로잡았다.

문종 즉위(1450)년 판군기감사를 역임하고 첨지중추원사로 있다가 평안도 조전절제사가 되어 평안도 박천을 지켰으며 문종 1(1451)년 황해도 조전절제사를 역임하고 다시 첨지중추원사가 되었다. 단종 2(1454)년 회령 도호부사가 되었다.

세조 2(1456)년 판의주 목사·판회령 부사를 역임하고 세조 4년 첨지중추원사로 복귀하여 중추원 부사를 역임했다. 세조 5(1459)년 행첨지중추원사로 사은사가 되어 명나라에 다녀왔고 세조 6년 판길주 목사가 되었으며 영북진 도호부사로 신숙주와 야인을 토벌했고 그 공으로 자의대부 종성 절제사가 되고 판영북진 도호부사가 되었다. 세조 7(1461)년 함길도 도절제사가 되었고 세조 11(1465)년 지중추원사가 되었는데 이때 이시애의 난이 발발하자 진북장군이 되어 평안도 군사를 이끌고 어유소(魚有沼)·남이(南怡) 등과 함께 홍원·북청·만령 등에서 이시애의 난을 평정했다. 그 공으로 세조 13(1467)년 정충출기포의적개공신 1등이 되고 산양군에 봉해졌으며 우의정으로 승진했다. 같은 해에 서정장군이 되어 남이·어유소와 함께 압록강을 건너 건주위 동북쪽 파저강 올미부의 여러 곳을 정벌하고 이만주를 죽였으며 이 공으로 2자급 뛰어올라 신천부원군에 봉해지고 영의정에 올라 오위도총부 도총관이 되었다.

예종 즉위(1468)년 유자광의 모함으로 남이 옥사에 연루되어 거열형을 당하고 7일 동안 효수하고 가족은 노비로 전락하였다. 이때 아들 공이(孔㐨)는 연좌하지 말라는 특명으로 살아남았는데 공이가 면죄된 이유는 공이의 고모뻘 되는 친척이 명나라 영종의 아들 성화제의 태비인 까닭이었다.

순조 18(1818)년 우의정 남공철의 건의로 누명을 벗고 관작이 회복되었으며, 고종 8(1871)년에 장민(莊敏)이라는 시호가 내려졌다.

참고문헌

〈세종실록〉, 〈문종실록〉, 〈세조실록〉, 〈예종실록〉, 〈순조실록〉, 〈다음백과사전〉, 〈신천강씨세보〉, 〈곡산강씨파보〉

이 준(李浚)

본관은 전주인데 세종의 4남 임영대군의 둘째 아들로 태어난 구성군(龜城君)이다. 자는 자청(子淸)이고 시호는 충무(忠武)이다. 세종 23(1441)년에 태어나서 성종 7(1479)년 유배지인 영덕에서 죽었다.

재임기간

세조 14(1468)년 7월 17일[150] – 세조 14(1468)년 12월 20일[151] ※ 후임 박원형

가문

아버지는 세종의 4남인 임영대군 이구(李璆)이고 할아버지는 세종이며 증조부는 태종이고 고조부는 태조이다.

장인은 청주인 청천부원군 좌의정 한백륜(韓伯倫)이고 외할아버지는 전주인 최승녕(崔承寧)이다. 임영대군에게는 세 명의 부인이 있었는데 정부인은 군부인 의령남씨로 우의정 남지(南智)의 딸인데 아들이 없었다. 제2계비는 부부인 안동 김씨이다. 제3계비는 제안부부인 전주최씨이다. 임영대군과 제안부부인 전주최씨 사이에서 아들 다섯과 딸 둘을 두었다. 1남이 오산군(烏山君) 주(澍)이고 2남이 구성군[152] 준(浚)이며 3남은 정양군(定陽君) 순(淳)이고 4남이 팔계군(八溪君) 정(淨)이며 5남이 환성군(歡城君) 징(澄)이다. 1녀는 중모현주(中牟縣主)로 영의정 신승선의 아내이고 2녀는 청하현주(淸河縣主)로 순흥인 형조 참판 안우건(安友騫)의 아내이다.

측실에서 4남 5녀를 두었는데 1남은 영양군(英陽君) 함(涵)이고 2남은 단계부정(丹溪副正) 린(潾)이며 3남은 윤산군(輪山君) 익(瀷)이고 4남은 옥천군(玉泉君) 옥(沃)이다. 1녀는 의성인 참봉 김풍공(金豊公)과 결혼했고 2녀는 전윤식(田允植)과 결혼했으며 3녀는 안동인 권형(權衡)과 결혼했다. 4녀는 여흥인 민영(閔瑛)과

---

150) 귀성군 이준을 영의정으로 김질을 우의정으로 …
151) 박원형을 영의정으로 김질을 좌의정으로 윤사분을 우의정으로 …
152) <전주이씨 임영대군 정간공파 대동보>에는 귀성군으로 기록되어 있다.

결혼했고 5녀는 김맹손(金孟孫)과 결혼했다.

후사가 없었는데 1854년 철종의 특명으로 정양군 순의 11세손 해상(海尙)을 봉사손으로 하고 1900년 고종께서 부조지전(不祧之典)을 베풀고 충무공(忠武公)이라는 시호를 내렸다.

🎁 생애

> 세종의 4남 임영대군의 둘째 아들로 이시애의 난을 평정하고 28세에 영의정에 올랐으나 최세호가 왕의 재목이라고 말함에 따라 정인지 등이 문제 삼아 영해에 안치시켰으며 적소에서 39세로 죽었다.

세조 12(1466)년 등준시 무과에서 갑과로 급제하고 세조 13(1467)년 오위도총관이 되었다. 이 해에 이시애의 난이 발생하자 함길도 강원도 평안도 황해도 4도병마도총사로 남이·조석문과 함께 이시애 난에 참전하여 이시애 무리를 대파했다. 돌아와서 병조 판서에 임명되고 오위도총부 도총관을 겸했다. 청천부원군 한백륜의 딸에 장가들었다. 한백륜은 예종의 계비인 안순왕후(安順王后)의 아버지이며 제안대군의 외할아버지이다. 세조 14(1468)년 28세의 나이로 영의정에 임명되었다.

예종 즉위(1468)년 큰아버지인 세조가 죽고 사촌 동생이자 손위 동서인 예종이 즉위하자 영의정으로 잠시 섭정했고 남이의 옥사를 다스린 공으로 정난익대공신에 올라 정충출기포의적개보사정난익대공신 현록대부 의정부 영의정 구성군이란 작호를 받았다. 예종 1(1469)년 1월 아버지인 임영대군이 죽자 부친상을 치르기 위해 영의정에서 물러났다.

성종 1(1470)년 최세호·권맹희가 구성군이 왕의 재목이라고 했고 이 말이 생원 김윤생을 통해 정인지에게 전해졌다. 그러자 정인지가 이를 문제 삼아 역모로 엮어서 1월 14일 최세호와 권맹희는 죽임을 당하고, 구성군은 경상도 영해에 안치되었다가 성종 10(1479)년 39세에 죽었다.

구성군이 죽자 족친을 시켜 장사 지내고 물품을 내리라 하였으나 우승지

이경동의 말에 따라 자손을 서인으로 만들고 적소에 묻게 했다. 한동안 복관되지 못했으나 숙종 때의 영의정 김수항을 비롯한 대신들에 의해 복관되었고, 고종 9(1872)년 종친들의 건의로 무안대군 방번(芳蕃)의 현손인 회원군(會原君) 쟁(崢)으로 대를 잇게 하였으며 시호가 내려졌다.

<성종실록> 성종 10(1479)년 1월 28일자 첫 번째 기사에 '귀성군 이준의 졸기'가 있다.

🎁 평가

귀성군 이준의 졸기

영해(寧海)에 안치(安置)된 이준(李浚)이 죽으니, 명하여 쌀·콩 각 10석(碩), 종이[紙] 40권(卷)을 내려 주게 하였다.

참고문헌

〈다음백과사전〉, 〈세조실록〉, 〈예종실록〉, 〈성종실록〉, 〈전주이씨 임영대군 정간공파 대동보〉, 〈임영대군파보〉

박원형(朴元亨)

본관은 죽산이고 자는 지구(之衢)이며 호는 만절당(晩節堂)이고 시호는 문헌(文憲)이다. 태종 11(1411)년에 태어나서 예종 1(1469)년에 죽었다.

🟦 재임기간

예종 즉위(1468)년 12월 20일[153] - 예종 1(1469)년 1월 22일[154] ※ 후임 한명회

🟦 가문

아버지는 병조 참의 고(翺)인데 연흥군에 봉해졌고 할아버지는 판한성 부사 영충(永忠)인데 이성계의 우군을 역임했다. 증조부는 문선(文庇)이고 고조부 원(遠)은 정당문학・예문관 대제학을 역임했다. 5대조는 고려 충숙왕 때 수첨의정승 예문관 대제학 전지(全之)이고 6대조는 전법 판서 휘(輝)이며 7대조는 문하성기거랑 지제고 익정(益旌)이며 8대조는 병부상서시랑 겸 삼사부사 현구(玹球)이다. 9대조는 녹사 조개(肇開)이고 10대조는 태부시소경 정혁(挺奕)이며 11대조는 호부상서 판삼사사 영후(永候)이고 12대조는 장작감 형(衡)이다. 13대조는 군기감 온유(溫裕)이고 14대조는 문하시랑평장사 충숙(忠淑)이며 15대조는 추밀원사 술(述)이고 16대조는 태보 기오(奇悟)이다. 17대조는 죽산박씨의 시조인 죽성대군 언립(彦立)인데 경애왕의 아들이다.

장인은 단양인 직장 우승원(禹承援)이고 외할아버지는 양성인 판사복시사 이한(李澣)이다.

2남 4녀를 두었는데 1남 안명(安命)은 내자시 부정을 지냈으나 일찍 죽었다. 2남 안성(安性)은 호조 판서・예조 판서・공조 판서・좌찬성・영중추부사를 역임하고 정안군(靖安君)에 봉해졌다. 안명은 아들 둘을 두었는데 1남 수간(守幹)은 종사랑이고 2남은 수근(守根)이다. 1녀는 내섬시 주부 최옥윤(崔玉

---

153) 박원형을 영의정으로 김질을 좌의정으로 윤사분을 우의정으로 …
154) 영의정 박원형이 졸하였다.

潤과 결혼했고 2녀는 훈련원정 윤효손(尹孝孫)과 결혼했으며 3녀는 군기시 주부 권은영(權恩榮)과 결혼했고 4녀는 장흥고 봉사 조승정(趙承廷)과 결혼했다.

🎁 생애

> 계유정난에 참여하고 이시애의 난이 발생하자 함길도 존무사로 백성을 존무했으며 남이옥사를 다스렸다.

세종 14(1432)년 사마시에 합격하고 성균관에 유학했다. 세종 16(1434)년 알성문과에 급제하고 예빈시 직장에 임명되었다가 도염 서령에 전임되었다. 세종 18(1436)년 아버지의 상을 당하고 아우 원정(元貞)과 3년간 시묘했다. 세종 20년 상을 마치고 의금부 도사에 임명되었고 세종 21년 사헌부 감찰로 정조사의 서장관으로 연경에 다녀왔다. 세종 22(1440)년 승문원 부교리에 승진하고 세종 23년 병조 좌랑으로 옮겼다. 세종 24년 승훈랑으로 승진되었고 세종 25년 전라도 경차관으로 파견되었으며 세종 27년 이조 정랑으로 전직되었다가 다시 사복시 판관으로 임명되어 봉훈랑으로 승진되었다. 세종 28년 사복시 판관에 임명되었고 세종 29(1447)년 사복시 소윤과 지제교를 역임하고 승진하여 조봉대부에 이르렀다.

문종 즉위(1450)년 충청도 경차관으로 파견되었다 돌아와 사복시 윤을 지내고 위의장군 대호군·지사간원사를 역임하고 좌승지에 임명되어 지형조사를 겸했으며 문종 1(1451)년 사가독서 했다.

단종 즉위(1452)년 지사간원사를 겸했고 단종 1(1453)년 판사복시사·사복소윤·우부승지·동부승지·우부승지·좌부승지를 역임했다. 계유정난에 참여했으며 단종 2년 우부승지·좌부승지를 역임했다.

세조 1(1455)년 좌승지에 임명되어 좌익공신 3등[155]에 녹훈되고 도승지로 승진했다. 세조 2년 이조 참판으로 세자빈객을 역임하고 세조 3(1457)년 호

---

155) 추충좌익공신

조 판서로 승진하여 형조 판서로 전임되었다. 세조 4년 중추원사를 역임하고 형조 판서에 임명되었다. 얼마 뒤에 함길도 도순찰사로 파견되었고 세조 5년 우리나라가 야인에 관작을 준 것을 명나라가 문제 삼자 주문사 겸 사은사로 연경에 가서 해명했다. 세조 6(1460)년 형조 판서로 있으면서 숭정대부로 가자되었고 세조 8(1462)년 이조 판서로 전임되었다. 세조 9년 예조 판서로 홍문관 대제학을 겸임했다. 세조 10(1464)년 우찬성으로 승진하여 판예조사를 겸했고 세조 11년 지성균관사가 되었고 세조 12년 의금부판사를 겸했다. 같은 해에 좌찬성으로 승진했으며 세조 12(1466)년 우의정으로 승진하여 경상우도 군용체찰사를 겸하고 연성군에 봉해진 뒤에 예조 판서를 겸했다. 세조 13(1467)년 이시애의 난이 발생하고 민심이 흉흉하자 총리사(존무사로 개칭)로 파견되었고 세조 14년 좌의정에 임명되었다.

예종 즉위(1468)년 좌의정으로 원상이 되어 정무를 보았으며 좌의정으로 예조 판서를 겸하는 동시에 경연영사를 겸했다. 강순・남이・조경치의 옥사를 다스린 공으로 익대공신 2등156)에 녹훈되고 연성부원군에 봉해진 뒤에 영의정에 올랐으나 영의정에 오른 지 한 달 남짓 만인 예종 1(1469)년 59세로 죽었다. 죽은 뒤에 예종의 묘정에 배향되었다. 아들 박안성에게 남긴 시 한 수가 <사재촬언>에 전한다.

<예종실록> 예종 1(1469)년 1월 22일 두 번째 기사에 '영의정 박원형의 졸기'가 있다.

🔷 평가

영의정 박원형의 졸기

…… 박원형은 자(字)가 지구(之衢)이며, 갑인년 친시(親試)에 제 삼인(第三人)으로 합격하여, 여러 번 벼슬을 옮겨 …… <문종이> 즉위하자 판사복시(判司僕

---

156) 정난익대공신

寺)로 옮겼으며, 세조(世祖)를 섬겨서 정난(靖難)하여 동부승지(同副承旨)에 제수되었고, <세조가> 선위(禪位) 받자 도승지(都承旨)로 승진시키고 좌익공신(佐翼功臣)의 호(號)를 내려 주었으며, 이조 참판(吏曹參判)으로 옮기어 연성군(延城君)에 봉해졌고, 호조(戶曹)·형조(刑曹)·이조(吏曹)·예조(禮曹)의 4조(曹) 판서(判書)를 역임하고 의정부 우찬성(議政府右贊成)에 올랐고, 병술년에 우의정(右議政)에 제수되었으며, 이듬해에 역적(逆賊) 이시애(李施愛)의 난(亂)을 평정하고, 박원형을 보내서 본도(本道)를 존무(存撫)하여, 좌의정(左議政)에 올랐으며, 예종(睿宗)이 즉위하자 또다시 익대 공신(翊戴功臣)에 참여하였다. 이때에 이르러 병이 나서 매우 위독하였는데, 그 아들 박안성(朴安性)을 불러서 술을 올리게 하고, 입으로 시(詩) 한 귀절을 부르기를,

"오늘 밤 등불 앞에서 한 순배 술을 드니,
네 나이 서른여섯 청춘이라.
우리 집의 구물(舊物)은 오직 청백뿐이니,
이를 잘 지녀 무한히 전해 다오."

하였다. 졸년(卒年)이 59세였다. …… 박원형은 기국(器局)과 도량(度量)이 크고 중후(重厚)하여, 평생 동안 말을 빨리 하고 얼굴에 당황하는 빛을 띤 적이 없었으며, 일을 처리하고 의심스런 것을 해결함에 의연(毅然)히 정도(正道)를 지켜서, 매양 군의(群議)가 각기 소견(所見)을 고집할 때마다 천천히 한 마디 말로써 이를 결정하되, 행동이 사의(事宜)에 합당하였다. 또 사명(辭命)을 잘하여 명나라 사신이 우리나라에 오게 되면, 반드시 빈상(儐相)이 되었는데, 그 의관(儀觀)이 매우 법도가 있었다. 일찍이 어머니를 여의었는데, 계모(繼母)를 섬기기를 생모(生母)와 같이 섬기었다. 그러나 마음속에 쌓은 담이 매우 깊어서, 남들이 엿볼 수가 없었으며, 또 능히 마음을 잘 헤아려서 뜻을 맞추고, 세상과 더불어 저앙(低昂)하였다. 성격이 깨끗한 것을 좋아하여, 매양 관아[公朝]에 나아갈 적에는 비록 바쁜 때라 하더라도 반드시 의복을 거울에 비추

어 보고 먼지와 더러운 것을 털어 버리고서야 나갔다. 시호(諡號)를 문헌(文獻)이라 하였으니, 문견(聞見)이 넓고 많은 것을 문(文)이라 하고, <인재를> 천거(薦擧)하는 것이 마땅하여 체대(替代)함이 없음을 헌(憲)이라 한다. 아들이 둘이 있으니, 박안명(朴安命)과 박안성(朴安性)이다.

▶ 참고문헌

〈세조실록〉, 〈문종실록〉, 〈단종실록〉, 〈세조실록〉, 〈예종실록〉, 〈다음백과사전〉, 〈죽산박씨족보〉, 〈국조인물고 : 행장. 이승소(李承召) 지음〉

홍윤성(洪允成)

처음 이름은 우성(禹成)이고 본관은 당홍계 남양[157]이다. 자는 수옹(守翁)이고 호는 영해(領海)·경해(傾海)·경음당(鯨飮堂)이며 시호는 위평(威平)이다. 세종 7(1425)년에 태어나서 성종 6(1475)년에 죽었다.

🏛 재임기간

예종 1(1469)년 8월 22일[158] - 성종 1(1470)년 4월 6일[159] ※ 후임 윤자운

🏛 가문

아버지는 제년(齊年)이고 할아버지는 용(容)이며 증조부는 연포(延浦)이고 고조부는 윤서(倫敍)다. 5대조는 병부상서 지유(至柔)이고 6대조는 수사공 상서성 좌복야 관(灌)이며 7대조는 군기감사 덕승(德升)이고 8대조는 위위시경 호(灝)이다. 9대조는 상서성 우복야 의(毅)이고 10대조는 태부경 동주(東周)이며 11대조는 은열(殷悅)이다. 은열은 처음 이름은 유(儒)인데 남양 홍씨 당홍계의 시조이다.

장인은 초배는 남륙(南陸)이고 재배는 고령인 김자모이며 외할아버지는 미상이다.

아들은 진(珍)이고 형은 대성(大成)이다.

🏛 생애

한명회의 추천으로 수양대군에 가까워져서 계유정난에 공을 세우고, 여진족을 토벌했다. 세조가 신숙주·정창손과 더불어 상산사호라 칭할 만큼 신뢰가 두터웠고 이 신뢰를 바탕으로 축재하고 사람을 죽이는 등 횡포를 저질렀으나 처벌받지 않았다. 무재가 뛰어나고 주량이 엄청나서 세조로부터 경음당이라는 호를 받았다.

---

157) 대부분의 자료는 홍윤성의 본관을 회인으로 기록하고 있다. 그러나 <남양홍씨남양대군파세보>에는 당홍계 남양홍씨로 되어 있다, 남양홍씨 경력공파 사람이다.
158) 홍윤성을 의정부 영의정으로 윤자운을 좌의정으로 김국광을 우의정으로 한명회를 상당군으로 …
159) 홍윤성을 대광보국숭록대부 인산군으로 윤자운을 대광보국숭록대부 의정부 영의정으로 …

문종 즉위(1450)년 식년문과에 병과로 급제하고 승문원 부정자에 임명되었는데 무재(武才)가 있어 사복시 주부를 겸했다. 이듬해 한성부 참군·통례문 봉례랑에 임명되었다. 수양대군이 문종의 명을 받아 <진서(陣書)>를 찬술할 때 좌랑으로 참여했다.

단종 즉위(1452)년 수양대군에게 임금이 어리고 나라가 위태하니 정국을 바로 잡을 큰일을 일으켜야 된다고 진언하고 권람(權擥)을 모사(謀士)로 천거했다.(<다음백과사전>) 단종 1(1453)년 사복시 직강·주부가 되었으며 계유정난에 적극 가담하여 정난공신 2등160)에 책록되고 사복시 판관에 임명되었다. 단종 2년 장령을 역임하고 단종 3(1455)년 판사복시사에 임명되고 단종으로부터 '수충협책정난공신 위의장군 수충좌시위사 대호군 홍윤성'에게 내리는 하교와 함께 전지 1백 50결·노비 15구·말 1필·백은 25냥·표리 1단을 하사받았다.

세조 1(1455)년 예조 참의에 임명되고 세조의 즉위를 보좌한 공으로 좌익공신 3등161)에 책록되었다. 세조 2년 예조 참판으로 승진되면서 인산군(仁山君)에 봉해졌다. 그 뒤에 병조 참판·예조 참판을 역임하고 세조 3년 예조 판서로 승진했다. 이 해에 어머니가 죽었다. 지중추원사·경상우도 도절제사·좌상대장·지중추원사를 역임하고 세조 5(1459)년 다시 예조 판서에 임명되고 함길도 조전원수에 임명되었다. 세조 6(1460)년 모련위(毛憐衛) 낭보군(浪甫軍)이 반란을 일으키자 신숙주를 장수로 삼고 홍윤성을 부장으로 삼아 토벌하게 하였으며 돌아와서 숭정대부로 가자되었다. 다시 예조 판서에 임명되고 세조 8년 판중추원사를 역임하고 세조 9년 인산군이 되었다. 세조 10(1464)년 세조는 신숙주·정창손·홍윤성을 상산사호(商山四皓)라 하여 이들에 대한 신뢰를 보냈으며 인산군 겸 예조 판서를 제수받았다. 세조 13(1467)년 오위도총관을 겸하다가 우의정이 되고 건주위 정벌 공신 3등에 녹훈되었다.

---

160) 추충협책정난공신
161) 수충협책정난좌익공신

예종 1(1469)년 좌의정에 임명되어 좌의정으로 사은사가 되어 북경에 다녀와서 영의정으로 승진하고 인산부원군에 진봉되었다.

성종 즉위(1469)년 영의정으로 원상을 겸하면서 성종의 왕권에 위협적이었던 구성군 준을 몰아내고 성종의 즉위를 보좌한 공으로 좌리공신 1등[162]에 책록되었다. 그 해에 영의정에서 물러나 인산군이 되고 성종 3년 제언사가 되었다가 성종 6(1475)년 발에 종기를 앓다가 51세의 나이로 죽었다.

"주량이 엄청나 세조가 경음당이란 호를 내릴 정도였으며, 권세를 휘둘러 축재를 하고 가노들을 동원하여 사람을 죽이는 등 전횡이 심했으나 세조의 신임이 두터워 처벌받지 않았다."(<다음백과사전>)

<성종실록> 성종 6(1475)년 9월 8일 네 번째 기사에 '인산부원군 홍윤성의 졸기'가 있다.

🎲 평가

인산 부원군 홍윤성의 졸기

…… 홍윤성의 자(字)는 수옹(守翁)이니, 회인현(懷仁縣) 사람이다. 경태(景泰) 경오년에 문과(文科)에 급제하여 승문원 부정자(承文院副正字)로 선보(選補)되었고, 무재(武才)가 있다 하여 특별히 사복직(司僕職)을 겸하였다. 신미년에 한성 참군(漢城參軍)을 뛰어 배수하고, 통례문 봉례랑(通禮門奉禮郎)·사복 주부(司僕注簿)를 역임하였으며, 세조(世祖)가 잠저(潛邸)에 있을 때, 문종(文宗)이 명하여 진서(陣書)를 찬(撰)하게 하니, 홍윤성은 낭좌(郎佐)로 참여하였다. 문종이 승하(昇遐)하자 세조(世祖)는 주상이 젊으므로 나라가 위태함을 근심하였었는데, 홍윤성을 보고는 기이하게 여기어 은미한 뜻을 나타내니, 홍윤성이 제일 먼저 권남(權擥)에게 천거되었다. 계유년에 세조가 정난(靖難)하여서는 수충 협책 정난 공신(輸忠協策靖難功臣)의 호(號)를 내려 주고, 본시 판관(本寺判官)으로 승직하였으며, 갑

---

162) 순성명량경제홍화좌리공신

술년에 또 소윤(少尹)에 오르고, 얼마 있다가 사헌장령(司憲掌令)으로 천전(遷轉)하였다. 을해년에 판사복시사(判司僕寺事)가 되었다가 세조(世祖)가 즉위(卽位)하니, 통정대부(通政大夫) 예조 참의(禮曹參議)를 제수하고, 또 좌익 공신(佐翼功臣)의 호(號)를 내려 주었다. 병자년에 계자(階資)가 가선 대부(嘉善大夫)에 참판(參判)으로 올라, 인산군(仁山君)을 봉(封)하였고, 얼마 있다가 병조(兵曹)에 천직하였다가 또 가정대부(嘉靖大夫)에 올라 다시 예조(禮曹)에 제배(除拜)되었다. 천순(天順) 정축년에 자헌대부(資憲大夫) 판서(判書)에 오르고, 이 해에 모상(母喪)을 당하였는데, 기복(起復)하여 경상우도 도절제사(慶尙右道都節制使)를 삼았다. 기묘년에 다시 예조 판서(禮曹判書)에 제배되었고, 경진년에 정헌대부(正憲大夫)를 더하였다. 당시에 모련위(毛憐衛) 낭보군(浪甫軍)이 반란하니, 세조(世祖)께서 신숙주(申叔舟)를 장수(將)로 삼고, 홍윤성을 부장(副將)으로 삼아 토벌하게 하였으며, 돌아오자 숭정대부(崇政大夫)를 더하였다. 갑신년에 인산군(仁山君) 겸 판예조(兼判禮曹)를, 성화(成化) 정해년에 대광 보국 숭록 대부(大匡輔國崇祿大夫) 의정부 우의정(議政府右議政)을 제배하였다. 기축년에 좌의정(左議政)에 오르고, 예종(睿宗)이 고명(誥命)을 받음에, 사은사(謝恩使)가 되어 북경에 갔다가 돌아오자 영의정(領議政)에 올랐다. 경인년에 인산 부원군(仁山府院君)으로 체봉(遞封)되고, 신묘년에 순성 명량 경제 홍화 좌리공신(純誠明亮經濟弘化佐理功臣)의 호(號)를 내려 주었는데, 이에 이르러 발에 종기[足疽]를 앓다가 졸(卒)하니, 나이는 51세이다. 시호(諡號)는 위평(威平)이니, 용맹하여 강인한 결단력이 있음이 위(威)이며, 능히 화란(禍亂)을 평정함이 평(平)이다. 홍윤성(洪允成)은 용모가 웅위(雄偉)하고, 체력이 남보다 뛰어났으며, 젊어서는 가난하였는데 힘써 배워서 급제하니, 사람들이 재능이 있는 웅걸로 기대하였다. 세조(世祖)를 만나게 되자, 총애하여 돌봄이 매우 융숭하였고, 홍윤성이 본시 빈궁하였음을 알고 많은 양전(良田)을 내려 주었다. 홍윤성이 재화를 늘리는 데 힘써 홍산 농장(鴻山農莊)에 쌓인 곡식은 거만(鉅萬)이었고, 노복(奴僕)은 세도를 믿고 함부로 방자하여서 조금이라도 어기고 거슬리는 것이 있으면 혹 장살(杖殺)하기도 하였다. 세조(世祖)가 온양(溫陽)에 거동하여 목욕(沐浴)할 제, 사족(士族)의 부인 윤씨(尹氏)가 상언(上言)하여, 그 지아비

[夫]가 홍윤성의 노복에게 살해되었음을 호소하니, 명하여 유사(有司)에 국문하게 하여, 그 노복을 환형(轘刑)하고 홍윤성은 국문하지 않았다. 사헌부(司憲府)에서 탄핵하여 아뢰기를,

"홍윤성(洪允成)의 거칠고 광망(狂妄)한 태도와 교만하고 제 마음대로 날뛰는 형상을 성감(聖鑑)은 통조(洞照)하소서."

하니, 당시에 이르기를,

"그의 잘못을 똑바로 맞추었다."

고 하였다. 시첩(侍妾)·노복(奴僕)이 조금이라도 어기고 거슬리면 문득 용서하지 않고, 궁검(弓劍)을 쓰기까지 하였으며, 아내[妻] 남씨(南氏)에게 자식이 없어서 같은 고을의 사족(士族) 김자모(金自謀)의 딸을 강제로 취하여 장가들었다.

참고문헌

〈다음백과사전〉, 〈문종실록〉, 〈단종실록〉, 〈세조실록〉, 〈예종실록〉, 〈성종실록〉, 〈낭양홍씨 남양대군파세보〉

윤자운(尹子雲)

본관은 무송이고 자는 망지(望之)이며 호는 낙한재(樂閑齋)이고 시호는 문헌(文憲)이다. 태종 16(1416)년에 태어나서 성종 9(1478)년에 죽었다.

🔹 재임기간

성종 1(1470)년 4월 6일[163]−성종 2(1471)년 10월 23일[164] ※ 후임 신숙주

🔹 가문

아버지는 사재감 부정 경연(景淵)이고 할아버지는 집현전 학사로 알려진 회(淮)인데 병조 판서와 대제학을 역임하고 <팔도지리지>를 편찬하고 <자치통감>을 훈의(訓義)했다. 증조부는 회군공신에 녹훈된 소종(紹宗)이다. 소종은 고려조에서 문과에 장원하고 삼사부사·예의 판서를 역임하고 조선에서 수문전 직제학을 역임했다. 고조부 구생(龜生)은 판전농시사를 역임했고 효도로 정려되었다. 5대조는 고려말 첨의찬성사·진현관 대제학 택(澤)이고 6대조는 진사로 문과에 급제한 수평(守平)이며 7대조는 국학 대사성 해(諧)이고 8대조는 무송윤씨의 시조인데 호장 양비(良庇)이다.

장인은 직제학과 공조 좌랑을 역임한 선산인 김영륜(金永倫)이고 외할아버지는 연안인 상호군 이백인(李伯仁)이다.

아들은 1남은 첨지중추부사 상호군 한(瀚)이고 2남은 상서원 판관 해(澥)이다. 한은 의빈도사 변명(變溟)·현풍 현감 화명(化溟)·진사 달명(達溟)·적순부위 곤명(鯤溟)을 낳았고 해는 홍신(興莘)을 낳았다. 딸은 1녀는 예빈시 부정 정옥(鄭沃)과 결혼했고 2녀는 장흥고 직장 윤채(尹埰)와 결혼했다. 여동생이 영의정 신숙주에게 시집가서 자운은 신숙주의 처남이 되었다.

---

163) 윤자운을 대광보국숭록대부 의정부 영의정으로 김국광을 대광보국숭록대부 의정부 좌의정으로 한백륜을 대광보국숭록대부 의정부 우의정으로 …

164) 신숙주를 대광보국 의정부 영의정으로 최항을 대광보국 의정부 좌의정으로 성봉조를 대광보국 의정부 우의정으로 …

🎲 생애

> <팔도지리지>를 편찬한 대제학 회의 손자이고 영의정 신숙주의 처남으로 계유정난에서 수양대
> 군을 도왔고, 이시애의 난이 일어나자 난을 진압하기 위해 함길도 체찰사로 나갔으나 도리어 이
> 시애에게 잡혀서 위조문서에 서명하고 돌아왔다.

세종 20(1438)년 진사시에 합격했다. 세종 24(1442)년 사정을 역임하고 세종 26(1444)년 식년문과에 급제하여 예문관 검열에 임명되었다.

문종 즉위(1450)년 집현전 부수찬을 역임하고 수사관(修史官)으로 <고려사> 편찬에 참여했다. 문종 1(1451)년 사경에 임명되었고 문종 2년 <고려사절 요>의 기·지·연표를 저술했다.

단종 즉위(1452)년 이조 좌랑에 임명되었고 단종 1(1453)년 계유정난 때 수양대군을 도왔으며 단종 2(1454)년 사간원 헌납에 임명되었다.

세조 1(1455)년 대호군으로 지사간원사를 겸했으며 계유정난 때 수양대군을 도운 공으로 좌익공신 3등에 녹훈되었다.[165] 세조 2년 동부승지·첨지 중추원사·동부승지·우부승지·좌부승지·우승지에 차례로 임명되었고 세조 3년 좌승지·우승지·좌승지에 임명되었다. 세조 4(1458)년 좌익공신 3 등에 녹훈되었고 세조 5년 가산 선위사에 이어 도승지에 임명되었다. 세조 6년 할머니의 상을 당했고 신숙주와 여진족 모련위 정벌에 참여하여 이조 참판으로 승진했으며 무송군에 봉해졌다. 여진족 모련위를 정벌하려는 뜻을 명나라에 알리기 위해 주문사가 되어 명나라에 다녀왔다. 이어서 호조 참판·인수부윤에 임명되었다. 세조 7(1461)년 하삼도 사민도순찰사로 파견 되었다가 돌아와서 세조 8년 병조 판서에 임명되었다. 세조 9년 충청도와 전라도의 군용을 순찰했으며 이어서 경기도·충청도·전라도·경상도 순 찰사에 임명되었고 세조 10(1464)년 다시 병조 판서에 제수되었다. 세조 11 년 병조 판서에서 우참찬으로 전임되었는데 이때 매부인 신숙주가 영의정

---

165) 추충좌익공신

이 되었기 때문에 사람들이 피렴하기를 바랐으나 세조가 그대로 두었다. 세조 12년 좌참찬으로 전임된 뒤에 의금부 판사를 겸했다. 이어서 경상좌도 체찰사를 역임하고 세조 13(1467)년 우찬성에 임명되었고 우찬성으로 있으면서 이시애의 난이 일어나자 함길도 체찰사로 오위도총부 부도총관을 겸하면서 진압하게 되었으나 도리어 이시애에게 잡혀 정부를 속이는 위조문서에 서명하고 살아 돌아왔다. 좌참찬·우참찬·우찬성을 역임하고 세조 14년 팔도군적사를 역임하고 우의정으로 승진했다.

예종 1(1469)년 우의정에서 좌의정으로 승진하고 원상을 겸했으며 성종 1(1470)년 영의정으로 승진했고 예종 2년 좌리공신 1등에 책록되고 무송부원군에 봉해졌으며 영의정으로 예조 판서를 겸했다. 성종 7(1476)년 다시 우의정에 임명되었다가 성종 9(1478)년 63세로 죽었다. <성종실록> 성종 9(1478)년 5월 14일 다섯 번째 기사에 '우의정 윤자운의 졸기'가 있다.

🎁 평가

우의정 윤자운의 졸기

…… 윤자운의 자(字)는 지망(之望)이며, 무장(茂長) 사람이다. 증조부(曾祖父)는 윤소종(尹紹宗)이고, 조부(祖父)는 윤회(尹淮)인데, 모두 문장으로 이름이 드러났다. 윤자운은 나면서부터 영리하고 총명하여 정통(正統) 무오년에 진사(進士)에 합격하고, 갑자년에 문과(文科)에 뽑혀서 예문관 검열(藝文館檢閱)에 선보(選補)되었다가, 여러 차례 승진되어 집현전 부수찬(集賢殿副修撰)에 이르렀고, 이조 좌랑(吏曹佐郎)과 사간원 좌헌납(司諫院左獻納)·집현전 응교(集賢殿應教)를 역임하였다. 경태(景泰) 계유년에 세조(世祖)가 정난(靖難)하고, 중외(中外)의 모든 군사(軍事)를 도통(都統)하여 부(府)를 설치하고 요속(僚屬)을 두자, 윤자운을 경력(經歷)으로 삼았고, 즉위(即位)함에 미쳐서 공훈(功勳)을 찬양하여 추충 좌익 공신(推忠佐翼功臣)의 호(號)를 내리고, 대호군(大護軍)으로서 지사간원사(知司諫院事)를 겸하였다가 곧 승정원 동부승지(承政院同副承旨)에 오르고, 다시 천전(遷轉)되어 도승지(都承旨)

에 이르렀다. 천순(天順) 경진년에 조모(祖母)의 상(喪)을 당하였는데, 이때 세조가 모련위(毛憐衛)를 정벌하려고 하여 장차 사유(事由)를 갖추어서 <중국에> 아뢰려고 하였는데, 적당한 사람을 얻기가 어려워서, 좌우(左右)에서 한두 재상(宰相)을 천거하니, 세조가 말하기를, "윤자운보다 나은 이가 없다."하며, 곧 기복(起復)하여 가정대부(嘉靖大夫) 이조 참판(吏曹參判)을 삼고, 무송군(茂松君)으로 봉하여 보내니, 윤자운이 두 번이나 사양하였으나 허락하지 아니하였다. 돌아옴에 미쳐서 인수부 윤(仁壽府尹)으로 옮겼는데, 상제(喪制)를 마치기를 청하였으나, 또한 허락하지 아니하였다. 임오년에 자헌대부(資憲大夫) 병조 판서에 오르고, 성화(成化) 을유년에 정헌대부(正憲大夫) 의정부 우참찬(議政府右參贊)이 되었다. 이때에 윤자운의 매부 신숙주(申叔舟)가 영의정이 되었는데, 조정에서 의논하는 자들이 모두 말하기를, "윤자운은 피혐(避嫌)하는 것이 마땅하다." 하였으나, 세조가 말하기를, "정부(政府)는 마땅한 사람이 아니면 불가하다. 무송(茂松)을 두고 누가 할 것인가?" 하였다. 병술년에 좌참찬(左參贊)에 오르고, 정해년에 우찬성(右贊成)에 올랐다. 이때에 조정에서 함길도(咸吉道)에 사변이 있음을 듣고, 윤자운을 체찰사(體察使)로 삼아서 진압하게 하였는데, <윤자운이> 이르니, 이시애(李施愛)가 이미 반역하여 절도사(節度使)와 여러 진장(鎭將)을 죽였으며, 함흥(咸興) 사람이 관찰사(觀察使)의 주관(州官)을 죽이고, 또 윤자운을 죽이려고 하여 칼날을 드러내며 둘러서니, 윤자운이 조용히 타일러서 해산시켰다. 도적들이 병력(兵力)으로 지킨 것이 무릇 7일이었는데, <윤자운이> 돌아옴에 미쳐서 세조가 대내(大內)에서 인견하고 위로하였다. 기축년에 우의정으로 제수되었다가 곧 좌의정에 옮기고, 경인년에 영의정에 올랐는데, 을미년에 갈려서 부원군(府院君)에 봉해지고, 예조 판서를 겸하였다가 병신년(丙申年)에 다시 우의정이 되었는데, 이때에 이르러 졸하니, 나이가 63세이다. 시호(諡號)는 문헌(文憲)인데, 충신(忠信)하고 예(禮)에 의거함이 '문(文)'이고, 박문(博聞)하고 다능(多能)함이 '헌(憲)'이다. 윤자운은 사람됨이 단아하고 세밀하여 처음 벼슬할 때부터 대배(大拜)에 이르기까지 일찍이 공부(公府)의 탄핵을 입지 아니하였다. 아들이 둘인데, 모두 어리석고 미련하였다.

사신(史臣)이 논평하기를, "윤자운은 성질이 편협하고 다른 재능(才能)이 없는데, 두 번이나 정승으로 들어가서 건명(建明)한 바가 없었고, 이시애(李施愛)의 난(亂)에 도적이 조정을 속이고자 하여 위서(僞書)를 지어서 협박해 서명(署名)하게 하니, 윤자운이 머리를 숙이고 그대로 따랐으며, 매양 도적을 대하여 반드시 대인(大人)이라고 일컬으니, 듣는 자가 비루하게 여겼다. 아침저녁으로 일찍이 어머니의 집을 지나면서 보살피지 아니함이 많았으므로, 그 마을 사람이 서로 이르기를, '이 할머니는 아들이 없다.'고 하였다." 하였다.

참고문헌

〈다음백과사전〉, 〈세종실록〉, 〈문종실록〉, 〈단종실록〉, 〈세조실록〉, 〈예종실록〉, 〈무송윤씨족보〉

윤필상(尹弼商)

본관은 파평이고 자는 탕좌(湯佐)·양좌(陽湯)·양경(陽卿)이다. 세종 9(1427)년에 태어나서 연산군 10(1604)년에 중전 윤씨의 폐위와 관련하여 사약을 받게 되자 자결하였다.

재임기간

성종 16(1485)년 3월 28일[166] - 성종 24(1493)년 11월 6일 ※ 후임 이극배

가문

아버지는 백천 군수 경(坰)이고 친할아버지는 검첨의 희제(希齊)인데 아버지가 아버지의 큰아버지인 부사 희이(希夷)에게 입양되었다. 증조부 곤(坤)은 이조 판서를 역임했고 좌명공신에 녹훈되고 파평군에 봉해졌다. 곤은 아들 셋을 두었는데 1남이 희이(希夷)이고 2남이 희제(希齊)이며 3남이 삼산(三山)이다. 고조부는 좌정승 겸 판이조사 도평의사사 영평부원군 승순(承順)이고 5대조는 순성익대보리공신 척(陟)이며 6대조는 도첨의사사 찬성사 영평부원군 안숙(安淑)이고 7대조는 첨의정승 우문관 대제학 보(珤)이다. 8대조는 문하시랑평장사 순(純)이고 9대조는 상서성 좌복야 복원(復元)이다. 복원 이상의 세계는 윤인경과 같다.

장인은 창녕인 판관 성허(成栩)이고 외할아버지는 한산인 지태주사(知泰州事) 이림(李霖)이다.

아들은 1남이 호조 참의 간(侃)이고 2남이 승지 숙(俶)이다. 딸은 1녀가 목사 신조의(辛祖義)와 결혼했고 2녀가 군수 김진(金震)과 결혼했으며 3녀는 현감 지준(池浚)과 결혼했다.

형은 해주 병마절도사 보상(輔商)과 한성부 판관 우상(佑商)이다.

방계로는 숙부 은(垠)의 아들이 좌찬성 사로(師路)이다. 사로는 세종의 서녀

---

166) 윤필상을 대광보국숭록대부 의정부 영의정으로 홍응을 대광보국숭록대부 의정부 좌의정으로 이극배를 대광보국숭록대부 의정부 우의정으로 정창손을 대광보국숭록대부 봉원부원군으로

인 정현옹주와 결혼한 영천위이다. 영천위는 뒤에 영천부원군으로 개봉되었다. 사로의 아들 반(磻)은 공혜왕후의 언니와 결혼했다. 또 종조부가 좌익원종공신 동지중추부사 삼산(三山)이다. 삼산의 아들인 당숙 호(壕)가 우의정을 역임했다. 호는 성종의 비인 정현왕후의 친정아버지로 성종의 국구이며 호의 아들이 동지중추부사 은로(殷老)이다. 9촌 고모가 세조의 비인 정희왕후이다.

🧊 생애

> 영천위 사로의 4촌이고 우의정 호의 당질이다. 이극돈·유자광과 함께 무오사화를 일으켜 김일손 등 신진사류를 숙청했고, 윤비를 폐할 때 동조해서 갑자사화 때 사약을 받고 능지되었으며 아들들도 모두 죽었다.

세종 29(1447)년 사마시에 합격하고 세종 32(1450)년 추장문과(秋場文科)에 급제했다.

단종 1(1453)년 저작이 되었는데 이는 공신의 아들이었기 때문이다.

세조 1(1455)년 호조 좌랑으로 원종공신 2등에 녹훈되고 서연관에 임명되었다. 세조 3(1457)년 문과 중시에 급제했고 세조 9(1463)년 동부승지에 임명된 뒤에 세조 10년 좌부승지로 전임되었다. 세조 11년 좌승지·좌부승지·좌승지·우승지·좌승지를 역임하고 세조 13(1467)년 도승지로 승진했다. 이시애의 난을 진압하는 데 공을 세워 우참찬으로 승진하고 적개공신 1등에 녹훈되고 파평군에 봉해졌다. 이어 평안도 선위사로 파견되었으며 우참찬·좌참찬·우참찬·좌참찬·우참찬을 번갈아 역임했다. 왕명을 받들고 파저강의 여진족을 토벌한 강순 등이 이끄는 개선군을 위로했고 안주 선위사로 임명되어 명나라 사신을 맞았다.

예종 즉위(1468)년 우참찬이었는데 세조가 죽자 광릉(세조의 능) 수릉관으로 3년간 있었고 같은 해에 좌리공신 1등에 녹훈되었다.

성종 1(1470)년 숭록대부로 가자되어 의정부 우찬성으로 수릉관을 겸했으며 성종 2년 경상도에 가뭄이 들자 경상도 진휼사가 되어 이듬해까지 굶주린 백성을 구제했다. 이 해에 좌리공신 4등에 녹훈되고 숭록대부로 가자되었다. 세조 3년 우찬성으로 경상도 관찰사를 겸했고 세조 4(1473)년 우찬성으로 이조 판서를 겸했다. 또 이조 판서로 의금부 당상을 겸했는데 한명회·노사신 등이 이조의 고유 권한인 인사권을 간섭하자 사직했다가 복직했다. 세조 7(1476)년 개성부 선위사를 역임하고 세조 8(1477)년 백성들의 재산을 빼앗아 사복을 채웠다는 탄핵을 받고 파직을 당했으나 풀려나 좌찬성에 임명되어 좌찬성으로 주문사가 되어 명나라에 다녀왔다. 돌아오는 길에 건주위 여진족의 정세를 자세히 탐지하여 보고했다. 세조 9년 보국숭록대부로 가자되어 영중추부사를 역임한 뒤에 우의정에 임명되었다. 세조 10(1479)년 좌의정에 임명되었는데 명나라가 건주위를 정벌할 때 조선에 협공을 요청하자 좌의정으로 평안도 도원수가 되어 김교(金嶠)·이종생(李從生) 등과 함께 4,000명의 군사를 거느리고 출정해 크게 이기고 돌아왔다. 성종 11년 성종이 윤비를 폐할 때 동조했으며 성종 12(1481)년 사은사로 명나라에 다녀와서 성종 15(1848)년 영의정에 오르고 성종 25(1494)년 파평부원군에 봉해졌다.

연산군 즉위(1495)년 원상으로 정무를 보았고 연산군 2(1496)년 궤장을 하사받았고 왕으로부터 두터운 신임을 받았다. 연산군 4(1498)년 이극돈·유자광과 함께 무오사화를 주도하여 김일손(金馹孫)·권오복(權五福)·정여창(鄭汝昌) 등 신진 사림파를 숙청했다. 또한 이전에 불교를 숭상하는 간귀라고 자신을 탄핵했던 이목(李穆)도 김종직의 문인이라 하여 제거했다. 연산군 10(1504)년 갑자사화가 발생하자 윤4월 13일 사약이 내려졌는데 향년 78세였다. 윤필상은 죽는데서 끝나지 않고 죽을 때 '신이 이미 이렇게 될 줄 알았다'고 한 말이 문제가 되어 윤4월 20일 다시 죄를 논하기로 했다. 윤4월 21일에는 능지하여 시체를 돌리게 했다. 윤4월 29일 시체를 능지하고 와서 복명했고 5월 23일에는 아들 숙(俶)·위(偉)·준(俊)의 목을 베었다.

<연산군일기> 연산군 10(1504) 4월 19일 여섯 번째 기사에 '파평부원군 윤필상의 졸기'가 있다.

평가

파평 부원군 윤필상의 졸기

의금부 낭청 전양필(全良弼)이, 윤필상(尹弼商)을 진원(珍原)에서 사사하고 돌아와서 아뢰기를, "신이 필상을 불러 전지(傳旨)를 선포하니, 필상이 읽기를 마치고는 '신이 이미 이렇게 될 것을 알았다.' 말하고, 종을 불러서, 주머니 속의 비상(砒礵)가루를 꺼내어 술에 타서, 두 번 절하고 마셨습니다. 그러나 한참 있어도 효과가 없으므로, 곧 명주 이불 한 폭을 가져다가 제 손으로 목매어 죽었습니다." 하였다.

필상은 파평(坡平) 윤씨인데, 총명 기민하여 일에 능하였다. 젊어서는 가난했는데, 과거에 급제하고는 세조의 알아줌을 받아 뽑혀 승지가 되고, 매우 총애를 받았다. 일을 민첩하게 보아 왕의 뜻을 많이 맞추니, 세조가 항상 빠른 매[快鶻]라고 불렀으며, 공훈에 책정되어 적개 좌리공신(敵愾佐理功臣)이 되었다.

정승이 된 지 수년이었지만 재변과 과실이 없었다. 다만 성품이 욕심이 많고 인색하여 재산을 모으기 위해 배와 양곡의 값이 올라가고 내려가는 시세를 보아서, 장사꾼들을 끌어다가, 사고 바꾸었으므로 그의 집 문 앞이 저자와 같았다. 그리하여 재산이 거만이었는데, 일찍이 자녀들에게 나누어 주지 않고, 한 되, 한 말을 내고 들이는 것도 모두 자신이 다 간섭하였다. 국사를 의논하는데 있어서는 반드시 위의 뜻의 지향하는 것을 보아 영합(迎合)하는 말을 하므로 사림(士林)들이 비루하게 여겼다. 그러나 죄 없이 죽었으니 슬픈 일이다.

참고문헌

〈국조인물고 : 묘표, 윤안성(尹安性) 지음〉, 〈다음백과사전〉, 〈세종실록〉, 〈단종실록〉, 〈세조실록〉, 〈예종실록〉, 〈성종실록〉, 〈연산군일기〉, 〈파평윤씨대동보〉

이극배(李克培)

본관은 광주이고 자는 겸보(謙甫)이며 호는 우봉(牛峰)이고 시호는 익평(翼平)이다. 세종 4(1422)년에 태어나서 연산군 1(1495)년에 죽었다.

🧊 재임기간

성종 24(1493)년 11월 6일[167]—연산군 1(1495)년 3월 20일[168] ※ 후임 노사신

🧊 가문

아버지는 우의정 인손(仁孫)이고 할아버지는 지직(之直)인데 이조 참의와 강원도 관찰사·충청도 관찰사를 역임했다. 증조부는 고려의 판전교시사 집(集)[169]이고 고조는 생원 당(唐)인데 광주이씨의 시조이다.

장인은 경주인 필선 최유종(崔有悰)이고 외할아버지는 교하인 별장 노신(盧信)이다.

아들은 1남이 안악 군수 세충(世忠)이고 2남은 대사헌 세필(世弼)이며 3남은 도승지 세광(世匡)이고 4남은 별제 세주(世柱)이며 5남은 세량(世良)이다.

동생으로는 형조 판서 극감(克堪)과 좌참찬 극증(克增)과 좌찬성 극돈(克墩)과 좌의정 극균(克均)이 있다. 사촌으로 이조 참판 극규(克圭)와 공조 참판 극기(克基)와 좌통례 극견(克堅)이 모두 뛰어나서 극배와 함께 8극으로 불렸다. 처남은 상산인 김사우(金師禹)인데 병조 판서와 중추원사를 역임했다. 극감의 증손이 영의정 준경(浚慶)이고 극돈의 현손이 이첨(爾瞻)이며 극균의 6세손이 영의정 덕형(德馨)이다.

시조인 당은 아들 넷을 두었는데 1남이 봉(逢)이고 2남이 집(集)이며 3남이 희령(希齡)이고 4남이 자령(自齡)이다. 집(集)이 아들 넷을 두었는데 1남이 형조

---

167) 이극배를 대광보국숭록대부 의정부 영의정으로 윤필상을 대광보국숭록대부 파평부원군으로
168) 영의정 이극배에게 사퇴를 허여하다. 또 같은 날 이극배를 광릉부원군으로 노사신을 영의정으로 …
169) 호가 둔촌이다. 숨어 살던 곳이 강동구 둔촌동이다. 둔촌동이 지명 유래는 이집이 살았다 해서 붙여진 이름이다.

참의로 청백리에 녹훈된 지직(之直)이고 2남이 좌참찬 지강(之剛)이며 3남이 성주 목사 지유(之柔)이다. 지강이 아들 셋을 두었는데 1남이 사인 장손(長孫)이고 2남이 우의정 인손(仁孫)이며 3남이 황해도 관찰사 예손(禮孫)이다.

🎁 생애

우의정 인손의 아들이고 좌의정 극균의 형이다. 세조로부터 두터운 신임을 받았고 구성군 이준을 제거하는 데 공을 세웠다. 아우인 형조 판서 극감, 좌참찬 극증, 좌찬성 극돈, 좌의정 극균과 사촌인 극규, 극기, 극견과 함께 8극으로 불릴 정도로 집안이 성했다. 세력이 무성함을 걱정했는데 극균과 조카 세좌는 주살되고 극돈은 관작이 삭탈되었으며 극배, 극증, 극감, 극돈, 극균의 자손들은 변방으로 축출되어 영원히 돌아오지 말라는 형벌을 받았다.

세종 29(1447)년 진사시에 합격하고 같은 해에 식년문과에서 정과[170]로 합격하여 부정자에 등용되었다. 문종 즉위(1450)년 사헌부 감찰이 되고 "검찰관으로 명나라 서울에 갔는데, 통사(通事) 한 사람이 금법을 범한 일이 있어 법에 의거하여 처단하고, 본국에 돌아오기 전에 사간원 정언 지제교에 제수되었다."(<연산군일기> 인용) 이 일로 돌아와서 문종 2년에 겸 병조 좌랑으로 승진하였다.

단종 2(1454)년에 병조 좌랑에서 병조 정랑으로 승진했고 병조 정랑으로 있으면서 평안도 도체찰사 박종우의 종사관이 되어 파견되었다. 수양대군이 겸 판이병조사로 있을 때 병조 정랑으로 깊은 신임을 얻었다.

세조 1(1455)년 세조 즉위에 공을 세워 좌익공신 3등에 녹훈되고 광릉군에 봉해졌다. 세조 2년 겸 판통례문사에 제수되었고 세종 3(1457)년 예조 참의에 제수되어 경상도 관찰사[171]를 겸하다가 공조 참의로 전임되어서도 경상도 관찰사를 겸했다. 세조 4년에는 첨지중추원사에 임명되어서도 경상

---

170) 문과는 갑과 을과 병과로 나누는데 조선 초기에는 명나라와 달리한다는 뜻으로 갑과를 없애고 을과 병과 정과로 나누었다. 따라서 조선 초기의 을과는 갑과에 해당하고 정과는 병과에 해당한다.
171) 이때 관찰사의 공식 명칭은 관찰출척사이다.

도 관찰사를 겸했고 같은 해에 중추원 부사로 전임되어서도 경상도 관찰사를 겸했으며 세조 5(1459)년에는 광릉군으로 경상도 관찰사를 겸하는 등 세조의 두터운 신임을 받았다. 경상도 관찰사에서 물러나 병조 참판에 임명되고 예조 참판으로 전임되었다가 한성부윤·경창부윤을 차례로 역임하고 예조 참판으로 전임되었다. 예조 참판으로 있을 때 성절사로 명나라에 다녀왔다. 세조 6년에는 예조 참판으로 함길도 선위사가 되어 신숙주를 따라 모련위 여진족을 정벌했다. 여진족을 정벌하고 돌아와서 자헌대부로 승차하여 인수부윤으로 재직하다가 세조 7년 경기도 관찰사로 나갔다. 세조 8(1462)년 이조 판서로 승차하였을 때 처남 김사우(金師禹)가 병조 판서로 있어서 한 집안에서 두 명이면 안 된다는 상소가 이어졌으나 세조의 방어로 이조 판서로 있으면서 충청전라경상도 군적도순찰사로 파견되었다. 그 뒤에 형조 판서·예조 판서를 역임하고 세조 9년 경상도 도순찰사로 파견되었다가 돌아와 평안도 관찰사를 제수 받고 부임했다. 그러나 우의정으로 잉령치사한 아버지 인손이 죽어서 평안도에서 올라와 광릉군이 되었다. 세조 13(1467)년 광릉군으로 도총관이 되었다가 병조 판서에 제수되었다. 이 해에 이시애의 난이 발생하자 평안도 절도사가 되었으며 의주 선위사를 겸하면서 백성을 어루만지고 적을 방어하여 건주위정벌공신 4등에 녹훈되었다. 세조 14(1468)년 평안중도 절도사로 내려가서 임지에서 평안도 관찰사에 제수되었다.

예종 1(1469)년 의정부 우참찬으로 경상도 문폐사를 겸하여 파견되었다가 돌아와 다시 병조 판서에 임명되었다.

성종 즉위(1469)년 병조 판서로 있다가 성종 1년 의정부 좌참찬으로 전임되었다가 다시 병조 판서에 임명되었는데 이때 왕권에 위협이 되던 구성군 이준(李浚)을 제거하는 데 공을 세워 순성명량좌리공신에 녹훈되고 숭정대부로 가자되었다. 성종 5(1474)년 병조 판서에 임명되고 성종 8년 병조 판서에서 물러나 판중추부사가 되고 삼도 순찰사가 되었다. 성종 10(1479)년 보국숭록대부로 가자되어 영중추부사에 제수되고 광릉부원군에 봉해졌다. 성종

12년 영중추부사로 있을 때 흉년이 들자 진휼사가 되어 백성을 많이 살렸다. 이로 인해 성종 13(1482)년 영중추부사로 호조 판서를 겸했으며 성종 15년 대광보국숭록대부 영중추부사 광릉부원군에 임명되고 성종 16(1485)년 우의정으로 승차했다. 성종 17년 우의정으로 병조 판서를 겸했으며 성종 18년 우의정에서 물러나 광릉부원군 겸 병조 판서에 임명되었다. 성종 21년에는 광릉부원군이 되고 성종 22년 우의정에 임명되었고 성종 24(1493)년 영의정에 임명되었다.

연산군 1(1495)년 노환으로 영의정으로 사직하는 것을 허락 받고 광릉부원군에 봉해졌으며 연산군 1년에 죽었다. "젊었을 때 수양대군에게 높은 평가를 받았으며, 성격이 엄격하여 경학을 근본으로 삼았고 행정에도 능했다. 항상 가문의 세력이 너무 성함을 염려하여 '물(物)이 성하면 반드시 쇠하게 되나니, 스스로 만족하지 말라'고 아들들에게 경계했다. 갑자사화 때 형 극균과 조카 세좌는 주살되고, 극돈은 관작추탈의 화를 당했다."(<다음백과 사전>) 뿐만 아니라 연산군 10(1504:갑자)년에 이극배, 이극증, 이극감, 이극돈, 이극균 등의 자자손손은 모두 먼 변방으로 축출하여 영영 다시 돌아오지 못하도록 하라는 처벌을 받았다.

<연산군일기> 연군산 1(1495)년 6월 2일 첫 번째 기사에 '광릉부원군 이극배의 졸기'가 있다.

📦 평가
광릉 부원군 이극배의 졸기

…… 극배의 본관은 광주(廣州)요, 자는 겸보(謙甫)다. 증조(曾祖) 이집(李集)의 호는 둔촌(遁村)이요, 조부 이지직(李之直)은 형조 참의(刑曹參議)요, 부(父) 이인손(李仁孫)은 우의정(右議政)이다. 극배는 과거에 급제하여 승문원 부정자(承文院副正字)에 보직되었다가 사헌부 감찰(司憲府監察)로 옮겼다. 검찰관(檢察官)으로 명(明)나라 서울에 갔는데, 통사(通事) 한 사람이 금법을 범한 일이 있어 법에

의거하여 처단하고, 본국에 돌아오기 전에 사간원 정언 지제교(司諫院正言知製敎)에 제수되었다. 사헌부에서 아뢰기를 '이극배가 중국 서울에 갔을 적에 능히 일행 중에 범법한 자를 검찰하였으니, 청컨대 포장(襃獎)하소서.' 하니, 문종(文宗)은 가상히 여기며 이르기를 '당연히 승진시켜야겠다.' 하고, 얼마 안 되어 병조 겸 좌랑(兵曹兼佐郎)을 제수하고 뒤미처 정랑(正郎)으로 승진시켰다.

세조(世祖)가 내난(內難)을 진정시키고 겸 판이병조사(兼判吏兵曹事)로 일할 적에 보고서 깊이 알아주었다. 세조가 즉위하자 책훈(策勳)하여 추충좌익공신(推忠佐翼功臣)이 되었다. 정축년에 예조 참의에 제수되어 경상도 관찰사(慶尙道觀察使)를 겸직하였다. 이윽고 가선(嘉善)으로 가자(加資)하여 광릉군(廣陵君)을 봉하고 병조참판(兵曹參判)·예조 참판 겸 집현전 제학(禮曹參判兼集賢殿提學)을 역임하고, 또 가정(嘉靖)으로 가자하였다. 신숙주(申叔舟)를 따라서 야인(野人) 낭보아한(郞甫兒罕)을 정벌하고 돌아와서 자헌(資憲)에 올라 경기 관찰사(京畿觀察使)가 되고, 이조(吏曹)·병조(兵曹)·형조(刑曹)·예조(禮曹)의 판서(判書)를 역임하고, 외임(外任)으로 평안도 절도사(平安道節度使)가 되어, 백성을 어루만지고 적을 방어하는 데에 마땅함을 얻음으로써 임금은 글월을 내려 포장하고, 정헌(正憲)으로 가자함과 동시에 동도(同道) 관찰사로 옮겨 제수하였다. 예종조(睿宗朝)에 의정부 우참찬(議政府右參贊)에 제수되고, 성종조(成宗朝)에 여러 상신(相臣)의 보좌한 공을 논하게 되어, 순성 명량 좌리(純誠明亮佐理)의 호를 내리고 숭정(崇政)으로 가자하고, 또 숭록(崇祿)으로 가자하여 판중추부사를 제수하였다. 상(上)이 시학(視學)하면서 여러 상신(相臣)에게 본디 온축(蘊蓄)한 것을 진술하라고 청하자, 공은 홀로 ≪중용(中庸)≫ 구경(九經)의 요지를 논하니 임금은 아름답게 여겨 받아들였다. 기해년에 보국 숭록 영중추부사(輔國崇祿領中樞府事)를 제수하였다. 신축·임인년에 흉년이 들자 공은 진휼사(賑恤使)가 되어 백성을 많이 살렸다. 호조 판서를 겸직할 것을 명하였다. 을사년에 우의정을 제수하였다.

병오년 가을에 임금이 홍복산(洪福山)에 거둥하여 사냥을 구경하였는데, 몰이꾼이 사면으로 늘어서서 포위하자, 소낙비가 갑자기 쏟아지므로 임금은 사냥을 파하려 하니, 윤필상(尹弼商)이 아뢰기를 '짐승을 몰이하여 이미 사장(射場) 근처에까지 왔으니, 애워싸고 구경하시는 것이 옳습니다.'고 하는 것이었다. 극배는 당연히 진을 파해야 한다고 하자, 필상은 여전히 고집하니, 극배는 준절한 어조로 필상에게 말하기를 '임금의 귀중하신 몸으로 비를 무릅쓰고 오랫동안 초야(草野)에 계실 수 없는데, 지금 이같이 고집하는 것을 보니 과연 사람들이 그대더러 약삭빠르다고 한 것이 과연 그렇구나.' 하였다. 홍치 황제가 즉위할 적에 등극사(登極使)로 충임(充任)되자 노병으로써 사면하였다. 부원군을 봉하였다. 무신년 봄에 한림 시독(翰林侍讀) 동월(董越)과 급사중(給事中) 왕창(王敞)이 우리나라에 와서 등극(登極)에 대한 조서를 반포하고 돌아갈 적에 백관이 교외까지 전송하는데, 동월 등은 극배의 앞에 나와 말하기를 '참으로 노성(老成)한 재상이다.' 하였다. 신해년에 여러 번 치사(致仕)하겠다고 애걸하였으나, 임금께서 허락하지 않는다는 신한(宸翰)을 내리고 시신(侍臣)을 보내어 궤장(几杖)을 내렸다. 계축년에 영의정을 제수하니, 노병으로써 사양하므로 또 허락하지 않는다는 신한을 내렸다. 이에 이르러 병으로써 해골(骸骨)이나 선산에 묻히게 해 달라고 애걸하는 소장(疏章)을 3, 4차나 올렸다. 명하여 부원군(府院君)을 봉했는데 미구에 죽으니, 나이는 74세다.

기개가 우람하고 도량이 깊고 사상이 확고하며, 평소에 말과 웃음이 적고 경학(經學)에 독실하고, 또 이치(吏治)에 능하며, 조복의 차림새로 조정에 서면 위의가 엄연하여 사람들이 바라만 보고도 두려워하였다. 그래서 초선(貂蟬)을 달기 전부터 이미 공보(公輔)의 물망이 있었다. 정권[政柄]이 손아귀에 들어 있은 지 오래였으나, 문 앞에는 사알(私謁)이 없었고, 물(物)에 있어서도 별로 좋아하는 것이 없었으며, 일찍이 가무(歌舞)나 관현(管絃)으로써 오락을 삼지 않았다. 그리고 국가의 일을 의논함에 있어서는 대체(大體)를 잃지 않을 것을 힘쓰며, 까다롭고 세쇄한 것은 캐지 않았고, 평생에 남의 과실을 말하기를 좋아하지 않았다. 항상 가문이 크게 성한 것을 염려하여 자제들을 훈계하되 '무릇 무슨 물건이고 성하면 반드시 쇠하는 법이다. 너희들은 혹시라도 자만하지 말라.' 하고, 두 손자의 이름을 이수겸(李守謙), 이수공(李守恭)으로 지어주며, '처세하는 길은 이 두 글자보다 더 나은 것이 없다.' 하였고, 아우 극균(克均)이 손님 대접하기를 좋아하는 것을 보고 매양 경계하였다. 다만 성품이 인색하여 집에 있으면 비록 한 되 한 말의 소소한 것일지라도 참견하지 않는 것이 없었다. 시호는 익평(翼平)인데, 사려(思慮)가 심원(深遠)한 것을 익(翼), 일을 집행하는데 절제가 있는 것을 평(平)이라 한 것이다.

참고문헌

〈다음백과사전〉, 〈세종실록〉, 〈단종실록〉, 〈세조실록〉, 〈예종실록〉, 〈성종실록〉, 〈연산군일기〉, 〈광주이씨문경공파보〉

노사신(盧思愼)

본관은 교하이고 자는 자반(子般)이며 호는 보진재(葆眞齋) 또는 천은당(天隱堂)이고 시호는 문광(文匡)이다. 세종 9(1427)년에 태어나서 연산군 4(1498)년에 죽었다.

🎲 재임기간

연산군 1(1495)년 3월 20일[172] – 연산군 1(1495)년 9월 16일[173] ※ 후임 신승선

🎲 가문

아버지는 동지돈령부사 물재(物載)인데 영의정 심온의 사위이며 세종의 손아래 동서가 된다. 할아버지는 우의정 한(閈)인데 문하좌정승을 역임한 여흥인 민제의 사위이며 태종의 동서가 된다. 증조부는 천우위 대호군 균(鈞)이고 고조부는 판밀직부사 진(稹)이며 5대조는 참의정승 책(頙)인데 경녕옹주(慶寧翁主)와 결혼했으며 경양부원군에 봉해졌다. 6대조는 이부 상서 영수(穎秀)이고 7대조는 문하찬성사 경륜(景倫)이며 9대조는 문하부 좌간의대부 겸 한림원 시강학사 지제고 연(演)이다. 9대조는 식목도감사 중모(仲眸)이고 10대조는 응양상장군 안찰사 충악(沖鶚)이며 11대조는 책부상서 탁유(卓儒)이고 12대조는 문하시중 평장사 영순(永醇)이다. 13대조는 동서면 병마사 상장군 안맹(安孟)이고 14대조는 교하노씨의 시조인 태자태사 강필(康弼)이다. 원조는 호군 수(穗)이다.

장인은 청주인 첨지중추부사 경유근(慶由謹)이고 외할아버지는 청송인 영의정 심온(深溫)이다.

4남 1녀를 두었는데 1남은 공필(公弼)인데 공필(公弼)은 6조의 판서를 모두 역임하고 우찬성·영중추부사를 역임했다. 2남은 공저(公著)인데 공저는 현릉 참봉을 역임했으나 일찍 죽었다. 3남은 호조 정랑 공석(公奭)인데 공석도

---

172) 노사신을 영의정으로 신승선을 좌의정으로 정괄을 우의정으로 …
173) 노사신을 정승의 직에서 체직시키니 온 나라 시민이 서로 경하하지 않는 사람이 없습니다.

일찍 죽었으며 4남은 공유(公裕)인데 동지돈녕부사이다. 딸은 능성인 종친부 전부 구장손(具長孫)과 결혼했다. 공필의 손녀는 광평대군(廣平大君) 이여(李璵)의 손자 창안군에게 시집갔고 또 한 명의 딸은 연산군의 장모가 된다. 측실에서 2남 1녀를 두었는데 1남은 계년(繼年)이고 2남은 계종(繼宗)이다.

형은 여흥 부사 회신(懷愼)과 예빈시정 유신(由愼)이고 아우는 홍주 목사 호신(好愼)이다. 현대 인물로는 노태우 대통령이 노사신의 16세손이다.

📦 생애

영의정 심온의 외손자로 소헌왕후가 사신의 어머니와 자매이고 태종비 원경왕후는 노사신의 할머니와 자매이다. 노태우 대통령의 직계 조상이다. 글을 잘 써서 명성이 있었고 <경국대전> 편찬을 총괄했고 <동국여지승람>과 <삼국사절요>의 편찬에 참여했으며 <향약집성방>을 번역했다.

문종 1(1451)년 생원시에 합격하고 단종 1(1453)년 식년문과에 급제하여 집현전 학사에 임명되었다. 단종 2(1454)년 박사가 되었다.

세조 1(1455)년 집현전 부수찬에 임명되었으며 단종 4년 주문사의 서장관으로 명나라에 다녀왔다. 세조 5(1459)년 응교·세자시강원 문학을 역임하고 세조 6년 사헌부 지평을 역임했다. 세조 8(1462)년 승지에 임명된 뒤에 세자시강원 문학을 겸임했으며 그 뒤에 동부승지·우부승지를 역임하고 세조 9년 도승지에 올라 홍문관 직제학을 겸임했다. 세조 11(1465)년 호조 판서로 있으면서 충청도 가관찰사를 겸했으며 세조 12(1466)년 발영시와 등준시에 모두 합격하고 숭정대부에 가자되어 행호조 판서에 임명되었다. 세조 13(1467)년 호조 판서로 함길도 제장선위사를 겸하면서 명나라 군대와 함께 건주위 정벌에 나서 군공 2등을 받았다.

예종 즉위(1468)년 호조 판서로 있을 때 남이·강순 등의 역모사건을 처리한 공으로 추충정난익대공신에 녹훈되고 신성군에 봉해졌다. 예종 1(1469)년 우참찬·좌참찬·우찬성에 차례로 임명되었다.

성종 1(1470)년 우찬성으로 숭정대부에서 숭록대부로 가자되어 우찬성으로 있다가 좌찬성으로 승진했고 이어서 좌찬성으로 이조 판서를 겸했다. 성종 2(1471)년 임금을 잘 보좌하고 정치를 잘 했다는 공으로 좌리공신 3등[174]에 녹훈되었다. 그 뒤 성종 6(1475)년 좌찬성으로 이조 판서를 겸했다. 성종 7년 보국숭록대부로 가자되어 영돈녕부사가 되었으며 성종 10(1479)년 신성부원군으로 봉해졌다. 성종 14(1483)년 입거 순찰사를 역임하고 성종 16년 호조겸판서·영중추부사·호조겸판서를 역임했다. 성종 17(1486)년 진휼 겸 판호조를 역임했다. 성종 18년 우의정으로 승진하여 성종 19년 하등극사가 되어 명나라에 다녀왔고 성종 22(1491)년 영안도 체찰사를 역임하고 성종 23년 좌의정에 임명되었다.

연산군 즉위(1494)년까지 좌의정을 지내고 연산군 1(1495)년 영의정으로 승진했으나 과거시험에 처족을 억지로 합격시켰다는 탄핵을 받고 물러나 있다가 연산군 4(1498)년에 72세로 죽었다. <경국대전> 편찬을 총괄했고 <동국여지승람>·<삼국사절요>의 편찬과 <향약집성방>의 국역에 참여했다. <통감강목>을 증보했고 서거정·이세겸과 함께 <연주시격>·<황산곡시집>을 번역했다. 글을 잘하여 명성이 있었고 경서와 사서를 강론할 때 사리를 분별하여 대답하는 데 막힘이 없었다 한다.

<연산군일기> 연산군 4(1498)년 6월 9일 일곱 번째 기사에 '신성부원군 노사신의 졸기'가 있다.

🧊 평가

선성 부원군 노사신의 졸기

…… 사신의 자(字)는 자반(子胖)이요, 재호(齋號)는 보진(葆眞)이다. 교하(交河) 사람인데, 동지돈녕부사(同知敦寧府事) 물재(物載)의 아들이며, 우의정(右議政) 한(閈)의 손자이다. 젊어서 글을 읽으매, 하루에 수백 단어를 기억했으며, 경태(景泰) 계유년에 문과(文科)에 급제하여 집현전 학사(集賢殿學士)에 제수되었다가 수

---

174) 순성명량좌리공신

찬(修撰)으로 승진하였다.

......

무인년에 사간원 좌정언(司諫院左正言)에 제수되어 예문관 응교(藝文館應敎)를 거쳐 세자 문학(世子文學)으로 전임되었다. 휴가를 얻어 진위현(振威縣)을 지나다가 투숙하고 이튿날 일찍이 일어나 출발하여 두어 마장을 갔는데, 소리(小吏)가 달려오며 불러댔다. 사신은 멈추고 기다리니, 소리가 말하기를 '갑 속에 둔 붓을 잃어버려 원님이 나를 시켜 찾아오라 했다.'고 하니, 사신은 웃고 차고 있던 주머니 속에서 붓을 내어 주었다. 임오년에 승정원 동부승지(承政院同副承旨)로 뛰어올라 도승지(都承旨)로 전임되었다. 을유년에 호조 판서(戶曹判書)에 제수되고 병술년에 발영(拔英)·등준(登俊) 두 시험에 합격하였다. 무자년에 남이(南怡)·강순(康純) 등이 반역을 도모하다가 복주(伏誅)하자, 추충 정란 익대 공신(推忠靖難翊戴功臣)에 책봉되었고, 누차 승진되어 좌찬성(左贊成)에 이르렀으며, 신묘년에 성종께서 협보(夾輔)한 공을 기록하여 순성 명량 좌리 공신(純誠明亮佐理功臣)에 책봉되었다. 병신년에 선성 부원군(宣城府院君)으로 승진되고, 정유년에 우의정(右議政)으로 승진되고 임자년에 좌의정에 오르고, 갑인년에 영의정(領議政)으로 승진되고, 가을에 부원군(府院君)으로 체배(遞拜)되었으며, 12월에 치사(致仕)를 빌었는데 윤허하지 아니하였다. 무오년 9월에 병이 위독하자 왕이 승지(承旨) 홍식(洪湜)을 보내어 하고 싶은 말을 물으니, 사신은 아뢰기를 '신은 말씀드릴 것이 없사옵고 다만 상과 벌을 적중하게 할 것과 부지런히 경연(經筵)에 납시기를, 원할 뿐이옵니다.' 하였다. 나이는 72세였다. 시호를 문광(文匡)이라 하니, 박문 다견(博聞多見)을 문(文)이라 하고, 정심 대도(貞心大度)를 광(匡)이라 한다.

사신은 흉금(胸襟)이 소탈하여 겉치레를 일삼지 않고 규경(畦逕)을 생략하였으며 치산(治産)을 경영하지 않았다. 뜻이 활달하여 서사(書史)를 박람하여 관통하지 못한 것이 없었으며, 불경(佛經)·도서(道書)까지도 역시 모두 보았다. 만년에 거처하는 당(堂)을 천은당(天隱堂)이라 이름하고 옛사람의 서화(書畵)를 모아 그로써 스스로 즐겼다. 다만 세조가 일찍이 용문사(龍門寺)에 거둥하여 손으로 구름 끝을 기리키며 여러 신하들에게 이르기를 '백의(白衣)를 입은 관음(觀音)이 현상(現象)하였다.' 하니, 여러 신하들은 쳐다보기만 하고 능히 대답을 못하는데, 사신만이 크게 '관음이 저기 있다.'고 외치니, 사람들이 그 아첨을 미워하였다.

성종조에 정승이 되었으나 건명(建明)한 바는 없었고, 금상이 즉위한 처음에 수상(首相)이 되었는데, 왕이 대간(臺諫)에게 노여움을 가져 잡다가 국문하려 하니, 사신이 아뢰기를 '신은 희하(喜賀)하여 마지않는다.' 하였고, 태학생(太學生)이 부처에 대해서 간(諫)하자 귀양 보내려고 하니, 사신이 또한 찬성했으므로, 사림(士林)들이 이를 갈았다. 그러나 그 성품이 남을 기해(忮害)하는 일은 없었다.

사옥(史獄)이 일어나자, 윤필상(尹弼商)·유자광(柳子光)·성준(成俊) 등이 본시 청의(淸議)하는 선비를 미워하여, 일망타진(一網打盡)하려고 붕당(朋黨)이라 지목하니, 사신은 홀로 강력히 구원하면서 '동한(東漢)에서 명사(名士)들을 금고(禁錮)하다가 나라조차 따라서 망했으니, 청의(淸議)가 아래에 있지 못하게 해서는 아니 된다.' 하였다. 그래서 선비들이 힘입어 온전히 삶을 얻은 자가 많았다.

사신의 아들 공필(公弼)은 학식이 있고 또 경력이 많아서 세무(世務)에 숙달하였다. 그러나 그 살림을 하는 데는 사호(絲毫)라도 유기(遺棄)하지 않아 많은 선박(船舶)을 만들어서 세를 거두어 들였다. 그리고 또 서족(庶族) 노종선(盧從善)과 짝이 되어, 사방 공사간의 천인으로 누락되었거나 숨어 있는 자를 찾아내어 아전에게 소청하여 상을 받아서 나누었다. 또 유자광(柳子光)·임사홍(任士洪)과 더불어 통가(通家)의 벗을 맺으니 사람들이 이로써 그 심술이 부정함을 알았다.

참고문헌

〈문종실록〉, 〈단종실록〉, 〈세조실록〉, 〈예종실록〉, 〈성종실록〉, 〈다음백과사전〉, 〈교하노씨 세보〉, 〈국조인물고 : 비명. 홍귀달(洪貴達) 지음〉

신승선(愼承善)

본관은 거창이고 자는 계지(繼之)·원지(元之)이며 호는 사지당(仕止堂)이고 시호는 장성(章成)이다. 세종 18(1436)년에 태어나서 연산군 8(1502)년에 죽었다.

🎲 재임기간

연산군 1(1495)년 10월 4일[175] − 연산군 3(1497)년 3월 29일[176] ※ 후임 한치형

🎲 가문

아버지는 황해도 관찰사 전(詮)이고 할아버지는 형조 판서를 역임하고 우찬성에 증직된 이충(以衷)이다. 증조부는 한성부윤 증호조 판서 인도(仁道)이고 고조부는 이조 참판 사경(思敬)이다. 5대조는 상호군 유(儒)이고 6대조는 동정 원간(元幹)이며 7대조는 검교 성(成)이고 8대조는 병마사 집평(執平)이다. 9대조는 소보 세공(世功)이고 10대조는 태보 익(翼)이며 11대조는 응룡(膺龍)이며 12대조는 영린(永隣)이다.[177] 13대조는 상서 안지(安之)이고 14대조는 거창신씨의 시조 수(修)이다.

장인은 세종과 소헌왕후의 넷째 아들인 임영대군 이구(李璆)이고 영의정을 지낸 구성군 이준이 처남이다. 외할아버지는 순흥인 지고주군사 안강(安剛)이다.

1남 수근(守勤)은 좌의정인데 중종의 비인 단경왕후(端敬王后)의 아버지이고 길창부원군 권람의 딸과 결혼했다. 2남 수겸(守謙)은 형조 판서이고 3남 수영(守英)도 형조 판서인데 청천부원군 한백륜의 딸과 결혼했다. 1녀는 종친 회원군 이쟁의 장남 승평부정 이형과 결혼했고 2녀는 의령인 서산 부사 남경(南璟)과 결혼해서 성종의 딸 경순옹주(慶順翁主)와 결혼한 선성위 남치원을 낳았다. 3녀는 순흥인 부사 안환(安㻞)과 결혼했다. 4녀는 연산군의 비가 되었

---

175) 신승선을 영의정으로 정괄을 좌의정으로 …
176) 영의정 신승선의 사직을 허락하는 전교를 내리다.
177) <거창신씨상세보>에는 11대조 응룡과 12대조 영린은 실전된 것으로 나와 있다.

으나 연산군이 폐위됨에 따라 폐왕비가 되어 거창부인이 되었고 외손자는 연산군의 아들인 폐세자 창녕대군 이황이고 외손녀는 휘신공주이다.

형은 진사 승명(承命)과 한성판윤 지중추부사 승복(承福)이다.

🎲 생애

> 임영대군 이구의 사위이고 영의정 구성군 이준의 처남이며 연산군의 장인이고 중종의 비인 단경왕후의 할아버지이다. 중종반정 뒤에 아들 수근·수겸·수영이 모두 죽임을 당하였다.

단종 2(1454)년 사마시에 합격하고 돈녕부승에 임명되어 관직에 들어섰으며 세조 7(1461)년 형조 정랑에 임명되었다. 세조 9(1463)년 한성부 소윤을 거쳐 사헌부 장령이 되었으며 세조 10년 사간원 사간을 역임하고 세조 12(1466)년 당상관에 승진하여 병조 참지에 임명되었다. 병조 참지로 있으면서 이 해에 실시한 식년문과 중시에서 장원급제하고 이조 참판으로 승진했으며 같은 해에 실시한 발영시에서 3등이 되고 예문관 제학을 겸했다. 세조 13년 이조 참판 겸 예문관 제학에서 공조 참판으로 전임되고 세조 14년 병조 참판으로 전임됐다.

예종 즉위(1468)년 병조 참판으로 남이옥사를 다스린 공으로 추충정난익대공신 3등에 녹훈되고 거창군에 봉해졌다.

성종 2(1471)년 성종이 왕이 되는 데에 공이 있다 하여 좌리공신 3등에 녹훈되었고 성종 4(1473)년 충청도 관찰사를 겸했다. 성종 7(1476)년 천추사가 되어 명나라에 다녀왔고 성종 9년 지돈녕부사에 임명되었다. 성종 10(1479)년 평양 선위사로 파견되었고 성종 12(1481)년 동지돈녕부사를 거쳐 공조 판서로 임명되었는데 공조 판서로 성절사가 되어 명나라에 다녀와서 의금부 지사를 겸하면서 성종 15(1484)년에는 세지빈객까지 겸했다. 성종 17(1486)년 병조 판서에 임명되어 특진관을 겸했고 자헌대부로 가자되었다. 성종 18년 딸이 세자빈으로 간택되자 정헌대부로 가자되어 의정부 좌참찬에 제수되었고 성종 19년 한성부 판윤으로 전임되었다. 성종 20(1489)년 예조 판서로 전임되고 성종 22년 이조 판서로 전임되어 사소대장을 겸했다. 숭정대부로 가자되었으나 병으로 이조 판서에서 물러났고 성종 25(1494)년 숭록대부로 가자되어 우의정으로 승진했다.

연산군 즉위(1494)년 우의정으로 원상이 되었고 연산군 1(1495)년 좌의정·영의정으로 연달아 승진하고 거창부원군에 봉해졌다. 연산군 3년 병으로 영의정에서 사직하고 거창부원군으로 영경연사를 겸했다. 연산군 8년에 죽었다.

<연산군일기> 연산군 8(1502)년 5월 29일자 두 번째 기사에 '거창부원군 신승선의 졸기'가 있다.

📦 평가

거창 부원군 신승선의 졸기

······ 시호(諡號)를 장성(章成)이라 내리니, 온화(溫和)하여 올바른 몸가짐을 하는 것[溫克令儀]이 장(章)이요, 임금을 보필하여 끝맺음을 잘하는 것[佐相克終]이 성(成)이다.

승선은 젊었을 때에 용모가 아름다워서 뽑혀 임영 대군(臨瀛大君)의 사위가 되었다. 일찍이 문과(文科)에 응시하였으나 합격하지 못했는데, 세조(世祖)께서 상제(上第)로 뽑았다. 여러 관직을 거쳐 이조 판서에 이르렀는데, 성종(成宗)께서 그 딸을 맞이하여 세자빈(世子嬪)으로 삼았다. 갑인년 겨울에 우의정에 발탁되었다가 왕(연산군)이 즉위하매, 영의정이 되었다. 사람됨이 연약하기가 부녀자와 같아서 아무런 건의한 일이 없고 직무에 게으르고 녹만 먹으며 있으나마나 하므로, 당시 사람들이 죽반승(粥飯僧)이라 하였다.

아들 세 사람이 있었으니, 수근(守勤)·수겸(守謙)·수영(守英)이다. 수근은 성질이 음험하여 남을 해치고 세력을 믿고서 거만하여 자기에게 거슬리는 사람이 있으면 문득 배척하고, 남의 재물 빼앗기를 자기 것처럼 하여, 심지어

_223

남의 가옥·전답 등을 빼앗고도 뻔뻔스럽게 부끄러워하지 않았으며, 세력이 불꽃처럼 대단하니 조정 사람들이 눈 흘겨 보았다. 수겸은 용렬하고 경망하며 무식하였으니, 다만 한 젖내 나는 어린애였으며, 수영은 욕심 많고 방종하며 음험하고 교활함이 수근과 비등한데, 성질내고 거스르며 남을 해침은 수근보다도 더하였다.

▶참고문헌

〈단종실록〉, 〈세조실록〉, 〈예종실록〉, 〈성종실록〉, 〈연산군일기〉, 〈다음백과사전〉, 〈거창신씨상세보〉

한치형(韓致亨)

본관은 청주이고 자는 통지(通之)이며 시호는 질경(質敬)이다. 세종 16(1434)년에 태어나서 연산군 8(1502)년에 죽었다.

재임기간

연산군 6(1500)년 4월 11일[178] – 연산군 8(1502)년 10월 3일[179] ※ 후임 성준

가문

친아버지는 공조 정랑 시(砃)이고 양아버지는 황해도 관찰사 전(碩)이며[180] 할아버지 영정(永矴)은 순창 군사이다. 영정은 3남 2녀를 두었다. 1남은 좌의정이며 덕종의 국구인 확(確)이고 2남은 전(碩)이며 3남은 시(砃)이다. 1녀는 명나라 태종의 여비(麗妃)이고 2녀는 명나라 선종의 공신부인(恭愼夫人)이다. 증조부는 신호위 녹사(神虎衛錄事) 영(寧)이고 고조부는 첨의부찬성사 방신(方信)이다. 5대조는 충선왕 때 좌리공신에 녹훈된 도첨의 우정승 악(渥)이고 6대조는 보문각 제학 사기(謝奇)다. 7대조는 첨의중찬 강(康)이고 8대조는 좌복야 광윤(光胤)이며 9대조는 검교신호위 상장군 희유(希愈)이고 10대조는 상서성 좌복야 혁(奕)이다. 11대조는 별장 상휴(尙休)고 12대조는 용호군 교위 영(穎)이다. 13대조 난(蘭)은 청주한씨의 시조인데 고려 개국공신이며 문하태위를 역임했다.

장인은 초배는 양녕대군 이제(李禔)이고 계배는 우연(禹挻)이며 외할아버지는 한양인 중군도총제 조서(趙敍)이다.

아들은 황간 현감 적(迪)이고 손자는 첨절제사 승경(承慶)이며 증손은 예조 좌랑 개(槪)다. 사위는 서포 별제 임유침(林有琛)이고 외손자는 임세창(林世昌), 임세방(林世芳), 임세분(林世賁)이다. 형은 치원(致元)이고 아우는 치량(致良)과 치

---

178) 한치형을 의정부 영의정으로 성준을 좌의정으로 이극균을 우의정으로 …
179) 영의정 한치형이 죽었다.
180) <청주한씨제6교대동족보>에는 양자로 간 기록이 없다.

미(致美)다.

　　방계로는 중부 확(確)은 덕종의 국구이며 소혜왕후(인수대비)의 친정아버지이다. 확의 아들은 치인(致仁), 치의(致義), 치레(致禮)이고 딸은 소혜왕후와 전선군부인(계양군의 부인)이다. 고모는 명나라 영락제의 후궁 여비 한씨와 명나라 선덕제의 후궁 공신부인이다. 따라서 조선의 왕실은 물론 명나라와 황실과 몇 겹의 혼맥으로 연결되어 있다.

🗃 생애

> 양녕대군의 사위이며 덕종의 국구인 좌의정 확의 조카이고 소혜왕후의 사촌 오빠이다. 큰고모는 명나라 영락제(태종)의 여비이고 둘째고모는 명나라 선종의 공신부인이다. 여비가 영락제의 신임을 받을 때 성종조의 대 중국 외교 분야에서 큰 활약을 했다. 노사신·유자광과 함께 무오사화를 일으켜 김일손 등 사림파를 제거했다. 죽은 뒤에 갑자사화가 일어나 부관참시되고 일족이 참화를 입었다.

　　문종 1(1451)년 음보로 관직에 올라 단종 1(1453)년 사온 직장이 되었다.

　　세조 1(1455) 부승(副丞)에 올라 원종공신이 되었다. 세조 9년 사헌부 장령에 임명되었고 세조 13년 장례원 판결사에 임명되고 이어서 좌부승지로 전임되어 이조를 관장했다. 우승지로 승차한 뒤에 좌승지가 되었는데 이때 평안도 별선위사로 나갔다가 이조 참판에 임명되고 이어서 호조 참판으로 전임되었다.

　　예종 즉위(1468)년 함길남도 관찰사를 역임하고 예종 1(1469)년 동중추부동지사로 도총관을 겸하였다.

　　성종 즉위(1469)년에 가선대부로 가자되어 중추부동지사를 역임하고 성종 1(1470)년 사헌부 대사헌에 임명되었다. 성종 2년 구성군 이준을 제거한 공으로 좌리공신 3등에 녹훈되고 청성군에 봉해졌다. 이어서 형조 판서로 승차하고 성종 4년 개성부 유수로 전임되었다. 성종 6년 청성군으로 경기도 관찰사를 겸하였고 성종 9년 성절사로 명나라에 다녀왔다. 한치형의 고모는 명나라 영락제의 후궁인 여비 한씨와 명나라 선덕제의 후궁인 공신부인인데 이때 여비 한씨가 영락제의 총애를 받자 주청사·성절사·사은사로 여러 차례 다녀오는 등 성종조의 대중국 외교 분야에 많은 활동을 했다. 명나라에서 돌아온 뒤 지중추부사에 임명되었으며 이듬해인 성종 10년 한성부 판윤에 임명되었다. 성종 11(1480)년 공조 판서에 임명되었다가 지중추부사가 되었는데 이때 다시 사은사가 되어 명나라에 다녀왔다. 성종 12년 호조 판서에 제수되었고 또다시 성절사로 명나라에 다녀왔다. 이어서 의정부 좌참찬에 임명되었고 성종 13(1482)년 의금부 판사로 있을 때 어머니의 상을 당하여 벼슬에서 물러나 있었으나 성종 15년 다시 성절사로 명나라에 다녀왔다. 이어서 종1품 숭정대부로 가자되어 청성군으로 있다가 성종 16(1485)년 경상도 진휼사로 나가서 백성들을 구제하고 돌아왔다. 성종 17년 한성부 판윤으로 있을 때 명나라의 여비 한씨가 죽었다. 형조 판서로 전임되고 성종 18(1487)년 성절사가 되어 명나라에 가려하였으나 병으로 못가고 성절사를 한찬(韓儧)[181]으로 바꾸었다. 경상도 관찰사에 임명되었다가 성종 19(1488)년 좌상대장이 되고 성종 20년 유도대장을 역임하였다. 성종 22(1491)년 사헌부 대사헌·병조 판서에 임명되었다. 성종 24(1493)년 평안도 도체찰사를 역임하고 의정부 좌찬성으로 승진했다.

연산군 1(1495)년 의정부 좌찬성으로 대사헌과 판의금부사를 겸하였으며 연산군 2(1497)년 우의정으로 승차하였다. 연산군 4(1498)년 좌의정으로 전임하고 대왕대비가 죽었다. 이 해에 무오사화가 일어났는데 한치형은 노사신·유자광 등과 함께 사림파 관료 제거에 힘썼다. 연산군 6(1500)년 영의정으로 승진했는데 연산군의 지나친 방종과 공신사전의 몰수 움직임에 반대하여 미움을 받았다. 연산군 8년 영의정으로 세자사를 겸하였으나 이 해에 69세로 죽었다.

죽은 뒤 2년이 지나 연산군 10(1504)년 임사홍이 연산군에게 생모인 윤비의 폐위·사사 사건을 고함으로 야기된 갑자사화에서 효수(부관참시)당

---

181) 한확의 손자이며 한치인의 아들이다. 소혜왕후의 친정 조카이다.

하였으며 한치형이 세운 비융사가 혁파되었다. 또 "죄받지 않은 형제 및 자손의 뿌리를 캐서 악을 제거하라."는 명에 따라 일가가 참화를 입었다. 중종반정이 성공한 뒤인 중종 1(1506)년 신원되고 예로 장사를 지내고 제사지냈다.

<연산군일기> 연산군 8(1502)년 10월 3일 첫 번째 기사에 '영의정 한치형의 졸기'가 있다.

🗳 평가

영의정 한치형의 졸기

…… 그의 자(字)는 통지(通之)요. 소혜 왕후(昭惠王后)의 사촌 오라버니다. 약관(弱冠) 때 혜장 대왕(惠莊大王)께서 불러 보고 군직(軍職)에 임명하였고, 여러 번 전직(轉職)하여 사헌부 감찰(監察)·장령(掌令)·사복시 소윤(司僕寺少尹)이 되었다. 성화(成化) 3년에 장례원(掌隸院)의 판결사(判決事)에 임명되었으며, 얼마 안 되어 승정원의 좌부승지(左副承旨)로 발탁되었다가 좌승지로 전임(轉任)되고, 이조 참판(吏曹參判)으로 승진되었다. 무자년에 함길도(咸吉道) 관찰사에 임명되고, 돌아와서 사헌부 대사헌(大司憲)으로 임명되었다. 신묘년에 좌리 공신(佐理功臣)으로 책록(策錄)되고 잠시 후에 형조 판서로 승진되었으며 여러 차례 호조 판서·병조 판서로 전임되었다가 의정부 좌찬성(左贊成)으로 승진되었다. 병진년에 우의정에 승진하고 전임되어 영의정에 이르렀다. 이때에 죽으니 나이가 69세다. 시호(諡號)는 질경(質景)이니, 충성스럽고 정직하여 간사함이 없어서[忠正無邪] 질(質)이라 했고 의리에 의하여 성사하여 [由義而濟] 경(景)이라 했다.

성품이 순박하고 침착하여 말이 적었으며 실지를 속여 겉을 꾸미는 것을 일삼지 않았다. 관직에 있어서는 부지런하고 조심하여 사의(私意)로써 법을 굽히지 않았다. 집정(執政)이 일찍이 한치형을 위하여 그의 외손(外孫)에게 벼슬을 주려고 하니, 이를 제지해 말하기를 '이 늙은 것 때문에 벼슬을 어리석은 아이에게 줄 수는 없다.' 하고는 마침내 허락하지 않았다. 네 조정을 내리 섬겨 벼슬이 영의정에 이르렀는데, 비록 큰 공적은 없지마는 또한 드러난 과실도 없었다. 연산군(燕山君)이 정치를 어지럽힐 때를 당하여 누차 검소(儉素)와 절용할 것을 아뢰다가 이로 인하여 비위를 거슬렀고 화(禍)가 죽은 뒤에까지 미쳤으니, 슬픈 일이다. 다만 배우지 못하여 학술(學術)이 없어서 일을 만나면 막히는 것이 많았다.

참고문헌

〈국조인물고 : 묘지명. 홍귀달(洪貴達) 지음〉, 〈다음백과사전〉, 〈문종실록〉, 〈단종실록〉, 〈세조실록〉, 〈예종실록〉, 〈성종실록〉, 〈연산군일기〉, 〈청주한씨제6교대동족보〉

성 준(成俊)

본관은 창녕이고 자는 시좌(時佐)이며 시호는 명숙(明肅)이다. 세종 18(1436)년에 태어나서 연산군 10(1504)년에 죽었다.

재임기간

연산군 9(1503)년 1월 4일[182]－연산군 10(1504)년 윤 4월 5일[183] ※ 후임 유순

가문

아버지는 순조(順祖)인데 형조 참판과 동지중추부사를 역임했으며 할아버지 엄(揜)은 동지중추부사를 역임했다. 증조부 석연(石珚)은 영의정 석린(石璘)의 아우로 예조 판서 · 형조 판서 · 양관대제학을 역임했고 고조부는 첨서밀직 · 정당문학을 역임한 창녕부원군 여완(汝完)이다. 5대조는 판도총랑 군미(君美)이고 6대조는 전객서 부령 공필(公弼)이다. 7대조는 문하시중 송국(松國)이고 8대조는 창녕성씨의 시조인 인보(仁輔)다. 인보는 호장 중윤을 역임했다.

장인은 공조 참의 이계기(李啓基)이고 외할아버지는 전주인 동지총제 이난(李蘭)이다.

3남 1녀를 두었는데 1남 계온(季溫)은 아버지가 참화를 당할 때 함께 죽임을 당했고, 2남 중온(仲溫)은 도총부 지평을 역임했으나 아버지 준과 함께 화를 당했다. 3남 경온(景溫)은 아우 이조 판서 건(健)에 입양되었고 공조 정랑을 역임했는데 역시 아버지 준과 함께 참화를 당하였다. 딸은 사섬시 부정 한절(韓岊)과 결혼하여 1남을 낳았는데 한형윤(韓亨允)이다.

182) 성준을 의정부 영의정 세자사로 이극균을 좌의정 세자부로 유순을 우의정으로 …
183) 윤 4월 4일 : 영의정 성준이 오랜 병중에 평교자에 실려 단봉문 안으로 와서 … 병으로 사면하니 … 술을 대접했다. 윤 4월 5일 금구에 부처, 5월 4일 효수하게 하다.

🎲 생애

갑자사화 때 성종의 비인 윤씨의 폐위와 관련되어 직산에 유배되었다가 영의정으로 있을 때 연산군의 허물을 아뢴 사실이 추론되어 서울로 잡혀 와서 효수되었다. 한치형·이극균과 함께 시폐 십조를 주청하여 연산군의 난정을 막으려 했으나 실패했다.

세조 2(1456)년 사마시에 합격하고 세조 4(1458)년 식년문과에 급제했다. 승문원에 들어가 정자·저작이 되었고 세조 8(1462)년 승정원 주서에 임명되었으며 세조 9년 홍문관 정자와 주부 겸 세자 사경을 거쳐 세조 10년 이조 좌랑과 병조 좌랑에 임명되었다.

예종조에서 사헌부 장령에 임명되었다가 언사(言事)가 나쁘다 하여 파직되었다. 성종 1(1469)년 세자가 책봉되지 않아 문을 닫았던 시강원 필선에 특별히 임명되었다가 성균관 사예·사간원 사간을 차례로 역임했다. 성종 2년 절충장군 행 대호군을 거쳐 대사간에 이르렀으나 성종 4(1473)년 어떤 일로 추국당한 뒤 파직되었다. 이때 아버지 상을 당하여 벼슬에서 물러났다가 복제를 마치고 성종 7년 이조 참의에 임명되었으나 성종 8년 어머니 상을 당했다. 성종 10(1479)년 상을 마치고 전라도 관찰사에 임명되었고 성종 11년 절충장군 첨지중추부사에 임명되었다. 성종 12(1481)년 이조 참의를 거쳐 우부승지·좌부승지를 역임하고 성종 13년 우승지·형조 참판을 역임하고 동지중추부사에 임명되어 세자우빈객과 도총부 도총관을 겸했다. 성종 14년 우부빈객에 제수되었다. 성종 15(1484)년 한성부 우윤·병조 참판·경기도 관찰사를 역임하고 성종 16년 자헌대부로 가자되어 형조 판서로 승진하고 세자좌빈객을 겸했다. 성종 17년 영안도 관찰사 겸 영흥 부윤에 임명되었고 성종 19(1488)년 사헌부 대사헌·이조 판서에 임명되었다. 성종 21년 우참찬 겸 도총관에 제수된 뒤 성절사가 되어 명나라에 다녀왔다. 성종 22(1491)년 영안북도 절도사로 있을 때 북정 부원수가 되어 도원수 허종(許琮)과 함께 도내에 쳐들어온 야인을 정벌했다. 숙종 23년 다시 영안도 관찰사에 제수되었다가 성종 25년 병조 판서에 임명되었다.

연산군 2(1496)년 성종 때부터 재임하던 병조 판서에서 우찬성으로 전임된 뒤 도총관을 겸하다가 연산군 4(1498)년 우의정으로 승차했으며 연산군 4년 서정장수가 되어 삼수군에 쳐들어온 야인을 정벌했다. 연산군 6년 우의정에서 잠시 물러나 있다가 그 해에 좌의정 겸 세자부에 임명 되었다. 이때에 연산군의 난정을 시정하기 위해 시폐 10조를 주청했으나 실효를 거두지 못했다. 연산군 8년 세자부가 되었으며 연산군 9(1503)년 영의정에 올라 세자사를 겸했으나 연산군 10(1504)년 병으로 사직했다. 사직한 뒤에 연산군 어머니 윤씨의 복위 문제로 갑자사화가 일어나자 그 사건에 연루되어 금구에 부처되었다가 직산에 유배되었다. 유배된 뒤에 5월에 영의정으로 있을 때 임금(연산군)의 허물을 논하며 아뢴 사실이 추론되어 결국 서울로 잡혀와 연산군 10(1504)년 5월 4일 69세로 효수형에 처해졌다.[184] 중종 때 복관되었고 예를 갖추어 장사지냈다.[185]

<연산군일기> 연산군 10(1504)년 5월 4일 네 번째 기사에 '성준을 문 밖에서 효수하게 하다.'는 기록이 있다.

🎁 평가

성준을 문 밖에서 효수하게 하다

의금부가 아뢰기를, "성준(成俊)을 문 밖에서 교수하되, 낭청(郎廳)에게 처형을 감독하게 하리까?" 하니, 전교하기를, "아뢴 대로 하라. 그런데 이계남(李季男)으로 하여금 의금부에 가서 준에게 전교하도록 하라." 하였다.

---

184) 처형 과정을 <연산군일기>에서 간추리면 다음과 같다. 5월 15일 : 동성과 이성 8촌의 족친을 써서 아뢰라. 5월 17일 : 뿌리를 끊어버리기 위함이니 나이에 관계없이 정배하고 장 때려라. 5월 20일 : 성준, 한치형 만나서 간청한 사람 모두 금부에 가두라. 5월 27일 : 왕래한 사람 모두 아뢰라, 6월 15일 : 아들 중온, 경혼 중형에 처하라, 5월 16일 : 처형하고 가산 몰수하라. 7월 1일 : 조카 맹온을 부관참시하라. 8월 29일 : 집 3채를 구성군 이준, 신수영, 윤탕로에게 나누어 주라.

185) <중종실록>에는 복관 과정이 기술되어 있는데 중종 1년 연안부에 묻어둔 성준, 이극균의 두 골을 예로써 거두어 장사지내라는 명을 내렸으며 정인지, 정창손, 한명회, 심회, 윤필상, 어세겸, 한치형도 예로써 장사 지낸 뒤 전을 올리라는 명을 내렸다.

계남이 돌아와서 복명하니, 전교하기를, "준(俊)을 군기시(軍器寺) 앞에서 교수하되, 백관들이 차례로 서서 보게 하라." 하니, 계남이 아뢰기를, "준이 나간 지 이미 오래니 벌써 교수한 것 같습니다. 그러나 곧 낭청과 옥졸을 달려보내면 혹 될 수도 있을 것 같습니다." 하고, 곧 낭청·옥졸을 달려보내어, 준을 노량(露梁)까지 쫓아가서 군기시 앞으로 돌려다가 교수하였다.

전교하기를, "준은 재상이라 후히 장사할 리가 없지 않으니, 어느 곳에서 어떻게 장사하는지를 알아서 아뢰라." 하였다.

연산 53권, 10년(1504 갑자 / 명 홍치(弘治) 17년) 5월 8일(정유) 11번째 기사
성준 등의 장사한 상황을 아뢰게 하다

전교하기를, "성준(成俊)이 교수된 지 며칠 만에 시신을 거두었는지, 염습(斂襲)하여 장사한 상황을 모두 상고하여 아뢰라. 그 밖에 참형(斬刑)된 사람의 시신을 장사한 상황도 상고하라. 난신(亂臣)이라도 나중에는 묻어야 하나, 이런 죄인의 시체는 구렁 속에 버리고 그 죄명을 돌에 깊이 새겨 후세 사람들이 그 사람의 죄악을 알게 하여야 한다." 하였다.

참고문헌

〈세조실록〉, 〈성종실록〉, 〈연산군일기〉, 〈다음백과사전〉, 〈 창녕성씨 상곡공파보〉, 〈국조인물고 : 비명. 신용개(申用漑) 지음〉

유 순(柳洵)

본관은 문화이고 자는 희명(希明)이며 호는 노포당(老圃堂)이고 시호는 문희(文僖)이다. 세종 23(1441)년에 태어나서 중종 12(1517)년에 죽었다.

🎲 재임기간

연산군 10(1504)년 윤 4월 26일-중종 4(1509)년 윤 9월 27일[186] ※ 후임 박원종
중종 9(1514)년 10월 1일-중종 11(1516)년 4월 6일[187] ※ 후임 정광필

🎲 가문

아버지는 세자익위사 좌세마 사공(思恭)이고 할아버지는 한성부 판관 종(淙)이다. 증조부는 상의중추원사(商議中樞院事) 원지(原之)이고 고조부는 문하시랑 평장사로 왕자의 난에서 방석의 편에 서서 방원 일파로부터 죽음을 당한 만수(曼殊)이다. 5대조는 우부대언 총(總)이고 6대조는 첨의찬성사(僉議贊成事)·예문관 대제학 돈(墩)이며 7대조는 동지추밀원사 승(陞)이고 8대조는 첨의중찬 수문전 집정태학사 경(璥)이며 9대조는 상서성 좌복야 택(澤)이다. 10대조는 정당문학 첨지정사 공권(公權)이고 11대조는 소감 총(寵)이며 12대조는 소감 보춘(寶春)이다. 13대조는 검교대장군 노일(盧一)이고 14대조는 대장군 금환(金奐)이며 15대조는 효금(孝金)이다. 16대조는 문화유씨의 시조인 좌윤 차달(車達)이다.

장인은 단양인 통례 장계(張繼)이고 외할아버지는 남양인 종성 절제사 홍상직(洪尙直)이다.

아들은 2명인데 1남 응룡(應龍)은 정국공신 4등에 올라 이조 참판을 역임했다. 2남은 군기시 판관 응대(應臺)이다. 응룡이 경원(敬元)과 경장(敬長)을 낳았는데 경원은 경력이고 경장은 풍기 군수다. 증손자 덕남(德男)은 상원 군수이고 성남(成男)은 예빈시 부정이다.

---

186) 유순을 문성부원군으로 박원종을 영의정으로 …
187) 영의정 유순이 사직하니 전교하기를 … 이래서 윤허하는 것이다.

생애

갑자사화 뒤에 영의정에 올라 중종반정에 참여하지 않았으나 반정공신에 녹훈되었다. 연산군 5년 압록강 연안에 노략질하는 야인 정벌을 계획할 때 신수근과 함께 때가 아니라는 이유로 중단시켰다.

세조 5(1459)년 사마시에 장원하여 생원이 되고 세조 8(1462)년 식년문과에서 정과로 급제하고 예문관에 들어갔다. 세조 12(1466)년 문과 중시와 발영시에 각각 3등으로 합격하고 이조 정랑에 임명되었다.

성종 1(1470)년 홍문관 부제학으로 경연 시강관으로 활약했는데 시문에 능해 성종의 총애를 받았다. 성종 3(1472)년 이조 정랑에 임명됐고 성종 5년에는 예문관 부응교에 임명됐으며 성종 6(1475)년 예문관 응교에 임명되었다. 성종 8년 전한을 역임하고 성종 9(1478)년 홍문관 부제학 · 동부승지 · 우승지 · 우부승지를 역임하고 성종 10년 직제학에 임명되었다. 성종 13(1482)년 병조 참지에 임명되었으며 성종 14년에는 부제학 · 전라도 관찰사에 임명되었다. 성종 15(1484)년 공조 참판 · 대사헌에 임명되었고 성종 16(1485)년 예조 참판으로 충청도 진휼사로 파견되었다. 성종 17년 동지중추부사 · 형조 참판에 임명되었고 성종 18년 형조 참판으로 천추사가 되어 명나라에 다녀와서 동지중추부사 · 지중추부사 · 동지중추부사 · 형조 참판을 역임했다. 성종 19년 황해도 관찰사에 제수되었고 성종 20년 공조 참판을 역임하고 병조 참판으로 전임되어 동지성균관사를 겸했다. 성종 21(1490)년 대사헌에 제수되었으나 어떤 일로 파직되고 관작이 삭탈되었다가 직첩을 돌려받고 동지중추부사에 임명되었다가 개성 유수로 전임되었다. 성종 23년 대사성 · 동지중추부사를 역임했으며 성종 24(1493)년 첨지중추부사 · 동지중추부사 · 공조 판서에 차례로 임명되었으며 성종이 죽자 산릉도감 제조로 산역을 다스렸다.

연산군 1(1495)년 형조 판서로 지춘추관사와 동지경연사를 겸하다가 이조 판서로 전임되었다. 연산군 3년 도총관에 임명되었고 연산군 4(1498)년 한성부 판윤을 역임하고 <성종실록> 찬수에 참여했으며 무오사화 때 파직되기도 했다. 연산군 5년 형조 판서로 임명되었는데 이때 압록강 연안에서 노략질을 일삼는 야인을 정벌하려는 계획이 논의되자 신수근(愼守勤)과 함께 정벌의 때가 아님을 역설하여 중단시켰다. 연산군 6년 의정부 좌참찬에 임명되고 연산군 7(1501)년 호조 판서에 임명되었고 연산군 8(1502)년 우찬성으로 승진했다. 시문에 능한 10인에 선발되어 시수상(詩首相)이라는 칭찬을 들었다. 연산군의 폭정이 심해지자 관직에서 물러나고자 했으나 허락되지 않았고 연산군 9년 우의정으로 승진했다. 연산군 10(1504)년 좌의정으로 승진했는데 이때 인수대비가 흉서했고 갑자사화가 일어난 뒤에 영의정에 올랐다.

중종 1(1506)년 박원종·성희안·유순정에 의해 중종반정이 단행되자 영의정으로 중종 2년 병충분의익문정국추성보사우세정난공신에 녹훈되고 대광보국숭록대부 의정부 영의정 문성부원군에 봉해졌다. 실제로 반정에 참여하지 않았기 때문에 여러 차례에 걸쳐 사임을 요청했으나 받아들여지지 않았다. 중종 4년 연산조의 충신이었다는 대간들의 탄핵을 받고 극구 사양하여 영의정에서 사직했다. 그 뒤에 문성부원군이 되었으며 중종 5년 궤장을 하사받았다. 중종 9(1514)년 다시 영의정에 올랐다가 중종 11년 영의정에서 사직하고 문성부원군으로 있다가 중종 12(1517)년 77세로 죽었다.

유순은 어려서부터 독서를 좋아하고 일찍이 <금릉사>를 지었는데 의미가 장중하고 성실해 널리 회자됐다. 자학(字學)에 매우 정밀하고 의학·지리학에도 조예가 있었다. 서거정 등과 <역주시격>을 한글로 번역했다.

<중종실록> 중종 12(1517)년 5월 30일 두 번째 기사에 '문성부원군 유순의 졸기'가 있다.

🎁 평가
문성 부원군 유순의 졸기

......

　사신은 논한다. 유순(柳洵)은 위인이 나약하고 줏대가 없으며, 젊어서부터 오직 공명(功名)에만 마음을 써서, 여러 대를 섬기며 화려하고 중요한 직책을 지내었어도 한 번도 실수를 한 일이 없었다. 그가 재상이 되었을 때는 오직 성명(性命)을 보전(保全)할 것만 힘쓰고 정사(政事)를 건의한 것이 없었으며 연산군(燕山君) 말년에 수상이 되어서는 연산의 무도(無道)함이 극에 이르렀는데도 그 눈치만 살피고 두려워하여 감히 한 마디 바로잡는 말을 해 본 일이 없었다. 또 물러가 피하려는 생각도 없어 연산이 무엇을 물으면 아무리 패려(悖戾)한 말에도 반드시 '상교(上敎)가 윤당(允當)하십니다.' 하고 답하여, 사람들은 그를 '윤당 재상(允當宰相)'이라 불렀고 또 풍도(馮道)에 비하는 이도 있었다. 반정(反正)하던 날에는 박원종(朴元宗)·성희안(成希顔) 등이 거사(擧事)한다는 말을 듣고는 어쩔 줄을 몰라 말도 못하다가 집사람에게 이르기를 '박공(朴公)이 임금이 되었는가, 성공(成公)이 임금이 되었는가?' 하였다. 그리고 정국 공신(靖國功臣)에 참록(參錄)되어 계속 그 자리에 있으니, 사림(士林) 가운데 그를 경멸하고 욕하는 이가 많았는데도 물러갈 줄을 몰랐다. 다만 독서(讀書)를 좋아하고, 만년에는 더욱 사부(詞賦)를 잘하여 그의 저술 가운데는 볼만한 것이 많이 있다. 그러나 사림에서는 그를 마땅치 않게 여겨서 그의 문사(文詞)까지도 취하지 아니하였다. 또 당초에 그를 때려죽이자는 논의가 있었는데 도리어 훈록(勳錄)에 끼었고, 그 아들 유응룡(柳應龍)도 녹훈되었으니, 그때 공을 기록하는 일이 얼마나 지나쳤는가를 알 만하다.

참고문헌

〈다음백과사전〉, 〈세조실록〉, 〈성종실록〉, 〈연산군일기〉, 〈중종실록〉, 〈문화유씨세보〉

본관은 순천이고 자는 백윤(伯胤)이며 시호는 무열(武烈)이다. 세조 13(1467)년에 태어나서 중종 5(1510)년에 죽었다.

🏛 재임기간

중종 4(1509)년 윤 9월 27일[188] — 중종 5(1510)년 3월 6일[189] ※ 후임 김수동

🏛 가문

아버지는 무과에 장원하고 병조 판서·호조 판서·이조 판서·판돈녕부사를 역임하고 신성군에 봉해진 중선(仲善)이고 할아버지는 거소(去疎)인데 부지돈령부사를 역임하고 평양군에 봉해졌다. 거소는 영의정 심온의 사위이며 세종의 동서이다.[190] 증조부는 대제학 석명(錫命)인데 좌명공신에 녹훈되었고 지의정부사를 역임했다. 고조부는 검교 우의정 평양군 가흥(可興)이다. 5대조는 도첨의시중으로 평양부원군에 봉해진 천상(天祥)이고 6대조는 검교 이부시랑 원룡(元龍)이다. 7대조는 고려 보문각 대제학 숙정(淑貞)이고 8대조와 9대조는 실전되었고 10대조는 영규(英規)다.

장인은 파평인 사복시 부정 윤정란(尹正磏)이고 처할아버지는 정현옹주(貞顯翁主)와 결혼한 부마 영천부원군 윤사로(尹師路)이며 외할아버지는 양천인 중추부 허중균(許中稛)이다.

누이들과 결혼한 사람들은 월산대군 이정(李婷), 영산인 선전관 신무정(辛武鼎), 고성인 현감 이탁(李鐸), 청주인 정랑 한익(韓翊)[191], 파평인 영돈녕부사 파평부원군 윤여필(尹汝弼), 청풍인 부사 김준(金浚), 제안대군 이연(李㳩), 소위장군 이인석(李引錫)이다.

---

188) 박원종을 영의정으로 유순정을 좌의정 겸 병조 판서로 성희안을 우의정으로 …
189) 김수동을 영의정으로 박원종을 평성부원군·영경연으로 삼았다.
190) 아들이 넷인데 중선(仲善), 숙선(叔善), 계선(季善), 승선(承善)이다.
191) 한익은 영돈녕부사 한치례(韓致禮)의 아들이다.

아들을 낳지 못했다. 측실에서 운(雲)을 낳았는데 음덕으로 선략장군 부호군을 역임했다.

아버지의 외숙부는 영의정 심회이고 세종이 이모부이며 강석덕이 이모부이다. 따라서 문종과 세조가 이종이고 강희안과 강희맹이 이종이다.

조카들은 이온(而醞)이 철원 부사를 역임하고 공조 판서에 증직되고 승평군에 봉해졌고, 이량(而良)은 참의이고 이공(而恭)은 생원이며 이검(而儉)은 공조 판서를 역임한 양평공이고 이양(而讓)은 현감이다.

📦 생애

> 월산대군의 처남이자 제안대군의 처남이며 장경왕후의 외숙이고 대윤의 영수인 윤임의 외숙이다. 성희안·유순정과 함께 중종반정을 주도했다.

음보로 무반에 등용되어 호군이 되었고 성종 17(1486)년 선전관에 등용된 뒤 무과에 급제하여 훈련원 판관으로 선전내승을 겸했다. 성종 21(1490)년 훈련원 첨정에 임명되었고 부정으로 옮겼다. 성종 22년 무신 재주시험에서 우등했으며 성종 23년 통정대부로 가자된 뒤에 성종의 특지로 동부승지에 임명되었으나 사헌부의 반대로 동부승지에서 물러나 공조 참의에 임명되었다. 성종 24(1493)년 병조 참지를 역임하고 성종 25년 병조 참의에 임명되었다.

연산군 1(1495)년 경상도 절도사로 나갔다가 돌아 와서 첨지중추부사가 되었다. 연산군 4년 이조 참의·병조 참의·동부승지를 역임하고 우부승지에 임명되었다. 연산군 6(1500)년 평안도 병마절도사에 임명되었으나 늙은 어머니를 봉양하기 위해 사양하고 동지중추부사에 임명되어 부총관을 겸했고 공을 인정받아 평성군에 봉해졌다. 이어서 한성부 우윤으로 전임되어 도총부 도총관을 역임했다. 연산군 8(1502)년 강원도 관찰사로 외직에 나갔다가 연산군 9년 평성군으로 의금부 동지사(동지의금부사)를 겸했다. 연산군 10(1504)년 아버지 상을 당하여 시묘했는데 상복기간에 소환되어 연산군 11년 동지중추부사로 임명되어 정헌대부로 가자되었다. 연산군 12(1506)년 지중추부사로 경기도 관찰사를 겸했으나 연산군의 미움을 받아 삭직되었다가 함경북도 절도사로 임명되어 숭정대부에 가자되었다. 부임길에 누이 승평부인[192]이 위독하자 소환되어 상사를 주관하고 평성군으로 도총부 도총관을 겸했다. 연산군 12(1506)년 지중추부사로 있으면서 9월 2일 반정을 일으켜 중종을 옹립했다.

중종 1(1506)년 9월 4일 숭정대부로 가자되어 좌참찬에 임명되었고 9월 13일 정국공신 1등[193]에 녹훈되고 대광보국숭록대부로 가자되어 우의정으로 승진하고 평성부원군에 봉해졌다. 10월 11일 좌의정으로 승진했고 중종 2(1507)년 이과의 옥사[194]를 다스린 공으로 정난공신 1등[195]에 녹훈되었다. 중종 3년 고명을 하사한 것을 사례하기 위해 연경에 다녀왔다. 중종 4(1509)년 영의정에 올랐다가 중종 5년 영의정에서 물러나 평성부원군으로 영경연사를 겸하다가 그 해에 죽었다. 중종의 묘정에 배향되었다.

<중종실록> 중종 5(1510)년 4월 17일 첫 번째 기사에 '평성부원군 박원종이 졸하였다'가 있다.

🎲 평가

평성부원군 박원종이 졸하였다

······ 원종은 순천(順川) 사람이며, 무과로 출신(出身)했는데 풍자(風姿)가 아름다웠고, 폐주(廢主) 말년에 직품이 정2품에 이르렀다. 원종의 맏누이는 월산대군(月山大君) 이정(李婷)의 아내로 폐주가 간통하여 늘 궁중에 있었는데, 폐주가 특별히 원종에게 숭정(崇政)의 가자를 주니 원종이 분히 여겨 그 누이에

---

192) 월산대군의 부인이며 연산군의 큰어머니이다.
193) 병충분의결책익운정국공신
194) 이과는 중종반정 이후 정국공신 4등에 녹훈되었으나 대간들의 반대로 원종공신 1등으로 강등되자 성종의 아들 견성군 이돈을 추대하여 왕위에 앉히고 박원종과 유순정을 제거하기 위한 거사.
195) 추성보사우세정난공신

게 말하기를 '왜 참고 사는가? 약을 마시고 죽으라.' 하였다. 원종이 국사가 어찌할 수 없음을 보고 일찍이 부앙(俯仰)하며 탄식하였는데, 한번 성희안(成希顔)의 말을 듣고 임금을 폐립(廢立)할 결심을 하였다. 거사를 하자 나라 사람들이 모두 말하기를 '의논을 주장한 이는 반드시 박 영공(朴令公)일 것이다.' 하였다. 정묘년 여름에 조정에서 유자광(柳子光)을 논척(論斥)하니, 자광이 원종에게 기대어 원조를 얻고자 하여 편지로 공동(恐動)하게 하기를 '나와 공은 모두 무인으로서 높은 벼슬에 올랐으므로 문사들이 좋아하지 않는 자가 많다. 입술이 없어지면 이가 시린 것이니 내가 쫓겨나면 다음에는 공에게 미칠 것이다.' 하였다. 원종이 웃고 대답하기를 '조야(朝野)가 이를 간 지가 오래니, 공이 일찍 물러가지 못한 것이 한스럽다.' 하니 자광의 간담이 부서졌다. 삼공(三公)이 되자 자기는 무부(武夫)라 하여 간곡히 사양하였고, 병이 급하여지자 상이 승지를 보내어 '하고 싶은 말이 있는가?' 물으니 원종이 일어나 앉아 사례하기를 '주상께서 인재를 아끼시기를 원할 뿐입니다.' 하였다. 그러나 배우지 못하여서 학술이 없고 참소하는 말을 믿었다.

일찍이 어떤 사람이 고하기를 '여러 문사들이 공을 논박하려 하고 또 공훈이 있는 사람을 없애려고 꾀한다.' 하니, 원종이 그 말을 믿고 문사를 모조리 제거하려 하다가 처족(妻族)인 김세필(金世弼)이 힘써 구해(救解)하여 그만두었다. 성질이 또 이기기를 좋아하여 임금 앞에서도 사색(辭色)에 나타내는 것을 면치 못하였다. 뇌물이 사방에서 모여들고 남에게 주는 것도 마땅함을 지나쳤다. 연산(燕山)이 쫓겨나자 궁중에서 나온 이름난 창기들을 많이 차지하여 비(婢)를 삼고 별실을 지어 살게 했으며, 거처와 음식이 참람하기가 한도가 없으니, 당시 사람들이 그르게 여기었다. 시호를 무열(武烈)이라 주었다.

참고문헌

〈성종실록〉, 〈연산군일기〉, 〈중종실록〉, 〈다음백과사전〉, 〈중간 순천박씨 세보원편〉, 〈국조 인물고 : 비명. 신용개(申用漑) 지음〉

김수동(金壽童)

본관은 구안동이고 자는 미수(眉叟)이며 호는 만보당(晚保堂)이고 시호는 문경(文敬)이다. 세조 3(1457)년에 태어나서 중종 7(1512)년에 죽었다.

🔷 재임기간

중종 5(1510)년 3월 6일[196] - 중종 7(1512)년 7월 7일[197] ※ 후임 유순정

🔷 가문

아버지는 첨지중추부사 적(磧)이고 할아버지는 동지중추부사 종숙(宗淑)이며 증조부는 밀직사사 승(陞)이고 고조부는 문하좌정승 상락부원군 사형(士衡)이다. 5대조는 밀직부사 천(蔵)이고 6대조는 첨의정승 영후(永煦)이며 7대조는 밀직부사 순(恂)이고 8대조는 중의중찬 방경(方慶)이다. 방경 이상의 세계는 김사형과 같다.

장인은 전의인 판관 이계희(李季禧)이고 외할아버지는 동부승지 안질(安騭)이다. 아들은 초배에서는 없으나 계배에서 2남 1녀를 두었으나 드러나지 않았다.

할아버지 종숙은 아들 넷을 두었는데 첫째가 사육신을 고변한 좌의정 질(礩)이고 둘째가 형조 판서 작(碏)이며 셋째가 수동의 아버지인 여주 목사·첨지중추부사 적(磧)이다.

🔷 생애

문하좌정승 사형의 증손이고 사육신의 단종의 복위운동을 알린 좌의정 질의 조카이다. 폐비 윤씨의 회릉추숭을 주장하고 시행하여 연산군의 신임을 받았으나 중종반정에 참여하였다. 삼포왜란을 진압했다.

성종 5(1474)년 생원시에 합격하고 성종 8(1477)년 식년문과에서 병과로 급제하고 예문관 주서에 임명되었다. 성종 9(1478)년 홍문관 정자에 임명되

---

196) 김수동을 영의정으로 박원종을 평성부원군·영경연으로 삼았다.
197) 영의정 김수동이 졸하였다.

었고 성종 13(1482)년 예조 좌랑에 임명되었으며 성종 14년 부수찬에 임명되었다. 성종 17(1486)년 승의랑·정언·예조 좌랑을 역임했고 성종 19(1488)년 홍문관 교리에 임명되었으며 성종 24(1494)년 사헌부 장령을 역임하고 성종 25(1495)년 가낭청·필선을 역임했다.

연산군 1(1495)년 홍문관 전한·문례관·홍문관 전한을 역임하고 연산군 2(1496)년 직제학·부제학에 임명되었다. 연산군 3년 동부승지에 발탁되어 연산군 4년 우승지·좌승지를 역임하고 전라도 관찰사로 나갔다가 돌아와 예조 참판에 임명되어 성절사로 명나라에 다녀왔다. 연산군 5(1499)년 경상도 관찰사에 임명되었고 연산군 7년 이조 참판에 임명되었으며 연산군 8(1502)년 경기도 관찰사에 임명되었다. 연산군 9년 형조 판서로 승진해서 지춘추관사와 홍문관 제학을 겸했다. 연산군 10(1504)년 이조 판서·의금부지사·이조 판서·의금부 당상·이조 판서를 역임했는데 이 해에 갑자사화가 일어났을 때 폐비 윤씨의 회릉[198]추숭(懷陵追崇)을 주장하고 시행하게 함으로써 연산군의 신임을 받았다. 연산군 11(1505)년 이조 판서로 지춘추관사를 겸했으며 좌찬성으로 승진되었다가 우찬성으로 전임되었으며 다시 판의금부사가 되었다. 연산군 12(1506)년 다시 이조 판서를 역임하고 의정부 우의정으로 승진하였는데 중종반정에 가담했다. 연산군의 폭정 때에 인재를 잘 쓰고 많은 문신들의 화를 면하게 했으며 청렴을 지켰다.

중종 1(1506)년 우의정에서 좌의정으로 승진하였고 정국공신 2등에 녹훈되었고 영가부원군에 봉해졌다. 우의정으로 옮겼다가 다시 좌의정에 제배되었으나 어머니의 상을 당하여 좌의정에서 사임하고 시묘했다. 중종 3년 판의금부사를 겸하고 경연사를 겸했고 중종 5(1510)년 영의정에 올라 일본인 거류민들이 삼포왜란을 일으키자 총지휘하여 진압하였고 연산군 7(1512)년 5월 28일 병으로 사직하고 7월 7일 병으로 죽었다.

<중종실록> 중종 7(1512)년 7월 7일 '영의정 김수동의 졸기'가 있다.

---

198) 연산군의 생모인 폐비 윤씨의 능

📦 평가

영의정 김수동의 졸기

김수동은 성품이 단중(端重)하고 온아(溫雅)하며, 젊어서부터 문명(文名)이 있었고 예서(隸書)를 잘 썼으며 또 정사에 숙달했다. 연산군(燕山君) 때에 우의정이 되었는데 갑자 사화(甲子士禍)를 당하여 사류(士類)가 거의 다 주륙을 당하게 되었을 때 김수동이 그 사이에서 주선하여 온전히 살아나게 된 사람이 또한 많았다. 반정(反正)한 뒤에 또한 수상이 되었으나, 병이 있으므로 청하여 그 녹봉(祿俸)을 사양하였으니, 그의 근신함이 이와 같았다. 그러나 기절(氣節)이 모자라고 일을 드러내어 밝힌 것이 없다. 시호를 문경(文敬)이라 하였는데, 일을 하여 사리에 맞는[施而中理] 것이 문(文)이요, 낮이나 밤이나 경계한 [夙夜警戒] 것이 경(敬)이다.

사신은 논한다. 김수동이 연산군 말년에 어머니의 상사를 당하여, 단상(短喪)하는 제도에 따라 길복(吉服)으로 벼슬하였고, 반전한 뒤에도 안연(安然)히 조정에 나와 나라 일을 의논하고, 담소(談笑)하기를 전과 같이하여 조금도 슬퍼하는 기색이 없었고, 열흘이 되어도 사직하지 않았었다. 이미 훈적(勳籍)에 참예하여서는 또 제 아제비 김무(金碔)와 아우 김수경(金壽卿)을 위하여 청하여 훈적에 기록되게 하고서야 비로소 사직을 청하였다. 대신들이 김수동의 뜻을 알아차리고 기복(起復)하기를 청하였는데, 유자광(柳子光)이 홀로 '전쟁이 있지 않은데 기복함은 불가하다.'고 하여, 상이 유자광의 의논을 따르므로, 김수동이 부득이하여 물러갔다. 아아, 장정(張珽)은 무관으로서 비록 억지로 당시의 제도를 따랐으나, 반정하는 날에 즉시 집으로 물러가 거상(居喪)하였는데, 김수동은 한 때의 명망(名望)을 다소 지녔던 자로서 대절(大節)에 있어서 이러하였으니, 어찌 무관의 죄인이 되지 않겠는가.

참고문헌

〈성종실록〉, 〈연산군일기〉, 〈중종실록〉, 〈다음백과사전〉, 〈안동김씨족보〉, 〈영의정김수동신도비〉

유순정(柳順汀)

> 본관은 진주이고 자는 지옹(智翁)이며 시호는 문정(文定)이다. 세조 5(1459)년에
> 태어나서 중종 7(1512)년에 죽었다.

🎲 재임기간

중종 7(1512)년 10월 7일[199] - 중종 7(1512)년 12월 20일[200] ※ 후임 성희안

🎲 가문

아버지는 광주 목사 양(壤)이고 할아버지는 부지돈녕부사 자해(子偕)이다.
자해는 영의정 심온의 사위이다. 증조부는 의정부 사수 녹사 이(怡)이고 고
조부는 겸(謙)인데 형조 참의·보문각 직제학을 역임하고 청백리에 녹훈되
었다. 5대조 구(珣)는 정당문학 겸 보문각 대제학을 역임했고 6대조 혜방(惠
方)은 지영광군사이다. 7대조는 상호군 유(湑)이고 8대조는 예문관 대제학 인
비(仁庇)이며 9대조는 감문위 상장군 순(淳)이고 10대조는 추밀원사 언심(彦沈)
이며 11대조는 판상서예부사 공권(公權)이다. 12대조는 검교소부소감 총(寵)이
고 13대조도 검교소부소감 보춘(寶春)이며 14대조는 검교대장 노일(盧一)이다.
15대조는 대장군 중윤 금환(金奐)이고 16대조는 삼사좌윤 효금(孝金)이며 17대
조는 진주유씨의 시조 차달(車達)이다.[201]

장인은 안동인 별좌 권효충(權孝忠)이고 외할아버지는 청주인 집현전 부수
찬 정집(鄭楫)이다.

---

199) 유순정을 영의정으로 성희안을 좌의정으로 송일을 우의정으로 …
200) 영의정 윤순정이 졸하였다.
201) 진주유씨의 시조에 대해서는 대체로 두 가지 설이 있다. 하나는 토류계로 상장군 유정(柳珽)
　　을 시조로 하고 있고 또 하나는 이류계로 예문관 대제학 유인비(柳仁庇)를 시조로 하고 유인
　　비는 문화유씨의 후손이라고 보는 설이 있다. 이 글은 <진주유씨대보>를 바탕으로 썼는데
　　<문화유씨대보>는 이류계에 바탕을 둔 족보이다. 토류계에서는 인비의 아버지를 호군 욱(栯)
　　으로 할아버지를 상호군 돈식(敦植)으로, 증조부를 중랑장 숙(淑)으로, 고조부를 진주유씨의
　　시조인 상장군 정(珽)으로 하고 있다.

아들은 1남은 훈련도정 진산군 홍(泓)인데 영의정 홍섬(洪暹)의 사위이며 군수 사필(師弼)을 낳았다. 2남은 승지 자(滋)이다.

형은 남원 유사 첨정(添正)인데 첨정의 1남은 형조 판서 진양군 영(濚)이고 2남은 좌의정 부(溥)이다. 아우는 한성부 서윤 효정(孝正)이다.

🎁 생애

> 영의정 심온의 외증손자이고 좌의정 부의 작은아버지이며 영의정 홍섬과는 사돈 관계이다. 문관으로 활쏘기 등 무재가 출중했다. 이조 판서로 있으면서 박원종, 성희안과 중종반정을 주도했고 이과의 모반사건을 처리했다. 삼포왜란을 진압했고 군자 확보와 성곽 수축 등 군비 강화에 힘썼다.

김종직의 문하에서 공부했고 활쏘기는 무인을 뛰어넘었다. 성종 18(1487)년 진사로 별시문과에서 장원하고 홍문관 전적이 되었다. 성종 20년 함경도 평사에 임명되었으나 변방의 장수가 수비와 방어에 실수한 일에 연좌되어 의주로 유배되었다. 그러나 연좌시키는 것이 합당치 못하다는 조정의 여론에 따라 성종 21년 직첩을 돌려받고 사복시 주부로 복귀해서 홍문관 부수찬으로 전임되었다. 같은 해에 훈련원정으로 전라도 수적 추포경차관으로 임명되어 전라도에 침투한 왜적을 수색·추포하는 데에 힘썼다. 성종 22(1491)년 부수찬에 임명되었고 함경도 평사에 임명된 뒤에 북정 도원수 허종(許琮)의 막료가 된 뒤에 북정에 힘썼다. 얼마 뒤에 내우(內憂)를 당하였고 상을 마치자 의영고 주부에 임명되었다가 성종 24(1493)년 평안도 평사에 임명되었으나 부친상을 당했다.

연산군 초년에 상을 마치고 종묘 서영에 임명되었고 연산군 4(1498)년 사헌부 헌납으로 전보되어 임사홍(任士洪)의 간악함을 논박했다. 같은 해에 평안도 경차관으로 파견되어 평안도 절도사 전림(田霖)의 권력 남용을 추궁하는 한편 야인 문제에 대한 대책을 올렸다. 돌아와서 홍문관 교리에 임명되었는데 문신으로 활쏘기 솜씨가 뛰어나서 특별히 부응교에 임명되었다. 이어서 사헌부 집의를 역임하고 의주 목사로 나가서 연산군 5(1499)년 압록강 연안의 야인 정벌 때 도원수 이극균의 종사관으로 적정 탐지에 공을 세우고 군자 확보와 성곽 수축 등 군비 강화에 힘썼다. 연산군 6년 집의를 역임하고 봉상시 주부·의주 목사에 전임되었다. 연산군 7(1501)년 가선대부로 가자되어 평안도 절도사에 임명되었다가 교체되어 형조 참판 겸 예문관 제학에 임명되었다. 연산군 9(1503)년 공조 참판으로 옮겨 하정사가 되어 명나라에 다녀와서 호조 참판을 역임하고 평안도 관찰사에 임명되었다가 지중추부사에 임명되었다. 연산군 10(1504)년 이조 참판으로 옮겼는데 임사홍이 이조 판서로 임명되자 앞서 평안도 관찰사로 있을 때 연산군의 밤 사냥이 불편함에 대해 상소를 올린 것을 임사홍이 문제 삼아 추국을 당했다. 임사홍이 교체되자 이조 판서로 도총관을 겸했다. 연산군 12(1506)년 이조 판서로 있을 때 박원종·성희안 등과 반정을 모의하고 거사했다.

중종 1(1506)년 중종반정이 성공하자 숭정대부로 가자되고 정국공신 1등에 녹훈되고 청천부원군에 봉해졌다. 병조 판서에 임명되고 영경연사를 겸하면서 폐지한 경연의 부활에 힘썼다. 같은 해에 우의정으로 승진하여 병조 판서를 겸했다. 이 해에 이과(李顆) 등이 견성군(甄城君)을 추대하여 역모를 꾸미자 이를 처리한 공으로 정난공신 1등[202]에 녹훈되었고 중종 3년에는 평안도 인산·강계에 둔전을 설치하여 군자를 강화했다. 중종 4(1509)년 좌의정으로 승진하여 역시 병조 판서를 겸했다. 이때 박영문·유담년을 포도대장으로 삼아 경기도 인천·김포·통진 일대에서 활개치던 강도를 처리하고 유민의 안집책을 마련했다. 중종 5년 경오왜변[203]이 일어나자 도체찰사가 되어 병사를 총괄했고 좌의정 겸 경상도 도원수가 되어 현지에 출동해서 삼포왜란을 평정하고 각 포의 비왜 방책을 마련했다. 이 해에 대간들로부터 재물을 축적했다는 탄핵을 받았으나 군공을 인정받아 중종 7(1512)년 영의정으로 승진했다. 그러나 영의정에 임명된 지 불과 2개월 뒤에 54세로 죽었다.

202) 추성보사우세정난공신
203) 삼포왜란을 말함

＜중종실록＞ 중종 7(1512)년 12월 20일 두 번째 기사에 '영의정 유순정의 졸기'가 있다.

🟦 평가

영의정 유순정의 졸기

…… 순정의 자는 지옹(智翁)인데 진주(晉州)사람이다. 풍채가 의연(毅然)하여 문·무(文武)의 재질을 겸했고, 성격도 침중(沈重) 과묵하며 너그럽고 도량이 있어 젊어서부터 사람들이 모두 공보(公輔)가 될 것으로 기대했다. 성종 때에 갑과(甲科)에 장원하여 누차 변장(邊將)이 되었었는데, 대개 공천(公薦)에 의한 것이었다. 연산군 말년에 박원종·성희안(成希顔) 등과 함께 거의(擧義)하여 나라를 안정시키니, 당시 사람들이 삼대장(三大將)이라 일컬었다. 그러나 성격이 우유 부단(優柔不斷)하여 과단성이 적었으며, 또한 뇌물을 좋아하며 전장(田庄)을 많이 차지했었다. 일찍이 겸 병조 판서로 있으면서 무릇 관원을 제수(除授)하는 권한은 모두 그의 수중에 있어서, 첨사(僉使)나 만호(萬戶) 자리를 구하는 사람이 있으면, 뇌물이 많고 적음을 보아 제수했고, 판서는 자리만 채우고 있을 뿐이었다. 장녹수(張綠水)의 집을 하사(下賜)받아 이사하게 되었는데, 어떤 손이 찾아가자 순정이 말하기를 '무령(武靈)은 복이 있어 그가 받은 집은 재물이 매우 많아 장독이 30개나 되는데, 내가 받은 집은 쓴 듯하니 복 있는 사람은 따라갈 수 없는 것이다.' 하였으니, 그의 비루하고 인색함이 이러했다. 만년에는 또 여색(女色)에 방탕하여, 열(熱)한 약을 먹다가 실명(失明)했으며 천명대로 살지 못했다. 시호를 문정(文定)이라 했다.

참고문헌

〈국조인물고 : 묘지명. 강혼(姜渾) 지음〉, 〈다음백과사전〉, 〈성종실록〉, 〈연산군일기〉, 〈중종실록〉, 〈진주유씨대동보〉

성희안(成希顏)

본관은 창녕이고 자는 우옹(愚翁)이며 호는 인재(仁齋)이고 시호는 충정(忠定)이다. 세조 7(1461)년에 태어나서 중종 8(1513)년에 죽었다.

🎫 재임기간

중종 8(1513)년 4월 2일[204] – 중종 8(1513)년 7월 27일[205] ※ 후임 송일

🎫 가문

아버지는 돈녕부 판관 찬(瓚)이고 할아버지는 사온서 직장 효연(孝淵)이며 증조부는 첨지중추부사 부(溥)이고 고조부는 사달(士達)이다. 사달[206]은 추충협리공신 삼중대광 대제학을 역임하고 창산부원군에 봉해졌다. 5대조는 군수 언신(彦信)이고 6대조는 선부전서 저(貯)이며 7대조는 문하평리 군보(君補)이다. 8대조는 찬성 한필(漢弼)이고 9대조는 문하시중 송국(松國)이고 10대조는 창녕성씨의 시조 호장중윤 인보(仁輔)다.

장인은 사헌부 장령 조익상(趙益祥)이고 외할아버지는 정종과 성빈 지씨 사이에서 태어난 덕천군(德泉君) 이후생(李厚生)이다.

1남 3녀를 두었는데 아들 율(㻋)은 정국공신으로 상의원 첨정과 지중추부사를 역임했다. 측실에서 2남 1녀를 두었다. 율은 세조의 손자인 덕진군(德津君) 이예(李瀓)의 딸과 결혼하여 2녀를 낳았다.

아우는 정국공신 3등에 녹훈된 창성군(昌盛君) 희옹(希雍)으로 호조 판서에 증직되었다.

🎫 생애

덕천군 이후생의 외손자다. 박원종·유순정 등과 중종반정을 주도하여 성공시켰다. 삼포왜란 때는 우의정으로 도체찰사와 병조 판서를 겸하면서 군무를 총괄했다.

---

204) 성희안을 영의정으로 송일을 좌의정으로 …
205) 영의정 성희안이 졸하였는데 부고를 듣고 …
206) 창녕성씨 지사공파의 파조

성종 11(1480)년 생원시에 합격하고 성종 16(1485)년 별시문과에 급제했다. 홍문관 정자에 임명되었다가 부수찬으로 승진하고 성종 19(1488)년 전경·저작·전경에 임명되었다. 성종 20년 설경에 임명되었고 성종 21(1490)년 사경에 제수되었다. 성종 22(1491)년 아버지 상을 당했고 성종 24년 상을 마치고 예빈시 주부가 되었다가 선무랑·사간원 정언·시강원 사서에 임명되었고 성종 25(1494)년 수찬에 임명된 뒤 한어이문 질정관으로 명나라에 다녀와서 홍문관 교리에 제수되었다.

연산군 1(1495)년 부교리·교리를 역임하고 연산군 2년 병조 정랑에 임명되었고 연산군 4(1498)년 가낭청이 되었으며 사섬시 첨정으로 승진했다가 한성부 서윤·광흥창수로 옮겼다. 이 해에 유자광이 무오사화를 일으켰는데 낭관으로 참여했다. 연산군 5년 예빈시와 군기시 부정·선위사·내섬시정을 역임했다. 연산군 6년 남도에 심한 기근이 들자 파견되어 백성을 구하고 돌아와 군기시정이 되었다. 연산군 8(1502)년 형조 참의에 임명되었으며 연산군 9년 사은사로 연경에 다녀와서 예조 참의에 임명되었다가 동지중추부사에 전임되었다. 연산군 10(1504)년 형조 참판에 승진하고 이조 참판으로 전임되어 우상대장을 역임하고 오위도총부 도총관을 겸했다. 그러나 백성이 금표 안에 들어온 것을 단속하지 못했다는 이유로 국문당하고 오위도총부 도총관에서 파면되었으며 장 1백대를 맞고 부사용으로 강등하여 제수되었다.207) 연산군 12(1506)년 지중추부사 박원종과 밀약하고 호조 판서 유순정의 동의를 얻어 연산군을 강화도에 안치시키고 진성대군(중종)을 옹립하는 중종반정을 성공시켰다.

중종 1(1506)년 정국공신 1등208)에 녹훈되고 창산군에 봉해졌으며 자헌대부로 초자되어 형조 판서를 거쳐 이조 판서에 임명되었으며 창산부원군이 되었다. 중종 2년 창산부원군 겸 판의금부 이조 판서에 제수되었고 10월에

---

207) 이 부분에 대해 <다음사전>에는 양화도(楊花渡) 놀이에서 왕의 비행을 풍자한 시를 지은 일로 무관의 말단직으로 좌천됐다고 기록하고 있으나 <연산군일기>에는 본문의 내용으로 기록되어 있다.
208) 병충분의결책익운정국공신

숭정대부로 가자되어 판의금부사를 겸하고 이어서 보국숭록대부로 가자되어 창산부원군 겸 영경연사 겸 이조 판서 겸 오위도총부 도총관이 되었다. 실록청 총재관으로 <연산군일기> 편찬을 주도했다. 주청사가 되어 명나라에 가서 반정의 당위성을 설명하고 중종 즉위의 인준을 받아왔으며 좌찬성에 제수되었다. 중종 3년 공신도감 낭관을 역임하고 중종 4년 대광보국숭록대부로 가자되어 우의정으로 승진했다. 중종 5(1510)년 부산포와 제포가 왜구에 함락되자209) 도체찰사로 서울에 머물면서 지휘했고 우의정으로 도체찰사 겸 병조 판서가 되었다. 중종 7(1512)년 좌의정에 제수되었고 중종 8년 영의정에 올랐으나 그 해에 영의정으로 죽었다. 향년 53세. 중종의 묘정에 배향되었다.

성희안이 죽자 발인을 위해 가파른 길을 닦도록 했다.210)

<중종실록> 중종 8(1513)년 7월 27일 세 번째 기사에 '영의정 성희안의 졸기'가 있다.

🔋 평가

영의정 성희안의 졸기

…… 사신은 논한다. 희안이 젊었을 때 호협(豪俠)하여 기절(奇節)이 많았고 벼슬에 올라서는 강개(慷慨)하여 뜻이 구차하지 않았으며, 성품 또한 소탈하여 규각을 보이지 않았고, 어진 이를 좋아하고 착한 일을 즐겨함이 타고난 천성이었다. 정국(靖國)할 즈음에 실로 대의를 주창하여 조종하고 계획하므로 사람들은 다 그를 우러러 성공을 기대하였다. 정승이 되어서는 오로지 사기를 북돋우고 임금을 보양하는 것을 전심하여, 온 나라는 그를 의지하고 애중하였다. 그러나 끝내는 구은(舊恩)을 써서 유자광(柳子光)을 끌어들여 원훈의 반열에

<hr>

209) 삼포왜란을 말한다.
210) 충훈부(忠勳府)가 아뢰기를, "졸(卒)한 영의정 성희안(成希顔)을 오는 20일에 발인(發引)하는데 그 집앞의 길이 가파르니, 방내(坊內)의 군정(軍丁)으로 하여금 길을 닦게 하소서." 하니, 전교하기를, "방내의 군정을 부리지 말고 병조(兵曹)의 유위(留衛) 군사로 닦으라." 하였다.

참여시키고, 폐조에서 총애를 받던 사람들에게 모두 철권(鐵券)을 주는가 하면, 세쇄한 인아(姻婭)와 어리석은 자질까지 모두 훈적(勳籍)에 기록하여 후일의 무궁한 화단을 열어 놓으므로 식자들은 그를 대단찮게 여겼다. 거의원훈(擧義元勳) 박원종·유순정 및 공이 계속해 죽으므로 사람들은 모두 당황하였는데, 대저 원종은 추솔한 잘못이 있었고, 순정은 우매한 잘못이 있었고, 희안은 경솔한 잘못이 있어 모두 나라를 다스리는 원대한 꾀에 어두웠으며, 호화로움을 믿고 의리를 경멸하여 사는 집은 그 사치를 극도로 하고 시첩(侍妾)은 그 곱고 아름다움을 극도로 하여 마음대로 방종하다가 생명을 잃는 데까지 이르렀으니, 어찌 좁은 국량으로 큰 공을 탐한 것이 스스로 분에 넘쳐 이와 같은 낭패를 일으킨 것이 아니겠는가! 희안은 연산이 총애하던 유수(留守) 이굉(李硡)의 첩의 딸을 기르므로 시론(時論)이 중하게 여기지 않아 명망[名節]이 완전하지 못하였다. 공이 일찍이 과거에 올라 시종(侍從)에 입참(入參)하였는데, 정자(正字)로 있을 때 어버이의 상을 당하여 그 복제를 마치자 성종이 즉시 불렀다. 합문(閣門)에 이르자 성종이 내관으로 하여금 매[鷹]를 주면서 하교하기를 '너의 얼굴을 오래 보지 못하니 늘 생각해 마지 않았노라. 듣건대 노모가 있다 하니 이것으로 잘 봉양하라.' 하였으니 그를 중시함이 이와 같았다. '사람을 알아보면 명철하다.' 하였는데 성종은 과연 이것을 지니셨다. 연산 때는 대의를 주창하여 친히 나라를 붙들어, 온 나라 신민이 다 유신(惟新)되었으니 이른바 사적의 신하이다. 공이 체구는 작으나 아름다운 수염에 말을 잘하여 좌중을 경동시켰으며, 천성이 민첩하여 문무의 재질을 갖춘 데다가 감식(鑑識)이 매우 높았는데, 그가 졸하자 임금도 슬퍼하였고 사림(士林)이 다 통석하였다. 충정(忠定)으로 시호를 내렸다. 【몸을 위태롭게 하면서도 임금을 받드는 것을 충(忠)이라 하고, 백성을 안정시키기에 생각을 원대히 하는 것을 정(定)이라 한다.】

> 참고문헌

〈성종실록〉, 〈연산군일기〉, 〈중종실록〉, 〈다음백과사전〉, 〈창녕성씨 지사공파보〉, 〈국조인물고 : 비명. 신용개(申用漑) 지음〉

송 일(宋軼)[211]

본관은 여산이고 자는 가중(可仲)이며 시호는 숙정(肅靖)이다. 단종 2(1454)년에 태어나서 중종 15(1520)년에 죽었다.

🗄 재임기간

중종 8(1513)년 10월 27일[212] - 중종 9(1514)년 7월 27일[213] ※ 후임 유순

🗄 가문

아버지는 종친부 도정 공손(恭孫)이고 할아버지는 지온양군사 만달(萬達)이며 증조부는 판관 진생(辰生)이고 고조부는 지(祉)이다. 5대조는 인번(仁番)이고 6대조는 도첨의 우정승 서(瑞)[214]이며 7대조는 참의중찬 분(玢)이고 8대조는 문하시중 판전리사사 상장군 여량부원군 송례(松禮)이다. 9대조는 지문하성사 희식(希植)이고 10대조는 정당문학 숙문(淑文)이며 11대조는 추밀원 부사로 여산군에 봉해진 유익(惟翊)인데 여산송씨의 시조가 된다. 유익은 도시조 호부상서 주은(柱殷)의 11세손이다.[215]

송씨는 본래 도시조 송주은(宋柱殷)의 후손인 송자영(宋自英)이 송나라 시대 중기에 고려에 귀화해서 세 아들을 두었는데 큰아들 유익이 여산송씨의 시조가 되고 둘째 아들 천익(天翊)이 은진송씨의 시조가 되며 셋째 아들 문익(文翊)이 서산송씨의 시조가 된다.

장인은 남원인 종친부 첨정 양원(梁瑗)이고 처할아버지는 이조 판서·공조

---

211) 이름이 송질인지 송일인지 확인할 수 없다. <성종실록>에는 송질로 번역되었고 <연산군일기>에는 송질과 송일로 뒤섞여 쓰였으며 <중종실록>에는 송일로 번역되어 있다. 또 인명사전에는 송질로도 나오고 송일로도 나온다. 이 글에서는 발음을 중시해서 송일로 쓰기로 한다.
212) 송일을 의정부 영의정으로 정광필을 좌의정으로 김응기를 우의정으로 …
213) 송일을 여원부원군으로 이손을 판중추부사로 …
214) 정가공파 파조
215) 유익의 선계는 아버지는 자영이고 할아버지는 홍렬이며 증조부는 성용이고 고조부는 순공이다. 5대조는 지양이고 6대조는 연호이며 7대조는 진철이고 8대조는 윤이다. 9대조는 신검이고 10대조는 도시조 주은이다.

판서·대제학을 역임한 양성지(梁誠之)이며 외할아버지는 박겸형(朴謙亨)이다.

1남 지한(之翰)은 영의정 남곤의 사위로 호조 판서를 역임했고 2남 지간(之幹)은 첨지중추부사를 역임하고 여량군에 봉해졌다. 3남은 사옹원 참봉 지정(之禎)이다. 1녀는 덕산 현감 이형간(李亨幹)과 결혼했고 2녀는 내자시정 신거이(愼居易)와 결혼했으며 3녀는 영의정 홍언필(洪彦弼)과 결혼했는데 언필이 영의정 홍섬을 낳았다. 지한이 인(寅)을 낳았는데 인은 중종과 숙원 이씨 사이에서 태어난 정순옹주(貞順翁主)와 결혼한 여성위(礪城尉)이다.

🎁 생애

> 대제학 양성지의 손녀사위이고 영의정 홍언필의 장인이며 영의정 홍섬의 외할아버지이고 정순옹주의 시할아버지이고 영의정 남곤과는 사돈 관계이다. 중종반정에 참여했고 재상이 된 뒤에 대간들로부터 부패했다는 상소로 영의정에서 체차되었다. 동북 육진 지방의 사민입거 정책을 기획하고 시행했다.

성종 8(1477)년 생원시에 합격하고 진사시에 차등으로 합격했으며 같은 해에 친시문과에서 을과로 급제했다. 성종 12(1481)년 설경을 역임하고 성종 13년 진현시에 발탁되고 사경·박사에 제수되었다. 성종 16(1485)년 교리를 거쳐 사헌부 지평이 되었는데 지평으로 있을 때 나라에서 재정긴축을 강화하여 관찰사와 수령에게 사저곡216)과 제사사의 장리곡217)을 철저히 조사하여 본 주인의 용도를 제하고 그 밖의 것은 감봉하게 했는데 이 일을 적극 추진하고 주관했다. 성종 18년 병조 정랑을 역임하고 성종 20(1489)년 장령에 전임되었고 성종 22년 시강원 보덕을 역임했다. 성종 23년 직제학에 임명되었고 성종 25(1494)년 부제학·동부승지에 임명되었다.

연산군 2(1496)년 동부승지에서 우부승지로 승진하였다가 우승지로 승차했는데 이때 왜인들의 불법적인 약재무역이 횡행하자 이의 단속을 주청하

---

216) 개인이 사사로이 쌓아놓은 곡식
217) 곡식을 대여해 주고 그 이자를 절반이나 받는 높은 이율의 곡식

여 실시하게 했다. 연산군 3년 황해도 관찰사에 임명되었는데 이때 황해도에 역질이 유행하자 역질 치유에 힘써 도민들의 칭찬을 받았다. 연산군 5년 평안도 관찰사로 전임되었다. 평안도 관찰사로 재임할 때 북방의 국방에 힘썼고 도민 임지성(林之盛)의 반란 사건을 사전에 파악하여 진압했다. 연산군 7(1501)년 형조 참판에 임명되고 동지중추부사로 전임된 뒤 천추사로 명나라에 다녀와서 공조 참판이 되었다. 연산군 8년 호조 참판 겸 동지춘추관사·이조 참판에 임명되었다. 연산군 9(1503)년 이조 참판으로 동지춘추관사·지의금부사를 겸하며 경재소의 당상관 별감을 토성조관으로 임명시켜 풍속을 바르게 하고, 왕자·제군이 이에 관여하지 못하게 했다. 연산군 10(1504)년 형조 판서로 승진했고 연산군 11년 경기도 관찰사를 거쳐 연산군 12(1506)년 판중추부사·시혜청 제조·예조 판서에 임명되었다.

중종 1(1506)년 중종반정 일에 참여하여 정국공신 3등에 녹훈되었고[218] 여원군에 봉해졌다. 중종 2년 우찬성이 되고 중종 3(1508)년 좌찬성이 된 뒤에 보국숭록대부로 가자되었다. 중종 4년 순변사로 임명되었으나 농번기라는 대간들의 반대로 나가지 않았으나 함경도 체찰사에 임명되어 함경도로 부임했다. 함경도 체찰사로 있으면서 동북 육진 지방의 사민입거책(徙民入居策)을 제시했으며 북도 일원을 순찰하여 우산·풍산 지방의 <이배도>를 작성하여 바쳤다. 중종 7(1512)년 이조 판서에 임명되었다가 우의정으로 승진했고 중종 8년에 좌의정에 이어 영의정에 제수되었다. 중종 9년 뇌물을 많이 받아 부패했다는 상소가 잦아서 영의정에서 체차되고 여원부원군이 되었다. 중종 10년 빈청에서 의식을 잃고 쓰러졌고 중종 15년 죽었다.

<중종실록> 중종 15(1520)년 1월 6일 두 번째 기사에 '여원부원군 송일의 졸기'가 있다.

---

218) 반정공신에 녹훈된 것에 대해 뒤에 논란이 일었다.

🎁 평가

여원 부원군 송일의 졸기

…… 사신은 논한다. 송일(宋軼)은 성품이 비록 관후(寬厚)하였으나 평소에 청렴하지 못하였는데, 이 때문에 논박받아 재상에서 파면되었다.

또 사신은 논한다. 송일은 성품이 엄준(嚴峻)하여 기염(氣焰)이 있었다. 젊어서는 가난하였는데 귀하게 되자 제택(第宅)을 대대적으로 건립하였으므로 자못 물론(物論)이 있었다.

참고문헌

〈성종실록〉, 〈연산군일기〉, 〈중종실록〉, 〈다음백과사전〉, 〈여산송씨가보〉

정광필(鄭光弼)

본관은 동래이고 자는 사훈(士勛)이며 호는 수부(守夫)이고 시호는 문익(文翼)이다. 세조 8(1462)년에 태어나서 중종 33(1538)년에 죽었다.

재임기간

중종 11(1516)년 4월 9일[219] − 중종 14(1519)년 12월 17일[220] ※ 후임 김전
중종 22(1527)년 10월 21일[221] − 중종 28(1533)년 5월 28일[222] ※ 후임 장순손

가문

아버지는 난종(蘭宗)인데 이조 판서·공조 판서·좌참찬을 역임했고 할아버지는 진주 목사 사(賜)이다. 증조부는 결성 현감 구령(龜齡)이며 고조부는 도첨의 찬성사 해(諧)이다. 5대조는 예문관 응교 승원(承原)이고 6대조는 지형(之衡)이며 7대조는 태자 첨사 숭(崇)이고 8대조는 주부 동정 춘로(椿老)이다. 9대조는 첨사 필(弼)이고 10대조는 전옥 서령 자가(子家)이며 11대조는 태자 찬선대부 택(澤)이고 12대조는 삼사 좌복야 목(穆)이다. 13대조는 안일 호장 문도(文道)이고 14대조는 보윤 호장 지원(之遠)이다.

장인은 은진인 예조 정랑 송순년(宋順年)인데 송시열의 6대조이고 외할아버지는 완산인 장사랑 이지지(李知止)다.

아들은 1남은 남부 주부 노겸(勞謙)이고 2남은 휘겸(撝謙)이며 3남은 익겸(益謙)이고 4남은 복겸(福謙)이다. 1남 노겸이 봉상시정 유인(惟仁)을 낳았고 유인이 우의정 지연(芝衍)을 낳았다. 또 3남 익겸은 아들 다섯을 두었는데 1남은 유의(惟義)이고 2남은 유신(惟愼)이며 3남은 유서(惟恕)이고 4남은 보덕 유청(惟淸)이며 5남은 유순(惟醇)이다. 4남 복겸은 아들 둘을 두었는데 1남은 대제학과 좌의정을 역임한 유길(惟吉)이고 2남은 유경(惟慶)이다. 유길의 아들이 좌의정

---

219) 정광필을 영의정으로 김응기를 좌의정으로 유순을 문성부원군으로 …
220) 남곤을 좌의정으로 정광필을 영중추부사로 김전을 판중추부사로 …
221) 정광필을 영의정에 심정을 좌의정에 이행을 우의정 겸 홍문관 대제학에 …
222) 장순손을 의정부 영의정에 한효원을 의정부 좌의정에 정광필을 영중추부사에 …

창연(昌衍)이고 창연의 아들이 형조 판서 광성(廣成)이며 광성의 아들이 영의정 태화(太和)다.

형은 창원 도호부사 광보(光輔)이고 아우는 군수 광좌(光佐)와 직장 광형(光衡)이다.

💼 생애

> 좌의정 유길의 할아버지이고 우의정 지연, 좌의정 창연의 증조부이며 영의정 태화의 5대조이다. 연산군에 직간하다가 유배되었고, 기묘사화 때 조광조 등의 선처를 호소하다가 좌천되었으며, 김안로의 무고로 유배되었다가 김안로가 제거되자 복귀했다.

성종 20(1489)년 아버지인 우참찬 정난종이 죽었다. 성종 23(1492)년 식년 문과에 급제하고 성균관 학유·사록·전적 등을 역임하였다.

연산군 2(1496)년에 정언과 홍문관 수찬을 역임하고 연산군 4(1498)년 부교리·교리를 거쳐 연산군 7(1501)년에는 집의·직제학에 임명되었다. 연산군 9(1503)년 부제학·이조 참의를 역임하였다. 연산군 10(1504)년 왕에 극간하다가 아산에 유배되었다가 중종반정이 성공하자 유배에서 풀렸다.

중종 1(1506)년에는 부제학에 복직된 뒤에 우승지를 거쳐 중종 2(1507)년에는 이조 참판에 임명되었다. 중종 3(1508)년에는 병조 참판·대사헌에 임명되었으며, 동지사로 중국에 다녀왔다. 돌아와서는 한성부 판윤·예조 판서에 제수되었으며 중종 5(1510)년 지의금부사를 겸하다가 대사헌·전라도 도순찰사에 임명되었다. 도순찰사로 전라도를 순찰하는 중에 의정부 우참찬에 제수되어 우참찬 겸 전라도 도순찰사가 되었으나 곧 전라도 도순찰사를 사직하고 병조 판서로 옮겼다. 중종 7(1512)년에 다시 우참찬으로 옮겼다가 함경도 관찰사로 나갔다. 중종 8년 함경도 관찰사로 있을 때 숭정대부로 가자되었다. 함경도 관찰사로 재임하는 동안 의정부 우찬성에 제수됨으로 우찬성 겸 함경도 관찰사가 되었다. 이어 우의정과 좌의정을 차례로 역임하고 중종 11(1516)년에 영의정으로 승차하였다. 이 무렵 조광조 등이 김굉

필·정여창 등을 문묘에 종사하려 하였으나 정광필은 훈구대신들과 함께 반대하였으며 현량과의 시행에도 반대했다.

중종 14(1519)년 기묘사화[223] 때 조광조 일파의 선처를 호소하다가 영중추부사로 좌천되었다. 중종은 당시 승지도 모르게 홍경주·김전·남곤·심정·정광필·안당 등을 경복궁 뒷문인 신무문을 통해 들어오게 하여 회의를 열었다. 이때 정광필은 연소한 유생들이 때를 모르고 다만 인고시 령하려 한 일이라며 조광조 등에 대한 선처를 호소하였다. 이에 중종은 정광필을 영중추부사로 좌천시켰다. 중종 15년 의금부 판사를 거쳐 영중추부사에 임명되었으며 중종 22(1527)년 다시 좌의정에 임명되고 이어서 영의정에 임명되었다. 그러나 실권은 좌의정 심정이 갖고 있어 자리만 지켰다. 중종 28(1533)년 세자를 저주한 사건이 일어나자 파직되어 영중추부사가 되어 회덕에 은거하였다. 중종 32(1537)년에는 장경왕후가 죽었을 때 정광필이 총호사로 능을 불길한 땅에 만들었다는 김안로의 무고로 고신을 빼앗기고 유삼천리에 처해졌으며 끝내 김해부에 유배되었다. 같은 해에 김안로가 물러나자 정광필·김주성·조계상·이기 등과 함께 풀려나 관직을 제수 받았다. 정광필은 영중추부사가 되고 김극성은 좌참찬이 되었으며 조계상은 우참찬이 되었다. 중종 33년 12월에 죽었다. 저서로 <정문익공유고>가 있다. 중종의 묘정에 배향되고 회덕의 송현서원과 용궁의 완담향사에 제향되었다.

<중종실록> 중종 33(1538)년 12월 6일 첫 번째 기사에 '영중추부사 정광필의 졸기'가 있다.

🎲 평가

영중추부사 정광필의 졸기

---

223) 중종, 남곤, 심정, 홍경주, 김전 등이 조광조, 김식 등의 핵심인물을 몰아내고 죽이고 귀양 보낸 사건을 말한다.

......

사신은 논한다. "광필은 기량이 원대하여 아름답고 너그러운 마음으로 포용하는 것이, 규각(圭角)을 드러내지 않는 것 같지만 나라의 큰 일을 당할 때에는 의젓한 기절이 있었다. 두 번이나 영상으로 있을 적에 바로잡아 보필한 공이 많았으니 조야가 의지하고 존경하였다. 기묘사화에 연좌된 사람들이 장차 중죄를 입게 되었을 때에는 머리를 땅에 부딪치며 극간하였고, 밤중에 손수 촛불을 잡고 거듭 나아가서 힘껏 변호하면서 임금이 뜻을 돌리기를 바랐기에 사림의 화가 참혹에 이르지는 않았으며, 국가의 원기가 이를 힘입어 유지하게 되었다. 그 뒤에 삼흉(三兇)이 정권을 손에 쥐고 마음대로 하게 되어서는 삼경설(三逕說)을 얽어 만들고, 천릉(遷陵)할 계략을 아뢰어 반드시 중죄에 빠뜨리고자 하였다. 그러나 그렇게 되지 않고 마침내 외방으로 귀양 갔다. 김안로가 정광필의 족인(族人)을 통하여 위협하기를 '조정이 마침내 반드시 대화(大禍)를 내릴 것이니 미리 자진(自盡)하는 것만 못하다.' 하였다. 정광필이 듣고 말하기를 '죽고 사는 것은 하늘에 있다. 어찌 사람의 말로써 스스로 생명을 끊겠는가. 조정이 비록 주륙을 내릴지라도 나는 애석해 하지 않는다. 다만 주상의 명을 기다릴 뿐이다.' 하였다. 김안로가 복죄되었을 때, 맨 먼저 불리어 들어오니 조야가 서로 경하하였다. 그가 서울에 들어오던 날에는 저자의 아이들과 말을 모는 졸병에 이르기까지 그가 오는 것을 바라보며, 정 정승이 돌아왔다고 하면서 기뻐 춤추지 않는 자가 없었으며, 간혹 눈물을 흘리는 사람도 있었다. 장차 다시 정승으로 의망하려 하였는데 얼마 되지 않아 죽으니 시론(時論)이 애석해 하였다."

참고문헌

〈다음백과사전〉, 〈성종실록〉, 〈연산군일기〉, 〈중종실록〉, 〈동래정씨익혜공파세보〉

김 전(金詮)

본관은 연안이고 자는 중륜(仲倫)이며 호는 나헌(懶軒) 또는 능인(能人)이고 시호는 충정(忠貞)이다. 세조 4(1458)년에 태어나서 중종 18(1523)년에 죽었다.

🔷 재임기간

중종 15(1520)년 2월 14일[224] ─ 중종 18(1523)년 2월 13일[225] ※ 후임 남곤

🔷 가문

아버지는 지중추부사 우신(友臣)이고 할아버지는 내자시윤 해(該)이며 증조부는 형조 판서 자지(自知)이고 고조부는 고려 공민왕 때 밀직제학 도(濤)이다. 도 이상의 세계는 김익과 같다.

장인은 초배는 풍천인 판관 노윤(盧昀)이고 계배는 진천인 감역 송환주(宋環周)이다. 친외할아버지는 초배인 인천인 지청풍군사 이계충(李繼忠)이고 계배는 강릉인 유기(劉奇)이다.

4남 1녀를 두었는데 1남은 함종 현령 안도(安道)이고 2남은 안우(安遇)이며 3남은 연산 현감 안수(安邃)이고 4남은 안달(安達)이다. 딸은 판관 정충려(鄭忠礪)와 결혼했다. 안도가 3남 1녀를 두었는데 1남은 진(禛)이고 2남은 인(祆)이고 3남은 오(禩)이며 딸은 한숭건(韓崇健)과 결혼했다. 오는 아들 넷을 두었는데 1남은 효남(孝男)이고 2남은 제남(悌男)이며 3남은 충남(忠男)이고 4남은 신남(信男)이다. 효남은 안협 현감을 역임했고 제남은 인목대비의 친정아버지인 연흥부원군으로 외손자 영창대군이 죽을 때 처형되었다. 제남의 후손으로 영의정 익(熤)과 영의정 재찬(載瓚)과 우의정 유연(有淵)이 배출되었다. 안우는 2녀를 두었는데 1녀는 현감 심우명(沈友明)과 결혼했고 2녀는 김광국(金光國)과 결혼했다. 안달은 1남 1녀를 두었는데 아들은 볼(祓)이고 딸은 홍적(洪籍)과 결혼

---

224) 김전을 영의정 겸 세자사로 박수문을 전한으로 …
225) 신이 그 집에 당도하니 김전은 이미 졸하여 시간이 지난 뒤였습니다.

했다. 안수의 딸은 소윤의 영수인 영의정 윤원형의 정실부인이다.

형은 대사헌과 지중추부사를 역임한 심(諶)과 별시문과에 장원하고 공조 참의를 역임한 흔(訢)인데 흔의 아들 안정(安鼎)이 이조 참판을 역임했고 안세(安世)가 홍문관 수찬을 역임했고 안노(安老)가 좌의정을 역임했다. 안노의 아들 희(禧)는 소혜옹주와 결혼하여 연성위가 되었고 손녀딸이 윤원로의 아들 윤백원에게 출가했다. 정유삼홍으로 처형되었다. 종조부는 예조 참판 제신(悌臣)인데 무오사화 때 김종직의 처형을 주장했다. 7촌 조카가 영의정 근사(謹思)이다.

📕 **생애**

> 연흥부원군 김제남의 증조부이며 영의정 익, 영의정 재찬 우의정 유연의 선조이다. 무오사화가 일어나자 김종직의 제자라는 이유로 파직되고 갑자사화 때 유배되었다. 남곤·심정 등과 기묘사화를 일으켜 조광조 등의 사림파를 제거하고 정권을 장악했다.

성종 3(1472)년 진사시에 합격했다. 성종 4(1473)년 나주에 부처되었다가 성종 5년 방면되고 직첩을 돌려받았다. 성종 20(1486)년 식년문과에 장원급제하고 홍문관 수찬에 임명되었고 성종 21년 예안 현감에 올라 선정을 베풀어 생사당(生祠堂)이 세워졌다.[226] 성종 24(1493)년 승의랑에 임명되었다.

연산군 1(1495)년 홍문관 수찬·시독관을 역임했고 연산군 2(1496)년 교리에 임명된 뒤에 신용개(申用漑)·김일손(金馹孫) 등과 함께 사가독서를 했다. 연산군 3년 교리에서 부응교로 그리고 다시 응교로 전임되었고 연산군 4(1498)년 홍문관 전한으로 춘추관 편수관을 겸하여 <성종실록> 편찬에 참여하고 황산 현감으로 나갔으나 무오사화로 파직되었다. 연산군 7(1501)년 부호군으로 재등용되어 연산군 10년 성균관 대사성에 올랐으나 갑자사화가 일어나 교리로 좌천되었고 이어서 국문을 당하고 경상도 산음현에 유배되

---

226) 김전의 형인 흔과 조카 안노도 문과에 장원한 집안이다.

었다가 연산군 12(1506)년 압송되었다.

중종 1(1506)년 중종반정이 있은 뒤에 예조 참판 겸 동지경연사로 관직에 올라 동지사로 명나라에 다녀왔다. 중종 4(1509)년 형조 판서로 승진하여 홍문관 제학을 겸하다가 대사헌으로 옮기고 이어서 지중추부사가 되어 성균관 동지를 겸했다. 다시 대사헌이 되었다가 우참찬·이조 판서를 역임했다. 중종 9(1514)년 지중추부사로 지의금부사를 겸하다가 예조 판서로 전임되어 예문관 제학을 겸했으며 연달아 대사헌과 병조 판서를 역임했다. 중종 10(1515)년 예조 판서로 전임되었다가 우찬성으로 승진했고 중종 11년 좌찬성으로 전임되었다가 중종 13(1518)년 좌찬성에서 사직하고 찬집당 당상으로 신용개·남곤 등과 함께 <속동문선>을 편찬하고 판중추부사가 되어 예문관 제학을 겸했다. 중종 14(1519)년 공조 판서로 있으면서 남곤·심정 등과 함께 조광조 등 사림파의 개혁정치에 반대하여 기묘사화를 일으켜 이들을 축출하고 정권을 장악했다. 그 공로로 원종공신에 녹훈되고 우의정으로 승진했다가 물러나 판중추부사에 임명되었다. 중종 15(1520)년 영의정에 올라 세자사를 겸했으며 중종 18(1523)년 66세에 영의정으로 죽었다. <중종실록> 중종 18(1523)년 2월 13일 기사에 '영의정 김전의 졸기'가 있다.

🔲 평가

영의정 김전의 졸기

사신은 논한다.

김전(金詮)은 청렴하고 근신함을 지켜 한때의 추중(推重)을 받아 지위가 재상에 이르렀다. 조광조(趙光祖)가 용사(用事)할 때에 김전(金詮)은 건명(建明)의 재주가 없어 크게 등용할 인물이 못된다 하여 언제나 한산직(閑散職)에 있었다. 조광조 등이 죄를 받던 날 상이 처음에 무사를 시켜 금정(禁庭)에서 추살(推殺)하려 하자 김전이 아뢰기를 '이는 큰일이니 영상 정광필(鄭光弼)을 불러 의논해서 처치하소서.' 하였다. 상이 즉시 그를 부르니, 정광필이 울면서 간하기를 '유사(有司)에게 맡기소서.' 하였으므로, 사류(士類) 중 화를 면한 자가 많았다. 이는 실로 김전이 영상을 부르라고 청한 모책(謨策) 때문이었다. 그 뒤 정광필이 영상에서 파직되자 전이 드디어 수상이 되었다. 비록 중한 지위에 있었으나, 번화(繁華)한 것을 좋아하지 않아 집안이 매우 가난했다. 성품이 술을 좋아하여 날마다 가난한 종족들과 술을 마시면서 가사(家事)에는 괘념하지 않았으며, 집은 허술하고 나지막하여 네 귀퉁이를 버팅기고 살면서도 태연하였다. 상은 큰 정사(政事)가 있으면 언제나 반드시 사관(史官)을 보내 자문(咨問)했는데, 사관이 그 집에 이르러 보면 거처하는 곳에 먼지가 쌓여 있었다. 일찍이 병중에 있으면서 열 가지 일을 진달(陳達)했는데, 지난 일을 증거대어 당시의 폐단에 꼭 들어맞는 것들이었다. 이어 병으로 사직을 청하니 상이 그가 진달한 열 가지 일을 조석으로 두고 보기 위하여 베껴 들이라 명하고 불윤비답(不允批答)을 내렸다. 졸함에 미쳐 충정(忠貞)이라 시호하였다.

> **참고문헌**

〈성종실록〉, 〈연산군일기〉, 〈중종실록〉, 〈다음백과사전〉, 〈연안김씨 병술대동보〉, 〈국조인물고 : 비명. 신흠(申欽) 지음〉

남 곤(南袞)

본관은 의령이고 자는 사화(士華)이며 호는 지정(止亭) 또는 지족당(知足堂)이고 시호는 문경(文敬)이다. 성종 2(1471)년에 태어나서 중종 22(1527)년에 죽었다.

🗃 재임기간

중종 18(1523)년 4월 18일[227] – 중종 22(1527)년 3월 10일[228] ※ 후임 정광필

🗃 가문

아버지는 곡산 군수 치신(致信)이고 할아버지는 대사간 규(珪)이며 증조부는 참지문하부사 을진(乙珍)이고 고조부는 지영광군사 천로(天老)다. 5대조는 풍저창 부사 익저(益㫆)이다. 시조는 민(敏)인데 영양(英陽)을 관적으로 받았으나 고려 중엽 추밀원직 부사 군보(君甫)가 관적을 의령으로 옮겼다.

장인은 연안인 숙천 부사 이세웅(李世雄)인데 첨지중추부사 이성(李晟)의 아들이다. 외할아버지는 진주인 용양위 호군 하비(河備)이다.

형은 사간원 정언과 도승지를 역임한 포이고 포의 아들은 군수 정진(南廷縉)이다.

부인은 아들을 낳지 못하고 딸만 셋을 두었는데 1녀는 용인인 현령 이선(李璿)과 결혼했고, 2녀는 영의정 송일(宋軼)의 아들인 여산인 첨지중추부사 송지한(宋之翰)과 결혼했으며 3녀는 진주인 상서원 부직장 유충경(柳忠慶)과 결혼했다. 송지한은 아들 하나를 두었는데 송인(宋寅)이다. 송인은 중종과 숙원이씨 사이에 태어난 정순옹주(貞順翁主)와 결혼하여 여성위(礪城尉)에 봉해졌다. 곤은 측실에서 1남 1녀를 두었는데 승사(承祀)는 의과에 급제하여 전의감 직장에 임명되었고 딸은 거창인 판관 신대윤(愼大胤)과 결혼했다.

형은 공조 낭관을 역임하고 전한·홍문관 직제학에 임명되었으나 취임하지 않고 감악산에 은거한 포(南褒)이다.

---

227) 남곤을 의정부 영의정으로 이유청을 좌의정으로 …
228) 영의정 남곤이 졸하였다.

정순옹주의 남편인 여성위 송인의 외할아버지로 영의정 송일과 사돈 관계이다. 김종직의 직계 제
자로 문장이 뛰어나고 글씨도 잘 썼다. 갑자사화 때 유배되었다가 풀려났고, 심정 등과 기묘사화
를 일으켜 조광조 등 사림파를 숙청하고 권력을 잡았다. 이 일로 죽은 뒤에 관작이 삭탈되었다.

김종직의 문인으로 성종 20(1498)년 생원시와 진사시에 모두 합격하고 성
균관에 들어가 유생으로 수학했다. 성종 23(1492)년 성균관 유생으로 이
목·심순문·최광윤·조원기·송여려·이수함·이윤탁 등과 함께 윤필상
의 죄악을 규탄하다 감옥에 갇혔다. 성종 25(1494)년 별시문과에서 을과로
급제하고 예문관 검열을 거쳐 홍문관 정자와 저작이 되었다.

연산군 1(1495)년 승정원 주서에 임명되고 연산군 2년 홍문관 수찬을 역
임하고 정언에 임명되어 질정관으로 명나라에 다녀온 뒤에 김전(金詮)·신용
개(申用漑) 등과 함께 사가독서를 했다. 연산군 4(1498)년 정언에서 홍문관 수
찬으로 전임된 뒤에 가낭청·좌랑을 역임하고 연산군 6년 교리에 임명되었
다. 연산군 7(1501)년 응교에 임명되었고 연산군 9(1503)년 홍문관 전한·부
제학을 역임했으며 겨울에 어머니 상을 당했다. 연산군 10년 승지에 임명
되었으나 연산군의 생모인 윤씨의 복위 문제로 갑자사화가 일어나 태형 50
대를 맞고 서변으로 유배되었다. 연산군 11(1506)년 아버지 상을 당했다.

중종반정으로 풀려나서 중종 2(1507)년 박경(朴耕) 등이 반역을 꾀한다고
무고하여 그 공으로 가선대부에 가자되고 승지에 임명되었다. 중종 3(1508)
년 동지성균관사를 겸했다. 중종 4년 정언에 임명되었으나 대간의 탄핵을
받고 황해도 관찰사로 전임되었고 중종 5년 문한(文翰)의 1인자로 인정받아
호조 참판에 임명되었다. 중종 6(1511)년 대사헌·병조 참판·대사헌·동지
사·전라도 관찰사를 역임했고 중종 7년 대사헌을 역임했으며 중종 8년 동
지경연사에 임명되었다. 중종 9(1514)년 이조 참판·지중추부사를 역임하고
호조 판서에 임명되어 성균관 동지를 겸했고 지중추부사에 임명되어 동지
성균관사를 겸했다. 중종 10년 우참찬에 임명되었고 중종 11(1516)년 대제

학에 임명되었고 좌참찬으로 전임된 뒤에 홍문관 대제학을 겸했다. 그 뒤에 성균관 지사·좌참찬·우참찬·대사헌·우참찬·이조 판서를 역임했다. 중종 12년 전라도 관찰사에 임명되어 외직으로 나갔다가 돌아와서 이조 판서·우찬성·대사헌·우찬성·이조 판서를 차례로 역임했다. 중종 13(1518)년 예조 판서로 종계변무주청사로 명나라에 다녀왔으며 돌아와서 대제학을 겸했다. 중종 14(1519)년 이조 판서로 우찬성을 겸했고 심정(沈貞) 등과 기묘사화를 일으켜 당시 집권자이던 조광조 등 신진사림파를 숙청한 뒤 좌의정으로 승진했다. 중종 18(1523)년 영의정에 임명되어 죽을 때인 중종 22(1527)년까지 영의정에 있었다. 그러나 죽음에 임박하자 죄를 자책하고 화를 입을 것을 걱정하여 평생 써 놓은 글을 불태웠다. 죽은 뒤에 사림파의 세력이 강해지자 탄핵을 받아 명종 13(1558)년 관작이 삭탈되었고 선조 대에 다시 관작이 추삭 당했다. 저서로 <유자광전>·<지정집>이 있다.

<중종실록> 중종 22(1527)년 3월 10일 네 번째 기사에 '영의정 남곤의 졸기'가 있다.

🔷 평가

영의정 남곤의 졸기

사신은 논한다. 남곤은 문장이 대단하고 필법(筆法) 또한 아름다웠다. 평생 화려한 옷을 입지 않았고 산업(産業)을 경영하지 않았으며, 재주가 뛰어나서 지론(持論)이 올바른 것 같았다. 임종(臨終)할 때 평생 동안의 초고(草稿)를 모두 불사르고, 이어 자제들에게 '내가 허명(虛名)으로 세상을 속였으니 너희들은 부디 이 글을 전파시켜 나의 허물을 무겁게 하지 말라.' 했고, 또 '내가 죽은 뒤에 비단으로 염습(殮襲)하지 말라. 평생 마음과 행실이 어긋났으니 부디 시호(諡號)를 청하여 비석을 세우지 말라.' 했다. 병이 위급해지자 상이 중사(中使)를 보내어 죽은 뒤의 일을 물었으나 이미 말을 할 수가 없었다. 기묘년에 남곤이 심정 등과 뜻을 얻지 못한 자들로 더불어 유감을 품고 같이 모의, 몰래 신무문(神武門)으로 들어가 임금의 마음을 경동(驚動)시켰다. 그리하여 사림(士林)을 거의 다 귀양보내게 했지만 그 형적(形迹)이 노출되지 않았으니, 그 재주는 따를 수 없다 하겠다. 그의 말에 '마음과 행실이 어긋났다.' 한 것은 이를 가리켜 한 말인 것 같다. 그렇다면 이 사람도 자신의 죄를 알고 죽은 것이다. 시호는 문경(文敬)이다.

참고문헌

〈연산군일기〉, 〈중종실록〉, 〈다음백과사전〉, 〈의령남씨족보〉, 〈국조인물고 : 묘지. 송인(宋寅) 지음〉

장순손(張順孫)

본관은 인동이고 자는 자호(子浩)·자활(子活)이며 시호는 문숙(文肅)이다. 세조 3 (1457)년에 태어나서 중종 29(1534)년에 죽었다.

🎲 재임기간

중종 28(1533)년 5월 28일[229] – 중종 29(1534)년 9월 11일[230] ※ 후임 한효원

🎲 가문

아버지 중지(重智)는 통천 군수를 역임했고, 할아버지는 중군사정 경원(敬源) 이다. 증조부는 금화 현감 순효(純孝)인데 처음 이름이 순효였으나 진(晉)으로 바꾸었다. 고조부는 무주 현령 도(都)이고 6대조는 사재감사 익충(翼冲)이며 6 대조는 중서시랑평장사 길(佶)이다. 7대조는 도첨의정승 계임(繼任)이고 8대조 는 예부시랑 원보(元寶)이며 9대조는 사의(司義) 순핵(純翮)이다. 10대조는 검교 군기감 수량(遂良)이고 11대조는 천서(天叙)이며 12대조는 판도전서 전(戩)이다. 13대조는 행수 원우(元佑)이고 14대조는 예문관 직제학 비(備)이며 15대조는 집현전 대제학 계(桂)이다. 16대조는 병부상서 평장사 상겸(尙謙)이고 17대조 는 병부상서 린(璘)이며 18대조는 중랑장 원노(元老)이다. 19대조는 호부상서 연유(延祐)이고 20대조는 적평시랑 유(儒)이며 21대조는 시중상서 경(敬)이다. 22대조는 옥산군 을제(乙濟)이고 23대조는 평장사 만일(萬鎰)이며 24대조는 평 장사 효익(孝翼)이다. 25대조는 좌정승 지현(之賢)이고 26대조는 평장사 기(紀) 이며 27대조는 대장군 보천(寶千)이고 28대조는 인동장씨의 시조 태사 정필 (貞弼)이다.

장인은 상주(商州)인 사정 김규(金珪)인데 상산부원군 김득제(金得齊)의 증손이 다. 외할아버지는 개성인 예문관 대교 고승안(高承顔)이다.

---

229) 장순손을 의정부 영의정에 한효원을 의정부 좌의정에 정광필을 영중추부사에 …
230) 영의정 장순손이 졸하였다.

아들은 춘천 부사 명원(明遠)인데 연천 현감 경양(景良)과 창신교위 경안(景安)을 낳았다. 딸은 1녀는 부사 조윤영(趙允寧)과 결혼했고 2녀는 서윤 홍보경(洪輔卿)과 결혼했다.

아우는 승지 종손(終孫)이고 누이들은 각각 진사 이익수(李益壽)·진사 전간손(全幹孫)·부사 이석봉(李石峯)과 결혼했다.

🔷 생애

> 갑자사화 때 고신을 빼앗기고 유배되었다가 중종반정으로 풀려났다. 저화의 재사용과 군량 확보책을 간하기도 했다. 조광조 등의 탄핵을 받고 파직되었으나 기묘사화로 조광조 등의 사림파가 몰락하자 재 등용되었다. 김안로의 최측근으로 정승에 올랐다.

성종 16(1485)년 별시문과에 급제했다. 성종 21(1490)년 사간원 정언에 임명되었으며 성종 22년 회령 판관을 역임했다.

연산군 2(1496)년 홍문관 부응교에 임명되었으며 연산군 3년 정랑·응교를 거쳐 연산군 4년 검상을 역임했다. 연산군 5(1499)년 사간으로 춘추관 편수관이 되어 <성종실록> 편찬에 참여했다. 연산군 6년 홍문관 직제학·부제학에 임명되었으며 연산군 7(1501)년 동부승지·우부승지를 거쳐 연산군 8년 좌부승지·우부승지·좌승지를 차례로 역임하고 함경도로 충군되었다가 돌아와 도승지에 제수되었다. 같은 해에 전라도 관찰사에 임명되었다. 연산군 10(1504)년 세자좌빈객을 겸했는데 갑자사화가 일어나자 홍문관에 재직할 때 후원관사(後苑觀射)를 간했던 일로 인해 옥에 갇히고 장 60대 맞고 고신을 빼앗겼다. 뒤에 부응교에 임명되었으나 국문을 눈치 채고 도망쳤으나 연산군 11년 장 90대를 맞고 부처되었다.

중종 1(1506)년 중종반정이 성공하자 귀양에서 풀려나 경상도 관찰사에 임명되었고 중종 2년 한성부 좌윤으로 대사헌을 겸했다. 중종 3년 이조 참판에 전임되어 대사헌을 겸하다가 같은 해에 형조 판서·우참찬·형조 판서를 차례로 역임했다. 중종 4년 형조 판서로 지의금부사를 겸했으며 우참찬으로 전임되었다가 호조 판서로 전임되었다. 중종 6년 호조 판서로 경연 특진관을 겸하면서 저화(楮貨)의 재사용과 군량 확보책을 간하기도 했다. 중종 8(1513)년 동지사로 명나라에 다녀와서 예조 판서에 임명되었다. 중종 9년 좌참찬으로 지의금부사를 겸했고 중종 10(1515)년 우찬성을 역임하고 좌찬성으로 있을 때 사직을 요청했는데 이에 대해 자신의 탐오와 회뢰에 대한 여론을 무마시키기 위한 술수라는 비판을 받기도 했다. 중종 11년 호조 판서로 있을 때 노모의 봉양을 위해 사직했다. 중종 12(1517)년 종부시 제조·병조 판서에 임명되었으며 중종 13(1518)년 병조 판서로 전임되었다. 병조 판서로 재임하면서 조광조 등 신진사림들이 천거제의 현량과(賢良科)를 주장하자 적극 반대했다. 중종 14년 김안로의 일파로서 사림들을 축출하려 했다는 이유로 양사와 조광조 등의 탄핵을 받고 파직을 당했으나 그해 11월에 기묘사화로 조광조 등이 제거되자 관직에 복귀했다. 중종 16(1527)년 판중추부사·병조 판서에 임명되었으며 중종 18년 우찬성·판중추부사 겸 지경연춘추관사·이조 판서·판중추부사에 차례로 임명되었다. 중종 19(1524)년 예조 판서에 전임되었고 중종 20년 영경연사·판의금부사에 임명되었으며 중종 22(1527)년 궤장을 하사받았다. 중종 24년 영중추부사에 임명되었고 중종 25년 이조 판서에 임명되었다. 중종 26(1513)년 김안로가 정권을 잡자 우의정이 되고 이어서 좌의정이 되었으며 중종 28(1533)년 영의정에 올랐으며 중종 29년에 죽었다.

<중종실록> 중종 29(1534)년 9월 11일 세 번째 기사에 '영의정 장순손의 졸기'가 있다.

🪨 평가

영의정 장순손의 졸기

······

사신은 논한다. 순손은 인품이 시기심 많고 음험하고 탐욕스러워 당시

사람들이 장검동(張黔同)이라고 불렀으니 그의 탐심을 기롱한 것이다. 몰래
김안로에게 아부하여 벼슬이 정승에 이르렀으나 사람들이 거의 다 비루하
게 여겼다.

참고문헌

〈다음백과사전〉, 〈성종실록〉, 〈연산군일기〉, 〈중종실록〉, 〈인동장씨안양공파세보〉, 〈인동장
씨대동세보〉, 〈장순손묘갈〉, 〈통천 군수 장중지묘갈〉, 〈인동장씨대동보〉, 〈인동장씨세보〉

한효원(韓效元)

본관은 청주이고 자는 원지(元之)이며 호는 오계(梧溪)이고 시호는 장성(章成)이다. 세조 14(1468)년에 태어나서 중종 29(1534)년에 죽었다.

🎲 재임기간

중종 29(1534)년 11월 20일[231] ─ 중종 29(1534)년 12월 29일[232] ※ 후임 김근사

🎲 가문

아버지 증(曾)은 사도시 정이고 할아버지 장손(長孫)은 내자시이다. 증조부 서용(瑞龍)은 동지중추부사이고 고조부 승순(承舜)은 중추원부사다. 5대조는 예의판서 리(理)이고 6대조는 호부상서 공의(公義)이며 7대조는 우정승 악(渥)이고 8대조는 보문각 제학 사기(謝奇)다. 9대조는 첨의중찬 강(康)이고 10대조는 상서성 좌복야 광윤(光胤)이며 11대조는 검교신호위 상장군 희유(希愈)이고 12대조는 상의직장(尙衣直長) 혁(奕)이다. 13대조는 별장동정(別將同正) 상휴(尙休)고 14대조는 용호군 교위 영(穎)이다. 15대조 난(蘭)은 청주한씨의 시조인데 고려 개국공신이며 문하태위를 역임했다.

장인은 상주인 참봉 김자숙(金自淑)이고 처할아버지는 지평 김이용(金利用)이며 외할아버지는 전의인 돈녕부정 이삼노(李三老)다.

2남 3녀를 두었는데 1남이 사헌부 지평·장성 부사 유(維)이고 2남이 정랑 관(綰)이다. 1녀는 군수 홍윤현(洪胤玄)과 결혼했고 2녀는 사의 민명세(閔命世)와 결혼했으며 3녀는 도사 유사필(柳師弼)과 결혼했다. 1남 유가 군사 수덕(壽德)·생원 수복(壽福)·동지중추부사 수록(壽綠)·수억·수백을 낳았고 2남 관이 수국과 수민을 낳았다.

---

231) 한효원을 영의정에 김근사를 좌의정에 제수하였다.
232) 정원이 아뢰기를, 영의정 한효원이 졸하였다는 말을 듣고 …

우의정 악의 후손으로 기국과 도량이 넓고 명망이 있었으나 김안로와 이웃에 살면서 김안로의 권세를 도와주고 정승에 올랐다.

숙부 후(珝)에게서 글을 배워 성종 20(1489)년 사마시에 합격하고 연산군 7(1501)년 식년문과에서 을과로 급제했다. 사관에 등용된 뒤 승문원 부정자를 역임하고 연산군 8년 예문관 검열·승문원 주서에 임명되었으며 연산군 10(1504)년 홍문관 박사에 임명되었다가 주서로 옮겼다. 주서로 있을 때 경상우도 수군절도사 김철손이 밀부를 받들고 갔는데 문부에 기록하지 않아서 추국하라는 명이 있었다. 그러나 이때 아버지가 장흥 부사로 나갔다가 임지에서 죽어 밖에 나가있었기 때문에 추국을 미루었으나 중종반정으로 연산군이 폐위됨으로 추국을 면하였다.

중종 2(1507)년 상을 마치고 봉상시 주부로 관직에 복귀하였으며 병조 좌랑에서 도사로 승진되었다가 체직되었다. 같은 해에 홍문관 부수찬으로 임명되었다가 홍문관 수찬이 되고 이어서 교리로 옮겼다가 중종 3년 사헌부 지평으로 옮겼다. 중종 4년 부교리·교리·장령을 역임하고 중종 5(1510)년 검상·사인을 차례로 역임했다. 중종 6년에는 집의를 역임하고 중종 7(1512)년 사간·홍문관 전한에 임명되었다. 이 해에 함경도에 큰 흉년이 들자 함경도 진휼경차관으로 나가 굶주린 백성을 구제하고 돌아와서 사간에 임명되었다. 중종 9(1514)년 어머니의 상을 당하였다. 중종 11(1516)년 복을 벗고 사헌부 장령을 역임하고 군기시 부정으로 옮겼다가 홍문관 직제학으로 옮겼다. 이때 서북 두 국경에 좋지 못한 일이 많아 황해도 문폐암행어사로 파견되어 실정을 살피고 돌아왔다. 돌아와서 경상도 문폐암행어사로 경상도를 순시하고 돌아와서 부제학에 임명되었다. 중종 12년 승정원 동부승지에 임명된 뒤에 어떤 일로 체직되고 병조 참지에 제배되었다가 대사간을 거쳐 우부승지·좌부승지로 전임되었다. 중종 13년 좌승지에서 도승지로 승진한 뒤에 병조 참판에 제수되고 이어서 경기도 관찰사에 임명되어 외직으로 나갔다. 중종 14년 공조 참판·형조 참판을 역임하고 중종 15(1520)년 사헌부 대사헌으로 있다가 체직되어 동지중추부사에 임명되었다. 인종이 세자로 책봉되자 주청사에 임명되어 명나라에 다녀왔다. 중종 16년 다시 공조 참판과 예조 참판을 거치며 도총부 부총관을 겸했다. 중종 17년 경상도 관찰사가 되어 다시 외직으로 나갔으며 중종 18년 돌아와서 동지중추부사에 임명되었다가 이듬해인 중종 19년 다시 함경도 관찰사에 제수되어 세 번째로 도백이 되었다. 중종 21년 돌아와서 호조 참판에 제수되고 자헌대부로 가자되어 공조 판서로 승진했다. 중종 22년 대사헌으로 전임되었다가 의정부 좌참찬·호조 판서로 전임되었다. 중종 23(1528)년 병으로 호조 판서에서 사직하였다가 지중추부사에 임명된 뒤 성절사가 되어 명나라에 다녀왔다. 중종 24년 의정부 우참찬이 되고 중종 25(1530)년 대사헌·지중추부사·의정부 우참찬을 차례로 역임하고 숭정대부로 가자되어 우찬성으로 승진하여 세자시강원 제2사가 되었다. 중종 26년 행이조 판서 겸 판의금부사가 되었다가 물러나 지중추부사가 되고 의정부 좌찬성을 거쳐 대광보국숭록대부로 가자되어 우의정으로 승진했다. 중종 28년 좌의정으로 옮겨 세자부를 겸했고 중종 29년 영의정으로 승차하여 세자사를 겸했으나 그 해에 67세로 죽었다.

<중종실록> 중종 29(1534)년 12월 29일 기사에 '영의정 한효원의 졸기'가 있으며 같은 <중종실록> 중종 30(1535)년 1월 1일 기사에도 '영의정 한효원의 졸기'가 있어 졸기가 두 번 나타난다.

🏛 **평가**

영의정 한효원의 졸기

……

사신은 논한다. 한효원의 인품은 기국과 도량이 넓고 잗단 일은 따지지 않아서 자못 공보(公輔)의 명망이 있었다. 그런데 김안로와 이웃하여 살면서 그의 권세를 도와준 덕분에 몇 해 안 가서 갑자기 정승에 올랐으므로 시론(時論)이 이를 단점으로 여겼다.

　영의정 한효원의 졸기

　......

　한효원의 사람됨은 기량이 넓고 커서 잗단 일을 계교(計較)하지 않았고 자못 대신이 될 만한 여망이 있었다. 낭관(郎官) 때에 당상(堂上) 정광필(鄭光弼)에게 공사(公事)를 보고하였는데, 정광필이 그 친척들에게 말하기를,

　"이 사람은 기량이 여느 사람과 다르니 끝내는 우리나라의 높은 벼슬을 도맡아 할 것이다."

하더니, 과연 영상이 되었다. 다만, 김안로(金安老)와 이웃하고 살면서 그 권세를 도와준 연고로 몇 해 사이에 갑자기 태부(台府)에 이르니, 그 때의 여론이 그를 헐뜯었다.

참고문헌

〈국조인물고 : 비명. 홍섬(洪暹) 지음〉, 〈다음백과사전〉, 〈성종실록〉, 〈연산군일기〉, 〈중종실록〉, 〈청주한씨제6교대동족보. 찬성공편〉

김근사(金謹思)

본관은 연안이고 자는 명통(明通)이다. 세조 12(1466)년에 태어나서 중종 34(1539)년에 귀양 살다 죽었다.

재임기간

중종 30(1535)년 3월 26일[233] — 중종 32(1537)년 10월 29일 ※ 후임 윤은보

가문

아버지는 남원 부사 면(勔)이고 할아버지는 안동 대도호부사 원신(元臣)이며 증조부는 황해도 관찰사·이조 참판 수(脩)이고 고조부는 형조 판서 자지(自知)이다. 5대조는 밀직제학 도(濤)이다. 도 이상의 세계는 김익과 같다.

장인은 평양인 전부(典簿) 조순(趙純)이고 외할아버지는 한산인 목사 이해(李堦)이다.

아우는 경사(敬思)이고 숙부는 대제학 감(勘)이며 좌의정 안노(安老)가 8촌이고 영의정 전이 7촌 당숙이다.

연산군 이후 광해군에 이르기까지 권력 이동이 빈번할 때 김근사의 가문은 정승 여섯, 대제학 셋, 왕비 1명, 청백리 3명을 배출한 명문이다.

생애

정승 여섯 명, 대제학 세 명, 왕비 한 명, 청백리 세 명을 배출한 명문가 출신이다. 김안로의 8촌으로 기묘사화 이후 김안로의 승지노릇을 했다. 김안로가 실각된 뒤 김안로 일파로 탄핵받았다. 김안로·허항·채무택 등 삼흉은 사사되었으나 김근사는 관직이 삭탈되고 하동으로 유배되어 그곳에서 죽었다. 묘도 찾을 수 없다.

성종 17(1486)년 생원시에 합격하고 연산군 즉위(1494)년 별시문과에서 병과로 급제했다.

---

233) 김근사를 의정부 영의정에 김안로를 좌의정에 윤은보를 우의정에 …

연산군 9(1503)년 사헌부 장령을 역임하고 연산군 10(1504)년 홍귀달(洪貴達)의 유배사건에 연루되어 의금부에 갇혔다가 서천에 유배되었으나 곧 방환되었다.

중종 1(1506)년 다시 사헌부 장령에 임명되었고 중종 2년 사인·집의에 임명되었다. 중종 4년 삼포왜란이 일어나자 경상도 경차관으로 파견되어 삼포의 왜인들을 추고·단속하였고 중종 5(1510)년 경상도 부원수 안윤덕의 종사관이 되었다. 중종 7년 우부승지에 임명되었고 중종 8년 우승지·형방 승지를 역임했으며 중종 9(1514)년 참찬관이 되었다. 중종 10년 좌승지·홍문관 부제학·사간원 대사간을 역임했고 중종 11(1516)년 판결사를 역임했으며 중종 12년 충청도 관찰사에 임명되었다. 중종 14(1519)년 병조 참의로 있다가 기묘사화가 일어나자 승지가 되어 김안로 일파의 승지 역할을 했으며 도승지와 이조 참의에 임명되었다. 종중 15년 세자좌빈객을 겸했고 중종 16(1521)년 이조 참판에 올라 중종 17년 동지경연사로 명나라에 다녀왔다. 중종 20(1525)년 형조 참판을 역임하고 동지돈녕부사가 되어 정조사(하정사)로 명나라에 다녀왔다. 중종 21년 황해도 관찰사에 임명되었고 중종 22년 동지중추부사·한성부 우윤·대사헌을 차례로 역임하고 중종 23(1528)년 공조 참판과 이조 참판을 역임했다. 중종 24년 예조 참판을 역임하고 한성부 판윤에 임명되어 자헌대부로 가자되었고 중종 25(1530)년 대사헌을 역임했다. 중종 26 한성부 판윤·병조 판서·이조 판서를 역임했으며 중종 27(1532)년 판의금부사로 숭정대부에 가자된 뒤 좌찬성이 되었다. 중종 28년 우의정으로 승진했고 중종 29(1534)년 좌의정에 올라 세자부를 겸했으며 중종 30(1535)년 영의정에 올랐다. 중종 32(1537)년 김안로가 실각되면서 대간으로부터 김안로 일파로 탄핵받아 김안로·허황·채무택은 사사되었으나 "김근사는 관작을 삭탈하여 문외로 출송하여 도성 안에 발을 붙이지 못하게 하는 것이 좋다."는 명에 따라 하동으로 유배되었다가 중종 34(1539)년 유배지에서 죽었다. 죽은 뒤에 하동에 묘를 썼으나 지금은 찾을 수 없어서 경기도 광주시 초월읍 지월리에 별도의 묘단을 만들어서 후손들이 제향하고 있다.

<중종실록> 중종 34(1539)년 7월 10일 두 번째 기사에 '김근사의 졸기'
가 있다.

🎁 평가
김근사의 졸기

사신은 논한다.

근사는, 외모는 순박하고 충실한 듯하나 마음은 음흉하였다. 김안로(金安老)
와 가까운 사이이기 때문에 영의정이 되었고 매사를 안로가 선창하면 근사
는 호응하여 사류(士類)를 물리치는 데 모든 간계를 다하였다. 안로가 패하자
경상도 하동(河東)으로 쫓겨났다가 금년 6월 25일에 병사하였다.

참고문헌

〈성종실록〉, 〈연산군일기〉, 〈중종실록〉, 〈다음백과사전〉, 〈연안김씨 병술대동보〉

윤은보(尹殷輔)

본관은 해평이고 자는 상경(商卿)이며 시호는 정성(靖成)이다. 세조 14(1468)년에 태어나서 중종 39(1544)년에 죽었다.

📦 재임기간

중종 32(1537)년 11월 2일[234] ─ 중종 39(1544)년 7월 5일[235] ※ 후임 홍언필

📦 가문

아버지는 군기시 첨정 훤(萱)이고 할아버지는 사헌부 장령 면(沔)이다. 면 이상의 세계는 윤승훈과 같다.

장인은 초배는 양성인 이원정(李元禎)이고 계배는 여산인 판서 송영(宋瑛)이다. 아들이 없어서 아우 은필의 아들 정언(貞彦)을 입양했다.

아우는 은필(殷弼)과 은좌(殷佐)인데 은필은 이조 참판을 역임했고 감찰 홍언(弘彦)을 낳았다. 홍언이 승길(承吉)과 승훈(承勳)을 낳았는데 승훈은 영의정을 역임했다.

📦 생애

영의정 승훈의 종조부이다. 대마도 경차관으로 대마도에 가서 도주에게 계해조약을 어기고 삼포에서 작폐를 일삼던 거류민에게 조약을 준수하도록 요구했다. 조광조 등과 함께 정국공신(중종반정공신)이 남훈되었다고 상소하여 심정 등 76명의 훈호를 삭제시켰다. <신증동국여지승람>· <대전후속록>을 편찬했다.

성종 25(1494)년 별시 문과에 급제하여 사관이 되었다.

연산군 1(1495)년 승문원 교검으로 있으면서 춘추관 기사관으로 <성종실록> 편찬에 참여했다. 연산군 3(1497)년 예관으로 문소전 제사[236]를 지낼

---

234) 윤은보를 의정부 영의정에 홍언필을 우의정에 …
235) 영의정 윤은보가 졸하였다.

때 신위판을 떨어뜨린 죄로 하옥되어 국문을 받고 장류되었다. 연산군 4(1498)년 풀려나서 정언에 임명되었다. 연산군 8(1502)년 지평에 임명되었고 연산군 10년 집의를 역임하고 연산군 11(1505)년 정언에 임명되었으나 어떤 일로 추국을 당했다.

중종 1(1506)년 춘추관 편수관으로 <연산군일기> 편찬에 참여했고 중종 2(1507)년 사헌부 집의에 임명되었고 중종 4(1509)년 대마도 경차관으로 쓰시마 섬에 가서 쓰시마의 도주에게 국서를 전하여 계해조약을 어기고 삼포에서 작폐를 일삼던 일본 거류민으로 하여금 조약을 준수하도록 요구했다. 중종 8(1513)년 직제학으로 경상도 어사로 파견되어 경상도 방어태세를 점검하고 돌아왔다. 중종 9년 부제학에 임명되었다가 사간원 대사간으로 전임되었다. 중종 10년 장례원 판결사·대사간·동부승지를 역임하고 중종 11(1516)년 좌부승지·형방승지에 제수되었는데 이 해에 시를 지어 장원했다. 중종 12년 우승지를 역임하고 도승지로 승진했다가 황해도 관찰사가 되었다. 고종 13년에는 동지중추부사·이조 참판을 역임했으며 중종 14(1519)년 대사간으로 있으면서 조광조 등과 함께 중종반정공신인 정국공신이 남훈되었다고 상소하여 심정(沈貞) 등 76명의 훈호를 삭제하게 했다. 이어 예조 참의·이조 참판을 역임하고 중종 15년 경기도 관찰사에 임명되었다. 중종 16(1521)년 사은사로 명나라에 다녀와서 대사헌에 임명되었고 중종 17년 공조 참판으로 강원도 양전순찰사로 파견되었다. 중종 18(1523)년 공조 참판에서 예조 판서로 승진했다. 중종 19년에는 대사헌·이조 판서를 역임하고 중종 20년 평안도 관찰사에 임명되었다. 중종 22(1527)년 동지중추부사에 임명되었고 중종 23년 호조 판서·예조 판서·지중추부사·예조 판서를 역임하고 중종 24년 대사헌으로 전임되었다. 중종 25(1530)년 병조 판서·대사헌·한성부 판윤에 임명되었고 중종의 명으로 지춘추관사가 되어 <신증동국여지승람>을 완성했다. 중종 26년 좌참찬·우찬성·병조 판서·

---

236) 추석 제향 때

공조 판서 · 좌참찬 · 판중추부사 · 우찬성을 차례로 역임하고 중종 27(1532)
년 판의금부사 · 우찬성 · 병조 판서를 역임했다. 중종 28년 호조 판서 · 좌찬
성에 임명되었다. 중종 29년 호조 판서 · 좌찬성을 역임하고 중종 30(1535)년
우의정에 승진했으며 중종 32년 좌의정이 되었다가 바로 영의정에 임명되고
기로소에 들어가서 중종 39년까지 영의정으로 있다가 죽었다. 영의정으로
재임하던 중종 38(1543)년에는 왕명을 받아 <대전후속록>을 편찬했다.

　<중종실록> 중종 39(1544)년 7월 5일 세 번째 기사에 '영의정 윤은보의
졸기'가 있다.

🎁 평가

　영의정 윤은보의 졸기

　…… 사신은 논한다. 윤은보의 자(字)는 상경(商卿)이고 본관은 해평(海平)이
다. 사람됨이 자상하고 공근(恭謹)하여 남을 해치는 마음이 없으며, 관리로서
일을 처리하는 데에 재능이 뛰어나서 가는 곳마다 자못 명성과 공적이 있
었다. 평안도 관찰사였을 때 경내(境內)가 크게 가물었는데 재계(齋戒)하고 비
를 빌어 드디어 40리에 비가 내리니, 사람들이 정성에 감동된 것이라 하였
다. 병조 판서였을 때에는 군졸이 그 은혜를 많이 입었다. 급제하고부터 1
품(品)이 될 때까지 더욱 스스로 근신하고 공검(恭儉)하여 자봉(自奉)을 포의(布衣)
때와 같이 하였다. 그러나 본디 학술이 없고 기국(器局)이 평범하여 시세에
따라 부침(浮沈)하였으므로, 간사한 심정(沈貞)과 김안로(金安老)도 그를 원망하지
않았다. 김안로가 죽고 윤은보가 홀로 정승 자리에 있으면서 복상(卜相)할 때
에 소세양(蘇世讓) · 심언경(沈彦慶) · 권예(權輗)를 아뢰었으므로, 사림에서는 모두
가 비난하였다.

　또 논한다. 윤은보는 천성이 자상하고 깨끗하며 스스로 절조를 지키는
데에 도타웠으므로, 여러 번 변고를 겪었어도 더러워진 적이 없었다. 사람
들은 혹 부침하여 자리를 얻었다고 비평하기도 하나, 관리로서의 일에 익숙

하여 두 번 병조 판서가 되었는데 정사의 공적이 많았다. 집안에서는 우애하고 화목하여 이간하는 말을 하는 사람이 없었다. 아깝게도 그가 정승 노릇한 10년 동안에 건명(建明)한 것이 하나도 없었으며, 만년에는 비첩(婢妾)에게 혹하여 절간(折簡)하기를 좋아하였으므로, 시정(市井)의 하찮은 백성까지도 모두 청탁하는 절간을 얻을 수 있었다. 이때에 이르러 병으로 죽었는데, 살아서는 나라를 위하여 자신을 잊지 못하고 죽을 때에도 어진 사람을 천거하지 못하였으므로, 당시의 의논이 애석하게 여겼다.

참고문헌

〈다음백과사전〉, 〈성종실록〉, 〈연산군일기〉, 〈중종실록〉, 〈해평윤씨세보〉

홍언필(洪彦弼)

본관은 남양(토홍계)이고 자는 자미(子美)이며 호는 묵재(默齋)이고 시호는 문희(文僖)이다. 성종 7(1476)년에 태어나서 명종 4(1549)년에 죽었다.

재임기간

인종 1(1545)년 1월 13일[237]−인종 1(1545)년 윤 1월 2일[238] ※ 후임 윤인경
명종 3(1548)년 5월 17일[239]−명종 4(1549)년 1월 8일[240] ※ 후임 이기

가문

아버지 형(涧)은 우부승지이고 할아버지 귀해(貴海)는 경상좌도 수군절도사이다. 귀해의 딸이 덕흥대원군(德興大院君)의 아들이며 선조의 큰 형인 하원군 이정과 결혼했다. 하원군 이정은 당은군 이인령(李引齡)과 익성군 이향령(李享齡)과 영제군 이석령(李錫齡)을 낳았고 사위는 영의정 기자헌(奇自獻)이다. 증조부 익생(益生)은 강원도 관찰사·동지중추부사이고 고조부 자경(子儆)은 호조참판이며 5대조 덕의(德義)는 공조 전서이고 6대조 지서(之瑞)는 예빈시승이다. 7대조 유(儒)는 대관서령(大官署令)이고 8대조 순(淳)은 상의 직장(尙衣直長)이며 9대조 광려(光呂)는 위위 주부이고 10대조 숙(叔)은 검교장군이다. 11대조 선행(先幸)은 남양홍씨 토홍계의 시조인데 금오위 별장을 역임했다.

장인은[241] 초배는 봉화인 부사 정숙은(鄭叔垠)이고 계배는 여산인 영의정 송일(宋軼)이다. 외할아버지는 평양인 사예 조충손(趙衷孫)과 평택인 참판 임수창(林壽昌)이다.

아들 섬(暹)은 영의정인데 섬은 1남 3녀를 두었다. 섬의 외아들 기영(耆英)은 군기시 부정이고, 좌의정 심수경(沈守慶)의 딸과 결혼했다. 섬의 딸은 하원

---

237) 홍언필을 의정부 영의정으로 윤인경을 좌의정으로 이기를 우의정으로, …
238) ▶ 영중추부사란 기록 있음
239) 홍언필을 의정부 영의정으로 윤인경을 좌의정으로 …
240) 영의정 홍언필이 졸하였다.
241) 친외할아버지는 평택인 참판 임수창이다.

군 이정(李鋥)과 결혼했는데 하원군은 중종의 아들인 덕흥대원군 이초(李岹)의 아들이며 선조의 큰 형이다. 또한 영의정 기자헌(奇自獻)의 장인이다.

🎁 생애

영의정 송일의 사위이고 영의정 섬의 아버지이며 하원군 이정의 처할아버지이다. 기묘사화 때 조광조의 인척이라는 이유로 옥에 갇혔으나 정광필의 변호로 풀려났다. 김안로 일파의 무고로 아들과 함께 파직되었다가 김안로 일파가 제거된 뒤에 관직에 복구했으며 윤원형이 을사사화를 일으키자 윤원형 편에 가담하여 보익공신에 녹훈되었다.

연산군 1(1496)년 사마시에 합격하고 연산군 10(1504: 갑자)년 회시를 본 뒤에 전시에 응하지 않아 국문당하고 성 밖으로 쫓겨나 진도로 유배되었다.

중종 1(1506)년 중종반정으로 석방되고 중종 2(1507)년 증광문과시험이 있었는데 귀양갔던 홍형의 아들 홍언필, 이극균의 삼촌 이세홍, 윤필상의 5촌 윤탕 3인을 전시직부하여 추가로 합격하고 사가독서했다. 사가독서를 마치고 승문원 권지로 보임되었다가 홍문관에 선임되어 정자가 되고 중종 3년 전경 · 저작 · 설경 · 사경 · 박사 · 부수찬 · 정언을 역임하고 중종 4년 부교리 · 교리 · 부교리를 역임했다. 중종 5(1510)년 삼포왜란이 일어나자 정광필의 종사관으로 참전하였다가 돌아와서 지평에 임명되었는데 홍언필의 직급으로 지평이 될 수 없게 되자 지평에 올리는 조건을 맞추기 위해 특별히 가자하여 지평 겸 지제교로 삼은 것이다. 중종 6년 전부 · 헌납 · 교리에 임명되고 중종 8(1513)년 다시 지평이 되었다가 장령으로 옮겼는데 장령으로 있을 때 사직을 청하여 윤허 받았다. 중종 9년 홍문관 교리 · 홍문관 응교 · 장령을 거쳐 중종 10(1515)년 부응교 · 교리 · 부응교 · 응교 · 장령 · 응교에 임명되었다. 중종 11년 장령일 때 평안도 문폐암행어사로 파견되었다가 돌아와서 사간에 제수되었다. 중종 12년 전한과 직제학을 역임하는 등 청 · 현직을 고루 역임했다. 같은 해에 아버지의 상을 당했다. 중종 14(1519)년 복을 벗고 동부승지를 거쳐 우부승지로 있을 때 기묘사화가 일어나 조광조의 인척이라는 이유로 옥에 갇혔으나 영의정 정광필의 변호로 풀려나서 병조 참지에 임명되었다. 중종 15년 황해도 관찰사에 제수되어 외직에 나갔다가 중종 17(1522)년 다시 병조 참지에 임명되었다. 그 뒤 병조 참의를 거쳐 중종 19년 도승지로 승차하여 사헌부 대사헌과 사간원 대사간에 임명되었다. 중종 20(1525)년 다시 대사헌이 되었다가 사직하고 형조 참판에 제수된 뒤 평안도 관찰사에 제수되어 두 번째 도백으로 나갔다. 중종 21년 형조 참판으로 성절사에 임명되어 명나라에 다녀왔다. 이어서 공조 참판으로 전임되었다가 호조 참판 겸 예문관 제학으로 전임되었다. 중종 22년 대사헌·공조 참판을 역임하고 대사헌이 되었는데 중종 23년 대사헌으로 문신 정시에서 수석하여 상을 받았다. 중종 23년 첨지중추부사·예조 참판을 역임하고 중종 24년 한성부 판윤으로 승차한 뒤 이조 판서에 제수되었다. 중종 25(1530)년 이조 판서로 지의금부사를 겸했다가 이조 판서에서 사직하고 형조 판서에 임명되었다. 중종 26년 대사헌·한성부 판윤·호조 판서를 역임하고 병조 판서에 제수되었다. 중종 27년 병조 판서에서 체직되었다가 의정부 좌참찬으로 복귀하고 호조 판서로 전임되었다. 중종 28(1533)년 다시 대사헌으로 전임된 뒤 형조 판서·예조 판서·형조 판서·의정부 좌참찬을 차례로 역임했다. 중종 29년 경기도 관찰사에 임명되어 세 번째로 도백이 되었다가 의정부 우찬성으로 승차했다. 중종 30(1535)년 권신 김안로 일파의 무고로 아들 홍섬 등과 함께 파직되었다. 중종 32(1537)년 김안로 일파가 제거된 뒤에 호조 판서로 관직에 복귀하여 얼마 되지 않아 대광보국숭록대부로 가자되고 우의정으로 승진했다가 좌의정으로 전임되었다. 중종 39(1544)년 중종의 병환이 크게 위독하자 우의정 윤인경과 함께 유명(遺命)을 받았다.

인종 1(1545)년 대행왕의 시신이 빈전에 있었는데 마침 궁중에 구기(拘忌)하는 일이 있었으므로 말하는 자가 공이 간쟁하지 않았다 하여 탄핵해서 파직시키려 했으나 인종이 "선조의 구신은 진퇴가 가볍지 않다"는 비답을 내리고 변호해서 영의정으로 승차하였다. 그러나 언필은 비난받는 대신이 재상의 자리에 있어서는 안 된다는 논리로 사직을 청하여 물러나서 영중추부사로 영경연사를 겸했다.

명종 즉위(1545)년 영중추부사로 원상이 되어 서정을 보았으며 이때 윤원형이 윤임·유관·윤인숙을 제거하기 위해 을사사화를 일으키자 윤원형 편에 가담하여 보익공신 1등242)에 책록되고 익성부원군에 봉해졌다. 이어 원종공신 2등243)에 책록되었다. 명종 3(1548)년 영중추부사에서 좌의정으로 전임한 뒤에 두 번째로 영의정이 되었다가 명종 4(1549)년 죽었다.

"시·서·화에 뛰어났으며 성리학에 밝아 중종의 명으로 <성리대전>을 연구하여 경연에서 강의했고, 조광조를 싫어해서 그의 신원을 여러 차례 제지했다."(<다음백과사전>) 인종의 묘정에 배향됐다.

<명종실록> 명종 4(1549)년 1월 28일 세 번째 기사에 '영의정 홍언필의 졸기'가 있다.

📦 평가

영의정 홍언필의 졸기

…… 【언필은 인품이 겸손하고 청렴하여 일상생활을 매우 검소하게 하였다. 부자(父子)가 함께 숭반(崇班)에 있는 것에 대하여 항상 성하면 쇠하고 차면 기운다는 경계(警戒)를 의식하였다. 그의 아들 홍섬(洪暹)도 의관을 검소하게 하였고 감히 초헌(軺軒)을 타지 않았으니 모두가 아버지의 가르침 때문이었다. 지난 정유년에 권간(權奸)의 미움을 받아 파직되어 남양(南陽)에 가 있었을 때는 날마다 더욱 조심하고 자숙(自肅)하여 두문불출(杜門不出)하였다. 그러나 정승으로 세 조정[三朝]을 섬기는 동안 한 번의 건의(建議)도 없었고 논의할 적에는 '상의 전교가 지당합니다.'라는 말이 아니면 다른 정승의 말을 좇을 뿐, 두려워하면서 자리 보존에만 급급하였으니 '어디다 쓰겠는가.' 하는 비난을 어찌 면할 수 있겠는가. 언필(彦弼)은 옛사람의 글을 많이 읽고 천

242) 추성위사홍제보익공신
243) 추성협익정난위사공신

성 또한 청근(淸謹)하였다. 그러나 마음속으로 항상 화(禍)를 두려워하여 바른 말을 입 밖에 내지 않았으니, 나라가 혼란한 때에 동량(棟樑) 구실을 할 재목이 아님을 알겠다.】

■ 참고문헌

〈국조인물고 : 비명. 정사룡(鄭士龍) 지음〉, 〈다음백과사전〉, 〈연산군일기〉, 〈중종실록〉, 〈인종실록〉, 〈명종실록〉, 〈남양홍씨세보〉

윤인경(尹仁鏡)

본관은 파평이고 자는 경지(鏡之)이며 시호는 효성(孝成)이다. 성종 7(1476)년에 태어나서 명종 3(1548)년에 죽었다.

🟦 재임기간

인종 1(1545)년 윤 1월 6일[244]－명종 3(1548)년 5월 17일[245] ※ 후임 홍언필

🟦 가문

아버지는 충무위 부사정 구(昫)이고 할아버지는 삼척 부사 계흥(繼興)이다. 증조부는 홍문관 교리·봉상시 주부 돈(惇)이고 고조부는 전서 시(侍)이다. 5대조는 상서성 좌복야 인선(仁壽)이고 6대조는 판밀직부사 침(忱)이며 7대조는 태위 문하시랑평장사 우문관 대제학 안비(安庇)이고 8대조는 첨의정승·우문관 대제학 보(珤)이다. 9대조는 감찰어사 순(純)이고 10대조는 상서성 좌복야 복원(復元)이며 11대조는 서경 유수 상계(商季)이고 12대조는 상서이부시랑 돈신(惇信)이다. 13대조는 문강공 언이(彦頤)이고 14대조는 문하시중·판상서 이부·병부·형부시사 영평현 개국백 관(瓘)이다. 15대조는 소감 집형(執衡)이고 16대조는 상서성 좌복야 금강(金剛)이며 17대조는 벽상삼한공신 선지(先之)이고 18대조는 파평윤씨의 시조인 태사 신달(莘達)이다. 신달은 고려 태조를 도운 삼한공신이다.

장인은 초배가 우봉인 현감 김지수(金之壽)이고 계배는 왕실의 진안부정 이영남(李永男)이며 외할아버지는 진양인 유종(柳琮)이다.

후사가 없어서 종형 인복(仁服)의 아들 현(俔)을 후사로 삼았다. 현은 무과에 합격하여 절충장군으로 안산 절제사로 나갔으나 인경보다 미리 죽었다. 현은 병조 참의 이양필(李良弼)의 딸과 결혼하여 4남을 두었는데 1남 사철(思哲)은 나주 판관과 경상 우수사를 역임했다. 2남 사민(思敏)은 사산 감역이고 3남 사신(思愼)은 선공감 부봉사이며 4남은 사흠(思欽)이다. 후실에서 1남 억(億)

---

244) 윤인경을 의정부 영의정으로 …
245) 홍언필을 의정부 영의정으로 윤인경을 좌의정으로 …

을 두었는데 겸 사복에 예속되어 상호군이 되었다.

🏮 생애

대교로 있으면서 무오사화를 일으킨 이극돈을 논죄하고 김종직을 신원하라고 상소했다. 김안로가
사사된 뒤에 이조 판서로 있으면서 기묘사화 때 억울하게 죄를 입은 사람을 서용했다. 영의정으
로 있으면서 양재역벽서사건이 일어나자 봉성군의 처형을 주장했고, 을사사화 때에는 윤원형의
편에 서서 보익공신에 녹훈되었고 이기의 뜻을 따랐다.

연산군 10(1504)년 사마시에 합격하여 상사생(上舍生)이 되었다.

중종 1(1506)년 별시문과에 급제하고 성균관 학록이 되었다. 중종 2(1507)
년 예문관 검열·기사관에 임명되고 중종 3(1508)년 대교에 임명되었다. 이
때 무오사화를 일으킨 이극돈(李克墩)을 논죄하고 김종직(金宗直)을 신원하라는
상소를 올렸다. 이어서 예문관 봉교에 임명되고 성균관 전적으로 전임되었
다. 중종 6(1511)년 예조 좌랑·병조 좌랑·사간원 정언에 차례로 임명되었
으며 한성부 판관·황해도 도사·승문원 교리를 역임했다. 중종 8년에는
사간원 헌납·호조 정랑·병조 정랑을 차례로 역임하고 중종 9년 지평에
임명되었는데 중종 10(1515)년 지평에서 장악원 첨정으로 승진했다. 그러나
어버이를 봉양하려고 지방 고을을 요청하여 태안 군수로 전임되었다. 아버
지의 상을 당하자 사직하고 양주의 여막에서 죽만 먹으며 3년간 시묘를 했
다. 중종 15(1520)년 사간으로 관직에 복귀하여 집의로 전임되었다가 중종
16년 다시 사간에 임명되고 사재감 부정·사복시 부정·사섬시 부정 및 보
덕·사성을 역임하고 중종 17년 집의에 임명되었다. 중종 18(1523)년 품계
를 강등하여 부응교로 삼았다가 응교에 임명되어 청현직을 고루 역임하고
같은 해에 동부승지에 올랐다가 우부승지로 전임되었다. 그러나 어떤 일로
좌천되어 오위장을 겸했다. 중종 19년 예조 참의·대사간을 역임하고 다시
상호군으로 강등되었다가 중종 20년 충청도 관찰사로 외직에 나갔다. 중종
21(1526)년 좌부승지로 승정원에 들어와서 중종 23년 우승지·좌승지에 연
속으로 승진하고 중종 24(1529)년 도승지에 올랐고 가선대부로 가자되어 황

해도 관찰사로 다시 외직으로 나갔다. 중종 25년 동지중추부사를 거쳐 공조 참판을 역임하고 다시 동지중추부사로 있을 때 동지사로 명나라에 다녀왔다. 중종 27(1532)년 예조 참판을 역임하고 경상도 관찰사에 임명되었다. 중종 28년 조정으로 돌아와 동지중추부사·한성부 우윤·병조 참판을 역임하고 같은 해에 형조 판서로 승진하였다. 형조 판서로 있을 때 빈한한 선비가 소를 제기하자 억울한 사정을 바로잡아준 것이 문제가 되어 파직되었다. 중종 29년 지중추부사로 복귀하였다가 공조 판서로 전임되고 중종 30(1535)년 호조 판서·우참찬을 역임하고 예조 판서로 전임되어 도총관과 지의금부사를 겸하다가 동지성균관사로 전임되었다. 중종 32년 예조 판서에서 호조 판서로 전임되었는데 이때 김안로가 사사되고 그 일당이 제거되자 이조 판서로 전임되어 기묘사화 때 억울하게 죄 입은 사람들을 서용했다. 중종 34(1539)년 호조 판서·우찬성·이조 판서·우찬성·병조 판서를 역임했다. 중종 35년 우찬성을 지낸 뒤에 우의정으로 승진해서 영경연·감춘추관사를 겸했다. 중종 38(1543)년 왕명으로 <대전후속록>을 편찬했다.

인종 1(1545)년 우의정에서 좌의정으로 승진해서 산릉 총호사를 겸했고 같은 해에 다시 영의정으로 승진했다.

명종 즉위(1545)년 영의정으로 원상을 겸하면서 정무를 보았고 윤임이 앞서 경원대군을 해치려 했다고 윤원로가 무고하자 망언을 조작하고 천친(天親)을 이간질한다고 탄핵하여 파직시켜 해남에 유배보냈다. 명종 2(1547)년 양재역벽서사건이 일어나자 봉성군의 처형을 주장했으며 명종이 인종을 종묘에 합사하지 않고 연은전에 따로 모시려 하자 이에 찬성하였다. 을사사화가 일어난 뒤에 보익공신 1등에 녹훈되고 파성부원군에 봉해졌다. 명종 3(1548)년 다시 좌의정에 제배되었고 좌의정으로 있으면서 윤원형의 첩 자녀를 다른 집 적자와 통혼시키고 승진시킬 것을 주청하였으며 기로소에 들어가고 궤장을 하사받았다. 명종 3년 73세로 죽었다.

<명종실록> 명종 3(1548)년 7월 19일 두 번째 기사에 '좌의정 윤인경의 졸기'가 있다.

📗 평가

좌의정 윤인경의 졸기

…… 윤인경은 일찍이 태안 군수(泰安郡守)로 있었는데, 상(喪)을 당하여 걸어서 관(棺)을 모시고 귀장(歸葬)하였고 집상(執喪) 역시 구차하지 않았으며, 종족(宗族)을 아끼고 돌보았으므로 사람들이 효우(孝友)하다 일컬었다. 정유년에 김안로(金安老)가 복죄(伏罪)된 후에 기묘년의 선류(善類)인 김안국(金安國) 등이 조정에 돌아왔지만 현직(顯職)에는 서용하지 말라고 명하였었다. 윤인경이 그때에 이조 판서로 있었는데 서둘러 승서하면서 말하기를 '이 사람들을 어찌 끝내 버려두고 쓰지 않아서야 되겠는가.' 하였다. 이로 말미암아 영예와 명망을 얻어 무난하게 재상이 된 것이다. 중종 말년에 황헌이 이기·윤원형과 결탁하자 시론(時論)이 장차 황헌을 평안 감사로 내쫓으려고 하였는데, 이때 황헌은 이미 이조 판서를 지냈었다. 하루는 황헌이 윤인경을 찾아가 말하기를 '내가 무슨 죄가 있기에 반드시 감사로 보내려하는가?' 하니 윤인경이 꺾어 말하기를 '조정의 의논이 모두 공을 허물하여 외직에 제수하려 하니, 공은 가지 않을 수 없소. 그렇지 않으면 일이 여기에서 그치지 않을 것이오.' 하니 황헌이 꼼짝 못하고 물러나왔는데, 당시 사람들이 통쾌하게 여겼다. 을사사화에 미쳐서 화복(禍福)에 겁을 먹고 여러 흉악한 자들과 함께 사림(士林)을 죽이기 힘껏 하여 얽고 모함한 것이 거의 이기와 다름이 없었다. 경연에 입시할 때면 항상 말하기를 '이기의 뜻이 그러하다.' 하였으며, 수의(收議)할 때에는 문득 '이기는 무어라고 하더냐?' 하면서 한결같이 그의 뜻만을 따랐지 감히 조금이라도 다르게 하지 않아서 마치 노예 같았다. 이에 사람들이 모두 침을 뱉으며 욕했다.

사신은 논한다. 윤인경은 시의(時議)에 얽매여서 바로잡아 구제한 바가 없으니 녹만 먹는 재상이라 하겠다.

참고문헌

〈국조인물고 : 묘지명. 정사룡(鄭士龍) 지음〉, 〈다음백과사전〉, 〈연산군일기〉, 〈중종실록〉, 〈인종실록〉, 〈명종실록〉, 〈파평윤씨대종보〉

이 기(李芑)

본관은 덕수이고 자는 중문(文仲)이며 호는 경재(敬齋)이고 시호는 문경(文敬)이다.
성종 7(1476)년에 태어나서 명종 7(1552)년에 죽었다.

🎁 재임기간

명종 4(1549)년 5월 21일246) – 명종 6(1551)년 8월 19일247) ※ 후임 심연원

🎁 가문

아버지는 사헌부 장령 의무(宜茂)이고 할아버지는 지온양군사(知溫陽郡事) 추
(抽)이다. 증조부는 지돈녕부사 명신(明晨)이고 고조부는 공조 참의 양(揚)이다.
5대조는 고려의 군부 좌랑 지제고 인범(仁範)이고 6대조는 낙안백 천선(千善)
이며 7대조는 밀직사판도판사 상호군 윤온(允蒕)이며 8대조는 전법 판서 소
(劭)이다. 9대조는 흥위위 보승장군(興威衛保勝將軍) 양준(陽俊)이고 10대조는 중랑
장 돈수(敦守)인데 덕수 이씨의 시조이다.

장인은 광산인 군수 김진(金震)이고 외할아버지는 창녕인 승문원 교리 성희
(成熺)이다. 성희는 성삼문의 당숙이기 때문에 극심한 고문을 받았다. 외삼촌
은 성삼문의 6촌 아우인 생육신 성담수(成聃壽)와 이조 정랑 성담년(成聃年)이다.

아들은 승지 원우(元祐)인데 원우가 사헌부 감찰 필(泌)을 낳았으나 필이 아
들이 없어서 아우 좌의정 행의 증손인 예조 판서·양관 대제학 안눌(安訥)을
입양했다. 안눌이 대사간 합(柙)을 낳았다. 합이 한성부 판윤 광하(光夏)를 낳
고 광하가 좌의정 집(㙫)을 낳고 집이 병조 판서 주진(周鎭)을 낳았고 주진은
좌의정 은(溵)을 낳았다.

형은 함경남도 병마절도사 권(菤)이고 아우는 좌의정 행(荇)과 평해 군수
령(苓) 그리고 형조 판서와 우찬성을 역임한 미(薇)가 있는데 미의 처음 이름
은 환(芄)이다. 누이들은 풍천인 진사 노우량(盧友良)과 창녕인 우찬성 조계상

---

246) 이기를 의정부 영의정으로 이해를 충청도 관찰사로 …
247) 영의정 이기가 병으로 체직을 청하자 허락하다.

(曹繼商)과 결혼했는데 조계상은 중종반정공신으로 창녕부원군에 봉해졌다. 조계상의 아들 조광원(曹光遠)도 좌찬성을 역임했다. 아우 행의 후손 가운데 많은 인물이 나왔는데 대제학과 이조 판서를 역임한 식(植)이 행의 고손이며 식의 후손 가운데 영의정 여(畬)와 대제학과 좌의정을 역임한 단하(端夏)와 영의정 병모(秉模)가 두드러진다.

방계로는 할아버지 지온양군사 추의 2남 의석(宜碩)의 아들이 장사랑 천(藏)이고 천의 아들이 수운관 판관 원수(元壽)이며 원수의 아들이 대제학 율곡 이(珥)다.

🎲 생애

> 좌의정 행의 형이고 우찬성 미의 형이며 정국공신 우찬성 조계상의 처남이고 율곡 이이의 재종조부다. 문과에 급제했으나 장리의 사위라는 이유로 홍문관, 헌부, 승정원 같은 청반의 직에 오르지 못하고 변방으로 전전했다. 문무를 겸비한 인물로 북방정책에서 큰 공을 세웠고 한때 조정의 모든 정사가 이기의 손에서 나왔다. 김안로의 미움을 받아 유배되었다가 김안로가 제거되자 관직에 복귀했고 을사사화를 일으켰다. 사림파가 정권을 잡자 을사사화를 일으켰다 하여 죽은 뒤에 관작이 삭탈되고 묘비가 훼손되었으며 작품들도 사라졌다.

연산군 2(1496)년 진사시에 합격하고 연산군 7(1501)년 식년문과에 삼등과로 합격했다. 문과에 합격하면 청·현직을 거치는 것이 일반적이나 장인인 군수 김진이 장리(贓吏)[248]였기 때문에 청·현직에 오르지 못하고 외직으로 전전했다. 권지 등을 거쳐 중종 2(1507)년 아버지 의무가 죽어서 시묘했다.

중종 5(1510)년 도체찰사 성희안의 방어청 종사관으로 출정하여 전황을 보고하였다. 이때 임금이 교리로 임명하려 했으나 대간이 장리의 사위라는 이유로 반대했다. 그러나 중종이 서반으로 보내어 서용하라는 명을 내렸다. 중종 6년 황필·유인귀와 함께 문관정시에 합격했다. 중종 10(1515)년 선교감 첨정에 임명되었다가 빈전도감 낭청으로 전임되었다. 중종 11(1516)년 이언적의 추천으로 종성 부사에 임명되어 변방을 약탈한 아두(阿頭)·감토(甘

---

248) 부정하게 뇌물을 받거나 직권으로 재물을 탐한 죄를 저지른 관리

士) 등의 목을 베어 피폐한 종성을 비로소 소생시켰다는 평을 받았으며 중
종 13년 의정부가 문무 겸비한 사람으로 성운·이기·이행·김식·박훈·
정완·박영을 추천했다. 또 이 해에 아버지인 의무가 아들 5형제인 권(巻)·
기(岂)·행(荇)·봉(芃)·영(葤)을 모두 급제시킨 일로 추증되었다. 중종 14(1519)
년 형조 참의·경원 부사·의주 목사에 차례로 임명되었다. 중종 16(1521)
년 명나라에서 사신이 오자 의주 목사로 원접사인 동생 행을 수행하여 사
신을 접대했다. 중종 17(1522)년 공조 참의에 임명되었는데 그 해 문신들의
활쏘기 대회에서 우승하여 말을 하사받았다. 중종 19(1524)년 함경북도 병
마절도사에 제수되어 함경북도 일대를 괴롭히던 야인의 무리를 국경 밖으
로 물리치고 중종 20(1525)년 경성 등의 방비 강화를 치계하고 야인 왕산적
하의 동태와 방어책을 올렸으며 니차마·우지개 등 야인 200명을 귀순시켰
다. 중종 21년 지중추부사에 임명되어 성절사로 북경에 다녀왔다. 중종
23(1528)년 한성부 우윤에 제수되었다가 경상도 관찰사에 임명되었다. 중종
24(1529)년 사헌부로부터 술을 즐기고 활쏘기를 좋아해 직무를 태만했다는
탄핵을 받았으나 왕이 무마했다. 그러나 이틀 뒤에 다시 탄핵을 받고 체직
되었다가 같은 해에 동지돈녕부사를 거쳐 평안도 관찰사에 임명되어 민정
과 국방에 크게 이바지했다. 이러한 공로를 인정하여 중종이 병조 판서를
임명하려 했으나 이조 판서 유관이 장리의 사위라는 이유를 들어 반대하여
병조 판서에 임용될 수 없었다. 이 일로 유관은 뒤에 피해를 입게 된다. 중
종 27년 동지중추부사를 거쳐 다시 한성부 우윤에 임명되었다가 중종 28
(1533)년 한성부 좌윤을 거쳐 공조 참판으로 전임되었다. 그러나 헌부가 체
직을 건의하여 열흘만에 동지중추부사로 물러났다. 이 해 11월 김안로 일
파의 모함을 받고 국문을 당하고 장 1백대를 맞고 강진에 유배되었다. 중종
32(1537)년 김안로를 비롯한 삼흉이 죽임을 당한 뒤 10월 27일 왕이 비망기
를 내려 조계상·김극성·홍섬 등 김안로에게 모함을 받고 유배되었던 대
신들과 함께 풀려났다. 중종 33(1538)년 예조 참판에 임명되었다가 국왕의
신임과 이언적의 주장으로 한성부 판윤으로 승차한 뒤에 공조 판서와 형조

판서를 차례로 역임했다. 중종 34년 진하사가 되어 명나라에 다녀와서 지중추부사와 한성부 판윤을 차례로 역임하고 정승으로 복상되었으나 이조 판서 유관이 장리의 사위라는 이유로 반대하여 삼공에 오르지 못했다. 중종 35년 1월 형조 판서에 임명되었다. 형조 판서에 임명되자 사헌부가 논박했으나 왕이 듣지 않았다. 그러나 재차 탄핵을 받고 면직되었다가 지중추부사에 임명되었다가 11월 다시 한성부 판윤으로 전임되었다. 중종 36(1541)년 경연특진관을 거쳐 6월 의정부 우참찬에 임명되고 9월 10일 형조 판서에 제수되었다가 닷새만인 9월 15일 병조 판서에 임명되고 중종 37년 12월 의정부 우찬성으로 승차했다. 중종 39(1543)년 도원수·의정부 우찬성·의정부 좌찬성에 임명되어 중종 39년 좌찬성으로 경상도 순변체찰사에 임명되었다.

인종 1(1545)년 의정부 좌찬성에서 우의정으로 승차하였으나 대윤 일파가 득세하자 윤임(尹任) 등이 탄핵하여 판중추부사로 전임되고 형조 판서·병조 판서로 강등됐다.

명종 즉위(1545)년 병조 판서에서 우의정으로 승차하고 원종공신 1등[249]으로 풍성부원군이 되었다. 명종 1년 12월 16일 좌의정으로 원상을 겸하면서 사복시 제조와 병조 판서를 겸했다. 명종 2년 진헌사를 역임했고 명종 3년 양사의 탄핵을 받고 좌의정에서 체직되고 풍성부원군에 머물렀다. 명종 4(1549)년 5월 영의정으로 승차했다. 명종 5(1550)년 9월 전경문신에서 강경 시험을 보는 자리에서 중풍으로 기절했고 명종 6년 8월에 병으로 영의정에서 사직하는 것을 허락받고 영중추부사로 물러났다. 그러나 10월 대신과 양사가 이기의 처벌을 주장하고 권철이 이기의 비리를 말함으로 영중추부사에서 체직되고 풍성부원군이 되었다. 그러나 이 해 12월 왕의 명에 따라 영중추부사에 제수되었다가 명종 7(1552)년 영중추부사로 죽었다. 죽은 뒤에 관작이 삭탈되고 묘비가 제거되었다. 글재주가 뛰어났으나 사림파가 권력을 잡자 모두 사라졌다.

---

249) 추성협익병기정난위사공신

〈명종실록〉 명종 7년 4월 28일 네 번째 기사에 '영부사 이기의 졸기'가 있다.

📦 평가

영부사 이기의 졸기

　…… 이기는 이의무(李宜茂)의 아들이다. 그의 아우 이행(李荇)·이미(李薇)【초명은 이환(李芄).】가 모두 경상(卿相)의 지위에 올랐는데, 형제들의 품성이 음흉하여 사람들이 모두 두려워하였다. 기는 처음 장리(贓吏)의 사위라는 것으로 청현직(淸顯職)에 서용되지 못하고 산질(散秩)을 역임하여 2품의 지위에까지 올랐다. 중간에 김안로(金安老)의 비위를 거슬려 죄를 입고 귀양살이하다가 김안로가 실각하자 다시 환조하였다. 이기는 인품이 흉패하고 모습은 늙은 호랑이와 같았으므로 그 외모만 보아도 속마음을 알 수가 있었다. 평소 집에서 책을 펴고 글을 읽으며 자칭 학문의 심오한 뜻을 깨쳤다 하고 조그마한 일에 구애하지 않고 대범한 척하였다. 일찍이 송경(松京)의 일사(逸史) 서경덕(徐敬德)과 학문을 논하다가 서경덕이 그의 학문을 인정하지 않자 노기를 나타냈다.

　중종(中宗) 말년에 재신(宰臣)이 그가 쓸 만하다고 천거함으로써 흉계를 부릴 길이 드디어 통하게 된 것이다. 윤임(尹任)의 일이 있자 이를 자기의 공으로 삼아 드디어 정승의 지위를 점거하고 또 권병(權柄)을 장악하였다. 그리하여 모든 정사가 그에게서 나왔고 권세는 임금을 능가하였다. 당당한 기세는 타오르는 불길 같아 생살여탈(生殺與奪)을 마음대로 하였으므로 공경·재상·대간·시종이 모두 그의 명령을 받아 움직였다. 따라서 모든 화복은 그의 희노(喜怒)에 좌우되고, 은혜를 갚고 원수를 갚음에 있어 사소한 것도 빼놓지 않았다. 자신을 의논할 경우 처음에는 알지 못하는 것처럼 하다가 끝내는 철저히 보복하여 전후 살해한 사람이 매우 많았다. 그러므로 온 나라 사람들이 모두 숨을 죽이며 조심하여 감히 이기에 대해 언급하지 못하였다.

　사방에서 실어오는 물건이 상공(上供)보다 많았으며, 귀천(貴賤)이 마구 몰려

들어 그 문전은 마치 저자와 같았다. 그의 자제(子弟)·희첩(姬妾)·비복(婢僕)·
배종(陪從) 등이 배경을 믿고 작폐한 것은 이루 다 기록할 수 없었다. 이기의
아들 이원우(李元祐) 역시 교활 우매하고 연소한 일개 무인(武人)인데, 아비 기
의 연줄로 대언(代言)이 되었다. 동료들이 함께 있는 것을 부끄럽게 여겼으나
감히 말하는 사람이 없었다. 기가 끝내 수상(首相)이 되어 스스로를 정책국로
(定策國老)에 비기면서 하지 않는 짓이 없었으므로 대간이 이에 사력(死力)을 다
해 논박하여 상위(相位)만은 체직시켰으나 호랑이를 찔러 완전히 죽이지 못
한 두려움은 남게 되었다. 기가 다시 수상이 되자 과연 맨먼저 발의한 대간
을 죽이는 등 마구 흉독을 부렸다.

하루는 입시(入侍)하였다가 갑자기 풍현증(風眩症)을 일으켜 상 앞에서 넘어
졌다. 수레에 실려 집으로 돌아와 인사(人事)를 살필 수 없는 지경이었는데도
수년 동안 권병을 놓지 않았다. 그리하여 대간이 논계한 뒤에야 비로소 체
직하였고, 그가 거의 죽게 됨에 미쳐서는 온 조정이 논계하였으나 끝내 윤
허를 받지 못하였다.

기가 평소 무사(武士)를 많이 길렀는데 그 의도를 알 만하다. 나라에 화를
심고 사류를 죽이고 생민을 해쳤으며, 그의 사반(私伴)이 나라의 반을 차지하
고 있었다. 그의 아우 이행(李荇)의 아들 이원록(李元禄)이 기의 소행을 뼈아프
게 여겨 숙부라고 부르지 않자 기가 노하여 그를 귀양 보냈다. 기는 끝내
흉측한 몸을 보전하고 있다가 편히 자기 집에서 늙어 죽었다. 이런 사람에
게 임금의 은총이 끝까지 쇠하지 아니하였으므로 나라 사람들이 모두 분개
하여 그의 고기를 먹고 그의 가죽을 깔고 자지 못하는 것을 통한하였다. 3
일간 정조시(停朝市)하였다.

▶ 참고문헌

〈다음백과사전〉, 〈연산군일기〉, 〈중종실록〉, 〈인종실록〉, 〈명종실록〉, 〈증보 제9간 덕수이씨
세보〉

심연원(沈連源)

본관은 청송이고 자는 맹용(孟容)이며 호는 보암(保庵)이고 시호는 충혜(忠惠)이다. 성종 22(1491)년에 태어나서 명종 13(15158)년에 죽었다.

🔹 재임기간

명종 6(1551)년 8월 23일250) – 명종 13(1558)년 5월 18일251) ※ 후임 상진

🔹 가문

아버지는 순문(順門)인데 의정부 사인을 역임하고 영의정에 증직되었고 할아버지는 내자시 판관 원(湲)인데 이시애의 난으로 죽었다. 증조부는 영의정 회(澮)이고 고조부는 영의정 온(溫)이다. 5대조는 문하좌정승 덕부(德符)이고 6대조는 전리 정랑 용(龍)이며 7대조는 합문지후 연(淵)이다. 8대조는 청송심씨의 시조인 문림랑 위위시승 홍부(洪孚)이다.

장인은 경주인 좌찬성 김당(金璫)이고 외할아버지는 평산인 사헌부 감찰 신영석(申永錫)이다.

1남 3녀를 두었는데 아들 강(鋼)은 명종의 비인 인순왕후의 친정아버지이다. 영돈령부사로 청릉부원군에 봉해졌다. 1녀는 전주인 주부 이원빈(李元賓)과 결혼했고 2녀는 파평인 부사 윤건(尹健)과 결혼했는데 윤건은 병사 여해(汝諧)의 아들이다. 3녀는 전주인 현감 이인건(李仁健)과 결혼했다.

손자는 일곱 명인데 인겸(仁謙)·의겸(義謙)·예겸(禮謙)·지겸(智謙)·신겸(信謙)·충겸(忠謙)·효겸(孝謙)·제겸(悌謙)이다. 인겸은 온양 군수이고 의겸은 사헌부 대사헌으로 서인의 초대 영수이다. 예겸은 성천 부사이고 지겸은 호조 정랑이며 신겸은 증이조 판서이고 충겸은 병조 판서다. 효겸은 신천 군수이고 제겸은 수운관 판관이다.

---

250) 이기를 풍성부원군으로 심연원을 의정부 영의정으로 상진을 좌의정으로 …
251) 영의정 심연원이 병 때문에 사직하고 인하여 6조목의 소를 바쳤다.(19일 심연원을 청천부원군으로 …)

아우로는 달원(達原)과 봉원(達原)과 통원(通原)이 있는데 달원은 금천 현감 형(洞)에게 입양되었고 통례원 좌통례를 역임하였으며 기묘명현의 한 사람이다. 봉원은 동지돈령부사를 역임했고 통원은 좌의정을 역임했다.

🎲 생애

> 문하좌정승 덕부의 현손이고 영의정 온의 고손이며 영의정 회의 증손이다. 명종의 국구 청릉부원군 강의 아버지이고 서인의 초대 영수인 의겸의 할아버지이다. 김안로의 미움을 받아 외직인 제주 목사로 좌천되었다 돌아왔고 좌찬성으로 있을 때 을사사화에 가담하여 추성위사정난공신에 녹훈되었다. 우리나라와 중국의 지리에 밝아 제주 목사로 있을 때 산천의 고저와 굴곡을 나타낸 지도를 그려 왜선이 침범할 때 활용했다.

어려서 아버지를 여의고 홀어머니 손에서 자랐다. 김안국(金安國)의 문인으로 중종 11(1516)년 생원시에서 장원하고 중종 14(1519)년 부수찬으로 있을 때 기묘사화가 일어나자 조광조와 함께 죄받기를 청하기도 했다. 중종 17(1522)년 식년문과에 급제했고 중종 20(1525)년 사서로 있을 때 조광조 문제로 거론되었으나 화를 피하고 중종 21(1526)년 문과중시에 합격했다. 중종 26(1531)년 검상·사복시 부정을 역임했다. 중종 28(1533)년 경상도 진휼경차관으로 파견되었다가 돌아와 의주 목사에 임명되었으나 자급을 뛰어넘어 임명했다는 이유로 간원들이 상소해서 의주 목사에서 체직되었다. 중종 33(1538)년 동부승지에 임명되었고 중종 34년 진하사로 명나라에 다녀와서 예조 참판에 임명되었으며 다시 진향사로 명나라에 다녀와서 병조 참의와 대사간을 역임했다. 중종 35년 경상도 관찰사·공조 참판을 역임했고 중종 36(1541)년 대사헌·대사성을 역임했으며 중종 37년 사복시 부정을 역임하고 형조 참판에 임명되었다. 이때 아들 강(鋼)의 딸을 경원대군(뒤의 명종)의 부인으로 삼아 왕실과 인척이 되었다. 중종 38년 한성부 좌윤을 역임하고 중종 39(1544)년 사역 제조를 역임하고 호조 참판으로 전임되었다.

인종 1(1545) 호조 참판으로 있을 때 아들인 별좌 강의 딸이자 연원의 손녀인 대군부인이 입궐했다.

명종 즉위(1545)년 경원대군이 왕이 되면서 왕비의 아버지인 아들 강이 영돈녕부사 청릉부원군이 되었다. 또 왕비의 할아버지가 된 연원은 호조 판서에 제수되어 지의금부사를 겸했으며 정헌대부에 가자되어 지경연사와 동지경연사를 겸했다. 명종 2년 의정부 좌참찬에 임명되었고 명종 3(1548)년 예조 판서를 역임하고 우찬성으로 승진하여 판의금부사를 겸했다. 이어서 좌찬성으로 전임되었는데 이때 을사사화가 일어나 추성정난위사공신 2등에 녹훈되고 청성군에 봉해졌으며 감춘추관사로 <인종실록>을 편찬하고 우의정으로 승진했다. 명종 4년 영경연사를 역임하고 좌의정이 되었으며 명종 6(1551)년 영의정에 임명되었다. 명종 7년 좌의정에 임명되었다가 같은 해에 다시 영의정에 제배되었으며 명종 13년 청천부원군에 봉해졌다. 이어서 영중추부사에 임명되었으며 영중추부사로 죽었다. 죽은 뒤에 명종의 묘정에 배향되었다.

우리나라와 중국의 지리에 밝았으며 제주 목사로 재직할 때 그곳 산천의 굴곡과 고저를 나타낸 지도를 그려 명종 10(1555)년 제주를 침범한 왜선을 물리칠 때 사용했다.

<명종실록> 명종 13(1558)년 6월 19일 첫 번째 기사에 '영중추부사 심연원의 졸기'가 있다.

🎲 평가

영중추부사 심연원의 졸기

…… 심연원은 성품이 자상하고 온아(溫雅)하며 마음 쓰는 것이 겸손하고 근신하였다. 두 번 급제하고 청현직(淸顯職)을 두루 지내다가, 김안로에게 미움을 받아 외직으로 나가 제주 목사(濟州牧使)가 되었었고, 국구(國舅)의 아버지로서 정승 자리에 있게 되어서는 늘 부귀가 극성하는 것을 경계하였다. 더욱이 사류를 애석히 여겨 김규(金虯)가 옥에 있을 때에 억울함을 밝혀서 구해준 적이 많았으며, 김여부(金汝孚) 등이 붕당을 맺고 난을 선동하는 것을 사

람들이 감히 말하지 못하였는데 맨 먼저 경연에서 아뢰어 조정이 안정되게 하였다. 그러나 정승으로 있던 10여 년 동안에 크게 건명(建明)한 것이 없고 두려워하고 머뭇거린 자취가 많이 있으며, 또 전장(田庄)을 넓게 차지하여 집을 크게 지었으므로, 탐욕하고 사치한 병통이 있는 것을 면하지 못하였다.

사신은 논한다. 심연원은 왕비의 친조부로서 수상(首相)의 자리에 있었는데 성질이 탐욕스러워 보화를 거둬들였으며 전장이 여러 고을에 널려 있었고 뇌물 바치는 사람이 그 집 문간에 가득하였다. 그는 자리나 채우는 비원(備員)이었을 뿐이고 건명한 것이 없으니, 이는 참으로 이른바 위태하여도 부지하지 못하고 거꾸러져도 붙들어 세우지 못한다는 자였다. 그러나 해치고 시기하는 마음이 없고 근신하고 순박한 행실이 있었으며 은혜와 원한을 갚으려는 마음을 갖지 않고 오로지 경박한 것을 진정하려고 힘썼다. 그러므로 국가에 죄를 짓지 않았는데 장차 중한 벌을 받게 된 자【김규 등.】는 반드시 구해서 풀어 주고, 조정에서 화를 꾸미고 일을 만들기를 좋아하는 자【최우(崔瑀) 등.】는 반드시 물리쳤다. 죽기에 임박하여 한 말이 당시의 병폐를 절실하게 맞혀서 노성한 신하가 임금에게 고하는 체모를 깊이 얻었으니 이 때문에 사론(士論)이 칭찬하였다.

……

> ### 참고문헌
>
> 〈국조인물고 : 비명. 정사룡(鄭士龍) 지음〉, 〈다음백과사전〉, 〈중종실록〉, 〈인종실록〉, 〈명종실록〉, 〈청송심씨대동세보〉

본관은 목천이고 자는 기부(起夫)이며 호는 송현(松峴)·범허재(泛虛齋)·향일당(嚮日堂)이고 시호는 성안(成安)이다. 성종 24(1493)년에 태어나서 명종 19(1564)년에 죽었다.

🔷 재임기간

명종 13(1558)년 5월 29일[252] – 명종 18(1563)년 1월 17일[253] ※ 후임 윤원형

🔷 가문

아버지는 안기도 찰방 보(甫)이고 할아버지는 충청도 수군우후 효충(孝忠)이며 증조부는 호군으로 이조 판서에 증직된 영부(英孚)이고 고조부는 감문위 대호군 천석(天錫)이다. 5대조는 검교낭장 을생(乙生)이고 6대조는 영동정 용(龍)이며 7대조는 영동정 진(進)이고 8대조는 통례문 봉례랑 원서(元諝)이다. 9대조는 급사중급사 원(愿)이고 10대조는 대빙재(待聘齋) 득유(得儒)이며 11대조는 시조 국진(國珍)인데 목천현 장리를 역임했다. 고려 초에 상(象)으로 성을 받았다가 상(尚)으로 고쳤다.[254]

장인은 초배는 전주인 효령대군의 증손 개산부수 이효지(李孝智)이고 계배는 안동인 절도사 김윤종(金胤宗)이며 외할아버지는 연안인 박사 김휘(金徽)인데 좌찬성 김자지(金自知)의 증손이다.

초배에서 3남을 낳았으나 두 아들은 일찍 죽고 선무랑 붕남(鵬南)은 전주인 동지중추부사 이형순(李亨順)의 딸과 결혼하여 1남 2녀를 두고 진보다 먼저 죽었다. 붕남은 1남 2녀를 두었는데 아들은 청송인 좌의정 심통원(沈通源)

---

252) 상진을 의정부 영의정으로 윤개를 좌의정으로 윤원형을 우의정으로 삼았다.
253) 윤원형을 의정부 영의정으로 상진을 영중추부사로 삼았다.
254) 성이 상(象)에서 상(尚)으로 바뀐 배경은 <목천상씨족보>에 기록되어 있는데 그 내용을 그대로 옮기면 다음과 같다. "고려왕 태조가 삼한(마 진 변한)을 통합할 당시 그 선조 목천 사람들이 실국(失國)인 후백제의 재건을 위한 소요를 자주 일으켜 불복하므로 고려의 태조가 노하여 징벌의 의미로 짐승이름으로 성을 주어 욕보임으로 공이 상(象)으로 득성하였는데 뒤에 원래의 성인 상(尚)으로 고쳤다.

의 사위 시손(著孫)인데 풍기 현감·교하 군수를 역임했다. 1녀는 현감 정인수(鄭麟壽)와 결혼했고 2녀는 예문관 검열·함경북도 병마절도사 이제신(李濟臣)과 결혼했다. 시손은 자의(子儀)·공조 참판 자산(子産)·진사 자화(子華)·자용(子容)·공조 참의 자천(子賤)을 낳았다.

정부인이 죽자 훈련 도정 김윤종(金胤宗)의 딸을 측실로 삼아 1남을 두었는데 관상감 직장 존성(存省)이고 딸은 군수 김빈(金鑌)의 딸과 결혼했다.

누이는 창녕인 이조 판서 성몽정(成夢井)과 결혼했고 또 한명은 영천인 강서 현령 이윤증(李胤曾)과 결혼했다.

🎁 생애

> 어려서 부모를 여의고 큰 자형인 이조 판서 하산군 성몽정의 집에서 자랐다. 윤원형과 가까워 대윤이 집권할 때 견제를 받았으나 소윤이 집권하면서 거듭 승진하여 영의정에 이르렀다.

5세에 어머니가 죽고 8세에 아버지가 죽어 큰 자형인 하산군 성몽정(成夢井) 집에서 자랐다. 중종 11(1516)년 생원시에 합격하고 중종 14(1519)년 별시 문과에 급제하여 승문원 부정자가 되고 예문관 검열로 옮겨 경연에 참여했다. 중종 16(1521)년 예문관 봉교에 임명되었고 중종 18(1523)년 예조 좌랑으로 북도 평사로 나갔다. 중종 21년 예조 좌랑으로 성절사의 서장관이 되어 북경에 다녀왔다. 중종 22(1527)년 사헌부 지평에 임명되고 중종 23(1528)년 4월 사옹원 첨정에 임명되었다가 5월 세자시강원 필선을 거쳐 9월에 사헌부 장령에 제수되었으나 임금이 대제를 친히 거행할 때 질병으로 서계를 받는 데에 참여하지 않은 일로 헌부의 탄핵을 받았으나 체직되지 않았고 11월 필선으로 전임되었다. 중종 24년 6월 사헌부 장령으로 옮겼다. 장령으로 있으면서 가뭄에 속포의 징수가 가혹하다고 상주하여 민생을 살폈다. 11월 헌부의 탄핵을 받고 체직되었다. 중종 26(1531)년 2월 사간원 헌납에 제수되었고 7월 사헌부 장령으로 옮겼다가 10월 홍문관 교리에 임명되었다. 중종 27년 3월 사헌부 집의에 전임되었다가 중종 28(1533)년 2월 9일 홍문관 부응교에 임명되었다가 10여일 뒤에 홍문관 전한으로 옮기는 등 청현의 직을 두루 역임하고 같은 해 5월에 통정대부에 가자되어 사간원 대사간에 올랐다가 10월 부제학으로 전임되었다. 중종 29(1534)년 3월 다시 사간원 대사간에 제수되었다가 중종 30년 6월 승정원 동부승지로 전임되었다. 중종 31(1536)년 4월 승정원 좌부승지로 승진하여 언론의 중요성을 역설했다. 중종 32년 다시 사간원 대사간으로 전임되었다가 같은 해 10월 형조참판으로 전임되었다. 형조 참판으로 있을 때 김안로를 비롯한 삼흉의 일에 대해 아뢰었다. 중종 33(1538)년 경기도 관찰사에 임명되었다가 중종 34년 6월 6일 형조 판서로 승차했으나 사간원에서 가선대부가 된 지 겨우 20개월 만에 갑자기 정 2품으로 승진시켜 승진이 전례 없이 빠르니 개차하라는 요구가 일자 임명을 취소해 판서가 되지 못하고 6월 15일 한성부 우윤에 제수되고 9일 만에 한성부 좌윤으로 옮겼다. 9월 사헌부 대사헌에 임명되었다가 10월 대사헌에서 체직되고 6일 뒤인 10월 28일 평안도 관찰사로 옮겼다. 중종 36(1541)년 한성부 판윤으로 승차하였고 중종 38(1543)년 6월 공조판서로 전임되었다가 7월 병조 판서로 전임되었다. 중종 39년 2월 의정부 우찬성에 제수되었으나 대간들로부터 승진이 빠른 것에 대해 논의가 일자 3월 우찬성에서 체차되어 4월 지돈녕부사에 임명되었다가 5월 형조 판서에 제수되었다가 11월 체차되었다.

중종이 죽고 인종(1545)이 즉위하여 대윤 일파가 정권을 잡자 소윤과 가깝다는 이유로 지중추부로 물러나 있다가 경상도 관찰사로 좌천되었다.

그러나 인종이 서거하고 명종이 즉위하자 명종 1(1546)년 1월 의정부 우참찬에 제수되어 2월 위사원종공신에 녹훈되고 정헌대부로 가자되어 지춘추관사를 겸하고 <중종실록>과 <인종실록> 편찬에 참여했다. 소윤 일파가 득세하게 되자 9월 병조 판서로 복귀했다. 병조 판서로 재임하는 동안 군정 확립에 힘썼는데 특히 마정(馬政)의 중요성을 강조하고 그 실시에 노력했다. 명종 3년 6월 병조 판서로 지의금부사를 겸했다. 7월 숭정대부로 승차하여 의정부 우찬성에 제수되었으며 명종 4년 1월 이조 판서에 임명되어

4월 이조 판서로 판의금부사를 겸했다. 4월 21일 좌의정 황헌과 우의정 심연원에 의해 복상되었으나 삼정승으로 승진하지는 못했다. 그러나 같은 해 9월 18일 의정부 영의정 이기 등이 복상하자 그날로 대광보국숭록대부에 가자되어 의정부 우의정에 임명되어 영경연사를 겸했다. 우의정으로 있을 때 문정왕후가 주장한 양종(兩宗) 설립에 온건론을 펴서 유생들의 지탄을 받기도 했다. 그 밖에 부민고소법(部民告訴法)을 실시해 민원을 살폈다. 명종 6 (1551)년 8월 좌의정으로 승진했고 명종 12(1557)년 동궁이 책봉되자 세자부를 겸하면서 6년 동안 좌의정으로 있었다. 명종 13(1558)년 5월 29일 좌의정에서 영의정으로 승진하여 영경연사를 겸했다. 영의정으로 재임하는 동안 황해도 평산 일대에서 임꺽정(林巨正)의 난이 일어나자, 이를 평정시켰으며 사림을 등용하는 데에 힘썼다. 명종 18(1563)년 1월 영의정에서 물러나 영중추부사가 된 뒤에 기로소에 들어갔으며 궤장을 하사받았다. 명종 19년에 72세로 죽었으며 죽은 뒤에 선조의 묘정에 배향되었다.

　<명종실록> 명종 19(1564)년 윤2월 24일 첫 번째 기사에 '영중추부사 상진의 졸기'가 있다.

🧊 평가

　영중추부사 상진의 졸기

　그의 자(字)는 기부(起夫)이다. 사람됨이 너그럽고 도량이 있었으며 침착하고 중후하여 남과 경쟁하지 않았다. 보는 사람들이 정승감으로 기대하였다. 어렸을 적에 멋대로 행동하면서 공부하지 않았으므로 일찍이 같은 재사(齋舍)의 생도에게 욕을 당했었다. 이에 드디어 분발하여 독서하면서 과거 공부를 하여 날로 더욱 진보되어 오래지 않아 사마시(司馬試)에 합격하였다. 기묘년에 선비들이 몸가짐을 조심하는 것으로 일을 삼았는데 상진은 그것을 미워하였다. 이때 반궁(泮宮)에 유학하면서 짐짓 관(冠)을 쓰지 않고 다리도 뻗고 앉아서 조롱하고 업신여겼다. 과거에 급제하여 정광필(鄭光弼)을 찾아뵙고 나가니, 광필이 남에게 말하기를, "조정에 게으른 정승이 나왔다." 하였다.

평생에 남의 잘못을 말하지 않았으며 사은(私恩)을 많이 심어 많은 사람들의 칭찬을 얻었다. 전후 고시관(考試官)이 되어서는 반드시 나쁜 답안지를 취하여 따로 두었다가 점수 매기기가 끝나기를 기다려 내어 보이면서, "이와 같은 것도 취할 수가 있겠는가?" 하였다.

하관(下官)이 모두 비웃으며 떨어뜨리려 하니, 다시, "이 사람은 복(福)이 있는데 어찌 꼭 억지로 물리치겠는가." 하였다. 이 때문에 상진으로 말미암아 합격한 사람이 매우 많았으므로 세상 사람들이 모두 그의 덕에 쏠리었다. …

모든 의논에 있어서 옳고 그름을 따지지 않고 오직 남의 의견을 따랐으므로, 을사년간에 말한 것이 권간(權奸)과 합하는 것이 많았다. 정언각(鄭彦愨)이 전라도 관찰사가 되어 남의 종을 빼앗으려고 꾀하다가 일이 발각되자, 상이 잡아다 추고하게 하였다. 이때 상진이 경연 석상에서 아뢰기를, "언각의 성품이 곧으니 반드시 이런 일이 없을 것입니다." 하고는, 힘써 구원하여 주었다.

…… 이양이 서법(書法)에 조금 뛰어났는데, 한창 권력을 휘두를 적에 상진이 병풍 글씨를 써주기를 구하여 궤장(几杖)을 하사(下賜)받는 잔치에 쳐 놓았다. 이양도 그 연회에 참석하였는데, 상진이 병풍을 가리키면서 이양에게, "하늘이 이 보물을 주어서 나의 노경(老境)을 즐겁게 해주었다." 하였다. …

…… 일찍이 일사(逸士)인 성수침(成守琛)·조욱(趙昱)과 서로 친하여, 정승의 위치에 있었으나 속세를 바친 사람과의 교제를 맺어 처음부터 끝까지 쇠하지 않았다. 임종(臨終) 무렵 자제(子弟)들에게 말하기를, "내가 죽거든 비(碑)는 세우지 말고 다만 단갈(短碣)을 세우되, 거기에 '공은 늦게 거문고를 배워 일찍이 감군은(感君恩) 한 곡조를 연주하였다.'고만 쓰면 족하다." 하였다.

◀참고문헌▶

〈중종실록〉, 〈인종실록〉, 〈명종실록〉, 〈다음백과사전〉, 〈국조인물고 : 비명, 홍섬(洪暹) 지음〉, 〈목천상씨족보〉

윤원형(尹元衡)

본관은 파평이고 자는 언평(彦平)이다. 중종 3(1509)년에 태어나서 명종 20(1565)년에 죽었다.

재임기간

명종 18(1563)년 1월 17일[255] - 명종 20(1565)년 8월 15일[256] ※ 후임 이준경

가문

아버지는 지임(之任)이다. 지임은 중종의 국구로 문정왕후의 친정아버지인 파산부원군(坡山府院君)이다. 판돈녕부사·오위도총부 도총관을 역임했고 순충적덕병의보조공신 영의정에 추증되었다. 할아버지는 내자시 판관 욱(頊)이고 증조부는 형조 판서 계겸(繼謙)이다. 고조부는 우의정 사흔(士昕)인데 세조의 비인 정희왕후의 친정 동생이다. 5대조는 세조의 국구로 정희왕후의 친정 아버지인 파평부원군 번(璠)이다. 번은 의정부 우참찬·공조 판서·지중추부사·판중추원사를 역임했다. 6대조는 판도판서 승례(承禮)이고 7대조는 척(陟)인데 공민왕 때 군부 판서로 홍건적이 침입했을 때 개경을 수복한 공으로 보리공신에 녹훈되고 영평군(鈴平君)에 봉해졌다. 8대조는 도첨의사사 찬성사 영평부원군 안숙(安淑)이고 9대조는 첨의정승과 우문각 대제학을 역임한 보(珤)이며 10대조는 문하시랑 평장사 순(純)이다. 11대조는 복원(復元)이고 12대조는 서경부 유수 상계(商季)이며 13대조는 상서이부시랑 돈신(惇信)이다. 14대조는 언이(彦頤)이고 15대조는 문하시중 이·병·형부사·영평현 개국백 관(瓘)이며 15대조는 소감 집형(執衡)이다. 16대조는 상서성 좌복야 금강(金剛)이고 17대조는 벽상삼한공신 선지(先之)이고 18대조는 파평윤씨의 시조 태사

---

255) 윤원형을 의정부 영의정으로 상진을 영중추부사로 삼았다.
256) 윤원형을 체직하고 이준경을 영상으로 삼으니 온 조정이 기뻐했다.(8월 14일 기사에 전 영의정 윤원형은 본래 간사하고 음흉한 사람입니다. 라는 기사로 보아 해직은 이전에 있었던 것 같다.)

신달(莘達)이다.

장인은 연안인 현감 김안수(金安邃)[257]이고 외할아버지는 전의인 충청도 관찰사 이덕숭(李德崇)이다.

후처는 정난정인데 오위도총부 부총관 정윤겸(鄭允謙)의 서녀로 당시의 실세이다. 윤원형의 부인을 독살했다는 설로 악명이 높다.

형으로는 장례원 사평 원개(元凱)·돈녕부 도정 원량(元亮)·상의원정 원필(元弼)·돈녕부 도정 원로(元老)이다. 원량의 손녀는 인종의 후궁 숙빈 윤씨이고 원로는 원필과 권력 투쟁에서 패하고 죽었다.

생애

세조의 국구 파평부원군 번의 현손이고 우의정 사흔의 고손이며 중종의 국구인 파산부원군 지임의 아들이다. 김안로에 의해 유배되었다가 김안로가 사사되자 관직에 복귀했다. 중종의 후사 문제로 대윤의 임과 소윤의 원형으로 나뉘어 외척간의 권력 투쟁이 심했다. 명종이 즉위하고 문정왕후가 수렴청정하자 대윤일파를 숙청하고 권력을 잡았으며 을사사화를 일으켜 권력 기반을 다졌다. 형 원로와의 권력 투쟁에서 원로를 죽이고 권력을 강화했으나 문정왕후가 죽자 권력 기반이 무너져 귀양 갔으며 귀양지에서 죽었다. 첩 정난정은 원형의 본처를 살해하고 정경부인에 올랐으나 원형이 유배되자 자살했다.

중종 23(1528)년 생원시에 합격하고 중종 28(1533)년 별시문과에 급제하여 사관이 되었다. 기사관을 역임하고 주서로 있을 때 아버지인 파천부원군 지임이 죽었다. 이 해에 중종의 제2계비인 문정왕후가 경원대군 환(峘)[258]을 낳자 형 원로(元老)와 함께 영향력을 키웠다. 그 뒤에 중종의 딸 효혜공주(孝惠公主)의 시아버지이며 당시의 실권자였던 김안로(金安老)에 의해 벼슬에서 쫓겨나고 유배되었다. 그러나 중종 32(1537)년 김안로가 문정왕후를 폐위하려다가 도리어 죽음을 당했다. 그 뒤에 윤원로·윤원형을 방송하라는 비망기를 내리자 석방되어서 수찬에 임명되었다. 중종 33년 부교리·헌납에 임명되

---

257) <파평윤씨대종보>에는 김수(金邃)로 기록되어 있다.
258) 뒤의 명종

었으나 어떤 일로 귀양을 갔으며 풀려나서 홍문관 교리에 임명되었다. 중종 34년 교리·지평·교리·부교리·장령을 역임하고 중종 35(1540)년 부교리·교리·장령·응교를 역임했으며 중종 36년 사간·전한·집의를 역임했다. 중종 37(1542)년 부응교·동부승지에 임명되었고 중종 38년 성절사로 명나라에 다녀왔다. 중종 39년 좌부승지·호조 참판·좌승지를 역임하고 그 해에 도승지에 임명되었다. 도승지에 올라서는 세력을 넓히면서 중종의 제 1계비인 장경왕후의 소생인 세자 호(岵)259)를 폐하고 자신의 조카인 경원대군260)을 세자에 책봉하려 했다. 이 일로 세자의 외삼촌인 윤임(尹任)과 극렬히 대립했다. 이를 계기로 대윤(윤임과 그를 지지하는 세력)과 소윤(윤원형과 윤원형을 지지하는 세력)으로 나뉘어 외척간의 갈등이 심화됐다.

인종 즉위(1544)년 공조 참판으로 있었으나 인종의 외삼촌인 대윤일파가 정권을 잡자 대윤의 송인수(宋麟壽)의 탄핵을 받고 삭직 당했다.

명종 즉위(1545)년 인종이 재위 8개월 만에 죽고 명종이 즉위하고 문정왕후의 수렴청정이 실시되었다. 문정왕후가 섭정을 하자 예조 참의로 복귀하여 대윤일파에 대한 대대적인 숙청을 단행했다. 병조 참지에 임명되었으며 병조 참지로 이기(李芑)·정순붕(鄭順朋) 등과 모의하여 윤임과 유관(柳灌)·유인숙(柳仁淑) 등 인종 재위 기간에 중앙 관계로 진출한 사림이 중종의 여덟 째 아들 봉성군을 왕으로 세우려는 역모를 꾀한다 하여 이들을 처형했다.261) 이 공으로 보익공신 3등에 녹훈되고 이어서 추협협익위사공신 2등에 녹훈되어 서원군에 봉해졌다. 같은 해에 한성부 우윤에 제수된 뒤에 호조 참판으로 전임되었다. 명종 1(1546)년 대사헌에 임명되자 형 윤원로를 제거하고 공조 참판·대사헌·한성부 우윤에 임명되었고 자헌대부로 가자되었다. 중종 2년 양재역벽서사건262)을 계기로 조정 내의 잔여 반대 세력을 숙청함으로써 권력 기반을 강화하는 데에 성공했다. 문정왕후의 수렴청정이 계속되

---

259) 뒤의 인종
260) 뒤의 명종
261) 을사사화
262) 문정왕후의 수렴청정을 비난하는 벽서가 전라도 양재역에 붙은 사건

는 동안 권력의 중심으로 자리매김했다. 지중추부사를 역임하고 예조 판서에 임명되어서 지춘추관사를 겸했고 명종 3(1548)년 이조 판서에 임명되었다. 명종 4년 우참찬으로 전임되었다가 중종 5년 다시 이조 판서에 임명되었고 명종 6(1551)년 우참찬과 병조 판서를 역임하고 우의정에 올라 이조 판서를 겸했다. 이때 윤원형이 우의정에서 체직시켜줄 것을 요청하여 체직된 뒤에 좌찬성에 임명되었다. 명종 8(1553)년 1등 공신에 해당하는 대우를 하라는 명에 따라 서원부원군에 봉해졌고 좌찬성에 임명되었다. 이 해에 문정왕후의 수렴청정이 끝나고 명종이 친정을 하자 친정에 맞춰 등용한 이량(李樑)과 이정빈(李廷賓) 등의 견제가 있었으나 권력 기반은 튼튼했다. 명종 9년 병조 판서로 임명되어 명종 10년 영경연사를 겸했다. 명종 11(1556)년 영중추부사에 임명되어 이조 판서를 겸하다가 명종 12년 이조 판서의 겸직만 체임되고 영중추부사로 있었다. 명종 13년 병조 판서에 임명되었다가 우의정으로 제수되었으나 병으로 면직되고 다시 영중추부사가 되었다. 명종 15(1560)년 영중추부사에서 물러나 잠시 서원부원군으로 있다가 다시 영중추부사가 되었으며 명종 18(1563)년 영의정에 올랐다. 그러나 명종 20(1565)년 4월 6일 문정왕후가 죽자 그의 권력 기반이 일시에 무너져 8월 3일 윤원형을 탄핵하는 김귀영의 상차를 시작으로 8월 4일에는 양사가 윤원형을 귀양 보내라 청했다. 8월 14일 대사헌 이탁과 대사간 박순이 윤원형의 죄악 26조를 올렸다. 이에 8월 15일 영의정에서 체직되고 이준경을 영의정으로 삼았으며 영의정에서 체직된 날 좌의정 심통원이 윤원형의 중벌을 청했다. 이에 8월 21일 파직당하고 8월 27일 방귀전리의 벌을 당하였다. 11월 3일 첩 정난정이 자살하고 11월 18일 강음에서 죽었다.

<명종실록> 명종 20년 11월 18일 다섯 번째 기사에 '윤원형의 졸기'가 있다.

🎁 평가

윤원형의 졸기

윤원형이 강음(江陰)에서 죽었다. 처음 윤원형은 물론을 입어 재상에서 파면되었는데도 며칠을 지체하며 머물러 있다가 동문 교외로 나갔다. 많은 사람들의 분노가 그치지 않고 공론이 더욱 격렬함을 듣고 끝내 면하기 어려움을 알았으나, 또 가산이 흩어질 것을 염려해 어둠을 틈타 부인의 행색처럼 밤에 교자를 타고 도성에 들어와 집으로 돌아왔다. 이어 그의 첩 정난정과 더불어 강음 전사(田舍)에 가서 거처하였는데, 정난정의 죽음을 보고 드디어 분울해 하다가 또한 죽었다.

윤원형이 사림들을 풀 베듯 죽이며 흉악한 짓을 있는 대로 다했는데, 오래도록 천벌을 면하더니 금일에 이르러 마침내 핍박으로 죽으니, 조야가 모두 쾌하게 여겼다. 윤원형이 일단 패하고 나니 원수졌던 집에서 떼를 지어 빼앗겼던 재물에 대한 송사를 다투어 일으켰다. 조정에서도 그러한 사실을 알고 바로 각도에 이문(移文)하여 관원을 차출해 재물들을 본 주인에게 돌려주게 하니 그 집안에서도 온갖 고통을 견딜 수 없게 되었다. 임금은 위사(衛社)의 공이 있다 하여 3등의 장례를 하사하였다.

사신은 논한다. 전대의 권간으로 그 죄악이 하늘까지 닿기로는 윤원형 같은 자가 드물 것이다. 중종 말년, 인종이 동궁에 있을 때 사자(嗣子)가 없음을 보고, 그의 형 윤원로(尹元老)와 더불어 서로 어울려 헛소문을 만들어 동궁의 마음을 동요시켰으며 문정 왕후가 안에서 그 의논을 주장하였다. 이리하여 대윤(大尹)이니 소윤(小尹)이니 하는 말이 있게 되어 중종이 이 걱정으로 승하하였다. 혹자는 동궁이 실화한 것이 모두가 윤원형 등의 행위라고 하였다. 그 뜻이 또한 흉참하다 하겠다. 인종이 승하함에 미쳐, 윤임(尹任)을 핍박해 내쫓고는 스스로 편안하게 여기지 못하다가 끝내는 윤임이 다른 마음을 가졌다 하였으니, 실은 윤원형 등이 빚어낸 말이었다. 이 이후로 사림들 가운데 당시 명망이 있던 사람들을 일체 배척해 모두 역적의 무리로 몰아, 죽는 자가 계속되었다. 명종이 친정을 하게 되었지만 문정 왕후의 제재를 받아 자유롭지 못했는데, 윤원형은 무슨 일이고 할 일이 있으면 반드시 문정 왕후와 내통하여 명종을 위협하고 제재하여 임금의 우분(憂憤)이 언사와 안색에까지 나타나게 하였다. 내수(內豎) 중 혹 이를 아는 자가 있으면 윤원형은 궁인들에게 후히 베풀어 모두에게 환심을 얻었다. 때문에 임금의 일동일정을 모르는 것이 없었다. 하루는 상이 내수에게 '외친이 대죄가 있으면 어떻게 처리해야 하는가?'라고 하였는데, 이는 대개 윤원형을 지칭한 것이었다. 이 말이 마침내 누설되어 문정 왕후에게 알려졌는데 문정 왕후가 이를 크게 꾸짖어 '나와 윤원형이 아니었다면 상에게 어떻게 오늘이 있었겠소.' 하니, 상이 감히 할 말이 없었다. 모든 군국(軍國)의 정사가 대부분 윤원형에게서 나와 상은 내심 그를 미워하여 이양(李樑)을 신임해 그 권한을 분산시켰다. 정사를 잡은 지 20년, 그의 권세는 임금을 기울게 하였고 중외가 몰려가니 뇌물이 문에 가득해 국고보다 더 많았다. 윤원로의 권세가 자기와 비슷해짐을 저어해, 윤춘년(尹春年)을 사주해서 그 죄목을 열거해 글을 올리게 해서 죽게 하였고, 천첩을 몹시 사랑해 정처를 버리더니 필경에는 그를 독살하는 변을 빚었으며 이어 첩으로 부인을 삼았다. 첩에게서 낳은 자식들을 모두 사대부가에 혼인시켰으며 자신이 죽은 뒤에라도 이에 이의를 제기하는 자가 있을까 두려워 첩의 자식도 벼슬을 허락해야 한다는 주장을 힘써 내세워, 이를 미봉하였다. 당시의 재집(宰執)들이 휩쓸려 그를 따랐지만 오직 임권(任權)만은 처음부터 끝까지 따르지 않았다. 기타 흉악한 죄들은 머리털을 뽑아 헤아린다 해도 다 셀 수가 없다. 비록 견출(譴黜)이 가해졌으나 체형(體刑)을 면했으니, 세상인심의 분함을 이길 수 있겠는가.

참고문헌

〈다음백과사전〉, 〈중종실록〉, 〈인종실록〉, 〈명종실록〉, 〈파평윤씨대종보〉

이준경(李浚慶)

본관은 광주이고 자는 원길(原吉)이며 호는 동고(東皐)·남당(南堂)·홍련거사(紅蓮居士)·연방노인(蓮坊老人)이고 시호는 충정(忠正)이다. 연산군 5(1499)년에 태어나서 선조 5(1572)년에 죽었다.

재임기간

명종 20(1565)년 8월 15일[263] − 선조 4(1571)년 5월 28일[264] ※ 후임 권철

가문

아버지는 홍문관 수찬 수정(守貞)이고 할아버지는 판중추부사 세좌(世佐)이다. 세좌는 좌승지로 있을 때에 폐비 윤씨가 사살되는 것을 목격했기 때문에 갑자사화 때 아들 네 명과 함께 사살되었다. 증조부는 형조 판서 극감(克堪)인데 영의정 극배의 아우이다. 고조부는 우의정 인손(仁孫)인데 영의정 극배의 아버지이다. 5대조는 형조 참의를 역임하고 청백리에 녹훈된 지직(之直)이고 6대조는 판전교시사 집(集)이며 7대조는 광주 이씨의 시조인 당(唐)이다.

장인은 판관을 역임한 풍산인 김양진(金楊震)이고 외할아버지는 평산인 성서원 판관 신승연(申承演)이다.

아들은 셋인데 1남 예열(禮悅)은 광흥창수이고 2남 선열(善悅)은 요절했으며 3남 덕열(德悅)은 경기도 도사를 역임했다. 예열은 아들이 없어서 당질인 병사 사수(士修)를 양자로 삼았다.

형은 윤경(潤慶)인데 평안도 관찰사와 병조 판서를 역임했다.

---

263) 이준경을 의정부 영의정으로 삼았다. 윤원형을 체직하고 이준경을 영상으로 삼으니 온 조정이 기뻐했다.
264) 영의정 이준경이 한사코 영상 자리를 사퇴하니 상이 윤허하였다.(수정본에는 선조 4년 5월 1일, 영의정 이준경이 병으로 자리를 떠나서 영중추부사에 제수하고 겸 영경연사는 계속 맡게 하였다.)

🔲 생애

우의정 인손의 고손으로 할아버지 세좌가 갑자사화 때 사사되고, 준경도 이에 연좌되어 괴산으로 유배되었다. 중종 28년 김안로에 밀려 파직되었는데 파직된 기간 출입을 끊고 성리학에 몰두했다. 김안로가 제거되자 부수찬으로 관직에 복귀했으나 명종 5년 조카들의 죄와 관련하여 정적이던 이기의 탄핵을 받고 보은으로 부처되었다가 석방되었다. 명종 20년 척신 윤원형을 축출하고 영의정에 올라 정국을 주도했다. 이언경·조광조에게 성리학을 배웠고 영의정으로 조광조를 신원하여 문묘에 배향하고 소격서를 혁파하여 성리학에 기반한 사림정치를 정착시키는 데에 공헌했다.

"훈구파에서 사림파로 정치권력이 옮겨가는 과도기에 사림정치를 정착시키는 데에 큰 공헌을 했다."(<다음백과사전>) 6세 때인 연산군 10(1504)년 갑자사화로 할아버지인 판중추부사 세좌가 사사[265]되었고 이에 연좌되어 형 윤경(潤慶)과 함께 충청도 괴산으로 유배되었다. 1506년 중종반정이 성공하자 풀려나서 외가에서 성장했다. 16세부터 이연경(李延慶)과 조광조(趙光祖)에게서 성리학을 배웠다. 중종 17(1522)년 성균관에 입학했다.

중종 26(1531)년 식년문과에 급제하여 승문원에 들었다가 사관에 보임되었다. 중종 27(1532)년 홍문관 정자에 임명되었고 중종 28년 홍문관 저작·주서·홍문관 박사·사경을 차례로 역임하였으나 당대의 권신 김안로(金安老) 일파에 밀려 파직되었다. 파직된 기간 문밖의 출입을 끊고 독서와 수양으로 성리학에 정진했다. 중종 32(1537)년 김안로가 제거되자 중종 33(1538)년 부수찬으로 관직에 복귀했다. 이어 중종 35년 문학·필선·장령·부교리·군교시 첨정·응교·보덕을 차례로 역임하고 중종 36(1541)년 직제학을 거쳐 부제학에 임명되었다. 중종 37년 동부승지에 임명되었고 중종 38년 정시에서 1등하여 우부승지로 승진하고 한성부 우윤을 역임한 뒤 중종 39(1544)년 대사성이 되었다.

인종 1(1454)년 고부청시사를 역임하고 1454년 명종이 즉위하자 형조 참판에 임명되었다가 평안도 관찰사에 임명되어 외직으로 나갔다. 명종 3(1548)

---

265) 이세좌가 좌승지 때에 폐비 윤씨가 사살되는 것을 목격했음.

년 병조 판서로 승차하고 명종 4년 대사헌을 거쳐 명종 5년 지중추부사를 역임하고 다시 대사헌·한성부 판윤에 임명되었다. 한성부 판윤으로 있을 때, 조카 이중열(中悅)과 6촌 이약빙(若氷)·이약해(若海)의 죄와 관련하여 정적이었던 이기(李芑)의 탄핵을 받고 삭탈 관직된 뒤에 충청도 보은으로 부처되었다. 명종 6년 석방되고 직첩을 돌려받았으며 지중추부사로 관직에 복귀했다. 명종 7년 형조 판서·지중추부사·함경도 순변사·대사헌을 차례로 역임했다. 명종 8(1553)년 함경도 순변사로 북방 여진족의 반란을 진무하고 병조 판서에 임명되었다. 명종 9년 이조 판서로 전임되었다가 명종 10(1555)년 공조 판서로 전임되고 다시 형조 판서로 옮겼다. 을묘왜변이 발생하자 전라도 순찰사로 파견되어 내륙 깊숙이 침입한 왜구를 소탕하고 돌아와 우찬성으로 승차하여 병조 판서를 겸했다. 명종 13(1558)년 좌찬성에 임명되었다가 우의정으로 승차하고 명종 15년 좌의정으로 승차해서 세자부를 겸했다. 명종 19년 좌의정에서 체직되고 판중추부사·영중추부사를 역임했다. 명종 20(1565)년 영의정으로 승차하여 척신 윤원형(尹元衡)을 축출하고 정국을 주도했다. 명종 21(1566)년과 명종 22년 사직을 요청했으나 윤허를 받지 못했다.

선조 즉위(1567)년 영의정으로 있으면서 신원할 사람의 조목을 적어 올리면서 조광조를 신원하여 문묘에 배향하고 소격서(昭格署)를 혁파하여 성리학적 이념에 기반한 정치가 정착되도록 노력하다가 선조 4(1571)년 사직을 윤허 받았다. 선조 5년 죽음에 앞서 국가 경영에 관한 네 가지 조목의 유소(遺疏)를 올리고 죽었다. 죽은 뒤에 선조의 묘정에 배향되었으며 청안의 구계서원에 제향되었다. 저서로 <동고유고>·<조선풍속>이 있다.

<선조실록> 선조 5(1572)년 7월 7일자 첫 번째 기사에 '영의정 이준경의 졸기와 임종 때 올린 차자'가 있다.

🎁 평가

영의정 이준경의 졸기와 임종 때 올린 차자

… 자는 원길(原吉)이며 광주(廣州) 사람으로 고려 판전교시사(判典校寺事) 둔촌(遁村) 이집(李集)의 후손이다. 어려서부터 학업에 독실하였고 근래의 영상 중에서 업적이 가장 많았으며, 향년 74세였다. 뒤에 충정(忠正)으로 증시(贈諡)하고 선조 묘정(廟庭)에 배향하였다. 임종할 때에 유차(遺箚)가 있었는데, 그 차자는 다음과 같다.

"지하로 가는 신 이준경은 삼가 네 가지의 조목으로 죽은 뒤에 들어주실 것을 청하오니 전하께서는 살펴주소서.

첫째 제왕의 임무는 학문하는 것이 중요합니다. 정자가 말하기를 '함양(涵養)은 모름지기 경(敬)이라야 하고 진학은 치지(致知)에 있다.'고 하였습니다. 전하의 학문이 치지의 공부는 어느 정도 되었지만 함양의 공부에는 미치지 못한 바가 많기 때문에 언사(言辭)의 기운이 거칠어서 아랫사람을 접하실 때 너그럽고 겸손한 기상이 적으니 삼가 전하께서는 이 점에 더욱 힘쓰소서.

둘째 아랫사람을 대하는 데 위의(威儀)가 있어야 합니다. 신은 들으니 '천자는 온화하고 제후는 아름답다.'고 하였습니다. 위의를 갖추어야 할 때에는 삼가야 합니다. 신하가 말씀을 올릴 때에는 너그럽게 받아들이고 예모(禮貌)를 갖추어야 합니다. 비록 거슬리는 말이 있더라도 그 때마다 영특한 기운을 발하여 깨우쳐 줄 것이요, 일마다 겉으로 감정을 나타내고 스스로 현성(賢聖)인 체 자존하는 모습을 아랫사람에게 보이는 것은 마땅치 않습니다. 그렇게 하시면 백료(百僚)가 해체되어 허물을 바로잡지 못할 것입니다.

셋째 군자와 소인을 분별하는 것입니다. 군자와 소인은 구분되기 마련이어서 숨길 수가 없습니다. 당 문종(唐文宗)과 송 인종(宋仁宗)도 군자와 소인을 모른 것이 아니었지만 사당(私黨)에 끌려서 분간하여 등용하지 못함으로써 마침내 시비에 현혹되어 조정이 어지럽게 되었던 것입니다. 진실로 군자라면 소인이 공박하더라도 발탁하여 쓰고 진실로 소인이라면 사사로운 정이 있더라도 의심하지 말고 버리소서. 이같이 하시면 어찌 북송과 같은 다스리기 어려운 일이 있겠습니까.

넷째 붕당(朋黨)의 사론(私論)을 없애야 합니다.【이 때에 심의겸이 외척으로 뭇 소인들과 체결하여 조정을 어지럽힐 조짐이 있었기 때문에 이를 지적한 것이다.】지금의 사람들은 잘못한 과실이 없고 또 법에 어긋난 일이 없더라도 자기와 한마디만 서로 맞지 않으면 배척하여 용납하지 않습니다. 그리고 자신의 행동을 검속(檢束)한다든가 독서하는 데에 힘쓰지 않으면서 고담 대언(高談大言)으로 친구나 사귀는 자를 훌륭하게 여김으로써 마침내 허위(虛僞)의 풍조가 생겨났습니다. 군자는 함께 어울려도 의심하지 마시고, 소인은 저희 무리와 함께 하도록 버려두는 것이 좋습니다. 이 일은 바로 전하께서 공평하게 듣고 보신 바로써 이런 폐단을 제거하는 데 힘쓰셔야 할 때입니다.

　신은 충성을 바칠 마음 간절하나 죽음에 임하여 정신이 착란되어 마음속의 말을 다하지 못합니다."【공은 임금을 아끼고 세상을 염려하여 죽는 날에도 이러한 차자를 남겼으니 참으로 옛날의 직신(直臣)과 같다. 당시에 심의겸의 당이 이 차자를 지적하여 건조무미한 말이라 소를 올려 배척하기까지 하였으니 참으로 군자의 말은 소인이 싫어하는 것이다.】

　　<선조수정실록>

　영중추부사 이준경의 졸기

　…… "흙 속에 들어가는 신 모(某)는 삼가 4건의 일을 갖추어 유언을 올리니, 전하께서는 조금이라도 살펴주소서.

　첫째, 제왕은 무엇보다도 학문하는 일이 가장 큽니다. 정자(程子)가 '함양 공부는 경(敬)으로 해야 하고 학문을 진취시키려면 치지(致知)해야 한다.' 하였습니다. 전하의 학문은 치지의 공력 면에서는 보통 이상의 수준이라고 하겠지만 함양의 힘은 미치지 못하는 점이 많이 있습니다. 그래서 말을 하는 것이 매우 준엄하시고 아랫사람을 대할 때 포용하고 공순한 기상이 적으시니, 전하께서는 이 점에 더 노력하소서.

　둘째, 아랫사람을 대할 때는 위의(威儀)가 있어야 합니다. 신은 듣건대, '천자는 목목(穆穆)하고 제후는 황황(皇皇)하다.' 하였으니, 위의를 차리시는 일을 삼가지 않아서는 안 됩니다. 신하가 진언하는 경우에는 마땅히 너그러이 포용하여 예우해 주셔야 합니다. 아무리 뜻에 거슬리는 말이 있더라도 때로 영기(英氣)를 드러내 주의를 환기시키는 일은 있으실지언정, 사사 건건 직설적으로 드러내면서 스스로 잘난 체하는 것을 아랫사람들에게 보여서는 안 됩니다. 계속 지금처럼 하신다면 백관이 맥이 풀려 수없이 터지는 잘못을 이루 다 바로잡지 못할 것입니다.

셋째, 군자와 소인을 분간하는 일입니다. 신은 듣건대 군자와 소인은 본디 정해진 명분이 있어 숨길 수 없다고 하였습니다. 옛날 당 문종(唐文宗)이나 송 인종(宋仁宗)은 애당초 군자와 소인을 모르지는 않았으나 사당(私黨)에 이끌려 그들을 분간하여 쓰지 못했기 때문에, 마침내 시비에 어두워져 조정이 불안정한 결과를 초래하였습니다. 참으로 군자라면 아무리 소인이 공격하는 일이 있더라도 뽑아 써 의심하지 마시고, 참으로 소인이라면 비록 사정(私情)이 있으시더라도 단호히 물리쳐 멀리하여야 합니다. 이와 같이 한다면 어찌 하북 조정(河北朝廷)과 같은 어려움이 있겠습니까.

넷째, 사사로운 붕당을 깨뜨려야 합니다. 신이 보건대, 오늘날 사람들은 간혹 잘못된 행실이나 법에 어긋난 일이 없는 사람이 있더라도 말 한 마디가 자기 뜻에 맞지 않으면 배척하여 용납하지 않으며, 행검을 유의하지 않고 독서를 힘쓰지 않더라도 고담 대언(高談大言)으로 붕당을 맺는 자에 대해서는 고상한 풍치로 여겨 마침내 허위 풍조를 빚어내고 말았습니다. 군자는 모두 조정에서 집정(執政)하게 하여 의심하지 말고 소인은 방치하여 자기들끼리 어울리게 해야 하니, 지금은 곧 전하께서 공정하게 듣고 두루 살펴 힘써 이 폐단을 없앨 때입니다. 그렇지 않으면 끝내는 반드시 국가의 구제하기 어려운 걱정거리가 될 것입니다." 하였다.

......

준경은 어릴 때부터 뜻이 높고 비범하였으며 체격이 웅대하여 많은 선비들 사이에 이름이 있었는데, 정광필(鄭光弼)과 김안국(金安國)으로부터 큰 기대를 받았다. 조정에 들어와서는 청렴하고 엄중함이 세속에서 뛰어나 형 윤경(潤慶)과 함께 여망을 받아 사람들이 두 봉황새라고 일컬었다. 그 중에서도 윤경이 더 한층 강직했으므로 인물을 논하는 이들이 형이 더 우월하다고 하였다.

권간(權奸)이 권세를 부리던 당시 준경은 지조를 지키고 아부하지 않아 자주 배격을 당하였으나, 그들이 끝내 감히 가해하지 못한 것은 절조와 행검에 하자가 없고 논의가 한편으로 치우치지 않았기 때문이었다. 부정한 논의에 대하여 감히 그것을 바로잡지는 못하였으나, 본심은 사류를 보호하였기 때문에 청론(淸論)이 믿고 의지하는 바가 있어 여망이 그에게로 돌아갔다. 윤원형(尹元衡)이 무너진 뒤에 비로소 국사를 담당하고 금상(今上)을 보좌하여 급한 상태를 안정 국면으로 돌아서게 하였는데, 주상도 국사를 위임하고 의심하지 않았다. 준경은 성심과 공도로 문무 관원을 재목에 따라 써서 계책이 행해지고 공이 이루어졌으며 인심을 진정시키고 국맥을 배양하였으니, 참으로 사직지신(社稷之臣) 이라 할 만하다. 다만 본조(本朝)에 사화(士禍)가 자주 일어났기 때문에 신진들의 논의가 과격하고 예리한 것을 보고는 항상 억제하여 조정하려 하였고, 또 혁신하여 일거리를 만들려고 하지 않았으므로 사림이 흔히 그 점을 부족하게 여겼는데, 준경은 웃으면서 말하기를,

"차라리 남이 나를 저버리는 것이 낫지 내가 남을 저버리지는 않겠다."
하였다.

준경은 정승으로 있으면서 체모를 잘 지켜 비록 선인(善人)을 좋아하고 선비를 위하긴 하였으나, 자신을 낮추어 굽힌 적은 없었다. 조식(曺植)이 임금의 부름을 받고 서울에 들어왔을 때 준경은 옛 친구의 입장에서 서신은 보냈으나 끝내 찾아가 보지 않았다. 조식이 귀향하려 하면서 찾아와 고별하고 말하기를,

"공은 어찌 정승 자리를 가지고 스스로 높이려 하는가?"하자,
준경이 말하기를,
"조정의 체모를 내가 감히 폄하할 수 없어서이다."하였다.

이황(李滉)이 서울에 들어왔을 때 사대부가 아침저녁으로 그의 문전을 찾아가니, 이황은 한결같이 모두 예로 접대하였다. 최후에 준경을 찾아가 인사하자 준경이 말하기를,

"도성에 들어오신 지 오래되었는데 어찌 이제야 찾아오십니까?" 하니,

이황이 사대부들을 응접하느라 그럴 틈이 없었다고 하자, 준경이 언짢아하며 말하기를,

"지난 기묘년에도 선비의 풍조가 이러하였으나 그 가운데도 염소 몸에 호랑이 껍질을 뒤집어 쓴 자가 있었으므로, 사화가 이로 인하여 일어났습니다. 조정암(趙靜庵) 이외에 그 누구도 나는 인정하지 않습니다." 하였다.

인묘(仁廟)가 붕어하여 빈소에 있을 때 제신(諸臣)이 빈청(賓廳)에 모였는데, 모두가 윤원로(尹元老)를 죽이려 하면서 먼저 행동에 옮긴 뒤에 보고하자고 하며 재신들에게 정승에게 가서 그 가부를 논의하게 하였다. 이 때 준경은 우윤(右尹)으로 그 자리에 참여하였는데, 홀로 말하기를,

"지금 시기는 전일과 다르다. 대비(大妃)가 위에 계시는데 어찌 품의하지 않고 마음대로 그 동기를 주벌할 수 있겠는가." 하였다.

이로 인하여 그 논의가 중지되었는데, 송인수(宋麟壽) 등이 모두 그르게 여겼다. 그후 얼마 안 되어 사화가 크게 일어나 수많은 사류가 참화를 당하였으나, 준경은 평안 감사(平安監司)로 좌천되기만 하였다. 윤원형(尹元衡)이 항상 앞서의 일을 고맙게 생각하고 이끌어 정경(正卿)에 앉혔으며 마침내 정승에까지 이르렀는데, 준경은 조정에서 꼿꼿하게 집정(執政)하며 끝내 굽히는 일이 없었다.

참고문헌

〈국조인물고 : 비명. 노수신(盧守愼) 지음〉, 〈다음백과사전〉, 〈중종실록〉, 〈인종실록〉, 〈명종실록〉, 〈선조실록〉, 〈광주이씨문경공파보〉

권 철(權轍)

본관은 안동이고 자는 경유(景由)이며 호는 쌍취헌(雙翠軒)이고 시호는 강정(康定)이다. 연산군 9(1503)년에 태어나서 선조 11(1578)년에 죽었다.

재임기간

선조 4(1571)년 5월 1일[266] - 선조 6(1573)년 2월 1일[267] ※ 후임 권철
선조 6(1573)년 5월 1일[268] - 선조 6(1573)년 9월 1일[269] ※ 후임 이탁
선조 8(1575)년 5월 1일[270] - 선조 8(1575)년 7월 1일[271] ※ 후임 홍섬
선조 9(1576)년 8월 1일[272] - 선조 11(1578)년 8월 1일[273] ※ 후임 홍섬

가문

아버지는 강화 부사를 역임하고 영의정에 증직된 적(勣)이고 할아버지는 양근 군수를 역임하고 우찬성에 증직된 교(僑)이며 증조부는 좌의정 람(擥)이다. 고조부는 대제학과 이조 판서를 역임하고 정인지·안지와 함께 <용비어천가>를 저술한 제(踶)이고 5대조는 참찬문하부사를 역임하고 좌명공신에 녹훈되었으며 <상대별곡>과 <양촌집>을 지은 길창군 근(近)이다. 6대조는 검교좌정승을 역임한 희(僖)이고 7대조는 검교시중을 역임한 고(皐)이다. 8대조는 수문전 대제학 부(溥)이고 9대조는 첨의정승 단(㫜)이며 10대조는 지제고 위(韙)이고 11대조는 추밀원 부사 수평(守平)이다. 12대조는 호장중윤 중시(仲時)이고 13대조 이상의 세계(世系)는 권중화와 같다.

장인은 적순부위를 역임한 창녕인 조승현(曺承晛)이고 외할아버지는 순흥

---

266) 선조수정실록 : 오겸을 우의정으로 권철을 영의정으로 홍섬을 좌의정으로 삼았다.
267) 선조수정실록 : 영의정 권철이 병으로 사직하자 면직하고 좌의정 홍섬이 부모가 노령이라는 이유로 사직하자 면상하였다.
268) 다시 권철을 영의정으로 삼았다.
269) 선조수정실록 : 영의정 권철이 병으로 사직하니 면직하고 이탁을 영의정으로 삼았다.
270) 영의정 권철과 영부사 홍섬은, 이라는 기사 있음.
271) 영의정 권철이 병으로 면직되자 홍섬을 영의정으로 삼았다.
272) 선조수정실록 : 영의정 홍섬이 병을 핑계로 면직되자 권철을 영의정으로 삼았다.
273) 선조수정실록 : 영의정 권철이 병으로 면직되자 홍섬을 영의정으로 삼았다.

인 승사랑 안탁(安攉)이다.

아들은 네 명인데 1남 종(悰)은 광흥창수이고 2남 개(愷)는 호조 좌랑이며 3남 계(悌)는 동지중추부사이다. 4남 율(慄)은 8도 도원수를 역임하고 영의정에 추증되었는데 율의 장인은 중종반정공신 창녕부원군 조계상(曺繼商)의 아들인 조휘원(曺輝遠)이며 영의정 이항복의 장인이다.

손자는 인경(仁慶)이 도총부사이고 진경(晉慶)이 황해도 병사이며 이경(履慶)이 금성 현령이고 익경(益慶)이 사헌부 감찰이다. 손녀사위로는 영의정 이항복·이조 참판 이유중(李有中)·공주 목사 한종수(韓宗洙)·공조 판서 이충원(李忠元)·좌의정 김상용(金尙容)이다.

🎲 생애

<상대별곡>을 지은 근의 현손이고 <용비어천가>를 지은 제의 고손이며 좌의정 남의 증손이다. 또 8도 도원수 율의 아버지이고 영의정 이항복의 처할아버지이며 좌의정 김상용의 처할아버지이다. 사초를 쓸 때 김안로의 잘못을 썼다가 김안로의 미움을 받아 좌천되었다가 김안로가 사사되자 복직되었다. 호남의 신중에 왜구가 침범하자 관찰사 겸 순찰사로 평정했다. 근면하고 청신하게 법을 지켜 칭송을 받았다고 전해진다.

중종 23(1528)년 사마 진사시에 합격하고 중종 29(1534)년 식년문과에 을과로 급제하고 성균관을 거쳐 예문관 검열이 되었다. 사초를 쓸 때 김안로의 잘못을 직필했다가 미움을 받아 한때 좌천되었다. 김안로가 사사되자 복직되어 저작·박사·시강원 설서를 거쳐 중종 32(1537)년 대교·승정원 주서를 역임하고 중종 34년 수찬·검토관을 역임하고 중종 35 부교리에 임명되었다. 중종 36(1541)년 지평·교리·시독관·헌납·지평을 역임했고 중종 37년 장령·경차관을 역임했으며 중종 39(1544)년 군기시 부정에 임명되었다.

명종 즉위(1545)년 산릉도감 낭청이 되었고 명종 3(1548)년 사복시정으로 경기도 암행어사로 파견되었으며 명종 4년 승문원 판교에 임명되었다. 명종 5(1550)년 승정원 동부승지로 발탁되어 우부승지로 승진하고 명종 6년 좌부승지·좌승지·참찬관으로 전임되었다가 명종 7(1552)년 도승지로 승진했다. 명종 8년 병조 참지에 임명되었고 명종 9(1554)년 사은사로 명나라에 다녀와서 호조 참의·경상도 관찰사·전라도 관찰사·도승지를 역임했다. 명종 11(1556)년 형조 판서로 승진하고 호남의 신중에 왜구가 침범하자 전라도 관찰사에 임명되어 도순찰사를 겸하여 변경을 평정했다. 명종 12년 지중추부사로 명나라의 책세자사신이 올 때 원접사가 되었으며 명종 13(1558)년 형조 판서를 역임하고 병조 판서로 전임되었다가 명종 16년 다시 형조 판서에 임명되었다. 명종 17(1562)년 우찬성에 임명되어 산릉도감 제조를 겸했고 명종 18년 좌찬성·이조 판서를 역임하고 명종 19(1564)년 우찬성에 임명되었다. 명종 20년 윤원형이 물러나자 병조 판서로 전임되었다가 명종 21(1566)년 우의정으로 승진하여 명종 22년 하등극사로 명나라에 다녀왔다.

선조 즉위(1567)년 좌의정으로 승진하고 선조 4(1571)년 영의정이 되었으나 곧 사임하였다가 선조 6년 5월 1일 다시 영의정으로 제배되었으나 같은 해 9월에 병으로 사임했다. 선조 8년 5월 다시 영의정에 제배되었으나 선조 8년 7월 1일 영의정을 사임했고 명종 9년 8월 1일 다시 영의정이 되었다가 명종 11(1578)년 죽었다. "낮은 관직에 있을 때부터 근면하게 일을 하고 청신하게 법을 지켜 이미 재상의 명망이 있어 사람들이 복상(福相)이라 칭송했다"(<다음백과사전>) 한다.

<선조실록> 선조 11(1578)년 8월 1일 기사에 '영의정 권철의 졸기'가 있다.

🎲 평가

영의정 권철의 졸기

권철은 작은 벼슬자리에 있을 때부터 정성스럽고 부지런하게 직무를 수행해 왔으므로 이미 재상의 물망이 있었다. 중년에 진복창(陳復昌)에게 미움을 받아 여러 해동안 진로가 막혔었는데 복창이 패망하자 다시 등용되어 중앙과 지방의 관직을 두루 역임하였으며 정승으로 돌아오자 이준경, 홍섬,

박순, 노수신 등과 마음을 같이하여 보좌하였다. 어떤 때는 체직되기도 하고 어떤 때는 복직되기도 한 것이 무릇 13년이었다. 당시에 중앙과 지방이 무사하였고 조정이 다스려졌다고 일컬어졌었다. 비록 건의하여 밝힌 것은 없었지만 신중하게 법을 지켰으므로 사람들이 감히 그의 흠을 논하지 않았고 복 있는 정승이라고 일컬었다. 그의 아들 율(慄)도 명신이었다.

참고문헌

〈중종실록〉, 〈명종실록〉, 〈선조실록〉, 〈다음백과사전〉, 〈안동권씨세보〉

이 탁(李鐸)

본관은 전의이고 자는 선명(善鳴)이며 호는 약봉(藥峰)이고 시호는 정숙(定肅)이다. 중종 4(1509)년에 태어나서 선조 9(1576)년에 죽었다.

📦 재임기간

선조 6(1573)년 9월 1일[274] – 선조 7(1574)년 4월 1일[275] ※ 후임 홍섬

📦 가문

아버지는 신천 군수 창형(昌亨)이고 할아버지는 광양 현감 맹희(孟禧)이다. 증조부는 구례 현감 굉식(宏植)이고 고조부는 형조 정랑 직간(直幹)이다. 5대조는 한성부윤 귀(龜)이고 6대조는 개성부윤 원무(元茂)이며 7대조는 판소부사 광기(光起)이다. 8대조는 예문관 대제학·지춘추관사 언충(彦冲)이고 9대조는 직문한서 원(蒝)이며 10대조는 문하평장사 천(仟)이다.[276] 11대조는 보승별장 순(順)이고 12대조는 형부시랑 윤관(允寬)이며 13대조는 천위위 대장군 문경(文景)이다. 14대조는 병부상서 수영(秀英)이고 15대조는 정용위 대장군 강(康)이며 16대조는 태사 도(棹)인데 전의이씨의 시조이다.

장인은 용인인 병절교위 이종번(李宗蕃)이고 처할아버지는 판사 이적(李績)이며 처증조부는 첨지중추부사 이행검(李行儉)이다. 외할아버지는 밀양인 제용감 첨정 박유(朴維)이다.

1남 해수(海壽)는 도승지·충청도 관찰사·황해도 관찰사·대사헌·부제학을 역임했고 2남 회수(淮壽)는 충청 수사를 역임했으며 3남은 명수(溟壽)이다. 딸은 연안인 연천 군수 김갑생(金甲生)과 결혼했다. 손자로 해수의 아들은 첨지중추부사 권(勸)과 공릉 참봉 매(勱)와 양(勸)이 있고 2남 회수의 아들은 선공 감역 욱(勖)과 선공 감역 할(劼)과 여(勵)인데 여는 전사했다. 명수는 아들

---

274) 선조수정실록 : 영의정 권철이 병을 사직하니 면직하고 이탁을 영의정으로 삼았다.
275) 선조수정실록 : 홍섬을 영의정으로 삼고 이탁을 좌의정으로 옮겼다.(선조실록 : 선조 7년 4월 11일 기사에 홍섬을 영의정으로 이탁을 좌상으로 …)
276) 천 이상의 세계는 이근면과 같다.

이 없어서 회수의 아들 할을 입양했다.

형은 홍덕 현감 수(錘)이고 아우는 현감 추(錘)와 상(錫)과 이양 부사 용(鋪)이 있다.

🎁 생애

> 윤원형을 탄핵하여 제거했으나 윤원형의 당여들은 처벌하지 않고 진정시키려 노력했다. 성품이 관후하고 덕량이 있는 재상으로 평가받는다.

중종 26(1531)년 진사시에 합격하고 같은 해에 별시문과에서 병과로 급제했다. 중종 30(1535)년 승문원 권지부정자에 등용되어 저작·예문관 검열·승문원 주서를 차례로 역임했다. 중종 31년 아버지 상을 당해 시묘했고 중종 33(1538)년 어머니 상을 당했다. 중종 36(1541)년 승문원 박사·성균관 전적·승문원 교검을 역임했다. 중종 37(1542)년 공조 좌랑·예조 좌랑·병조 좌랑을 차례로 역임하고 사간원 정언 겸 춘추관 기사관으로 승진했다. 중종 38년 이조 좌랑에 임명되었으며 중종 39(1544)년 형조 정랑·성균관 직강·병조 정랑·사헌부 지평에 임명되었다.

명종 즉위(1545)년 예조 정랑·대동도 찰방·병조 정랑을 역임하고 명종 1(1546)년 이조 정랑에 임명되었다. 명종 2년 의정부 검상을 역임하고 의정부 사인으로 승진했다. 명종 3년 사헌부 집의·사재감 첨정·교리를 역임하고 명종 4년 부응교·응교를 역임했다. 같은 해에 성균관 학관을 역임하고 명종 5년 종부시 첨정으로 전임되었다. 명종 6년 춘추관 기주관이 되어 <중종실록> 편찬에 참여했고 명종 6년 경기도 암행어사로 파견되었다가 돌아와서 홍문관 전한·홍문관 직제학을 역임했다. 명종 7(1551)년 동부승지·좌부승지를 역임하고 명종 8년 첨지중추부사에 임명된 뒤에 진헌사로 명나라에 다녀와서 부제학을 역임하고 명종 9년 좌부승지·우승지에 임명되었으며 명종 10(1555)년 좌승지를 거쳐 도승지에 올랐으나 병으로 사직했다. 같은 해에 공조 참의를 거쳐 이조 참의로 전임되었으며 명종 11년 예조 참의로 전임되었다가 다시 부제학으로 전임되었다. 명종 12년 장례원 판결

사 · 공조 참의 · 대사간 · 이조 참의를 차례로 역임하고 다시 도승지에 임명
되었다. 명종 13(1558)년 용양위 호군에 임명된 뒤에 한성부 우윤으로 전임
되었고 명종 14년 세 번째로 도승지를 역임한 뒤에 황해도 관찰사에 제수
되었다. 명종 16년 공조 참판으로 조정으로 돌아와서 명종 17(1562)년 형조
참판으로 전임되었다가 청홍도 관찰사277)에 임명되었다. 명종 18년 예조
참판 · 이조 참판 · 대사헌을 역임하고 명종 19년 대사간 · 대사헌 · 부제학
을 역임했다. 명종 20년 대사헌 · 공조 참판 · 대사헌 · 이조 참판을 차례로
역임하고 공조 판서로 승차했다. 명종 21(1566)년 호조 판서로 전임되었다
가 한성부 판윤 · 지중추부사 · 공조 판서 · 지중추부사 · 예조 판서를 차례
로 역임했고 명종 22년 대사헌 · 예조 판서를 역임했다.

선조 즉위(1567)년 명종조에 이어 예조 판서로 있다가 선조 1(1568)년 병
조 판서로 전임되어 숭정대부로 가자되었다. 그 뒤 의정부 우찬성 겸 지경
연사를 역임하고 이조 판서 · 우찬성 · 이조 판서에 차례로 임명되었다. 선
조 4(1571)년 이조 판서에서 대사헌으로 전임되었다가 대광보국숭록대부로
가자되어 우의정 겸 영경연 감춘추관사로 승진한 뒤에 좌의정에 제수되었
다. 선조 5년 병으로 사직상소를 아홉 번 올려 좌의정에서 물러나 영중추부
사로 물러났으며 선조 6(1573)년 판중추부사를 거쳐 영의정 겸 영경연 홍문
관 춘추관 관상감사로 승진했다. 선조 7년 영의정에 물러나 좌의정에 임명
되었으나 체차되어 판중추부사로 물러났다. 선조 9년 68세로 죽었다.

<선조실록> 선조 9(1576)년 1월 9일 첫 번째 기사에 '판중추부사 이탁의
졸기'가 있다.

🎁 평가

판중추부사 이탁의 졸기

　……

이탁은 심술(心術)이 정대하고 도량이 웅위하였으며 성심으로 어진 이를

277) 충청도 관찰사를 말함

좋아하고 선비를 사랑하였다. 평생 조정에 있으면서 대의에 입각하여 대간(大諫)을 탄핵하였으므로 늠연히 직신(直臣)의 절개가 있었으며, 청고(淸高)한 지조도 일세(一世)의 으뜸이 되기에 충분하였다. 재기(才氣)와 간국(幹局)도 출중하여 전조(銓曹)의 장관으로 있을 적에는 사람들이 모두 그의 공정(公正)하고 청렴함에 감복하였고 삼공(三公)으로 있을 적에는 태산(泰山) 같은 인망이 있었는데, 갑자기 병으로 졸하였으므로 탄식하지 않는 이가 없었다.

<선조수정실록>

행 판중추부사 원임 의정부 영의정 이탁의 졸기

…… 이탁은 성품이 관후(寬厚)하고 덕량(德量)이 있어서 선비를 사랑하고 사람들을 포용하였다. 그가 전조(銓曹)에 있을 적에 힘껏 공정한 도(道)를 넓히자 선비들의 신망이 매우 무거웠으며, 재상의 지위에 있으면서 검소하고 청빈하게 지내어 녹봉을 받는 이외에 따로 산업을 영위하지 않았다. 고을에서 간혹 예물을 보내는 것이 있으면 곧 이웃과 친구들에게 나누어주고 주방에 남겨두는 일이 없었다. 죽음에 임하여 아들 해수(海壽)에게 말하기를, '내가 죽거든 관곽(棺槨)을 반드시 임금이 주는 것을 쓰고 바꾸지 말라.' 하였다. 졸하자 사람들이 애석하게 여기면서, 근세에 전조(銓曹)의 정사(政事)가 공정하기로는 이탁보다 나은 사람이 없었다고 하였다. 이탁이 30여 년간 조정에 벼슬하면서 한 번도 권문(權門)에 몸을 굽혀 찾아가지 않았다. 명종 말년에는 박순(朴淳)과 함께 윤원형을 탄핵하여 제거하였으나, 또한 그의 당여(黨與)를 끝까지 다스리지 않고 진정시키기를 힘썼다. 이 때문에 사람들이 따르게 되어 정승에 제수되었을 적에 이의를 제기하는 사람이 없었다.

참고문헌

〈국조인물고 : 비명. 심수경(沈守慶) 지음〉, 〈다음백과사전〉, 〈중종실록〉, 〈명종실록〉, 〈선조실록〉, 〈선조수정실록〉, 〈전의이씨성보〉

홍 섬(洪暹)

본관은 남양(토홍계)이고 자는 퇴지(退之)이며 호는 인재(忍齋)이고 시호는 경헌(景憲)이다. 연산군 10(1504)년에 태어나서 선조 18(1585)년에 죽었다.

🎲 재임기간

선조 7(1574)년 4월 11일[278]-선조 7(1574)년 8월 10일[279] ※ 후임 노수신
선조 8(1575)년 7월 1일[280]-선조 9(1576)년 8월 1일[281] ※ 후임 권철
선조 11(1578)년 11월 1일[282]-선조 12(1679)년 2월 1일[283] ※ 후임 박순

🎲 가문

아버지 언필(彦弼)은 영의정이고 할아버지 형(泂)은 우부승지이며 증조부 귀해(貴海)는 경상좌도 수군절도사이다. 귀해의 딸은 덕흥대원군(德興大院君)[284]의 큰 아들이자 선조의 큰 형인 하원군(河原君) 이정(李鋥)과 결혼한 남양군부인이다. 하원군 이정과 남양군부인 사이에서 3남 1녀를 두었는데 1남이 당은군 이인령(李引齡)이고 2남이 익성군 이향령(李享齡)이며 3남이 영제군 이석령(李錫齡)이며 딸은 영의정 기자헌(奇自獻)과 결혼했다. 고조부 익생(益生)은 강원도 관찰사·동지중추부사이고 5대조 자경(子儆)은 호조 참판이며 6대조 덕의(德義)는 공조 전서이고 7대조 지서(之瑞)는 예빈시승이다. 8대조 유(儒)는 대관서령(大官署令)이고 9대조 순(淳)은 상의직장(尙衣直長)이며 10대조 광려(光呂)는 위위시 주부이고 11대조 숙(叔)은 검교장군이다. 12대조 선행(先幸)은 남양홍씨 토홍계의 시조인데 금오위 별장이다.

---

278) 선조실록 : 정사가 있었다. 홍섬을 영의정으로 이탁을 좌상으로, …(수정본에는 선조 7년 4월 1일 : 홍섬을 영의정으로 삼고 이탁을 좌의정으로 옮겼다)
279) 선조실록 : 영상 홍섬이 다섯 차례 정사하니 상이 그대로 따랐다.
280) 선조수정실록 : 영의정 권철이 병으로 면직되자 홍섬을 영의정으로 삼았다.
281) 선조수정실록 : 영의정 홍섬이 병을 핑계로 면직되자 권철을 영의정으로 삼았다.
282) 선조수정실록 : 홍섬을 영의정으로 노수신을 좌의정으로 승진시켰다.
283) 선조수정실록 : 영의정 홍섬이 병으로 사직하니 면직시키고 박순을 영의정으로 삼았다.
284) 중종과 창빈 안씨의 소생으로 선조의 아버지이다.

장인은 초배 쪽으로는 진산군 유홍(柳泓)이고 계배는 청주인 증 참관 한자(韓磁)인데 좌의정 한확(韓確)의 5세손이다. 외할아버지는 영의정 송일(宋軼)이다.

1남 3녀를 두었는데 아들 기영(耆英)은 군기시부정(軍器寺副正)이고 딸은 종실 하원군(河原君) 이정(李鋥)과 결혼했다. 측실에서 아들 셋을 두었는데 기년(耆年)은 한성부 참군이고 기수(耆壽)와 기형(耆亨)은 모두 관상감정이다. 기영이 좌의정 심수경(沈守慶)의 딸에 장가서 3남 3녀를 낳았는데 군수 경소(敬紹)와 경철(敬哲)과 세자시강원 문학 경찬(敬纘)이다. 기년은 경윤(敬胤)과 첨지 경승(敬承)을 낳았고 기수는 경창(敬昌)을 낳았으며 기형은 경립(敬立)과 경의(敬義)를 낳았다.

🎲 생애

> 영의정 언필의 아들이며 영의정 송일의 외손자다. 이조 좌랑으로 있을 때 김안로의 전횡을 탄핵하다가 김안로의 일당인 허항의 무고로 흥양현에 유배되었다. 흥양현에서 자신의 심경을 적은 <원분가>를 지었다. 간안로가 사사된 뒤에 관직에 복귀했다. 선조조에서 우의정으로 있으면서 남곤의 죄상을 탄핵하다 파직되었다. 문장에 능하고 경서에 밝았으며 선조의 신임이 두터워 내관의 부축을 받고 출입케 하는 대우를 받았다. 청백리에 녹선되었다.

조광조의 문인으로 중종 23(1528)년 사마 생원시에 합격하고 중종 24년 전시직부하여 중종 26(1531)년 식년문과에서 병과로 급제하고 홍문관 정자에 등용되었다가 홍문관 박사로 전임해서 시강원 설서를 겸했다. 중종 27년 홍문관 저작·홍문관 정자·홍문관 저작에 임명되었다. 중종 28년 설서를 겸하였고 이어서 홍문관 박사·사경·정언을 역임하였다. 중종 29(1534)년 부수찬을 역임하고 지제교 겸 사서로 승진하고 사가독서했다. 수찬을 거쳐 사간원 정언으로 있을 때 논박을 받아 체직되었다가 다시 정언으로 복귀했다. 중종 30(1535)년 이조 좌랑에 임명되었는데 이때 김안로의 전횡을 탄핵하다가 김안로 일당인 허항(許沆)의 무고로 체직되고 공초를 받은 뒤에 전라도 흥양현에 유배되었다. 흥양현에 유배되었을 때 자신의 심경을 노래한 가사 '원분가'를 지었다. 중종 32년 김안로가 사사된 뒤에 석방되어 수찬으로 복귀해서 사헌부 지평으로 전임되었다. 중종 33년 홍문관 교리·응교·사헌부 장령에 임명되고 중종 34년 홍문관 전한·사헌부 집의에 임명되었다. 중종 35(1540)년 전한과 직제학을 역임하고 통정대부로 가자되어 부제학에 임명되었다. 중종 36년 대사간·대사성·이조 참의를 역임했다. 중종 37(1542)년 우승지·좌승지를 거쳐 도승지에 임명되었으며 중종 38년 경기도 관찰사를 역임한 뒤에 중종 39년 한성부 우윤에 제수되었다.

인종 1(1545)년 한성부 우윤에서 예조 참판으로 전임되어 동지성균관사를 겸했다.

명종 즉위(1545)년 정사공신에 녹훈되어 가선대부로 가자되고 예조 참판에 임명되어 동지성균관사를 겸했다. 명종 1(1546)년 대사헌을 역임하고 공조 참판으로 전임되어 동지경연 부총관을 겸하다가 명종 2년 공조 판서로 승진해서 동지경연사를 겸하였고 지중추부사를 역임했다. 명종 4년 아버지의 상을 당하여 복제를 마치고 지중추부사에 임명되었고 명종 6년 한성부 판윤으로 복귀하여 지중추부사를 겸했다. 명종 7(1552)년 평안도 관찰사에 임명되었으며 청백리로 녹선되었다. 명종 9년 공조 판서로 예문관 제학을 겸했고 명종 10년 예조 판서에 임명되어 지의금부사를 겸하다가 명종 12 (1557)년에는 세자좌빈객까지 겸했다. 명종 13년 숭정대부로 가자되어 우찬성 겸 예조 판서에 임명되어 세자이사를 겸하다가 좌찬성 겸 이조 판서로 전임되어 대제학까지 겸하였으나 3대임을 겸할 수 없다 하여 좌찬성에서 물러났다. 명종 14년 판중추부사를 역임하고 예조 판서에 임명되고 명종 15년 좌찬성이 된 뒤에 이량(李樑)의 횡포를 탄핵하다가 사직당했다. 명종 16년 판돈녕부사로 복직하고 명종 18(1563)년 예조 판서에 임명되어 홍문관 예문관 대제학을 겸했다. 명종 19년 좌찬성이 되고 명종 20년 문정왕후가 죽자 제조가 되었으며 숭록대부로 가자되었다. 겨울에 진휼사가 되었으며 명종 21년 글을 올려 대제학을 사양해서 체직되었다. 명종 22(1568)년 좌찬성으로 예조 판서를 겸했다. 6월에 명종이 승하하자 원상에 임명되었다.

선조 1(1568)년 원상으로 서정을 처결하고 우의정으로 승진하고 총재관으로 <명종실록>을 감수했으나 남곤의 죄상을 탄핵하다가 파직되었다. 선조 4(1571)년 좌의정으로 복귀하여 궤장을 하사받고 선조 6년 좌의정에서 물러나 판중추부사·영중추부사·판중추부사를 역임하였다. 선조 7(1572)년 영의정으로 승진하였으나 다섯 차례의 정사로 사직을 윤허 받고 영중추부사로 물러났다. 선조 8년 다시 영의정에 제수되었는데 다리에 병이 나자 내관에게 부축해서 출입케 하는 우대를 받았다. 선조 9년 다시 좌의정이 되었으나 90세의 편모를 위해 여덟 번째 정사로 사직을 허락받았다. 그러나 곧바로 좌의정에 임명되었다가 선조 11년 영의정에 임명되어 세 번째 수상이 되었다. 선조 12년 체직을 허락받고 영의정에서 물러나 영중추부사에 임명되었다. 선조 14(1581)년 영의정 송일의 딸이기도 한 홍섬의 모친 정경부인 송씨가 죽자 조묘군을 정급했다. 선조 16년 봉조하가 되고 선조 18(1585)년 82세로 죽었다.

홍섬은 문장에 능하고 경서에 밝았다. 저서로 <인재집>·<인재잡록>이 있으며 가사로 홍양으로 귀양 갔을 때 자신의 심정을 노래한 '원분가'가 있다. 남양의 '안곡사'에 제향되었다.

<선조수정실록> 선조 18(1585)년 2월 1일 세 번째 기사에 '영중추부사 홈섬의 졸기'가 있다. 졸기는 <선조수정실록>에만 있다.

🔹 평가

영중추부사 홍섬의 졸기

······ 홍섬은 자가 퇴지(退之), 호가 인재(忍齊)이다. 영상 홍언필(洪彦弼)의 아들로서 일찍부터 문명(文名)이 있었고 과거에 장원 급제하였다. 이조 좌랑이 되었을 때 김안로가 국사를 제멋대로 하는데 대해 분개하였는데 그와 같은 무리인 허항(許沆)의 비위를 건드리는 말을 하였기 때문에 무고를 입고 하옥되어 고문으로 거의 죽을 지경에 이르렀다가 홍양현(興陽縣)에 유배되었다. 김안로가 패하자 방환되어 청요직(淸要職)을 두루 지내고 정사룡(鄭士龍)의 후임

으로 대제학이 되었다가 마침내 영의정이 되었다. 조정에서 벼슬한 기간이 50년이나 되었는데 청렴하고 신중한 자세로 공사에만 힘써 칭송받을 만한 점이 많았다. 효행이 독실하여 늙어서도 게을리 하지 않았다. 홍언필이 영상에 올랐을 때 홍섬이 이미 팔좌(八座)에 올랐었다.

　홍섬이 재상이 되었을 때 영상 송일(宋軼)의 딸인 모친 송씨는 90세의 나이에도 아무런 병이 없었다. 홍섬이 궤장(几杖)을 하사받고 모친을 모시고 은전(恩典)을 맞아 잔치를 베푸니 당시 사람들이 모두 부럽게 여겼다. 홍섬이 80이 다 된 나이에 상을 당하여 예에 따라 거행했는데 상이 고기를 먹도록 명하였는데도 여전히 채식을 하면서 상을 마치자 사람들은 하기 어려운 일이라고 하였다. 이에 이르러 세상을 마치니 향년이 82세였다.

▨참고문헌▨

〈국조인물고 : 비명. 김귀영(金貴榮) 지음〉, 〈다음백과사전〉, 〈중종실록〉, 〈인종실록〉, 〈명종실록〉, 〈선조실록〉, 〈선조수정실록〉, 〈남양홍씨세보〉

노수신(盧守愼)

본관은 광주이고 자는 과회(寡悔)이며 호는 이재(伊齋)·소재(蘇齋)·암실(暗室)·여봉노인(茹峰老人)이고 시호는 문간(文簡)·문의(文懿)이다. 중종 10(1515)년에 태어나서 선조 23(1590)년에 죽었다.

🟦 재임기간

선조 7(1574)년 10월 1일[285] - 선조 8(1575)년 5월 1일[286] ※ 후임 권철
선조 18(1585)년 5월 1일[287] - 선조 21(1588)년 4월 1일[288] ※ 후임 노수신
선조 21(1588)년 5월 1일[289] - 선조 21(1588)년 6월 1일[290] ※ 후임 유전

🟦 가문

아버지는 할인서 별제 홍(鴻)인데 영의정에 증직되었고 할아버지는 풍저창수 후(珝)인데 좌찬성에 증직되었으며 증조부는 참봉 경장(敬長)인데 이조판서에 증직되었다. 고조부는 합천 군수 희선(熙善)이고 5대조는 동지중추부사 덕기(德基)인데 세조의 비인 정희왕후의 제부가 된다. 6대조는 청주목 판관 처화(處和)이고 7대조는 양근군사 상인(尙仁)이며 8대조는 우의정·대제학 숭(嵩)이다. 9대조는 감찰지평 준경(俊卿)이고 10대조는 대호군 단(亶)이며 11대조는 감문위대장 서(恕)인데 광산노씨의 시조이다. 원조는 수(穗)이다.

장인은 성리학자이며 양명학의 대가인 이연경(李延慶)이고 외할아버지는 성주인 대사헌 이자화(李自華)이다. 이자화는 호조 판서 이자견(李自堅)의 아우이며 좌참찬 이자건(李自健)의 아우이며 판서 이발(李潑)의 종손이다.

---

285) 선조수정실록 : ▶ 조강에서 영의정 노수신이 아뢰기를 이란 기사 있음.
286) 선조수정실록 : ▶ 좌의정 박순·우의정 노수신이란 기사 있음
287) 선조수정실록 : 유전을 우의정으로 노수신을 승진시켜 영의정으로 정유길을 승진시켜 좌의정으로 삼았다.
288) 선조수정실록 : 영의정 노수신이 노질로 체직시켜주기를 청하였는데 소장이 19번 올라가서야 상이 윤허하였다.
289) 다시 노수신을 영의정으로 삼았다.
290) 선조수정실록 : 영의정 노수신이 고병장(告病狀)을 12번이나 올려 체직해주기를 청하니 비로소 체직하고 판중추부사에 제수했다.

아들이 없어서 아우인 돈녕부 도정 극신(克愼)의 아들인 조카 영천 군수 대해(大海)를 양자로 삼았다. 대해가 예천 군수 도형(道亨)을 낳고 도형이 생원 석명(碩命)과 안변 도호부사 준명(峻命)과 봉화 현감 경명(景命)을 낳았다. 딸은 넷인데 1녀는 청송인 응교 심대부(沈大孚)와 결혼했고 2녀는 진사 유덕구(柳德耉)와 결혼했으며 3녀는 도사 이항(李沆)과 결혼했고 4녀는 진사 이홍석(李弘奭)과 결혼했다. 측실에서 아들 셋을 두었는데 1남은 계래(戒來)이고 2남은 계난(戒難)이며 3남은 계후(戒後)다.

수신의 아우 돈녕부 도정 극신(克愼)은 천안 군수 대하(大河)를 낳았다. 대하는 천안 군수로 우리나라에서 처음으로 대동법을 시행했으며 노수신의 문집인 <소재집>을 정리하여 목판으로 간행했으나 화재로 소실되자 대하의 손자 정언 준명이 다시 간행했다. 준명은 수신이 진도로 귀양 갈 때 따라가서 학문을 배웠다.

🗃 생애

> 양명학의 대가인 이연경의 사위로 이연경에게 학문을 배웠고 휴정과 사귀면서 불교의 영향을 받았다. 대윤의 사람으로 소윤의 이기를 탄핵하여 파직시켰으나 명종이 즉위하자 소윤의 윤원형이 을사사화를 일으켜 대윤을 제거했다. 그러나 소윤의 윤춘년과의 친분으로 죽음을 면했으나 양재역벽서사건에 연루되어 순천으로 유배되었다가 진도로 이배되어 19년 동안 진도 사람들에게 예속을 가르쳤다. 선조 때 방면되어 이준경의 추천으로 관직에 들어와 영의정에 올랐으나 정여립의 모반사건으로 기축옥사가 일어나자 옛날에 정여립을 천거한 일이 문제 되어 탄핵받고 파직되었다. 이황·기대승 등과 주자의 인심도심설을 놓고 논쟁을 벌였다.(<다음백과사전>)

장인인 이연경에게 배웠으며 휴정 등과 사귀면서 불교의 영향을 받았다. 중종 38(1543)년 식년문과에 장원으로 급제한 뒤에 홍문관 전적에 임명되었다. 홍문관 부수찬으로 전임되었으며 중종 39(1544)년 시강원 우사서가 되고 사가독서를 했다.

인종 1(1545)년 대윤으로 사간원 정언을 지내면서 소윤의 이기(李芑)를 탄핵하여 파직시키고 이조 좌랑으로 옮겼다.

명종 즉위(1545)년 문정대비가 수렴청정을 하자 문정대비의 동생이자 소윤의 우두머리인 윤원형이 대윤을 제거하기 위해 을사사화를 일으켜 대윤들이 처벌되었으나 소윤 계열의 윤춘년과의 친분 관계로 죽음은 면했으나 이조 좌랑에서 파직되었다. 명종 2(1547)년 양재역 벽서사건에 정황(丁熿) 등과 함께 연루되어 탄핵을 받고 순천으로 유배되었다가 다시 진도로 유배되었다. 진도로 유배된 지 19년 동안 진도 사람들에게 예속을 가르쳤고 명종 21(1526)년 가까운 괴산으로 이배되었다.

선조 즉위(1567)년 방면되어 직첩을 돌려받고 이준경의 추천으로 홍문관 교리에 임명되었다. 선조 1(1568)년 직제학에 임명되어 예문관 응교를 겸했다. 조광조를 영의정으로 추증하면서 부제학이 되었고 같은 해에 대사간으로 전임되었다가 다시 부제학이 되었으나 어버이를 봉양하기 위해 근처인 청주 목사로 임명되었다가 곧 충청도 관찰사에 임명되었다. 선조 2년 을사사화로 화를 입은 9명을 당상관으로 임명할 때 함께 당상관이 되었다. 선조 4년 대사간을 역임하고 대사헌에 임명되었으나 노모를 모시기 위해 벼슬을 내려놓고 귀향했다. 돌아와서 호조 판서로 승진했고 이어서 대사헌과 부제학을 역임했다. 선조 5(1572)년 지경연·관반·대제학을 지내고 이조 참판에 임명되었다가 선조 6(1573)년 이조 판서로 승진했다. 얼마 되지 않아 우의정으로 승진해서 좌의정으로 전임되었다가 다시 우의정에 임명되었다. 선조 8년 인순대비가 승하하자 좌의정 박순과 함께 3년 상을 주장했다. 선조 11(1578)년 3월 4일 체직을 당했으나 4월 21일 다시 우의정에 제배되었고 선조 12년 좌의정에 임명되었다. 선조 15(1582)년 상을 당해 임금으로부터 쌀과 콩을 하사받았고 선조 16(1583)년 상을 마치고 좌의정에 복귀했다. 선조 18년 궤장을 하사받고 영의정으로 승진했다. 선조 21(1588)년 영의정에서 삭직하고 영중추부사가 되었고 영조 22(1589)년 정여립의 모반사건으로 기축옥사가 일어나자 과거에 정여립을 천거한 일이 문제 되어 대간의 탄핵을 받고 파직을 당했다. 선조 23년에 76세로 죽었다.

<선조실록> 선조 23(1590)년 4월 7일 첫 번째 기사에 '전 영부사 노수신

의 졸기'가 있다.

📦 **평가**

전 영부사 노수신의 졸기

전(前) 영부사(領府事) 노수신이 졸(卒)하였다.

참고문헌

〈인종실록〉, 〈명종실록〉, 〈선조실록〉, 〈선조수정실록〉, 〈다음백과사전〉, 〈광산노씨대호군공파가승〉, 〈국조인물고 : 비명. 허목(許穆) 지음〉

박 순(朴淳)

본관은 충주이고 자는 화숙(和叔)이며 호는 사암(思庵)이고 시호는 문충(文忠)이다. 중종 19(1523)년에 태어나서 선조 22(1589)년 67세로 죽었다.

재임기간

선조 12(1579)년 2월 1일[291] - 선조 18(1585)년 1월 1일[292] ※ 후임 노수신

가문

아버지는 진사에 장원하고 문과에 급제한 뒤 한성부 좌윤 겸 동지춘추관사를 역임한 우(祐)이고 할아버지는 진사 지흥(智興)이다. 지흥은 진사로 양아들 우가 높이 됨에 병조 참판에 증직되었다가 손자 순(淳)이 영의정이 됨에 다시 의정부 좌찬성으로 증직되었다. 증조부는 은산군사 증 이조 판서 소(蘇)이고 고조부는 개성 소윤 광리(光理)이다. 5대조는 지도첨의사사 세양(世梁)이고 6대조는 지성(之誠)이며 7대조는 판원사 덕린(德麟)이고 8대조는 첨의평리 득승(得升)이다. 9대조는 삼사우사 원숭(元崇)이고 10대조는 검교신호위 대장군 신(臣)이며 11대조는 충주박씨의 시조인 고려 부정 영(英)이다.

장인은 개성인 현감 고몽삼(高夢參)이고 외할아버지는 당악인 생원 김효정(金孝禎)이다.

아들은 없고 외동딸이 전주인 용천 부사 이희간(李希幹)과 결혼했다. 외손자는 첨사 이택(李澤)이다. 서자로 응서(應犀)가 있는데 제사는 조카 응(應)이 지냈다.

형이 개(漑)인데 개는 한성 참군·고산 현감·김제 군수에 제수되었으나 취임하지 않았다. 방계로는 아버지 우(祐)의 형인 큰아버지가 진사 정(禎)이고 중부가 목사로 이조 판서에 증직된 기묘명현 상(祥)이다.

---

291) 선조수정실록 : 영의정 홍섬이 병으로 사직하니 면직시키고 박순을 영의정으로 삼았다.
292) 선조수정실록 : 영의정 박순이 면직되었는데 이는 대론(臺論)을 입었기 때문이었다.

문신이고 성리학자이며 시인이다. 임승선의 시호를 지은 일로 윤원형의 미움을 받아 한산 군수로 좌천되었다. 대사간으로 있을 때 이탁과 함께 윤원형을 탄핵하여 제거하는 데 앞장섰다. 글씨를 잘 써서 송설체에 능했고 시는 당시풍을 따랐다. 동서분쟁이 심할 때 이이·성혼 등이 탄핵받자 이이를 편들어 상소하다가 양사의 탄핵을 받고 영평의 백운산에 은거했다.

18세에 진사시에 합격하고 서경덕의 문하에서 수업했다. 명종 2(1547)년 아버지가 죽었다. 명종 8(1553)년 정시문과에 장원하고 공조 좌랑·성균관 전적을 역임했으며 명종 10년 정언에 임명된 뒤에 사가독서했다. 명종 11 (1556)년 홍문관 부교리를 역임했고 명종 13년 병조 정랑을 역임하고 이조 좌랑에 임명되었다. 명종 15년 의정부 검상·사복시 부정을 역임했다. 명종 16년 응교를 지내면서 임승선의 시호를 지었는데 이 일로 윤원형의 미움 받아서 파면되어 향리인 나주로 내려갔다. 명종 17(1562)년 기용되어 한산 군수로 선정을 베풀었다. 명종 18년 대사성으로 시강원 보덕을 겸했고 사 헌부 집의를 역임했으며 명종 19년 홍문관 직제학·동부승지·이조 참의· 좌부승지·우승지를 역임했다. 명종 20(1565)년 대사성을 역임하고 대사간 으로 있을 때 대사헌 이탁(李鐸)과 함께 척신 윤원형을 탄핵하여 제거하는 데 앞장섰다. 대사헌으로 전임되었다가 한성부 우윤에 임명되었고 명종 21 년 부제학·대사헌·첨지중추부사를 역임했으며 명종 22(1567)년 대사헌· 부제학·예조 참판을 역임했다.

선조 1(1568)년 대사헌으로 반송사를 지내고 양관 대제학이 되어 원접사 를 지냈으며 한성부 판윤을 지내고 다시 양관 대제학에 임명되었다. 선조 2 년 이조 판서를 역임하고 선조 4(1571)년 실록을 받들고 무주로 가서 보관 했다. 다시 이조 판서에 제수되었고 숭정대부에 가자되어 우찬성으로 승진 하고 선조 5(1572)년 우의정으로 승진하여 신종황제가 등극하자 하등극사로 명나라에 다녀와서 좌의정으로 승진했다. 선조 7년 좌의정에서 물러나 판 중추부사가 되었다가 좌의정으로 제배되었고 선조 8(1575)년 명종의 비인 의성대비가 승하하자 3년 상을 마칠 것을 주장했다. 선조 9(1576)년 좌의정에서 물러나 영중추부사에 임명되었다가 선조 12(1579)년 영의정에 올랐다. 선조 19년 영중추부사가 되었으며 선조 22(1589)년 죽었다. <주역>에 대한 연구가 깊었다. 저서로 <사암집>293) 7권이 있고 개성의 화곡서원·광주의 월봉서원·나주의 월정서원·영평의 옥병서원에 제향되었다. 청백리에 녹선되었다.

정치의 도는 충과 효라면서 자신으로 보면 집안이 먼저이고 나라는 뒤이지만 예로 보면 나라가 존귀하며 집안이 낮다고 했다. 글씨는 송설체에 능했고 시는 당시풍을 따랐다. 동서분쟁이 심할 때 이이·성혼 등이 탄핵을 받자 이이를 편들어 상소하다가 양사의 탄핵을 받았고 벼슬에서 물러나 영평의 백운산에 은거했다.(<다음백과사전>)

<선조실록> 선조 22(1589)년 7월 22일 첫 번째 기사에 '영부사 박순의 졸기'가 있다.

🎲 평가

영부사 박순의 졸기

영부사(領府事) 박순(朴淳)이 죽었다. 이때 영평(永平) 촌사(村舍)에 물러나 있었다.

참고문헌

<명종실록>, <선조실록>, <선조수정실록>, <다음백과사전>, <충주박씨세보>, <국조인물고 : 비명. 송시열(宋時烈) 지음>

---

293) 동서분당이 싹틀 당시의 주변 실정을 이해하는 데에 도움이 된다.

유 전(柳㙉)

본관은 문화이고 자는 극후(克厚)이며 호는 우복당(愚伏堂)이고 시호는 문정(文貞)이다. 중종 25(1531)년에 태어나서 선조 22(1589)년에 죽었다.

재임기간

선조 22(1589)년 2월 1일²⁹⁴⁾ – 선조 22(1589)년 10월 1일²⁹⁵⁾ ※ 후임 이산해

가문

아버지는 현감 예선(禮善)인데 효우로 정려되었다. 예선의 딸이 지중추부사 이민성(李民聖)과 결혼해서 영의정 이덕형(李德馨)을 낳았다. 할아버지는 생원 연(演)이고 증조부는 철산 군수 사의(思義)이며 고조부는 한성부 판관 종(淙)이다. 5대조는 상의중추원사 원지(元之)이고 6대조는 만수(曼殊)이다. 만수는 좌상공파의 파조이며 문하시랑 찬성사를 역임했다. 7대조는 우부대언 총(總)이고 8대조는 도첨의찬성사·예문관 대제학 돈(墩)이며 9대조는 동지추밀원사 승(陞)이다. 10대조는 경(璥)인데 첨의중찬이고 11대조는 택(澤)인데 상서성 좌복야이며 12대조 공권(公權)은 정당문학 참지정사다. 공권 이상의 세계는 유순에 기록되어 있다.

장인은 안동인 현령 김업(金業)이고 외할아버지는 청주인 진사 양세보(楊世輔)이다.

아들은 1남이 희서(熙緖)인데 형조 판서이다. 길에서 목이 잘려 죽고 목만 집 담장 안으로 던져졌는데 유전의 아내인 정경부인 김씨가 희서의 일을 수사해 달라고 상소하여 수사하는 과정에서 임해군과 관련된 사실이 드러났다. 이 일로 손자 일이 동래로 귀양갔다. 2남은 유서(裕緖)인데 출계했다.

---

294) 선조수정실록 : 병조판서 정언신을 우의정으로 초배하고 유전을 영의정으로, 이산해를 좌의정으로 삼았다.

295) 선조수정실록 : 영상 유전이 졸하였다.(선조실록에는 10월 28일 영상유전이 죽었다고 기록되었다.)

생애

영의정 이덕형의 외삼촌으로 어느 당파에도 속하지 않았다. 홍문관 응교로 있으면서 승려 보우와 윤원형을 탄핵해 귀양 보내는 데 앞섰다. 정여립의 난이 발생하자 친국하는 임금 곁을 지켰고, 그 공으로 평란공신에 녹훈되었다.

중종 7(1552)년 사마시에 합격하고 명종 8(1553)년 별시문과에 병과로 급제했다. 명종 11(1556)년 문과중시에서 병과로 급제하고 사가독서했다. 명종 11(1556)년 홍문관 정자에 임명되었고 명종 12년 저작에 임명되었으며 명종 13(1558)년 박사·사서·부수찬·수찬·정언·수찬·사간원 정언·부수찬을 역임했다. 명종 14년 병조 좌랑·부수찬·수찬에 임명되었고 명종 17년 부교리로 전임되었으며 명종 18년 부교리에서 교리로 승진했다. 명종 20(1565)년 홍문관 응교로 있으면서 승려 보우(普雨)와 외척 윤원형(尹元衡)을 탄핵해 귀양 보내는 데에 앞장섰다. 그 뒤에 집의·부응교를 역임했다. 명종 21년 응교·사간원 사간·부응교·응교를 역임했고 명종 22년에는 동부승지·우부승지를 역임했다.

선조 6(1573)년 도승지를 역임했고 선조 12(1579)년에는 예조 판서에 임명되었으며 선조 13(1580)년에는 충청도 관찰사로 나아갔다. 돌아와서 선조 14년에는 병조 판서에 임명되었다가 선조 15(1583)년 한성부 판윤으로 옮겼다. 선조 18(1585)년 우의정으로 승진했고 선조 21(1588)년 사은사로 명나라에 다녀와서 좌의정에 임명되었다. 이 해 10월에 정여립의 난이 일어나 왕이 친국하자 친국하는 임금의 곁을 지켰고 선조 22(1589)년 영의정에 올랐으나 그 해에 영의정으로 죽었다. 죽은 뒤인 선조 23년 정여립의 난을 수습한 공으로 평난공신 2등에 녹훈되고 시령부원군에 추봉되었다. 어느 당파에도 소속되지 않았다.

<선조실록> 선조 22(1589)년 10월 28일 첫 번째 기사에 '영상 유전의 졸기'가 있다.

🎲 평가

<선조실록>

영상 유전의 졸기

영상 유전(柳㙉)이 죽었다.

<선조수정실록>

영의정 유전의 졸기

…… 유전은 왕의 친국(親鞫)에 옆에서 모시느라 밤낮으로 금문(禁門)을 떠나지 않고 옥정(獄情)을 자세히 평의하여 경중에 대해 마음을 다하니 상이 바야흐로 의지하여 중하게 여겼다. 그런데 어느 날 한질이 걸려 갑자기 병들어 그대로 일어나지 못하고 졸하니 상이 애도를 표하고 애석히 여겼다. 유전은 소년 시절부터 재명이 있었고 명종 때 과거에 올라 화요직(華要職)을 두루 지냈으나 유속(流俗)에 따라 부침하였으므로 사론(士論)이 그를 가볍게 여겼다. 사류(士類)가 분열하게 되어서는 조정에 완전한 사람이 없었는데, 유전은 구신(舊臣)으로서 말할 만한 장단점이 없었다. 마침내 영의정에 임명되어서는 국사에 힘을 다하다가 몸을 마치니 조정이 모두 애석해 하였다.

참고문헌

〈다음백과사전〉, 〈중종실록〉, 〈명종실록〉, 〈선조실록〉, 〈선조수정실록〉, 〈문화유씨세보〉

이산해(李山海)

본관은 한산이고 자는 여수(汝受)이며 호는 아계(鵝溪)·종남수옹(從南睡翁)·죽피옹(竹皮翁)·시촌거사(枾村居士)이고 시호는 문충(文忠)이다. 중종 34(1539)년에 태어나서 광해군 1(1609)년에 죽었다.
산해라는 이름은 그의 아버지가 산해관에서 잉태를 꿈꿨기 때문에 지어진 이름이다.

재임기간

선조 23(1590)년 4월 1일[296] – 선조 25(1592)년 5월 2일[297] ※ 후임 유성룡
선조 33(1600)년 1월 1일[298] – 선조 34(1601)년 4월 1일[299] ※ 후임 이항복

가문

아버지는 청풍 군수 지번(之蕃)인데 토정 지함(之菡)의 형이다. 할아버지는 수원 판관 치(穉)이고 증조부는 봉화 현감 장윤(長潤)이다. 고조부는 성균관 대사성 우(堣)이고 5대조는 대제학과 영중추원사를 역임한 계전(季甸)이다. 계전은 사육신의 한 사람인 개(塏)의 아버지인 계주의 아우이다. 6대조는 지중추원사 종선(種善)이고 7대조는 문하시중 우문관 대제학 색(穡)이며 8대조는 <죽부인전>의 작가인 곡(穀)이다. 곡은 우문관 대제학과 도첨의 찬성사를 역임했다. 9대조는 정읍 감무(井邑監務) 자성(自成)이고 10대조는 추증 판도전서 창세(昌世)이며 11대조는 비서랑 효진(孝進)이고 12대조는 정조 호랑 인간(仁幹)이다. 13대조는 권지 호장(權知戶長) 윤경(允卿)인데 한산이씨의 시조이다.

장인은 조말생(趙末生)의 후손인 양주인 좌참찬 조언수(趙彦秀)이고 외할아버지는 의령인 우봉 현령 남수(南修)이다.

아들은 1남이 경백(慶伯)인데 19세에 생원·진사시에 합격하고 20세에 알

---

296) 선조수정실록 : ▶ 정언신이 한 말을 좌석에 있던 사람은 모두 들었는데 영상 이산해만은 어렴풋이 기억할 수 있다고 하였다.
297) 파천 주장 때문에 삭탈관작 되었다.
298) 선조수정실록 : 이산해를 영의정으로 임국로를 이조 판서로 …
299) 선조수정실록 : 마침내 이산해를 파직하고 그 아들 이경정과 그 무리인 이이첨…

성문과에 급제하여 홍문관 정자에 임명되었으나 일찍 죽었고 2남은 좌참찬 경전(慶全)이며 3남은 경신(慶伸)인데 진사시에 장원하였으나 일찍 죽었고 4남은 경유(慶愈)인데 일찍 죽었다. 딸은, 1녀는 홍문관 교리 이상홍(李尙弘)과 결혼했고, 2녀는 영의정 이덕형(李德馨)과 결혼했는데 임진왜란 때에 정조를 지키기 위해 죽어서 정문이 세워졌다. 3녀는 현감 유성(柳惺)과 결혼했고 4녀는 한산 군수 안응형(安應亨)과 결혼했다.

경전은 5남 1녀를 두었는데 1남은 이조 정랑 후(厚)이고 2남은 구(久)인데 18세에 생원시·진사시·초시·회시에서 장원하고 20세에 문과에 장원했으나 일찍 죽었다. 3남은 지사 부(阜)이고 4남은 유(蕑)인데 일찍 죽었으며 5남은 예조 판서 무(袤)이고 딸은 이조 참판 조수익(趙壽益)이다. 경신의 딸은 좌랑 이탁(李琢)과 결혼했고 서자는 우(俉)인데 이괄의 난에서 공을 세우 인성군에 봉해졌다.

매부는 황정수(黃廷秀)와 김응남(金應男)이다.

🎲 생애

> <죽부인전>의 저자 곡의 후손이고 문하시중 색의 후손이며 토정 이지함의 조카이며 영의정 이덕형의 장인이다. 작은아버지 토정에게 학문을 배웠고 6세부터 글씨를 잘 써서 명종에게 불려가 명종 앞에서 글씨쓰기도 했다. 을사사화가 일어나 친지들이 화를 입자 보령으로 이주했다. 대사간으로 있으면서 서인의 윤두수와 윤근수를 탄핵하여 파직시켰다. 동인이 남인과 북인으로 갈릴 때 북인의 영수로 정권을 장악했다. 임진왜란 때 선조의 파천을 주장했다가 파직되었고 김귀인과 결탁하여 광해군의 세자 책봉을 방해했다. 권모술수가 따를 사람이 없었다 한다. 선조 대의 8문장가의 한 사람이다.

작은 아버지 토정 지함에게서 학문을 배웠다. 글씨는 6세부터 썼는데 장안의 명인들이 그의 글씨를 받으려고 모여들었다 하며 명종에게 불려가 그 앞에서 글씨를 쓰기도 했다. 명종 즉위(1545)년 을사사화가 일어나 친지들이 화를 입자 보령으로 이주했다.

명종 13년 사마시에 합격하여 생원이 되고 명종 15(1560)년 생원으로 제술시험에 수석하여 전시직부 하였고 명종 16(1561)년 식년문과에 병과로 급제하여 승문원 정자에 보임되었다. 명종 17년 홍문관 정자에 임명되어 경복궁 대액(大額)을 썼다. 명종 18(1563)년 홍문관 저작·홍문관 박사·부수찬에 임명되었으며 명종 19년 정언에 임명되었다가 병조 좌랑과 홍문관 수찬으로 전임되었다. 명종 20(1565)년 부수찬·사간원 정언·이조 좌랑을 역임하고 명종 22(1567)년 부교리·교리를 차례로 역임했다.

선조 즉위(1567)년 명나라 사신이 왔을 때 원접사 종사관으로 활약하고 이조 정랑에 임명된 뒤 의정부 사인·사헌부 집의·상의원정·부교리를 차례로 역임했다. 선조 3년 직제학으로 전임되었으며 지제교에 전임되어 교서관 교리와 예문관 응교를 겸했다. 뒤이어 사가독서하고 동부승지에 제수되었다가 선조 4(1571)년 대사간으로 전임되었다. 선조 5년 이조 참의에 전임되었다가 선조 6년 대사간·이조 참의·대사성·부제학·대사간을 차례로 역임하고 선조 7(1574)년 우승지·대사간·이조 참의에 임명되었다. 선조 8년 대사간으로 있으면서 서인의 윤두수(尹斗壽)·윤근수(尹根壽) 등을 탄핵하여 파직시켰다. 같은 해에 이산해의 아버지인 전 내자시정 지번이 죽어서 여묘살이를 했다. 선조 10년 상을 마치고 돌아와서 이조 참의·공조 참의·성균관 대사성을 역임했다. 선조 11(1578)년 부제학·대사간을 역임했고 선조 12년 동부승지·부제학을 역임했다. 선조 13년 대사헌·상좌제조 대사헌·형조 판서를 차례로 역임하고 선조 14(1581)년 대사헌을 거쳐 이조 판서에 임명되었다. 이때 어머니가 죽음으로 인해 여묘살이를 했다. 선조 16년 복제를 마치고 의정부 우찬성에 임명되고 같은 해에 이조 판서에 제수되었다. 선조 17(1584)년 예조 판서와 병조 판서를 역임하면서 예문관 대제학·판의금부사·지경연사·춘추관 성균관사를 겸했다. 선조 18년 좌찬성에 제수되었고 선조 19년 이조 판서에 임명되었으며 선조 21(1588)년 좌찬성에 이어 우의정으로 승차했다. 이때에 동인이 남인과 북인으로 갈라서자 북인의 영수로 정권을 장악했다. 선조 22년 좌의정에 임명되었으나 같은 해에 좌의정에서 사직하였다. 선조 23년 다시 좌의정이 되었다가 같은 해에 영의정에 임명되었으며 광국공신 3등에 녹훈되고 아성부원군(鵝城府院君)에 봉해졌다. 선조 24(1591)년 아들 경전(慶全)을 시켜 정철을 탄핵하게 하여 강계로 유배시키고 그 밖의 서인 영수급을 파직시키거나 귀양 보내 동인의 집권을 확고히 했다. 선조 25(1592)년 임진왜란이 일어나자 모두 파천은 안된다고 할 때 파천의 전례가 있다고 말했다. 이 일로 양사의 합사로 삭직되고 평해에 부처되었으나 사위인 이덕형 때문에 화패는 면했다. 선조 28(1595)년 방송되고 직첩을 돌려받은 뒤 영돈녕부사에 임명되었으며 영돈녕부사로 홍문관 예문관 대제학에 임명되었으나 사양했다. 선조 29년 영돈녕부사 겸 대제학·판돈녕부사·영돈녕부사를 차례로 역임하고 선조 30(1597)년 다시 영의정에 임명되었다. 선조 34년 영의정에서 파직되고 아성부원군으로 환배되었으며 선조 35(1602)년 기로배신으로 영중추부사에 제수되었으며 선조가 죽자 원상으로 국정을 맡았다. 광해군 1년에 죽었다.

문장에 능하여 선조 대의 8대 문장가의 한 사람으로 불렸다. 김시습(金時習)의 문집 서문을 썼으며, 평해 유배시절에는 수많은 시문을 지었다. 선조가 죽은 뒤에 선조의 지문(誌文)을 지었으며 서화는 초서 대자(大字)를 특히 잘 썼으며, 산수묵도에도 뛰어났다. 안강의 이언적신도비명(李彦迪神道碑銘)과 조광조묘비(趙光組墓碑)를 썼다. 저서로 <아계집>이 있다.(<다음백과사전>)

일찍이 그는 남사고(南師古)와 송송정(宋松亭)에 앉아 서쪽의 안령(鞍嶺)과 동쪽으로 낙봉(駱峰)을 가리키며 뒷날 조정에 반드시 동서의 당이 생길 것이라 예언했다는 이야기가 <어우야담>에 전해지는데 이는 그가 실제로 동서분당에 큰 역할을 했다는 것을 시사해 준다.(<다음백과사전>)

<광해군일기> 광해군 1(1609)년 8월 23일 네 번째 기사에 '아성부원군 이산해의 졸기다'는 기사가 있다.

🔲 평가

아성 부원군 이산해의 졸기다

…… 전교하기를,

"아성 부원군은 국가의 시귀(蓍龜)로 그의 숙덕 중망(宿德重望)은 족히 집에 누워서도 여론을 진정시킬 만하였다. 내가 지금 그 병이 낫기를 기다려 상가(商家)의 장맛비로 삼으려 하였는데, 갑자기 부음(訃音)을 들으니 애통함을 이기지 못하겠다. 모든 치상(治喪)에 관한 일들을 현임 대신의 예에 따라 할 것을 해조에 말하라." 하였다.

…… <사신은 논한다. 임금이 소인에게 미혹된 것은 선왕(先王)이 이산해에게 미혹된 것과 같은 경우가 없었다. 그러나 말년에 이르러 비로소 깨닫고 하교하기를 '산해의 마음은 길가는 사람도 안다.' 하였는데, 지금까지 조야(朝野)에서 그 말을 외우고 있다. 그런데 이제 왕이 그를 시귀와 장맛비에 비기기까지 한 것은 무엇 때문인가? 이산해가 스스로 정책(定策)의 공훈이 있다고 자부했는데 왕도 자기에게 공이 있다고 여겼기 때문인가? 그러나 김귀인(金貴人)과 결탁하고 선왕의 뜻을 받들어 세자를 세우는 일을 방해하고 막은 것은 바로 이산해가 주모자였는데, 왕만이 유독 깨닫지 못하였다. 그래서 불행히도 하늘의 토죄(討罪)가 시행되지 않아 제집에서 늙어 죽었으니, 온 나라 사람들이 모두 그 죽음을 기뻐하고 그 늦은 것을 한스러워 하였다. 그런데 심지어 하교하기를 '애통함을 이기지 못하겠다.'고까지 하였으니, 이것이 이른바 인정을 거스른다는 것이다.>

【이산해는 어려서부터 지혜롭고 총명하여 일곱 살에 능히 글을 지으므로 신동(神童)이라 불리웠다. 자라서는 깊은 마음에 술수가 많아서 밖으로는 비록 어리석고 둔한 듯하지만, 임기응변을 할 때에는 변화무쌍함이 귀신과 같았다. 오래 전병(銓柄)을 잡다가 재상에 이르렀는데, 그가 처음 여러 관직을 임명할 때에는 청탁을 완전히 끊어서 문 앞이 엄숙하니, 사람들이 그 사심이 없음을 칭송하기도 하였다. 선묘(宣廟)께서 그의 부드러우면서도 검약함을 좋아하여 대우해 주며 의심하지 않았다. 좋은 명성을 얻은 뒤로는 드디어 조정의 권한을 잡고 그가 처음에 골라 등용한 두세 소인배를 심복으로 삼아, 때때로 한밤중에 몰래 불러 은밀히 의논하면서 인물을 평가하여 뽑아

등용하거나 탄핵하여 내칠 것을 모두 결정하였다. 그런 뒤에 그 두세 사람이 모두 차례로 우익(羽翼)과 조아(爪牙)의 벼슬에 올랐기 때문에, 사람들도 감히 그 어디에서 그렇게 된 것인가를 지적하여 배척하지 못하였고, 상도 역시 한 시대의 공의(公議)로 인정하였다. 그가 좋아하지 않는 자는 비록 권요(權要)에 있더라도 반드시 계책을 써서 내치고, 그가 좋아하는 자는 비록 죄를 받고 있더라도 반드시 계책을 써서 뽑아 올리므로 '아계현(鵝溪峴)'이라 불리웠으니, 그가 요로(要路)에서 통색(通塞)을 결정했기 때문이다. 그러다가 기축년·신묘년 사이에 시세가 여러 차례 변하여 그 마음의 자취가 크게 폭로되었다. 그가 처음에는 정철(鄭澈)에게 붙어서 그를 이끌어 들여 함께 정치를 하다가, 정철에게 용납되지 못함을 안 뒤에는 또 떠도는 말로 몰래 궁궐과 내통해 그를 모함하여 그 당파를 일소하였다. 이 때문에 조야가 반목하니, 시정의 아이들과 촌사람도 모두 그 이름을 부르며 비웃었다. 유성룡(柳成龍) 등 여러 사람들이 모두 그와 나란히 서는 것을 수치스럽게 여겨 그와 약간 틈이 생기자 또 유성룡을 헐뜯어 급기야 그 당파에서 떠났다. 그 마음의 술수는 대개 상의 뜻을 받들고 영합하여 교묘히 아첨함으로써 먼저 군상의 뜻을 얻은 뒤에, 몰래 역적이란 이름으로 남을 모함하였다. 한때의 간사하고 탐욕스런 무리들로, 임국로(任國老)·홍여순(洪汝諄)·송언신(宋言愼)·이각(李覺)·정인홍(鄭仁弘)·유영경(柳永慶) 등으로부터 나아가 삼창(三昌)의 무리에 이르기까지, 비록 서로 갈라져 공격하기도 하고 시종 어긋나기도 하였지만, 궁내의 총애 받는 자들과 결탁하여 선류(善類)를 배척 모함하는 것은 대체로 모두 이산해에게서 시작된 것이다. 그리고 그 자신은 비록 한가하게 벼슬하지 않는 때에도 그가 만들어 배치해 놓은 자들이 모두 그의 당파로 폐조(廢朝)에 이르러서는 그 재앙이 하늘에 닿았다. 반정(反正) 뒤에 논의하는 자들이 그 수악(首惡)의 죄를 추후에 바로잡고자 했으나 역시 감히 하지 못하였으니, 그는 역시 소인 가운데 우두머리였다. 기자헌(奇自獻)이 일찍이 말하기를 "이산해는 아마 용과 같은 사람이다. 붕당이 있은 뒤로 이와 같은 사람을 처음 보았다."고 했으니, 대개 그 지혜와 술수에 깊이 감복하여 상대하기 어려움

을 꺼려서 한 말이었다.】

<선조수정실록>
아성 부원군 이산해의 졸기다

…… 전교하기를,

"아성 부원군은 국가의 시귀(蓍龜)로 그의 숙덕중망(宿德重望)은 족히 집에 누워서도 여론을 진정시킬 만하였다. 내가 지금 그 병이 낫기를 기다려 상가(商家)의 장맛비로 삼으려 하였는데, 갑자기 부음(訃音)을 들으니 애통함을 못하겠다. ……

【이산해는 어려서부터 지혜롭고 총명하여 일곱 살에 능히 글을 지으므로 신동(神童)이라 불리웠다. 자라서는 깊은 마음에 술수가 많아서 밖으로는 비록 어리석고 둔한 듯하지만, 임기응변을 할 때에는 변화무쌍함이 귀신과 같았다. 오래 전병(銓柄)을 잡다가 재상에 이르렀는데, 그가 처음 여러 관직을 임명할 때에는 청탁을 완전히 끊어서 문 앞이 엄숙하니, 사람들이 그 사심이 없음을 칭송하기도 하였다. 선묘(宣廟)께서 그의 부드러우면서도 검약함을 좋아하여 대우해 주며 의심하지 않았다. 좋은 명성을 얻은 뒤로는 드디어 조정의 권한을 잡고 그가 처음에 골라 등용한 두세 소인배를 심복으로 삼아, 때때로 한밤중에 몰래 불러 은밀히 의논하면서 인물을 평가하여 뽑아 등용하거나 탄핵하여 내칠 것을 모두 결정하였다. 그런 뒤에 그 두세 사람이 모두 차례로 우익(羽翼)과 조아(爪牙)의 벼슬에 올랐기 때문에, 사람들도 감히 그 어디에서 그렇게 된 것인가를 지적하여 배척하지 못하였고, 상도 역시 한 시대의 공의(公議)로 인정하였다. 그가 좋아하지 않는 자는 비록 권요(權要)에 있더라도 반드시 계책을 써서 내치고, 그가 좋아하는 자는 비록 죄를 받고 있더라도 반드시 계책을 써서 뽑아 올리므로 '아계현(鵝溪峴)'이라 불리웠으니, 그가 요로(要路)에서 통색(通塞)을 결정했기 때문이다. 그러다가 기축년·신묘년 사이에 시세가 여러 차례 변하여 그 마음의 자취가 크게

폭로되었다. 그가 처음에는 정철(鄭澈)에게 붙어서 그를 이끌어 들여 함께 정치를 하다가, 정철에게 용납되지 못함을 안 뒤에는 또 떠도는 말로 몰래 궁궐과 내통해 그를 모함하여 그 당파를 일소하였다. 이 때문에 조야가 반목하니, 시정의 아이들과 촌사람도 모두 그 이름을 부르며 비웃었다. 유성룡(柳成龍) 등 여러 사람들이 모두 그와 나란히 서는 것을 수치스럽게 여겨 그와 약간 틈이 생기자 또 유성룡을 헐뜯어 급기야 그 당파에서 떠났다. 그 마음의 술수는 대개 뜻을 받들고 영합하여 교묘히 아첨함으로써 먼저 군상의 뜻을 얻은 뒤에, 몰래 역적이란 이름으로 남을 모함하였다. 한때의 간사하고 탐욕스런 무리들로, 임국로(任國老)·홍여순(洪汝諄)·송언신(宋言愼)·이각(李覺)·정인홍(鄭仁弘)·유영경(柳永慶) 등으로부터 나아가 삼창(三昌)의 무리에 이르기까지, 비록 서로 갈라져 공격하기도 하고 시종 어긋나기도 하였지만, 궁내의 총애받는 자들과 결탁하여 선류(善類)를 배척 모함하는 것은 대체로 모두 이산해에게서 시작된 것이다. 그리고 그 자신은 비록 한가하게 벼슬하지 않는 때에도 그가 만들어 배치해 놓은 자들이 모두 그의 당파로 폐조(廢朝)에 이르러서는 그 재앙이 하늘에 닿았다. 반정(反正) 뒤에 논의하는 자들이 그 수악(首惡)의 죄를 추후에 바로잡고자 했으나 역시 감히 하지 못하였으니, 그는 역시 소인 가운데 우두머리였다. 기자헌(奇自獻)이 일찍이 말하기를 "이산해는 아마 용과 같은 사람이다. 붕당이 있은 뒤로 이와 같은 사람을 처음 보았다."고 했으니, 대개 그 지혜와 술수에 깊이 감복하여 상대하기 어려움을 꺼려서 한 말이었다.】

◀ 참고문헌

〈국조인물고 : 묘지명. 이덕형(李德馨) 지음〉, 〈다음백과사전〉, 〈명종실록〉, 〈선조실록〉, 〈선조수정실록〉, 〈광해군일기〉, 〈한산이씨한평군파세보〉, 〈한산이씨세보〉, 〈이산해신도비 : 채제공 지음〉

유성룡(柳成龍)

본관은 풍산이고 자는 이견(而見)이며 호는 서애(西厓)·운암(雲巖)이고 시호는 문충(文忠)이다. 중종 37(1542)년에 태어나서 선조 40(1607)년에 죽었다.

📦 재임기간

선조 25(1592)년 5월 1일300)－선조 25(1592)년 5월 1일301) ※ 후임 최흥원
선조 26(1593)년 11월 1일302)－선조 31(1598)년 9월 1일303) ※ 후임 이원익

📦 가문

아버지는 중영(仲郢)인데 승지·황해도 관찰사를 역임하고 순충덕적보조공신 대광보국숭록대부 의정부 영의정에 증직되었다. 할아버지는 간성 군수 공작(公綽)인데 의정부 좌찬성 겸 판의금부사에 증직되었다. 증조부는 자온(子溫)인데 진사시에 합격하고 창원교수(昌原敎授)를 역임하고 이조 판서 겸 지의금부사에 증직되었고 고조부는 충무위 부호군 소(沼)이다. 5대조는 좌군 사정 홍(洪)이며 6대조는 종혜(從惠)이다. 종혜는 공조 전서로 풍산현에 낙향한 입향조이다. 7대조는 검교예빈경(檢校禮賓卿) 보(葆)이고 8대조는 창평 현령 난옥(蘭玉)이며 9대조는 진사 백(伯)이고 10대조는 호장 정장(挺䖅)이다. 11대조는 호장 중윤 돈승(敦升)이고 12대조는 호장 절(節)인데 풍산유씨의 시조이다.

장인은 초배는 전주인 용궁 현감 이경(李坰)이다. 이경은 광평대군 이여(李璵)의 5세손이다. 계배는 인동인 선무랑 장윤업(張潤業)이고 외할아버지는 안동인 진사 김광수(金光粹)이다.

본부인 전주이씨가 4남 3녀를 두었는데 1남 위(禕)는 일찍 죽었고, 2남 여(袽)는 장수도 찰방이었으나 역시 일찍 죽었고 장령에 증직되었다. 3남 단(褍)

---

300) 선조수정실록 : 유성룡을 영의정으로 최흥원을 좌의정으로 윤두수를 우의정으로 삼고 이양원을 정승에서 체직시켰다.
301) 선조수정실록 : 양사가 영의정 유성룡을 탄핵하여 파직시켰다.
302) 선조수정실록 : 영의정 최흥원을 병으로 면직하고, 유성룡을 영의정으로 삼았다.
303) 선조수정실록 : 유성룡을 태학생과 옥당 등에서 탄핵하니 영상을 체직시켰다.

은 세자익위사 세마를 역임했고 장령에 증직되었고 4남 진(袗)은 청도 군수와 지평·형조 정랑이다. 계배 인동장씨는 2남 1녀를 낳았는데 생원 초(初)와 첨(襜)이다. 여는 진안 현감 원지(元之)를 낳았다. 단은 아들이 없어서 아우 진의 2남인 백지(百之)를 입양했다. 진은 익위사 세마 춘지(千之)와 백지(百之)를 낳았다. 초는 생원이고 첨은 학생이다.

딸이 셋인데 1녀는 별좌를 역임하고 승지에 증직된 이문영(李文英)과 결혼하여 현감 이창조(李昌祚)와 현감 이홍조(李弘祚)를 낳았다. 2녀는 정랑을 역임하고 참판으로 증직된 조직(趙稷)과 결혼하여 대사헌 조수익(趙壽益)과 사부 조수백(趙壽白)과 조수이(趙壽頤)를 낳았고 3녀는 변은황(邊應篁)과 결혼했다.

형제로는 문룡과 운룡(雲龍)이 있는데 문룡은 일찍 죽었고 운룡은 원주 목사이다.

📦 생애

> 이황의 문인으로 종계변무의 공으로 광국공신에 올랐고, 임진왜란이 일어났을 때, 권율을 의주 목사로, 이순신을 전라좌수사로 추천하여 왜란을 수습하게 했다. 선조 31년 옥당과 태학생의 탄핵을 받고 영의정에서 물러났고 관작이 삭탈되었다. 선조 36년 관작이 회복되었고 여러 번 소명이 있었으나 나가지 않았다. 저서로 <징비록>이 있다.

이황의 문하에서 김성일과 함께 수학하고 명종 19(1564)년 생원·진사시에 합격하고 명종 21(1566)년 별시문과에 급제하고 승문원 권지부정자·검열 겸 춘추관 기사관·대교·전적을 역임했다.

선조 1(1568)년 공조 좌랑에 임명되었고 선조 2년 공조 좌랑으로 있으면서 성절사의 서장관으로 명나라에 갔다. 이듬해인 선조 3(1570)년에 귀국하여 부수찬·수찬에 임명되었다가 사가독서하고 정언·이조 좌랑에 임명되었다가 선조 4(1571)년 병조 좌랑으로 전임되었다. 선조 6(1573)년 정언·수찬·이조 좌랑에 임명되었으나 아버지 상을 당해 시묘했다. 상을 마치고 선조 8(1575)년에는 부교리에 임명되었다가 이조 정랑으로 전임되었으나 나가지 않았다. 또 교리에 임명되었으나 사임하고 돌아왔으며 이어서 헌납에 임명되었다. 선조 9년 전한·헌납을 역임했다. 선조 10(1577)년 검상·사인·응교에 임명되었고 선조 11(1578)년 군기시정·사간·응교에 차례로 임명되었으며 선조 12년 직제학·이조 참의를 역임하고 동부승지에 임명됐으나 이조 참의로 전임되었다가 다시 부제학으로 전임되었다. 선조 13(1580)년 상주 목사에 임명되었고 선조 14년 부제학에 임명되었는데 부제학으로 <무빙차십조>를 올리고 <대학연의>를 초진했다. 선조 15년 대사간·우부승지를 역임하고 도승지에 임명되었으며 대사헌으로 전임되었고 선조 16(1583)년에는 부제학에 임명되고 이탕합(尼湯哈)이 변경을 침범하자 왕명으로 <비변오색>304)을 지었고 부제학에서 해직된 뒤에 고향으로 내려갔다. 함경도 관찰사에 임명되었으나 나가지 않았고 다시 대사성에 임명되었으나 어머니 병을 들어 나가지 않았다. 경상도 관찰사에 임명되었다. 선조 17년 부제학에 임명되어 네 번 사양하였으나 불허되었다. 예조 판서로 승진해서 동지경연사와 홍문관 제학을 겸했으며 선조 18(1585)년 <포은연보>를 교정하고 선조 19(1586)년 <퇴계선생문집>을 편차했다. 선조 21년 동지경연을 역임한 뒤에 형조 판서로 전임되어 양관 대제학을 겸임했다. 선조 22년 대사헌·병조 판서·예조 판서·이조 판서를 역임했고 선조 23년 종계변무(宗系辨誣)의 공으로 광국공신 1등305)에 녹훈되고 풍원부원군에 봉해졌고 우의정으로 승진되었다. 선조 24(1591)년 우의정으로 행이조 판서를 겸했으며 이때 권율과 이순신을 의주 목사와 전라 좌수사로 추천하고 <제승방략>의 분군법을 예전처럼 진관 제도로 되돌릴 것을 주장했다. 같은 해에 좌의정으로 승진했으며 선조 25(1592)년 4월에 임진왜란이 일어나자 병조 판서를 겸하면서 평안도 도체찰사가 되었다. 피난길에 송도에 이르러 영의정에 제수되었으나 양사의 탄핵으로 임명된 날 파직되었고 평양에 이르러 풍원부원군에 서용되었다. 12월에는 평안도 도체찰사에 임명되었으며 선조 26(1593)년 호서호남영남 삼도도체찰사

---

304) 다섯 가지 계책으로 첫째, 화의 근원을 막고 둘째, 전수를 정해야 하며 셋째, 노정을 살피고 넷째, 궤향을 공급하고 다섯째, 황정을 수행할 것
305) 수충공성익모수기광국공신

를 역임하였고 환도한 뒤에 훈련도감을 설치할 것을 건의하고 다시 영의정에 제배되었다. 선조 27(1594)년 <청훈련군병계>·<청광취인재계>·<전수기의 십조> 등을 올려 전시대책과 시무책을 건의하고 훈련도감 제조가되었다. 선조 30(1597)년 이순신이 백의종군을 하게 되자 이순신을 천거했다 하여 여러 차례 벼슬에서 물러났다. 선조 31(1598)년 태학생과 옥당에서 탄핵받고[306] 영의정에서 물러났고 12월에 관작이 삭탈되었다. 선조 32년 6월 직첩을 돌려받았으나 삼사가 탄핵하자 삼사의 뜻을 따라 관작을 회수했다. 선조 33(1600)년 퇴계 선생의 연보를 짓고 11월에 직첩을 돌려받았다. 12월에 인의왕후의 상이 있자 풍산에서 올라와 길 왼쪽에서 곡송하고 그날로 풍산현으로 돌아갔다. 선조 36(1603)년 관작이 회복되고 풍원부원군에 임명되었으며 선조 37(1604)년 호성공신 2등에 녹훈되었다. 소명이 있었으나 사양하고 나가지 않았고 선조 38년 봉조하의 녹을 지급하게 했다. 선조 40(1607)년 2월에 소명이 있었으나 나가지 않으니 내의를 보내어 약을 보냈다. 같은 해에 66세의 나이로 죽었다. 병산서원·도담서원·남계서원·삼강서원·빙계서원에 제향되었다. 저서로 <징비록>이 있다.

<선조실록> 선조 40(1607)년 5월 13일 네 번째 기사에 '전 의정부 영의정 풍원부원군 유성룡의 졸기'가 있다.

🎁 평가

<선조실록>
전 의정부 영의정 풍원 부원군 유성룡의 졸기

……

사신은 논한다. 유성룡은 경상도 안동(安東) 풍산현(豊山縣) 사람이다. 타고난 자질이 총명하고 기상이 단아하였다. 어린 나이에 퇴계(退溪) 선생의 문하에

---

306) 병부주사 정응태가 죄목 20개를 들어 탄핵하고 지평 이이첨도 탄핵했으며 윤홍(尹宖)·유숙(柳潚)과 유생 홍봉선(洪奉先)·최희남(崔喜男)도 상소했다.

종유(從遊)하여 예로써 자신을 단속하니 보는 사람들이 그릇으로 여겼다. 어린 나이에 과거에 급제하여 명예가 날로 드러났으나 아침 저녁 여가에 또 학문에 힘써 종일토록 단정히 앉아서 조금도 기대거나 다리를 뻗는 일이 없었다. 사람을 응접(應接)하는 즈음에는 고요하고 단아하여 말이 적었고 붓을 잡고 글을 쓸 때에는 일필휘지(一筆揮之)하여 뜻을 두지 않는 듯하였으나 문장이 정숙(精熟)하여 맛이 있었다. 여러 책을 박람(博覽)하여 외지 않은 것이 없었는데 한 번 눈을 스치면 환히 알아 한 글자도 잊어버리는 일이 없었으며 의리(義理)를 논설하는 데는 뭇 서적에 밝아 수미(首尾)가 정밀하니 듣는 이들이 탄복하였다. 사명(使命)을 받들고 경사(京師)에 갔을 때 중국의 선비들이 모여 들었으나 힐난(詰難)하지 못하고서는 서애 선생(西厓先生)이라고 칭하였다. 이로 말미암아 명예와 지위가 함께 드러나고 총애가 융숭하였다. 재상의 자리에 올라서는 국가의 안위(安危)가 그에 의지하였는데, 정인홍(鄭仁弘)과 의논이 맞지 않아서, 인홍이 매양 공손홍(公孫弘)이라 배척하였고, 성룡 역시 인홍의 속이 좁고 편벽됨을 미워하니, 사론(士論)이 두 갈래로 나뉘어져 서로 공격하는 것이 물과 불 같았다. 성룡은 조목(趙穆)·김성일(金誠一)과 함께 퇴계(退溪)의 문하에서 배웠다. 성일은 강의(剛毅), 독실하여 풍도가 엄숙하고 단정하였으며 너무 곧아서 조정에 용납되지 못하였으나 대절(大節)이 드높아 사람들의 이의(異義)가 없었는데 계사년 나라 일에 진력하다가 군중(軍中)에서 죽었다. 조목은 종신토록 은거하면서 학문에 독실하고 자수(自修)하였으나, 나라에 어려운 일이 많게 되자 강개(慷慨)해 마지 않았는데 지난해 죽었다. 조목은 일찍이 성일을 낮게 생각하고 성룡을 못하게 여겼는데, 만년에는 성룡이 하는 일에 매우 분개하여 절교(絶交)하는 편지를 쓰기까지 하였다. 퇴계의 문하에서는 이 세 사람을 영수(領袖)로 삼는다. 유성룡은 조정에 선 지 30여 년 동안 재상으로 있은 것이 10여 년이었는데, 상의 권우(眷遇)가 조금도 쇠하지 않아 귀를 기울여 그의 말을 들었다. 경악에서 선한 말을 올리고 임금의 잘못을 막을 적엔 겸손하고 뜻이 극진하니 이 때문에 상이 더욱 중히 여겨 일찍이 말하기를 '내가 유모(柳某)의 학식과 기상을 보면 모르는 사이에 심복(心服)할 때가 많다.'고 하였다. 그러나 규모(規模)가 조금 좁고 마음이 굳세지 못하여 이해가 눈앞에 닥치면 흔들림을 면치 못하였다. 그러므로 임금의 신임을 얻은 것이 오래였지만 직간했다는 말을 들을 수 없었고 정사를 비록 전단(專斷)하였으나 나빠진 풍습을 구하지 못하였다. 기축년의 변에 권간(權奸)이 화(禍)를 요행으로 여겨 역옥(逆獄)으로 함정을 만들어 무고한 사람을 얽어서 자기와 다른 사람을 일망타진하여 산림(山林)의 착한 사람들이 잇따라 죽었는데도 일찍이 한마디 말을 하거나 한 사람도 구제하지 않고 상소하여 자신을 변명하면서 구차하게 몸과 지위를 보전하기까지 하였다. 임진년과 정유년 사이에는 군신(君臣)이 들판에서 자고 백성들이 고생을 하였으며 두 능(陵)이 욕을 당하고 종사(宗社)가 불에 탔으니 하늘까지 닿는 원수는 영원토록 반드시 갚아야 하는데도 계획이 굳세지 못하고 국시(國是)가 정해지지 않아서 화의(和議)를 극력 주장하며 통신(通信)하여 적에게 잘 보이기를 구하여서 원수를 잊고 부끄러움을 참게 한 죄가 천고(千古)에 한을 끼치게 하였다. 이로 말미암아 의사(義士)들이 분개해 하고 언자(言者)들이 말을 하였다. 부제학 김우옹(金宇顒)이 신구(伸救)하는 상소 가운데 '성룡은 역시 얻기 어려운 인물입니다마는 재보(宰輔)의 기국(器局)이 부족하고 대신(大臣)의 풍력(風力)이 없다.'라고 하였으니, 이것이 정확한 논의이다. 무술년 겨울에 변무(辨誣)하는 일을 어렵게 여겨 사피함으로써 파직되어 전리(田里)로 돌아갔다. 그후에 직첩(職牒)을 돌려주었고, 상이 그의 병이 위독하다는 말을 듣고는 의관을 보내 치료하게 하였었는데 이때에 이르러 졸한 것이다.

<선조수정실록>
풍원 부원군 유성룡의 졸기

…… 성룡은 안동(安東) 출신으로 호는 서애(西厓)이며 이황(李滉)의 문하에서 수학하였는데 일찍부터 중망(重望)이 있었다. 병인년에 급제하여 청요직을 두루 거치고 경연에 출입한 지 25년 만에 드디어 상신(相臣)이 되었으며, 계

사년에 수상으로서 홀로 경외(京外)의 기무(機務)를 담당하였다. 명나라 장수들의 자문(咨文)과 게첩(揭帖)이 주야로 폭주하고 제도(諸道)의 주독(奏牘)이 이곳저곳에서 모여 들었는데도 성룡이 좌우로 수응(酬應)함에 그 민첩하고 빠르기가 흐르는 물과 같았다. 당시 신흠(申欽)이 비국(備局)의 낭관(郎官)으로 있었는데, 문득 신흠으로 하여금 붓을 잡고 부르는 대로 쓰게 하였는데, 문장이 오래도록 다듬은 것과 같아 일찍이 점철(點綴)한 적이 없었다. 그래서 신흠이 항상 사람들에게 말하기를, 그와 같은 재주는 쉽게 얻을 수 없다고 하였다.

그러나 국량(局量)이 협소하고 지론(持論)이 넓지 못하여 붕당에 대한 마음을 떨쳐버리지 못한 나머지 조금이라도 자기와 의견을 달리하면 조정에 용납하지 않았고 임금이 득실을 거론하면 또한 감히 대항해서 바른대로 고하지 못하여 대신(大臣)다운 풍절(風節)이 없었다. 일찍이 임진년의 일을 추기(追記)하여 이름하기를 《징비록(懲毖錄)》이라 하였는데 세상에 유행되었다. 그러나 식자들은 자기만을 내세우고 남의 공은 덮어버렸다고 하여 이를 기롱하였다. 이산해(李山海)가 그 아들 이경전(李慶全)과 함께 오래도록 폐척(廢斥)되어 있으면서 성룡을 원망하여 제거하려고 꾀하였다. 그 결과 무술년에 주화(主和)하여 나라를 그르치고 변무(辨誣)의 사행(使行)을 피했다는 이유로 탄핵을 받고 떠나게 되었는데, 향리에 있은 지 10년 만에 죽으니 나이가 66세였다.

성룡은 임진난이 일어난 뒤 건의하여 처음으로 훈련도감을 설치하였는데, 척계광(戚繼光)의 《기효신서(紀效新書)》를 모방하여 포(砲)·사(射)·살(殺)의 삼수(三手)를 뽑아 군용을 갖추었고 외방의 산성(山城)을 수선(修繕)하였으며 진관법(鎭管法)을 손질하여 비어책(備禦策)으로 삼았다. 그러나 성룡이 자리에서 떠나자 모두 폐지되어 실행되지 않았는데, 유독 훈련 도감만은 존속되어 오늘에 이르도록 그 덕을 보고 있다.

■ 참고문헌

〈국조인물고 : 행장. 정경세(鄭經世) 지음〉, 〈다음백과사전〉, 〈선조실록〉, 〈선조수정실록〉, 〈풍산유씨세보〉

최흥원(崔興源)

본관은 삭녕이고 자는 복초(復初)이며 호는 송천(松泉)이고 시호는 충정(忠貞)이다. 중종 24(1529)년에 태어나서 선조 26(1603)년에 죽었다.

🎁 재임기간

선조 25(1592)년 5월 1일[307] − 선조 26(1593)년 11월 1일[308] ※ 후임 유성룡

🎁 가문

아버지는 종친부 전첨 수진(秀珍)이고 할아버지는 사옹원정 영호(永灝)이다. 증조부는 영의정 항(恒)이고 고조부는 성균관 사예 사유(士柔)이다. 5대조는 호조 전서 윤문(潤文)이고 6대조는 고려말 홍조서승(洪造署丞) 충(忠)이며 7대조는 어모군 낭장 선보(善甫)인데 낭장파의 파조이다. 그 이상의 세계는 알 수 없고 문하시랑 평장사 유가(瑜價)를 중시조로 하고 문하시랑 평장사 천로(天老)를 시조로 한다.

장인은 안동인 이조 참판 권응창(權應昌)이고 외할아버지는 초배는 창녕인 이조 판서 성현(成俔)이고 계배는 전의인 이세신(李世臣)이다.

아들 산립(山立)은 호조 참판을 역임했고 딸은 남양인 좌랑 홍여량(洪汝亮)과 결혼했다. 산립의 아들 윤조(胤祖)는 상원 군수를 역임했는데 윤조는 선조와 온빈 한씨 사이에 태어난 경평군 이륵(李玏)의 장인이다.

🎁 생애

영의정 항의 증손자다. 천성이 인자하고 후덕하였으며 임진왜란 때 임금을 호종한 공으로 호종공신에 녹훈되고 청백리에 녹선되었다.

---

307) 선조수정실록 : 양사가 영의정 유성룡을 탄핵하여 파직시켰다. 최흥원을 영의정으로 승진시키고 윤두수를 좌의정으로 승진시켰으며 유홍을 우의정으로 삼았다.
308) 선조수정실록 : 영의정 최흥원을 병으로 면직하고 유성룡을 영의정으로 삼다.

명종 10(1555)년 사마 진사시에 합격하고 선조 1(1568)년 증광문과에 급제하였다. 선조 6(1573)년 장령·정언을 역임하고 다시 장령에 임명되었으나 선조 7(1574)년에 장령에서 체직되었다. 집의로 관직에 복귀하고 홍문록에 올랐다. 같은 해에 사간을 거쳐 선조 8(1575)년 동래 부사로 나갔다. 선조 11(1578)년 부평 부사로 재직할 때 효릉의 정자각 수리를 기일 내에 끝내지 못하여 파직되었다. 선조 14년 승지로 관직에 복귀되었고 선조 21(1588)년 평안도 관찰사에 임명되었으나 지병으로 사직하고 판중추부사에 임명되었다. 선조 24년 이조 판서에 임명되었으며 선조 25(1592)년 임진왜란이 발발하자 황해도 경기도 도순찰사에 제수되었고 좌의정을 거쳐 영의정으로 승진했다. 선조 26년 신병으로 영의정에서 사직하고 영돈녕부사로 물러나 있으며 영평부원군에 봉해졌다. 선조 27년 판중추부사에 임명되었고 선조 33(1600)년 영중추부사에 임명되었으며 선조 36년 75세의 나이로 죽었다. 죽은 지 1년 뒤인 선조 37년에 호성공신 2등에 오르고 청백리에 뽑혔다.

<선조실록> 선조 36(1603)년 2월 16일 3번째 기사에 '영중추부사 최흥원의 졸기'가 있다.

🔹 평가

<선조실록>
영중추부사 최흥원의 졸기

......

사신은 논한다. 흥원은 천성이 인후(仁厚)하고 국량이 크고 의연하였다. 외직으로 나가서는 방복(邦服)을 맡고 내직으로 들어와서는 탁지(度支)를 맡았는데, 큰소리로 호령하지 않아도 가는 곳마다 잘 다스려졌다. 직위가 정승에 이르렀어도 처신이 한사(寒士)와 다름이 없었으며, 집에 거처할 때에는 담박하고 검소하게 하여 의식(衣食)을 간략하게 하였다. 사람들을 대할 때에는 반드시 지성(至誠)껏 하였으며 친척에게는 더욱더 돈독하게 대하였다. 평소 말을 빨리 하거나 안색을 변하지 않아 집안의 자제들일지라도 그가 기뻐하거나 화내는 것을 보지 못하였다. 어려운 시대를 만나 두 차례나 임금을 호종(扈從)하였는데 자신을 잊고 나라를 위해 정성을 다하는 마음을 처음부터 끝까지 변치 않았다. 노병(老病)으로 관직에서 물러난 지 6~7년이 되었는데 이때에 이르러 졸하니 향년이 75세였다.

<선조수정실록>

선수 37권, 36년(1603 계묘 / 명 만력(萬曆) 31년) 2월 1일(무자) 3번째 기사
전 영의정 최홍원의 졸기

…… 홍원은 몸가짐이 근신(謹愼)하였고 또 인물의 선악에 대하여 일찍이 평한 적이 없었다. 비록 모호하다는 비평은 있었지만 또한 훌륭한 재상이라고 할 만하다.

▶ 참고문헌

〈다음백과사전〉, 〈선조실록〉, 〈선조수정실록〉, 〈삭녕최씨세보〉

이양원(李陽元)

본관은 전주이고 자는 백춘(伯春)이며 호는 노저(鷺渚), 남파(南坡)이고 시호는 문헌(文憲)이다. 중종 21(1526)년에 태어나서 선조 25(1592)년에 죽었다.

🎲 재임기간

실록에는 임용한 날짜와 퇴임한 날짜에 대한 기록이 없고 선조 25년 7월 1일 "전 영의정 이양원의 졸기"에 영의정을 역임한 기록이 있고, 수정본 선조 25년 5월 1일 기사에 "유성룡을 영의정으로 최흥원을 좌의정으로 윤두수를 우의정으로 삼고, 이양원을 정승에서 체직시키다."는 기사만 있다.

🎲 가문

아버지는 이원군(利原君) 학정(鶴丁)이고309) 할아버지는 지산군(知山君) 천수(千壽)이고 증조부는 병산군(屛山君) 말정(末丁)이다. 고조부는 정종과 숙의 지씨 사이에 태어난 선성군(宣城君) 무생(茂生)이며 5대조는 정종이다.

장인은 전주인 군수 유간(柳幹)이고 외할아버지는 정창(鄭暢)이다.

아들은 1남은 군수 전원군(全原君) 서경(犀慶)이고 2남은 첨지중추부사 구경(龜慶)이며 3남은 소촌 찰방 시경(蓍慶)이고 4남은 주부 용경(龍慶)이다. 딸은 1녀는 창녕인 이조 판서 성영(成泳)과 결혼했고 2녀는 풍양인 조희식(趙希軾)과 결혼했다.

아우는 동복 현령 양형(陽亨)이고 누이는 풍천인 정언 임수신(任壽臣)과 결혼했다.

🎲 생애

정종의 현손이고 선성군 무생의 고손자다. 영의정에 제수되었으나 피란중이라 명을 받지 못하고 선조가 요동으로 건넜다는 와전된 소문을 듣고 단식하여 8일만에 죽었다.

---

309) 친아버지는 비흥령 난손(蘭孫)이고 친할아버지는 풍안부수(豊安副守) 옥석(玉石)이다.

어려서 이중호(李仲虎)에게 글을 배웠고 이황(李滉)의 문인이 되었다. 명종 11(1556)년 알성문과에 급제하고 명종 12년 예문관 검열로 관직에 들었다. 명종 13년 홍문관 정자·홍문관 저작을 역임하고 명종 14(1559)년 홍문관 박사·홍문관 부수찬을 지내는 등 관직 초기에는 주로 홍문관에서 보냈다. 명종 16년 시강원 사서·병조 좌랑·부수찬·부교리·이조 정랑을 차례로 역임하고 명종 17년 의정부 검상을 역임했다. 명종 18(1563)년 홍문관 응교로 있으면서 종계변무사 김주(金澍)가 주청사로 명나라에 갈 때 서장관으로 따라갔다. 그런데 김주가 객지에서 죽자 그를 대신해 <태종실록>과 <대명회전>에 태조 이성계의 아버지가 고려 이인임으로 잘못 기록된 것을 바로잡아 달라고 요구했다. 돌아와서 호조 참의에 임명된 뒤 동부승지로 전임되었다. 명종 19년 우승지로 승차한 뒤 예조 참의를 거쳐 좌승지가 되었다. 명종 20년 병조 참지·병조 참의를 거쳐 대사간에 임명되었으나 명종 21(1566)년 개성부 유생의 일을 적극 전달하지 못한 일로 체차되었다가 병조 참의에 임명되고 부제학·병조 참지·이조 참의에 임명되었다. 명종 22(1567)년 도승지에 임명되었다가 병조 참지·대사간으로 전임되고 같은 해에 다시 도승지에 임명되었다.

선조 2(1569)년 경상도 관찰사로 나갔으며 선조 5년 대사헌을 거쳐 형조 참판으로 있을 때 종계악명 주청사로 명나라에 다녀왔다. 선조 6(1573)년 대사헌을 역임하고 병조 참판으로 전임되었다. 다시 대사헌에 임명되었는데 대사헌으로 사은사에 임명되어 명나라에 다녀와서 동지중추부사와 대사헌을 역임했다. 선조 8(1575)년 개성 유수에 임명되고 선조 10년 대사헌이 되었으며 선조 11(1578)년 평양 감사로 나갔다가 돌아와 부제학에 제수되었다. 선조 14년 형조 판서로 승차한 뒤에 예조 판서로 전임되었다. 선조 16(1583)년 대사헌으로 있으면서 니탕개(泥湯介)의 난 때 함경도 관찰사로 재직 중 김공량(金公諒)이, 누이인 김귀인(뒤의 인빈)이 인조의 총애를 받고 있음을 알고 국경 근처에서 무명으로 곡식을 무역하자 임금에게 알려 삭탈하게 했다. 선조 19년 이조 판서에 임명되고 선조 20(1587)년 지경연을 겸했다. 선조 21년 병조 판서에 제수되었고 선조 22년 병조 판서로 있을 때 정여립의 난이 일어나자 정여립을 황해도 도사로 추천한 책임을 지고 사의를 표했으나 받아들여지지 않았다. 선조 23(1590)년 대제학에 임명되었다. 그때 종계변무가 이루어지자 광국공신 3등 한산부원군에 녹훈되었으며 의정부 우찬성과 좌찬성을 차례로 역임하고 선조 24년 우의정에 승차했다. 선조 25(1592)년 임진왜란이 일어나자 유도대장으로 서울을 지키다가 한강의 군사가 무너지자 양주로 철수하여 분군의 부원수 신각(申恪)과 함경도 병마절도사 이혼(李渾) 등의 군사와 합세하여 해유지에서 일본군과 싸워 크게 이겼다. 함경도 도검찰사를 거쳐 영의정에 임명되었으나 의주에 피난 가 있던 선조가 요동으로 건너가 내부(內附)했다는 와전된 소문을 듣고 단식 8일만에 피를 토하고 죽었다.

　　<선조수정실록> 선조 25(1592)년 7월 1일 열세 번째 기사에 '전 의정 이양원의 졸기'가 있다.

🎁 평가

　　전 의정 이양원의 졸기

　　…… 양원은 경성(京城)에서 관동(關東)으로 도망했다가 이천(伊川)에 왔다. 행조(行朝)에서는 있는 곳을 모른 채 직질(職秩)을 차례대로 승진시켜 영의정에 이르렀으나 얼마 뒤에 체직시켰는데, 모두 명을 받지 못하고 졸하였다. 양원은 장수와 정승으로 출입하면서 편안하게 부귀를 누리며 오래도록 살았다. 오로지 시속에 따라 처신하여 한 번도 책망이나 비난을 받은 적이 없었으므로 세상에서는 복을 온전히 누리는 사람이라고 일컬었다. 그러나 난리를 당해서는 정신을 못 차리고 초야에서 목숨을 부지하다가 곤궁하게 죽었으니, 끝마무리를 잘한 군자(君子)라고는 말할 수 없다.

참고문헌

<다음백과사전>, <명종실록>, <선조실록>, <전주이씨선성군파 선원속보>

이원익(李元翼)

본관은 전주로 태종의 아들 익녕군(益寧君) 치(袗)의 후손이다. 자는 공려(公勵)이고 호는 오리(梧里)이며 시호는 문충(文忠)이다. 명종 2(1547)년에 태어나서 인조 12(1634)년에 죽었다.

재임기간

선조 31(1598)년 10월 8일[310] - 선조 32(1599)년 5월 26일[311] ※ 후임 윤두수
선조 32(1599)년 9월 22일[312] - 선조 33(1600)년 1월 1일[313] ※ 후임 이산해
광해군 즉위(1608)년 2월 14일[314] - 광해군 1(1609)년 8월 13일[315] ※ 후임 이덕형
광해군 3(1611)년 8월 24일[316] - 광해군 4(1612)년 6월 12일[317] ※ 후임 이덕형
인조 1(1623)년 3월 16일[318] - 인조 3(1629)년 2월 21일[319] ※ 후임 이원익
인조 3(1629)년 8월 7일[320] - 인조 4(1630)년 12월 9일[321] ※ 후임 윤방

가문

아버지는 함천군(咸川君) 억재(億載)이고 할아버지는 청기군(靑杞君) 표(彪)이다. 증조부는 수천군(秀泉君) 정은(貞恩)이고 고조부는 태종과 선빈 안씨 사이에 태어난 익녕군(益寧君) 치(袗)이고 5대조는 태종이다.

장인은 정몽주의 후손인 현신교위 정추(鄭樞)이고 외할아버지는 초배는 예안인 첨지중추부사 우정(禹鼎)인데 아들이 없고 계배는 영의정 정창손의 4세손인 동래인 사헌부 감찰 정치(鄭錙)이다.

---

310) 이항복을 우의정으로 이원익을 영의정으로 이덕형을 좌의정으로 …
311) 26일 체차를 명하고 27일 최흥원을 영중추부사로 이원익을 판중추부사로 …
312) 이원익을 영의정으로 장만을 동부승지로 …
313) 선조수정실록 : 이산해를 영의정으로 임국로를 이조판서로 …
314) 완평부원군 이원익을 영의정으로 유희분을 우승지로 …
315) 영의정 이원익의 스물세 번째 사직서로 인하여 … "그 직을 체직하여 안심하고 조리하게 하라."
316) 이원익을 영의정으로 이덕형을 좌의정으로 이항복을 우의정으로 …
317) 영의정 이원익이 여러 차례 상소하여 사직하니 답하기를 "마지못해 본직만을 체차하니 이 뜻을 알라."
318) 이원익을 영의정으로 삼았다.
319) 영의정 이원익이 21차례 째 정고하니 사관을 보내 … 해직을 하락한다.
320) 이원익을 영의정으로 김상철을 대사헌으로 …
321) ▶ 전영의정 이원익이 상소하였는데 라는 기사 있음.

1남 1녀를 두었는데 1남 의전(義傳)은 통정대부로 10고을의 원을 역임했고 청백리에 녹훈되었고 딸은 군수 이정직(李廷稷)과 결혼했다. 의전은 3남을 두었는데 1남 수약(守約)은 현감이고 2남 수기(守記)는 주부이며 3남은 수강(守綱)이다. 의전의 딸은 양천인 우의정 허목(許穆)과 결혼했다. 이원익은 측실에서 2남 7녀를 두었는데 1남은 효전(孝傳)이고 2남은 제전(悌傳)이다.

🎲 생애

> 태종의 현손으로 익녕군 치의 고손이며 우의정 허목의 처할아버지이다. 조선의 명재상의 한 사람으로 임진왜란이 끝나자 전쟁 복구와 민생 안정에 힘썼고 폐모론이 일어나자 광해군에게 효도하라고 상소한 일로 관직이 삭탈되고 홍천에 부치되었다. 인조반정이 성공한 뒤에 영의정에 제수되었고 정묘호란 때 도체찰사로 세자를 호위했다. 치사하고 금천에 돌아와 비바람을 가리지 못하는 집에서 검소하게 살았다.

15세에 4학 중의 하나인 동학(東學)에 들어가 수학했다. 명종 19(1564)년 사마시에 합격하여 진사가 되고 선조 2(1569)년 별시문과에 급제했다. 이듬해에 승문원에 들어가 승문원 정자·승문원 저작 겸 봉상 직장을 거쳐 선조 6(1573)년 성균관 전적에 임명되었다. 그해 겨울에 성절사 권덕여(權德興)의 질정관으로 북경에 다녀와서 호조 좌랑·예조 좌랑·형조 좌랑을 역임하고 선조 7(1574)년 황해도 도사에 임명되었다. 선조 8년 황해도 관찰사이던 이이의 추천으로 사간원 정언에 임명되었고 선조 10(1577)년에는 수찬에 임명되었으며 선조 12년 장령에 임명되었다. 선조 15(1582)년 응교·동부승지에 임명되고 선조 16년 우부승지에 임명되었으나 도승지 박근원(朴謹元)과 영의정 박순(朴淳)의 불화로 승정원이 탄핵을 받자 자신만 파면을 면할 수 없다고 하여 사직하고 5년간 야인으로 보냈다. 선조 20(1587)년 이조 참판 권극례(權克禮)의 추천으로 안주 목사로 관직에 복귀했다. 안주 목사로 있을 때 각 고을에 1만여 섬의 곡물을 나누어 주어 농민의 생업을 안정시켰다. 또한 병졸들의 이번을 4번에서 6번으로 하여 1년에 2개월씩 근무하게 함으로써 백성들의 부담을 경감시켰다. 이 제도는 그 뒤 순찰사 윤두수(尹斗壽)의 건의로 전국적인 병제로 정해졌다. 또한 그때까지 누에를 칠 줄 모르던 안주 지방에 누에치기를 가르치고 장려했다. 선조 22년 형조 참판에 임명되었고 선조 24(1599)년 대사간과 대사헌을 거쳐 호조 판서에 승차한 뒤에 이조 판서에 전임되었다. 이조 판서로 있으면서 대사헌으로 있을 때 기축옥사에서 원통한 일이 많았던 것을 논했다. 선조 25(1592)년 임진왜란이 발발하자 평안도 도순찰사가 되어 선조의 피난길을 선도했으며 징병 체찰사로 군사를 모아 일본군과 싸웠다. 이어서 도원수에 임명되고 이조 판서로 평양성을 지키는 임무를 부여받았다. 평안도 관찰사 겸 도순찰사를 거쳐 선조 28년 선무공신에 녹훈되고 완평부원군에 봉해졌으며 우의정에 승차하여 4도 체찰사를 겸했다. 선조 31년 진주사로 명나라에 다녀와서 좌의정으로 전임된 뒤에 영의정으로 승차했다. 선조 32(1599)년 사직하겠다는 상소를 18번 올려 영의정에서 사직하고 판중추부사로 물러났으나 얼마 되지 않아 다시 영의정에 제배되었다. 선조 33년 영의정에서 물러나 행판중추부사에 임명되었다가 좌의정에 임명되었고 좌의정에서 체차된 뒤에 영돈녕부사에 임명되어 경상도 강원도 충청도 전라도 4도 도체찰사에 임명되었다. 선조 34(1601)년 병으로 잠시 벼슬에서 물러나 있다가 평안도 황해도 함경도 등 3도 도체찰사에 임명되었다. 선조 35년 판중추부사에 임명되었고 선조 36년 영중추부사가 되었으며 선조 37(1604)년 호성공신 2등에 녹훈되고 완평부원군에 봉해졌다. 전쟁이 끝나자 전쟁 복구와 민생 안정을 위해 국민의 부담을 경감시키는 대동법을 실시했다.

광해군 즉위(1608)년 다시 영의정에 임명되었으나 광해군 1(1609)년 스물세 번째 사직 상소를 내고 사직을 윤허 받았다. 광해군 3(1611)년 8월 네 번째로 영의정에 올랐으나 광해군 4년 6월 사직하고 완평부원군으로 물러났다. 광해군 6년 영돈녕부사에 임명되고 광해군 7(1615)년 폐모론이 일자 임금에게 효도하라고 상소하였다. 이 일로 광해군이 내가 효도를 안 한 일이 무엇이냐고 화를 냈다. 이 일로 양사가 합사하여 상소를 올려 삭탈관작 되고 문외출송 된 뒤에 홍천에 부처되었다가 광해군 11(1619)년 전리 방귀의 처분을 받고 고향에서 살았다.

인조반정이 성공한 뒤에 인조 1(1623)년 다섯 번째로 영의정이 되었다가 인조 3년 2월 영의정에서 물러나 잠시 영중추부사가 되었으나 얼마 되지 않아 인조 3년 8월 여섯 번째 영의정이 되었다. 인조 4년 12월 영의정에서 물러나 영중추부사가 되었다. 인조 5(1627)년 정묘호란이 일어나자 도체찰 사로 세자의 호위를 맡았으며 서울로 돌아와서는 훈련도감 제조에 임명되었다. 그러나 나이가 많고 기력이 쇠약해져 사직한 뒤에 낙향하여 왕의 부름에도 응하지 않고 청빈하게 살다가 인조 12(1634)년 88세의 나이로 죽었다. 죽은 뒤에 인조의 묘정에 배향되었으며 여주의 기천서원·시흥의 송현 서원·안주의 청천사에 제향되었다. 저서로 <오리집>·<속오리집>·<오 리일기> 등이 있으며 가사로 <고공답주인가(雇貢答主人家)>가 있다.

<인조실록> 인조 12(1634)년 1월 29일 첫 번째 기사에 '전 의정부 영의 정 완평부원군 이원익의 졸기'가 있다.

🟩 평가

전 의정부 영의정 완평 부원군 이원익의 졸기

......

원익은 강명하고 정직한 위인이고 몸가짐이 청고(淸苦)하였다. 여러 고을 의 수령을 역임하였는데 치적(治績)이 제일 훌륭하다고 일컬어졌고, 관서(關西) 에 두 번 부임했었는데 서도 백성들이 공경하고 애모하여 사당을 세우고 제사하였다. 선조조(宣祖朝) 때 내직으로 들어와 재상이 되었지만 얼마 안 되 어 면직되었고 광해군 초기에 다시 재상이 되었으나 정사가 어지러운 것을 보고 사직하고 여주(驪州)에 물러가 있었으므로 임해(臨海), 영창(永昌)의 옥사(獄 事)에 모두 간여되지 않았다. 적신 이이첨(李爾瞻) 등이 모후(母后)를 폐하려 하 자, 원익이 광해에게 소장을 올려 자전께 효성을 다할 것을 청하니, 광해가 크게 노하여 말하기를, "내가 효성을 다하지 못한 일이 없는데 원익이 어찌 감히 근거 없는 말을 지어내어 군부(君父)의 죄안(罪案)을 만들 수 있단 말인가." 하고, 마침내 홍천(洪川)으로 귀양 보냈는데, 대체로 그의 명망을 중하게 여겨 심한 형벌을 가하지는 못했던 것이다.

상이 반정(反正)하고 나서 맨 먼저 그를 천거하여 재상으로 삼고 매우 위임하였다. 그리고 그가 연로하였으므로 궤장(几杖)을 하사하여 편안하게 하였고 또 흰 요와 흰 옷을 하사하여 그의 검소한 것을 표창하였다. 갑자년 변란 때 체찰사(體察使)로서 공주(公州)까지 호가(扈駕)하였고, 정묘년 난리 때에는 총독군문(摠督軍門)으로서 세자를 전주까지 배행하였는데, 조야가 모두 그를 믿었다. 원익이 늙어서 직무를 맡을 수 없게 되자 바로 치사하고 금천(衿川)에 돌아가 비바람도 가리지 못하는 몇 칸의 초가집에 살면서 떨어진 갓에 베옷을 입고 쓸쓸히 혼자 지냈으므로 보는 이들이 그가 재상인 줄 알지 못했다. 이때에 죽으니, 나이 87세였다. ……

참고문헌

〈국조인물고 : 비명. 이준(李埈) 지음〉, 〈다음백과사전〉, 〈선조실록〉, 〈광해군일기〉, 〈인조실록〉, 〈전주이씨 익녕군파 가승〉

윤두수(尹斗壽)

본관은 해평이고 자는 자앙(子仰)이며 호는 오음(梧陰)이고 시호는 문정(文靖)이
다. 중종 28(1533)년에 태어나서 선조 34(1601)년에 죽었다.

재임기간

선조 32(1599)년 7월 1일[322]—선조 32(1599)년 9월 19일[323] ※ 후임 이원익

가문

아버지는 군자감정 변(忭)이고 할아버지는 충무위 부사용 희림(希琳)이며
증조부는 장원서 장원 계정(繼丁)이고 고조부는 진무부위 연령(延齡)이다. 5대
조는 양성 현감 달성(達城)이고 6대조는 양주 도호부사 창(彰)이며 7대조는 문
하찬성사・예문관 대제학 진(珍)이고 8대조는 문하평리・지문하부사 지표(之
彪)이며 9대조는 도첨의사 우정승 석(碩)이다. 10대조는 부지밀직사사 상호군
만비(萬庇)이고 11대조는 해평윤씨의 시조인 수사공 상서성 좌복야 군정(君正)
이다.

장인은 창원인 목청전 참봉 황대용(黃大用)이고 두 분의 어머니가 있었는데
초배는 전주인 청안군(淸安君) 이영(李嶸)의 따님이다. 이영은 영순군(永順君) 이
부(李溥)의 아들이고 광평대군(廣平大君) 이여(李璵)의 손자다. 친어머니는 후부인
으로 외할아버지는 성주인 사직 현윤명(玄允明)의 따님이다.

아들은 1남이 방(昉)인데 영의정이고 2남은 흔(昕)[324]인데 예조 참판과 지
중추부사를 역임했으며 3남은 휘(暉)인데 형조 판서 겸 지의금부사 오위도
총부도총관이고 4남은 훤(暄)인데 팔도도체찰사 겸 황해도 관찰사이며 5남
간(旰)이 안주 목사 겸 방어사다. 방의 2남 신지는 정혜옹주(貞惠翁主)와 결혼한
해숭위(海嵩尉)다.

---

322) 선조수정실록 : 윤두수를 영의정으로 삼았다.
323) 영의정 윤두수가 세 차례 정사하니 체차할 뜻을 유시하라고 정원에 전교하였다.
324) 윤두수의 비명에는 양(暘)으로 기록되었는데 양은 초명이다.

전주이씨 소생인 이복형은 승사랑 담수(聃壽)인데 이조 좌랑 현(晛)을 낳았다. 역시 이복형인 춘수(春壽)는 아산 현감을 역임했는데 현감 재직시에 행패를 부려 원성이 높자 이지함이 해결했다. 또 한 명의 이복형은 기수(期壽)이다. 아우 근수(根壽)는 좌찬성 겸 양관 대제학을 역임했다.

4남 훤이 심의겸의 큰딸과 결혼하여 심의겸(沈義謙)과 사돈이 되었는데 심의겸은 명종의 처남이며 인순왕후의 손자이며 순회세자의 외숙부이다.

🎁 **생애**

영의정 방의 아버지이고 해숭위 신지의 할아버지이다. 당시 인순왕후의 외삼촌으로 권세를 누리던 이량이 자신의 아들 이정빈을 이조 좌랑으로 천거하자 이에 반대하다가 관직이 삭탈되었고 이량이 유배된 뒤에 수찬으로 복귀했다. 정여립의 모반사건으로 서인이 동인을 제거하자 권력을 장악했다. 정철이 광해군의 세자 책봉을 건의하다가 탄핵 받고 유배될 때 함께 파직되어 회령에 유배되었다. 임진왜란이 일어나자 사면 받고 관직이 회복되었으며 임금이 함흥으로 피난하려 하자 의주행을 주장했으며 임금이 요동으로 피난가려 하자 상소하여 막았다. 또 왜구가 중국으로 가는 길을 빌리자는 것을 중국에 알리자고 주장해서 중국으로부터 오해를 풀었다.

성수침(成守琛)·이중호(李仲虎)·이황(李滉) 등에게 배웠다.

17세에 아버지를 여의고 명종 10(1555)년 생원시에 장원하고 명종 13(1598)년 식년문과에 을과로 급제하고 승문원 권지부정자에 보임되고 예문관 검열을 역임했다. 명종 14년 홍문관 정자에 임명된 뒤 명종 15년에는 저작에 임명되었고 명종 16(1561)년 부수찬·병조 좌랑·수찬·정언에 차례로 임명되었다. 명종 17년 부수찬·정언·이조 좌랑을 역임하고 이조 정랑으로 전임되었다. 이때 명종비 인순왕후의 외삼촌으로 권세를 누리던 이조 판서 이량(李樑)이 아들 정빈(廷賓)을 이조 좌랑에 천거하자 이에 반대하다가 대사헌 이감(李戡)의 탄핵을 받고 삭탈관작 되었다. 같은 해에 이량이 반대파 사람의 숙청을 꾀하다가 유배됨에 따라 명종 18년 수찬으로 관직에 복귀했고 같은 해에 이조 좌랑으로 전임되었다. 명종 19(1564)년 의정부 검상·의정부 사인·장령에 임명되었고 명종 20년 이조 좌랑을 역임하고 부응교로 전임되었다. 이때 문정왕후가 승하하자 부응교로 빈전도청의 일을 맡았다. 명종

21(1566)년 승정원에 들어가 동부승지·우부승지·좌부승지·우승지를 역임하고 명종 22(1567)년 형조 참의·우승지에 임명되었다.

선조 즉위(1567)년 대사간을 역임하고 선조 1(1568)년 우승지로 전임되었다. 명나라 사신 성헌(成憲)과 왕새지(王璽之)가 왔는데 이조 참의로 도사 영위사에 충당되었다가 돌아와 좌승지에 임명되었다. 그 뒤 성균관 대사성에 임명되었다가 다시 대사간으로 전임되고 이어서 첨지중추부사·장례원 판결사·병조 참지·병조 참의를 역임했다. 이어 황해도 관찰사에 임명되었으나 얼마 되지 않아 어머니가 죽었다는 소식을 듣고 사직하였다. 상을 마치고 첨지중추부사를 거쳐 대사성·공조 참의·형조 참의·호조 참의를 거쳐 선조 9(1576)년 대사간에 임명되어 사은사로 명나라에 다녀왔다. 선조 11(1578)년 도승지로 있었는데 이종동생인 이수(李銖)로부터 뇌물을 받았다는 양사의 탄핵을 받고 선조 12년 윤두수·윤근수·윤현 등과 함께 파직되었다. 그러나 대사간 김계휘의 변호로 나주 목사로 제수되었다. 나주 목사로 제수되자 부모가 늙어서 300리 밖으로 못 나간다 하고 부임하지 않았다. 그러자 그 해에 연안 부사로 나가 선조 13년과 선조 14년의 극심한 흉년에 구황에 힘쓴 공으로 임금으로부터 옷 한 벌을 하사받았다. 돌아와 동지중추부사·형조 참판을 지내고 한성부 좌윤·오위도총부 부총관·형조 참판으로 차례로 전임되었다. 선조 17(1584)년 병조 참판으로 있을 때 어머니 상을 당했다. 선조 20(1587)년 탈상하고 동지중추부사·오위도총부 부총관에 임명되었다. 왜적이 전라도를 침범하여 변방의 관리가 죽자 전라도 순찰사·전라도 관찰사에 발탁되었다. 선조 22(1589)년 평양 감사에 임명되었다. 이해에 정여립의 모반사건으로 인한 기축옥사를 통해 서인이 동인을 제거하고 권력을 장악했고 선조 23년 종계변무의 공으로 광국공신 2등에 녹훈되고 해원부원군에 봉해졌다. 그 뒤에 대사헌·호조 판서·대사헌·동지경연사·지중추부사·대사헌에 차례로 임명되었다. 선조 24(1591)년 서인의 영수 정철이 광해군의 세자 책봉을 건의하다가 양사의 탄핵을 받고 유배를 당할 때 함께 파직되어 회령에 정배되었다. 뒤에 홍원에 이배되었으며 같은 해에 전리방환 되었다. 선조 25(1592)년 임진왜란이 일어나자 죄를 사면 받고 관작과 봉호가 회복되었다. 이어 어영대장에 임명되어 어가를 호종했고 우의정으로 승진되었다가 평양에서 좌의정에 임명되었다. 평양에 있을 때 원나라에 대한 원병 요청을 반대하고 평양성의 사수를 주장했으며, 함흥 피난론을 물리치고 의주행을 주창하여 관철시킴으로써 함흥이 함락된 뒤에도 선조가 무사하게 했다. 의주에서 상소를 올려 임금이 요동으로 피난 가는 것을 막았다. 그러나 부인은 피난길에 죽었다는 소식을 평양에서 들었다. 선조 26년 세자를 호종하고 남하하여 3도 도체찰사가 되었으며 선조 28년 판중추부사로 왕비를 해주로 호종하였으며 해원부원군이 되었다가 좌의정에 올랐으나 곧 사직했다. 선조 30년 판중추부사가 되고 선조 31(1591)년 좌의정에 임명되었으나 헌부의 탄핵으로 체차되었고 선조 32년 다시 영의정에 올랐으나 간원의 탄핵으로 체차되었다. 선조 34(1601)년 4월 1일 69세로 죽었고 죽은 뒤인 1605년 호성공신 2등에 추록되었다. 윤두수는 문자에 능하고 글씨도 뛰어나 문징명체(文徵明體)에 일가를 이루었다. 저서로 <오음유고>·<성인록>이 있고 편서로 <기자지>·<평양지>·<연안지> 등이 있다.

　　<선조실록> 선조 34(1601)년 4월 7일[325] 두 번째 기사에 '해원부원군 윤두수가 죽다'는 기사가 있다.

🎁 평가

　　<선조실록>
　　해원 부원군 윤두수가 죽다

　　…… 전교하였다.
　　"대신(大臣)이 죽어 매우 놀랍고 슬프다. 별치부(別致賻)하도록 하라."

---

325) 죽은 날짜가 수정본과 다른 것은 죽을 때 고향에서 죽었기 때문으로 보인다.

\<선조수정실록\>
해원 부원군 윤두수의 졸기

…… 윤두수는 젊어서부터 공보(公輔)의 기대를 받았는데, 전랑(銓郞)이 되어 이양(李樑)의 아들이 낭관직에 천거되는 것을 허락하지 않았다. 이때 이양의 기세가 커서, 두수가 드디어 이 때문에 죄를 얻었는데, 사론(士論)이 훌륭하게 여겼다. 광국훈(光國勳)에 녹공되고 정경(正卿)에 올랐다. 신묘년에 왜추(倭酋)가 우리나라에게 길을 빌려 달라고 하였는데 두수가 가장 먼저 중국에 그것을 고할 것을 청하였다. 이 때문에 임진년의 난리가 일어났을 때 중국이 끝내 우리나라를 의심하지 않았다. 상이 이 일로 그를 인재로 여겨 드디어 재상의 지위에 이르렀다. 그러나 당시에 꺼리는 바가 되어 이를 사양하고 한가하게 살다가, 이때에 이르러 졸하였다.

참고문헌

〈국조인물고 : 비명. 최립(崔岦) 지음〉, 〈다음백과사전〉, 〈명종실록〉, 〈선조실록〉, 〈선조수정실록〉, 〈해평윤씨세보〉

이항복(李恒福)

본관은 경주이고 자는 자상(子常)이며 호는 백사(白沙)·동강(東岡)·필운(弼雲)이고 시호는 문충(文忠)이다. 명종 11(1556)년에 태어나서 광해군 10(1618)년에 죽었다.

재임기간

선조 34(1601)년 5월 1일−선조 35(1602)년 윤 2월 1일326) ※ 후임 이덕형
선조 37(1604)년 4월 1일327)−선조 37(1604)년 윤 9월 1일328) ※ 후임 윤승훈

가문

아버지는 몽량(夢亮)인데 우참찬과 형조 판서를 역임했고 할아버지는 예신(禮臣)인데 진사이며 관직에 나가지 않고 학문 연마와 후학 양성에 힘썼다. 풍수지리에 능하고 좌참찬에 추증되었다. 증조부는 안동 판관 성무(成茂)이고 고조부는 돈녕부 첨정 숭수(崇壽)이다. 5대조는 공조 참판 연손(延孫)이고 6대조는 전농 판관을 역임하고 이조 참판에 증직된 승(昇)이며 7대조는 고려 지인주사 증 이조 참의 원보(元普)이며 8대조는 문부상서 과(薖)이다. 이상의 세계는 이광좌와 같다.

장인은 초배는 도원수 권율(權慄)이고 처조부는 영의정 권철(權轍)이다. 계배는 금성인 현령 오언후(吳彦厚)이고 외할아버지는 전주인 결성 현감 최륜(崔崙)이다.

아들은 넷인데 1남은 부사 성남(成男)이고 2남은 예빈시정 정남(鼎男)이다. 딸은 윤인옥(尹仁沃)과 결혼했다. 측실 소생으로 규남(奎男)과 기남(箕男)이 있는데 기남은 지중추부사를 역임했다. 정남이 시술(時術)을 낳고 시술이 세필과

---

326) 이항복을 오성부원군으로 삼았다.(수정본에는 "영의정 이항복이 면직되고 이덕형으로 대신하였다.)
327) 선조실록 4월 18일 기사에 "이항복을 의정부 영의정으로 삼다"고 기록되어 있다.(수정본 선조 37년 4월 1일 기사에 "이항복을 영의정으로 삼았으나 극력 사양하고 나오지 않았다."고 되어 있다.)
328) 선조실록 5월 16일 기사에는 "이항복을 오성부원군으로 이기빈을 공조 참판으로 …"

세귀(世龜)를 낳았는데 세필이 좌의정 태좌를 낳고 태좌가 영의정 종성을 낳았으며 세귀가 영의정 광좌를 낳았다. 또 세필의 후손에서 영의정 유원이 배출되었고, 초대부통령 시영이 배출되었다.

🔹 생애

> 도원수 권율의 사위이고 영의정 권철의 손녀사위이다. 후손으로 좌의정 태좌·영의정 종성·영의정 광좌·영의정 유원·초대부통령 시영이 배출되었다. 정여립의 모반사건을 처리하여 평난공신이 되었으나 홍여순의 모함으로 파직되었다. 임진왜란이 일어나자 도승지로 선조를 호종했고, 정인홍이 성혼을 공격할 때 성혼의 무죄를 주장하다가 정철의 당이라 하여 영의정에서 물러났다. 북인이 김제남을 살해하고 영창대군을 죽이려 할 때 영창대군을 옹호했다. 폐모론이 일자 이에 반대하다가 탄핵 받고 귀양 가서 유배지에서 죽었다. 한음 이덕형과의 일화로 유명하다.

9세에 아버지가 죽고 16세에 어머니가 죽었다. 선조 8(1575)년 진사시에 합격하고 성균관에 입학하였다. 선조 13(1580)년 알성문과에 급제하여 승문원 권지부정자가 되어서 홍문록에 뽑혔다. 선조 14년 예문관 검열을 역임하고 선조 15(1582)년 봉교에 임명되었다. 선조 16년 대제학 이이의 천거로 이덕형과 함께 사가독서[329]했다. 선조 18(1585)년 예문관 대교·봉교·성균관 전적·사간원 정언·이조 좌랑·지제교를 차례로 역임하고 선조 19년에 홍문관 수찬이 되었다. 선조 21(1588)년 이조 정랑에 제수되었으며 선조 22(1589)년 이조 정랑으로 있을 때 정여립의 모반사건[330](기축옥사)이 발생했다. 선조 23년 응교로 전임되고 의정부 검상·사인으로 전임되었다. 정여립

---

[329] 현직에 있으면서 업무를 벗어나 독서하도록 하는 제도로 오늘날 교수들의 연구년과 비슷한 제도이다.

[330] 기축옥사라고도 한다. 황해도 관찰사 한준, 안악군수 이축, 재령 군수 이충간의 연명상소로 시작되었다. 정여립은 호남지역에 대동계를 조직하여 무술 연마를 하였다. 1587년에는 왜구를 소탕하기도 했는데 대동계의 조직이 확대되어 황해도까지 진출했을 때 황해도 관찰사 한준 등이 연명으로 고변하기를 '정여립의 대동계 인물들이 결빙기를 이용해서 황해도와 전라도에서 동시에 봉기하고 입경하여 신립과 병조 판서를 살해하고 병원을 장악하기로 했다'는 내용이었다. 이 일로 정여립은 아들과 함께 죽도로 피신했다가 관군이 포위를 좁혀오자 자살했으며, 이 사건을 계기로 정철이 주축이 되어 동인 등을 척결했다. 이때 동인을 몰아낸 것을 기축옥사라 하는데 이 일로 정철과 정철을 후원하던 성혼에 대한 동인들의 원망이 커졌다.

의 모반사건을 처리한 공으로 평난공신 3등에 녹훈되었다. 같은 해에 직제
학을 거쳐 동부승지에 임명되었는데 선조 24년 호조 참의 홍여순의 모함으
로 파직되었다. 다시 승지가 되고 홍여순이 계속 위해하려 했으나 이원익이
대사헌으로 있으면서 변호하여 화를 면했다. 같은 해에 도승지로 승차했다.
선조 25(1592)년 임진왜란이 발발하자 도승지로 선조를 의주까지 호위했으
며 왕자 신성군과 정원군을 평양까지 호위했다. 그 공으로 송경(개성)에 도
착했을 때 오성군에 봉해졌다. 평양에 도착하여 이조 참판에서 호조 판서로
특진되었으며 오위도총부 도총관을 겸했다. 이어서 병조 판서로 전임되어
서 동지경연·홍문관 제학·지경연춘추관사·동지성균관사·세자우부빈객
을 겸했다. 선조 26(1593)년 세자(뒤의 광해군)가 남쪽에 분조(分朝)를 설치하고
경상도와 전라도의 군무를 맡아볼 때 대사마(大司馬)로 세자를 보필하며 분병
조 판서를 맡았다. 선조 27년 봄 전라도에서 송유진(宋儒眞)의 반란이 일어나
자 관료들이 세자와 함께 환도하기를 청했으나 이에 반대하고 반란을 진압
했다. 이 뒤에 병조 판서를 다섯 차례 지내면서 군을 정비했다. 선조 28
(1595)년 이조 판서로 전임되어 예문관 대제학과 지춘추관사·지성균관사·
지의금부사를 겸하였으나 이조 판서와 대제학에서 체직되고 의정부 우참찬
에 임명되었다. 선조 29년 병조 판서에 임명되고 정사 접반사로 명나라 장
수를 접대하며 전쟁을 치렀다. 선조 30년 병조 판서로 좌부빈객을 겸했으
나 병으로 면직되었다. 선조 31(1598)년 명나라 찬획 정응태(鄭應泰)가 우리나
라를 무함하여 황제에게 주문을 올리자 대광보국숭록대부로 가자되고 부원
군에 봉해진 뒤 진주사로 명나라에 가서 정응태를 파직시키고 귀국하여 토
지와 노비를 하사받았다. 돌아와서 우의정으로 승차하였으나[331] 선조 32년
병으로 휴직하고 오성부원군이 되었다. 얼마 되지 않아 다시 우의정으로 제
배되었다가 좌의정에 임명되었다. 이때 휴전을 주장했다는 이유로 유성룡
이 탄핵을 받자 자신도 휴전을 주장했다며 사의를 표명하고 물러났다. 바로

---

331) 영의정 이원익과 좌의정 이덕형은 모두 동인이고 이항복만 서인임

뒤에 우의정으로 도체찰사 겸 도원수에 임명되었다가 좌의정으로 옮겨 4도 체찰사 겸 도원수를 역임하며 남도 각지를 돌며 민심을 안정시키는 데에 주력했다. 선조 33(1600)년 도체찰사 겸 도원수로 남쪽 지방의 군대의 상황을 보고하고 해변 방어 16가지 계책을 올렸다. 선조 34년 영의정으로 승차하여 영의정에서 해직시켜줄 것을 요청했으나 받아들여지지 않았다. 선조 35(1602)년 정인홍과 문경호 등이 성혼이 최영경을 모함하고 살해했다고 하며 성혼을 공격할 때 성혼의 무죄를 주장하다가 정철의 당332)이라는 혐의를 받아 자진하여 영의정에서 물러나 오성부원군이 되었다. 선조 37(1504)년 다시 영의정에 임명되었으며 호성공신 1등에 녹훈되었다. 같은 해에 영의정에서 물러나 오성부원군이 되었으며 선조 41(1608)년 좌의정에 제배되어 도체찰사와 총호사를 겸했다.

광해군 즉위(1608)년에 임해군의 집을 병사들이 둘러싸고 출입을 금지시키고 살해하려 하자 이에 반대함으로써 정권을 잡고 있던 정인홍 일파의 공격을 받았다. 공격을 받고 사퇴하려 했으나 받아들여지지 않고 4도 도체찰사 겸 영의정으로 재직하다가 광해군 3(1611)년 우의정으로 내려왔다가 좌의정으로 전임되었다. 북인이 선조의 장인인 김제남 일가를 멸족시키고 영창대군을 살해하려 하자 이에 극력 반대했다. 광해군 5(1613)년 영창대군을 옹호한 일로 다시 북인의 공격을 받았으나 광해군의 선처로 처벌을 면하고 좌의정에서 물러나서 오성부원군이 되었다. 광해군 7년 맏아들 성남(星男)이 적노(賊奴)의 무고를 받아 하옥되고 정인홍이 상소하고 삼사에서 관직을 삭탈하여 문외출송을 하라고 청하자 망우리에 오두막집을 짓고 물러났다. 광해군 9(1617)년 폐모론이 일어나자 이에 반대하여 북인으로부터 서궁의 옹호자로 지목되어 탄핵받고 중도부처 되어 용강으로 귀양을 갔다. 그 뒤 홍해로 정배 되었으며 다시 창성으로 정배 되었고 또 경원으로 정배 되었고 다시 삼수로 정배되었으며 또 북청으로 정배 되었다가 그곳에서 병이

---

332) 서인을 말함.

들어 63세로 죽었다. 5월 18일 관작이 회복되고 관례대로 예장되었으며 인조 8년에 문충(文忠)이라는 시호가 내려졌다

저서로는 <사례훈몽> · <주소계의> · <노사영언> · <백사집> · <북천일록> 등이 있으며 포천의 화산서원과 북청의 노덕서원에 제향되었다.

<광해군일기> 광해군 10(1618)년 5월 13일 여섯 번째 기사에 '전영의정 오성부원군 이항복의 졸기'가 있다.

📦 평가

전 영의정 오성 부원군 이항복의 졸기

전 영의정 오성 부원군 이항복(李恒福)이 북청(北靑) 유배지에서 죽었다.

참고문헌

〈국조인물고 : 비명. 신흠(申欽) 지음〉, 〈다음백과사전〉, 〈선조실록〉, 〈선조수정실록〉, 〈광해군일기〉, 〈경주이씨세보〉

이덕형(李德馨)

> 본관은 광주이고 자는 명보(明甫)이며 호는 한음(漢陰)·쌍송(雙松)·포옹산인(抱雍散人)이고 시호는 문익(文翼)이다. 명종 16(1561)년에 태어나서 광해군 5(1613)년에 죽었다.

재임기간

선조 35(1602)년 윤 2월 1일333)−선조 36(1603)년 9월 1일334) ※ 후임 이덕형
선조 36(1603)년 12월 1일335)−선조 37(1604)년 3월 1일336) ※ 후임 이항복
광해군 1(1609)년 9월 6일337)−광해군 3(1611)년 8월 24일338) ※ 후임 이원익
광해군 4(1612)년 8월 10일339)−광해군 5(1613)년 9월 20일340) ※ 후임 기자헌

가문

아버지는 지중추부사 민성(民聖)이고 할아버지는 젊은 나이에 죽은 증좌찬성 진경(振慶)이다. 증조부는 부사과 수충(守忠)이며 고조부는 세준(世俊)이다. 5대조는 좌의정 극균(克均)이고 6대조는 관찰사 예손(禮孫)이며 7대조는 형조참의로 청백리에 녹훈된 지직(之直)이고 8대조는 판전교시사 집(集)이며 9대조는 광주이씨의 시조인 당(唐)이다.

장인은 영의정 이산해(李山海)이고 외할아버지는 문화인 현령 유예선(柳禮善)이며 외삼촌이 문화인 영의정 유전(柳㙉)이다.

아들이 셋인데 1남 여규(如圭)는 판결사를 역임했고 2남 여벽(如璧)은 현감

---

333) 선조수정실록 : 영의정 이항복이 면직되고 이덕형으로 대신하였다.(<선조실록> 윤 2월 3일 기사에는 "이덕형을 의정부 영의정으로, 박이장을 동부승지로 …"라 되어 있다.)
334) 선조수정실록 : 영의정 이덕형이 사면을 청하니 상이 따랐다.
335) 선조수정실록 : ▶ 영의정 이덕형이란 기사가 있음
336) 선조수정실록 : 선조실록 : 4월 9일 이덕형을 판중추부사로 윤훤을 장악원 첨정으로 …
337) 정초본 : 이덕형을 영의정으로 윤승훈을 영중추부사로 …
338) 정초본 : 이원익을 영의정으로 이덕형을 좌의정으로 이항복을 우의정으로 각각 삼았다.
339) 정초본 : ▶ 영의정 이덕형은 의논드리기를 …
340) 양사가 합계하여 죄를 청하니 이덕형의 직만 파하게 하다.

을 역임했으며 3남 여황(如璜)은 관찰사를 역임했다. 딸은 부사 정기숭(鄭其崇)과 결혼했다. 여규는 네 아들을 낳았는데 상건(象乾)·상곤(象坤)·상겸(象謙)·상정(象鼎)이다. 여벽은 아들이 없어서 여규의 넷째 아들 상정이 대를 이었다. 측실에서 세 아들을 두었는데 여박(如璞)·여방(如玤)·여선(如璇)이다.

방계로는 5대조인 형조 판서 극감(克堪)의 아들이 예조 판서 세좌(世佐)이다. 세좌는 연산군의 생모인 윤비에게 사약을 들고 간 일로 세좌의 아들 충청도 도사 수원(守元)·홍문관 수찬 수형(守亨)·수의(守義)·수정(守貞) 4형제와 광주 이씨 30여명이 극형을 받았다. 수찬 수정(守貞)의 1남은 병조 판서 윤경(潤慶)이고 2남은 영의정 준경(浚慶)이다. 수원의 아들 연경(延慶)은 교리를 역임했는데 영의정 노수신의 장인이다.

🎲 생애

> 좌의정 극균의 현손이고 영의정 이산해의 사위이며 영의정 유전의 생질이다. 임진왜란이 일어나자 사신으로 단독으로 적진에 들어가 겐소와 회담했고, 구원병을 청하는 청원사로 명나라에 들어갔으며 제독의 접반사로 활약했다. 이이첨 등이 폐모론을 일으키자 이항복과 함께 반대했다. 이 일로 파직되어 용진으로 돌아갔고, 용진에서 죽었다.

선조 13(1580)년 별시문과에 급제하여 승문원 관원이 되었다. 선조 15(1582)년 승문원 정자에 임명되었고 선조 16년에는 대제학 이이의 추천으로 이항복과 함께 사가독서했다. 선조 17년 서총대에 친림하여 무예를 시험할 때 수석하고 홍문관 박사가 되었다. 선조 18년 교리에 임명되었고 선조 21년 이조 좌랑을 거쳐 이조 정랑으로 있을 때 선위사[341]가 되어 일본 사신 겐소(玄蘇)·다이라(平義智) 등을 접대했다. 이 일로 일본 사신들로부터 존경을 받았다. 선조 23년 동부승지·우부승지·부제학·이조 참의·대사간·국자전의를 역임했다. 선조 24년에는 예조 참판에 초배되어 이조 참판 겸 양관

---

341) 중국 사신에 대해서는 원접사와 더불어 의주, 안주, 평양, 청주, 개성부의 5개 처에 선위사를 파견했고 일본이나 유구에서 사신이 올 때는 선위사만 보내어 영송했다.

대제학에 임명되었다. 선조 25(1592)년 임진왜란이 일어나 선조가 평양으로 피난했는데 일본군이 대동강까지 이르자 동지중추부사로 왜군에 사신으로 가서 단독으로 일본의 겐소와 회담하고 대의로써 그들을 공박했다. 이어 선조를 정주까지 호종하고 대사헌이 되어 구원병을 청하는 청원사로 명나라에 가서 원군을 파병하게 하는 데 성공했다. 명나라의 원군이 압록강을 건너오자 이들을 맞았으며 제독의 접반사에 임명되어 이여송과 행동을 같이했다. 제독 접반사로 세자우빈객을 겸하다가 한성부 판윤에 임명되어 접반사를 겸했다. 선조 26년 지중추부사·동지중추부사를 거쳐 형조 판서에 임명되어 예문관 제학과 세자좌빈객을 겸하다가 병조 판서로 전임되었고 사헌부 대사헌으로 홍문관 대제학과 예문관 대제학을 겸했다. 선조 27년 어머니의 상을 당하여 사직을 요청했으나 받아들이지 않고 이조 판서로 전임되어 훈련도감 당상을 겸하면서 시무8조(時務八條)를 진달했다. 선조 28(1595)년 다시 병조 판서로 전임되어 예문관 제학을 겸하면서 경기·황해·평안·함경 4도 체찰부사도 겸했다. 선조 29년 충청도 홍산의 서인(庶人) 이봉학이 무량사에서 난을 일으켰는데 이덕형과 내응한다고 칭하였다. 이로 인해 병조 판서에서 사임했다. 선조 30(1597)년 공조 판서·우참찬·우찬성·이조 판서를 차례로 역임했다. 이 해에 정유재란이 일어나자 명나라 어사 양호(楊鎬)를 설복시켜 서울 방어를 강화하게 했고 선조 31년 우의정으로 승차하고 이어서 좌의정으로 승차했다. 좌의정으로 있을 때 우의정 이항복의 진언으로 명나라 제독 유정(劉綎)과 함께 순천에 이르러 통제사 이순신과 합동으로 적장 고니시(小西行長)의 군대를 대파했다. 선조 32년 홍여순(洪汝諄)이 해치려고 유정과의 관계를 적발하여 무함하자 열 차례의 사직 상소를 내어 좌의정에서 사직하고 판중추부사로 전임되었으나 얼마 뒤에 다시 좌의정에 임명되었다. 그러나 다시 좌의정에서 사직하고 선조 33(1600)년 한직인 판중추부사가 되었다. 선조 34년 판중추부사로 경상도 전라도 충청도 강원도 4도체찰사를 겸해서 전란 뒤의 민심 수습에 힘썼다. 선조 35년 이항복의 뒤를 이어 영의정에 제수되자 겸 4도체찰사에서 사직했다. 선조 36년 9월 사면을 청하여 영의정에서 물러났으나 선조 36년 12월 다시 영의정에 제배되었고 선조 37(1604)년 3월 사직을 청하여 영의정에서 사직하는 것을 윤허받고 판중추부사가 되었다가 선조 40년 영중추부사에 임명되었다.

광해군 즉위(1608)년 영중추부사로 입시하여 광해군 왕위 절차와 임해군 유배에 관여했다. 이 일로 집의 최유원이 이덕형의 잘못을 논하는 등 비판과 탄핵을 받기도 했다. 명나라가 광해군의 왕 책봉을 허락하지 않자 진주사로 명나라에 가서 책봉의 허락을 받고 돌아와서 광해군 1(1609)년에 다시 영의정에 제수되었다. 그러나 광해군 3년 이원익이 영의정으로 돌아오면서 좌의정으로 물러났으며 광해군 4년 이원익이 영의정에서 물러나자 그 후임으로 다시 영의정에 제배되었다. 광해군 5(1613)년 박응서(朴應犀)의 상변으로 삼사에서 영창대군을 처형하자고 상소하고 이이첨 등이 폐모론을 일으키자 이항복과 함께 영창대군의 처벌과 폐모론에 적극 반대했다. 이 일로 양사가 합계하여 이덕형의 처벌을 주장했으나 광해군은 파직시키고 관작을 삭탈시키는 것으로 마무리했다. 그 뒤 용진(龍津)으로 돌아가 광해군 5(1613)년 10월 9일 죽었다. 이덕형이 죽자 다음날인 10월 10일 광해군이 애도하여 관작을 회복하고 예장하도록 명했다. 포천의 용연서원과 상주의 근암서원에 제향되었다. 저서로는 <한음문고(漢陰文稿)>가 전한다.

<광해군일기> 광해군 5(1613)년 10월 9일 네 번째 기사에 '전 영의정 이덕형의 졸기'가 있다.

🎲 평가

전 영의정 이덕형의 졸기

…… 이때 죄를 주자는 논계는 이미 중지되었는데, 덕형은 양근(楊根)에 있는 시골집에 돌아가 있다가 병으로 졸하였다. 덕형은 일찍부터 공보(公輔)가 되리라는 기대를 받았는데, 문학(文學)과 덕기(德器)는 이항복(李恒福)과 대등하였으나, 덕형이 관직에서는 가장 앞서 나이 38세에 이미 재상의 반열에 올랐

다. 임진년 난리 이래 공로가 많이 드러나 중국 사람이나 왜인들도 모두 그의 성명(聲名)에 복종하였다. 사람됨이 간솔하고 까다롭지 않으며 부드러우면서도 능히 곧았다. 또 당론(黨論)을 좋아하지 않아, 외구(外舅)인 이산해(李山海)가 당파 가운데서도 지론(持論)이 가장 편벽되고 그 문하들이 모두 간악한 자들로 본받을 만하지 못하였는데, 덕형은 한 사람도 친하지 않았다. 이 때문에 자주 소인들에게 곤욕을 당하였다. 그가 졸하였다는 소리를 듣고 원근의 사람들이 모두 슬퍼하고 애석해 하였다.

▶ 참고문헌

〈국조인물고 : 비명. 조경(趙絅) 지음〉, 〈다음백과사전〉, 〈선조실록〉, 〈광해군일기〉, 〈광주이씨문경공파보〉

윤승훈(尹承勳)

본관은 해평이고 자는 자술(子述)이며 호는 청봉(晴峰)이고 시호는 문숙(文肅)이다. 명종 4(1549)년에 태어나서 광해군 3(1611)년에 죽었다.

🟦 **재임기간**

선조 37(1604)년 윤 9월 1일342)－선조 37(1604)년 11월 1일343) ※ 후임 유영경

🟦 **가문**

아버지는 사헌부 감찰 홍언(弘彦)이고 할아버지는 이조 참판과 도승지를 역임한 은필(殷弼)이다. 은필은 기묘명현의 한 사람이다. 증조부는 군기시 첨정 훤(萱)이고 고조부는 사헌부 장령 겸 승문원 참교 면(沔)이다. 5대조는 수원 도호부사 처성(處誠)이고 6대조는 참지의정부사·보문각 제학·이조 참판을 역임한 사수(思修)이다. 7대조는 동지밀직사사 상호군 방안(邦晏)이고 8대조는 정당문학 진현관 대제학 지현(之賢)이다. 9대조는 석(碩)인데 석은 첨의정승·중찬·벽상삼한십자공신 진국상장군 고려 도원수로 해평부원군에 봉해졌다. 10대조는 만비(萬庇)인데 부지밀직사사이고 11대조는 수서공 상서성 좌복야 군정(君正)인데 해평윤씨의 시조이다.

장인은 창녕인 광흥 창수 성호문(成好問)이고 외할아버지는 전주인 장임수(長臨守) 이순민(李舜民)이다. 이순민의 아버지는 원산군(園山君) 행(行)이고 할아버지는 보성군(寶城君) 합(㝓)이며 증조부는 효령대군(孝寧大君) 보(補)다.

아들은 둘인데 1남은 홍문관 수찬 공(珙)이고 2남은 병조 참판 숙(璛)이다. 딸이 둘인데 1녀는 내한 이경여와 결혼했고 2녀는 생원 허국(許國)과 결혼했다. 측실에서 1남을 두었는데 형(珩)이다.

형이 셋인데 종부시정 승경(承慶)과 좌참찬 승길(承吉)과 교하 현감 승서(承緖)이다. 8명의 누이가 있는데 전주인 군수 유용(柳溶)·홍인 현감 민숙헌(閔叔獻)

---

342) 정초본 : 5월 22일 : 윤승훈을 영의정으로 유영경을 좌의정으로 기자헌을 우의정으로 …
343) 정초본 : 윤승훈을 판중추부사로 김수를 동지중추부사로 …

· 청주인 부사 한광입(韓匡立) · 상주인 판관 황세은(黃世殷) · 전주인 충위위 이복선(李復善) · 밀양인 변희겸(卞希謙) · 전주인 별좌 이희춘(李熙春) · 순천인 증 판결사 김덕남(金德男) 등과 결혼했다.

방계로는 할아버지 은필의 형인 종조부가 영의정 은보(殷輔)이다.

🎲 생애

기묘명현 은필의 손자이고 영의정 은보의 종손자다. 이이가 정철을 옹호할 때 이이를 탄핵하다가 좌천되었고, 함경도 관찰사로 번호의 난을 진압했다. 이항복이 정철의 복심이라고 탄핵받을 때 이항복을 옹호하다가 유영경의 미움을 받아 삼사의 탄핵을 받고 좌천되었다.

선조 6(1673)년 사마 진사시에 합격하고 같은 해에 식년문과에 급제하고 승정원에 뽑혀 들어갔다. 선조 9(1576)년 어머니 상을 당하고 시묘했다. 선조 12(1579)년 한림원에 들어가고 선조 13(1580)년 예조 좌랑에 임명되었다가 선조 14(1581)년 정언으로 전임되었다. 정언으로 있을 때 이이가 정철을 심의겸의 당이 아니라며 정철을 비호하자 이이를 탄핵하다가 신창 현감으로 좌천되었다. 선조 16(1583)년 황해도 도사에 임명되었고 선조 17년 아버지의 상을 당하고 시묘했다. 상을 마치고 사간원에 세 번이나 들어가 정언 · 헌납을 역임하고 사헌부에 네 번이나 들어가 지평 · 장령에 임명되었다. 선조 20(1587)년 황해도 구황경차관으로 파견되었다가 정언에 임명되었다. 선조 25(1592)년 사간 · 무유어사 · 응교 · 겸춘추 · 대사성 · 충청 전라 선유사 · 전주 부윤을 역임하며 군량 조달에 힘썼다. 선조 26년 승지를 역임하고 충청도 관찰사에 임명되었고 선조 27년 충청도 관찰사로 있으면서 송유진의 난에 연루된 자들을 체포한 공으로 가자되고 충청도 순찰사에 임명되었다. 선조 28(1595)년 동지중추부사를 역임했고 선조 29년 동지의금부사 · 호조 참판 · 부제학 · 대사간을 역임했다. 선조 30년 사은사로 명나라에 갔다가 돌아와 대사헌 · 분사헌부 대사헌을 역임했다. 선조 31년 4도 총독사가 되어 명나라 군사의 군량을 공급하는 데 공을 세웠다. 이 일로 자헌대부로 가자되고 경상도 관찰사에 임명되었으나 병이 나자 이조 판서로 전임되었다. 선조 32(1599)년 호조 판서·대사헌·이조 판서를 역임하고 함경도 관찰사에 임명되었다. 함경도 관찰사로 있을 때 번호(蕃胡)가 난을 일으키자 북도 순찰사에 임명되어 병사 이수일(李守一)과 함께 적의 소굴을 소탕했다. 선조 33년 번호의 발호를 막고 북방을 안정시키기 위해 번호의 추장들에게 후한 상품을 하사하여 귀순할 마음을 갖게 해야 한다고 주장했다. 선조 34(1601)년 병조 판서를 역임하고 같은 해에 우의정으로 승진했다. 우의정으로 있던 선조 35(1602)년 영의정 이항복이 정철의 복심이었다고 탄핵을 받게 되었을 때 이항복을 옹호하다가 유영경의 미움을 받아 삼사의 탄핵을 받고 물러나 지중추부사가 되었다가 판돈녕부사에 임명되었다. 선조 36(1603)년 좌의정에 임명되어 동(銅)과 철(鐵)은 우리나라에서 생산되는 것이 아니니 동전을 전국에 유통시킨다는 것은 어렵다고 주장했다. 양전 사업이 4년이 지났어도 완성되지 않는 것은, 관리가 법을 농간하기 때문이라며 우선 경차관을 파견하는 등의 조치를 취해야 한다고 주장했다. 선조 37년 윤 9월 영의정으로 승진했으나 선조의 존호를 올리자는 공론을 정지시키려 했다는 양사의 탄핵을 받고 그 해 11월 영의정에서 물러나 판중추부사가 되었다. 이 일로 인해 오랫동안 유영경의 배척을 받았다.

광해군 즉위(1608)년 판중추부사로 임해군을 옹호하다가 공격받았고 광해군 2(1610)년 영중추부사에 임명되었으나 그 해에 63세로 죽었다.

<광해군일기> 광해군 3(1611)년 6월 16일 세 번째 기사에 '영중추부사 윤승훈의 졸기'가 있다.

🟦 평가

영중추부사 윤승훈의 졸기

…… 승훈은 일찍 과거에 올라 청현직을 두루 거쳐 재상에 이르렀다. 위인이 강직하고 과감하여 남에게 지기를 싫어하였고 지론(持論)이 당파에 치우친 까닭에 식자들이 단점으로 여겼다. 선묘(宣廟)의 존호를 의논할 때 자못

이론을 주장하고자 하여, 마침내 유영경에게 배척을 당하니 사론이 이 일로
그를 좋게 평가하였다.

참고문헌

〈국조인물고 : 비명. 이항복(李恒福) 지음〉, 〈다음백과사전〉, 〈선조실록〉, 〈선조수정실록〉,
〈광해군일기〉, 〈해평윤씨세보〉

유영경(柳永慶)

본관은 전주이고 자는 선여(善餘)이며 호는 춘호(春湖)이다. 명종 5(1550)년에 태어나서 광해군 즉위(1608)년에 유배지인 경흥에서 죽었다.

🎋 재임기간

선조 37(1604)년 12월 1일[344] - 광해군 즉위(1608)년 2월 14일[345] ※ 후임 이원익

🎋 가문

아버지는 참봉 의(儀)인데 영의정에 증직되었고 할아버지는 이조 참판 세린(世麟)이다. 증조부는 대사간 헌(軒)인데 청백리에 녹훈되었고 고조부는 첨지중추부사 계장(季漳)이다. 5대조는 말손(末孫)인데 순창 군수와 사헌부 집의를 역임하고 이조 참판에 증직되었다. 6대조 빈(濱)은 영흥도 도호부사와 홍문관 교리를 역임했다. 7대조는 보문각 직제학 지제교 극서(克恕)이고 8대조는 완산백 습(濕)인데 습은 전주유씨의 시조다.

장인은 창원인 동지중추부사 황응규(黃應奎)이고 외할아버지는 교하인 첨정 노첨(盧詹)이다.

아들은 통진 현감 열(悅)이고 손자는 정량(廷亮)이다. 정량은 선조와 인빈 김씨의 소생인 정휘옹주(貞徽翁主)와 결혼하여 전창위(全昌尉)가 되었으나 뒤에 전창군(全昌君)으로 봉해졌다. 정량의 아들은 심(淰)과 흡(潝)인데 심은 예조 참판을 역임하고 전평군에 봉해졌고 흡은 금천 군수이다. 딸은 1녀는 전주인 부제학 이민구(李敏求)의 아들 진사 이중규(李重揆)와 결혼했고 2녀는 동래인 형조 참판 정양필(鄭良弼)의 아들 종성 부사 정화제(鄭華齊)와 결혼했다.

형은 예조 참판 영길(永吉)이다. 영길은 강원도 관찰사 겸 수군절도사 항(恒)을 낳았다.

---

344) 정초본 : 12월 6일 - 유영경을 영의정으로 기자헌을 좌의정으로 심희수를 우의정으로 …
345) 완평부원군 이원익을 영의정으로 유희분을 우부승지로 …

전창위 정량의 할아버지이다. 임진왜란이 일어나자 초유어사로 의병을 모집했다. 정유재란 때 가족을 먼저 피난시킨 일로 파직되었다가 복관되었고, 북인이 대북과 소북으로 갈릴 때 남이공과 함께 소북의 영수가 되어 대북파의 기자헌·정인홍과 마찰을 빚었다. 뒤에 남이공과의 불화로 탁소북으로 분파되었다. 영의정으로 있으면서 영창대군을 옹립하려다가 대북파의 이이첨·정인홍의 탄핵을 받고 경흥으로 유배된 뒤 자진하라는 명을 받고 자진했으며, 죽은 뒤에 추형을 당하고 유영경의 집은 본가를 헐어 연못을 팠다. 인조반정 뒤에 복권되었다.

선조 5(1572)년 춘당대 문과에 급제했다.

선조 16(1583)년 헌납에 임명되고 선조 21(1588)년 암행어사로 파견됐다. 선조 25(1592)년 임진왜란이 일어나자 사간으로 초유어사가 되어 의병을 모집했다. 해주에서 일본군을 물리친 공으로 행재소에서 호조 참의로 승진하여 승지·동부승지·황해도 순찰사·황해도 관찰사를 역임했다. 선조 26년 호조 참의에 임명되었다가 선조 27년 동지중추부사로 전임되었으며 선조 28(1595)년 형조 참판에 임명되었다. 선조 29년 대사간·대사헌·첨지중추부사·형조 참판·대사간을 역임하고 선조 30년 지중추부사로 상호군을 겸했다. 이때 정유재란이 일어나자 가족을 먼저 피난시켰다. 이 일로 파직되었다가 병조 참판으로 복관되었다. 선조 31년 병조 판서로 승진되었다가 대사헌이 되었는데 이때 남이공(南以恭)·김신국(金藎國) 등이 북인인 홍여순(洪汝諄)을 탄핵하면서 대북과 소북으로 나뉘자 남이공과 함께 소북의 영수가 되었다. 같은 해에 병조 참판·전라도 관찰사에 임명되었으며 선조 32년 병조 판서·대사헌을 역임했다. 선조 33년에는 동지중추부사에 임명되었고 선조 34(1601)년 형조 판서에 제수되었으며 선조 35년 이조 판서를 역임하고 우의정으로 승진했다. 우의정으로 있으면서 대북파의 기자헌(奇自獻)·정인홍(鄭仁弘) 등과 세자 문제로 마찰을 빚었다. 선조 37(1604)년 좌의정으로 승진했다. 이 해에 손자 정량이 선조와 인빈 김씨의 소생인 정휘옹주와 결혼하여 전창위가 됨으로 왕실의 인척이 되었으며 호성공신 2등에 녹훈되고 진양부원군에 봉해졌다. 선조에게 존호를 올리고 영의정에 제수되었으며 이 뒤에 남이공과 불화하여 탁소북으로 분파되었다.

광해군 즉위(1608)년 영의정에서 물러나기 위해 정사하였으나 불허되었다. 영의정으로 있으면서 광해군 대신 선조가 총애한 영창대군을 옹립하려 했다. 그러나 광해군 즉위(1608)년 광해군을 지지하던 대북파의 이이첨·정인홍의 탄핵을 받고 2월 21일 양사의 합계에 따라 문외출송 되었다. 3월 10일 중도부처의 명을 받았으며 3월 15일 귀양 보내라는 명에 따라 3월 18일 경흥으로 정배되었다가 9월 15일 자진하라는 명을 받고 자진했다. 그러나 형은 여기서 그치지 않고 광해군 4(1612)년 추형하라는 명에 따라 추형을 당했다. 6월 25일 추형된 사실을 팔도에 교서로 반포했으며 추형한 뒤에 아들 열은 잡아들이고 업은 폐질환이 있어서 절도에 안치시켰으며 유영경의 집은 헐고 연못 파는 일 논했다. 그러나 사는 집은 손자 정량이 옹주와 결혼한 까닭에 본가만 헐고 연못을 팠다. 인조반정으로 복권되었다. 졸기는 없다.

▨ 참고문헌

〈다음백과사전〉, 〈선조실록〉, 〈광해군일기중초본〉, 〈전주유씨족보〉

기자헌(奇自獻)

본관은 행주이고 처음 이름은 자정(自靖)이었으며 자는 사정(士靖)이고 호는 만전(晩全)이다. 명종 17(1562)년에 태어나서 인조 2(1624)년에 죽었다.

🧊 재임기간

광해군 6(1614)년 1월 19일[346] – 광해군 10(1618)년 1월 18일[347] ※ 후임 정인홍

🧊 가문

아버지는 사간 응세(應世)이고 할아버지는 한성부윤 대항(大恒)이며 증조부는 응교·판중추부사를 역임하고 청백리에 오른 준(遵)이고 고조부는 홍문관 응교를 역임하고 이조 참판에 증직된 찬(襸)이며 5대조는 풍저창 부사를 역임하고 좌승지에 증직된 축(軸)이다. 6대조는 판중추부사 건(虔)이고 7대조는 공조 전서 면(勉)이며 8대조는 중평(仲平)이고 9대조는 현(顯)이다. 10대조는 효순(孝順)이고 11대조는 절(節)이며 12대조는 상장군 겸(謙)이고 13대조는 상장군 필선(弼善)이다. 14대조는 문하평장사 수전(守全)이고 15대조는 행주기씨의 시조인 문하평장사 순우(純祐)다.

장인은 선조의 큰형인 하원군(河原君)이며 남양군부인 홍씨가 장모가 되며 처할아버지는 덕흥대원군(德興大院君)이다. 외할아버지는 임백령(林百齡)인데 임백령은 윤원형을 중심으로 한 소윤으로 분류되며 윤원형·이기 등과 함께 을사사화를 주도하였고 1570년 훈작이 삭탈되었다

아들은 넷인데 1남은 좌랑 준격(俊格)인데 자헌과 함께 처형되었다. 2남은 순격(順格)이며 3남은 신격(愼格)이고 4남은 민격(敏格)이다. 딸은 여흥인 이지선(李志宣)과 결혼했다.

아우로 안산 군수 윤헌(允獻)과 첨사 통헌(通獻)이 있는데 윤헌은 자헌과 함

---

346) 정초본 : 기자헌을 영의정으로 정인홍을 좌의정으로 정창연을 우의정으로 삼았다.
347) 정초본 : 민몽룡을 우의정으로 한효순을 좌의정으로 정인홍을 영의정으로 …

께 처형되었다.

일가로는 종조부 진이 있는데 진의 아들이 대승이다. 대승이 자헌의 당숙이 된다.

🎲 생애

> 청백리 준의 손자이고 선조의 아버지 덕흥대원군의 손자사위이고 선조의 큰형 하원군의 사위이다. 동인으로 정여립의 모반사건이 발생하자 정철을 탄핵하여 실각시켰다. 그러나 정철의 처벌을 두고 강경하게 대립될 때 강경파로 북인이 되었으며 북인이 대북과 소북으로 나뉠 때 대북파가 되어 소북파가 영창대군을 옹립하려 하자 반대하고 탄핵하여 광해군을 옹립했다. 허균 등이 폐모론을 일으키자 반대했고, 김류·이귀가 인조반정에 참여할 것을 권했으나 신하가 임금을 폐할 수 없다고 거절했다. 이조반정이 성공한 뒤에 인조가 불렀으나 나가지 않아 역모죄로 부처되었다. 이괄의 난이 일어났을 때 사촌 익헌이 가담함으로 이괄과 내응할 것이라는 혐의를 받고 처형되고 가족도 몰살당했다. 죽은 뒤에 이원익·이귀의 상소로 관작이 회복되었다.

선조 15(1582)년 성균관에 입학하였고 선조 23(1590)년 증광문과에서 병과로 급제하고 선조 24년 사가독서했다. 선조 25(1592)년 임진왜란이 일어나자 예문관 봉교 겸 설서로 선조의 피난길을 따라갔다. 같은 해에 병조 좌랑에 임명되고 선조 26년 이조 좌랑·지평에 임명되었으며 선조 27(1594)년 정언을 역임하고 장령에 임명되어 춘추관 편수관을 겸했고 집의로 전임되었다. 선조 28년 성균관 직강·시강원 보덕·사인·집의·사간원 사간·동부승지·병조 참지·동부승지를 차례로 역임하고 선조 29년 우부승지·병조 참지·우승지·좌승지·우승지에 차례로 임명되었다. 선조 30(1597)년 병조 참지에 임명되어 중국 황실의 경사를 축하하는 진하사가 되어 명나라에 다녀왔고 선조 31년 좌승지를 역임하고 선조 32년 강원도 관찰사·예조 참의에 임명되었다. 선조 33(1600)년 홍문관 제학·대사헌·부제학을 역임했고 1589년에 일어난 정여립의 역모사건에 연루되어 억울하게 죽은 최영경을 신원하게 하고 정철을 비롯해 당시 옥사를 다스린 서인을 탄핵하여 실각시켰다. 이때 정철의 죄를 둘러싸고 동인이 남인과 북인으로 갈라졌는데 강력한 처벌을 주장한 북인에 속했다. 선조 34(1601)년 예조 참판·이조 참판·경기도 관찰사·동지중추부사·사헌부 대사헌을 역임했다. 선조 35년에는 왕세자(광해군)의 우부빈객으로 <맹자>를 강했으며 병조 참판·부제학·공조 판서·병조 판서를 역임했다. 선조 36년 이조 판서·세자우빈객·예조 판서를 역임하고 선조 37(1604)년 동지중추부사·대사성·이조 판서를 역임하고 같은 해 5월 22일에 우의정으로 승진했다. 같은 해 12월 6일 좌의정에 임명되어 선조가 광해군 대신 계비 인목왕후의 소생인 영창대군을 세자로 삼으려 하자 이를 극력 반대했다. 선조 39년 판중추부사가 되었다.

광해군 즉위(1608)년 유영경 등 소북파들이 영창대군을 왕으로 세우려 하자 이를 탄핵하고 광해군을 즉위시키는 데 공헌하고 다시 좌의정에 임명되었다. 광해군 3(1611)년 대북파의 독재가 지나치자 벼슬에서 물러났다가 영중추부사에 임명되었다. 광해군 5(1613)년 영의정에 임명되어 영창대군 피살의 부당함을 주장하던 정온이 극형을 받게 되자 강력히 반대하여 안치에 그치게 했다. 광해군 6년 탄핵해야 한다는 상소가 있었다. 광해군 9(1617)년 영의정에서 사직하고 내의 제조가 되었으며 같은 해 허균 등이 인목대비를 폐할 것을 주장했을 때 이를 반대하다가 파직되어 기자헌은 유배되고 이항복은 고향으로 보내졌다. 그 뒤 기자헌은 정평으로 이항복은 용강으로 이배되었고 다시 기자헌은 홍원으로 이항복은 홍해로 이배되었다. 또 기자헌은 삭주로 이항복은 용성으로 이배했으며 다시 기자헌은 회령으로 이항복은 경원으로 이배되었다. 광해군 10년 서서히 정배토록 하라는 임금의 명에 따라 길주로 정배하였다가 강릉으로 이배되어 은거했다. 광해군 12 (1620)년 사면되고 영의정의 자격으로 등극사가 되어 중국에 다녀와서 덕평부원군에 봉해지고 영중추부사에 임명되었으나 사양했다. 광해군 15(1623)년 인조반정 때 김류·이귀 등이 인조반정에 가담할 것을 요청했으나 신하로서 왕을 폐할 수 없다 하여 거절했으며 반정 뒤에 인조가 불렀으나 나가지 않았다. 이 때문에 이 해 7월 역모의 죄로 서울에 압송되어 부처되었다. 인조 2(1624)년 이괄이 반란을 일으켰을 때 사촌인 익헌(益獻)이 이괄의 난에 협력하였다. 이 일로 이괄과 내응할 것이라는 혐의를 받고 옥에 갇혀 있다가 1

월 25일 사약을 받고 옥에 갇힌 사람 모두와 함께 처형되었고 가족도 몰살 당했다. 인조 5(1627)년 이원익·이귀의 상소로 관직이 복관되었다. 졸기는 없고 평가만 있다.

🎁 평가

졸기는 없고 평가만 있음(광해 즉위(1608) 4월 18일)

기자헌에 대한 평가

기자헌은 본디 이산해와 서로 원수였다. 산해의 권세가 자기보다 성한 것을 미워하여 변경윤으로 하여금 소장을 올려 신랄하게 산해 부자의 행태를 진달하게 하여 흡사 공공의 논의인 것처럼 하였다. 그러나 목장흠(睦長欽) 형제는 산해의 당파가 아니었는데, 다만 자헌에게 미움받았기 때문에 아울러 논핵하였다. 그 가운데 "복숭아나무 가지로 요기를 털어 없애고, 흉인들의 더러운 자취를 씻어버리리라."는 말은 특히 괴상하고 망령되었다. 이로 인하여 경윤뿐만 아니라 자헌도 오래지 않아 패하였다.

참고문헌

〈선조실록〉, 〈광해군일기중초본〉, 〈다음백과사전〉, 〈행주기씨족보〉

정인홍(鄭仁弘)

본관은 서산이고 자는 덕원(德遠)이며 호는 내암(萊菴)이다. 중종 30(1535)년에 태어나서 인조 1(1623)년에 죽었다.

🟦 재임기간

광해군 10(1618)년 1월 18일348) - 광해군 11(1619)년 3월 13일349) ※ 후임 박승종

🟦 가문

아버지는 윤(倫)이고 할아버지는 언우(彦佑)이며 증조부는 삼가 현감 희(僖)이고 고조부는 무안 현감 성검(成儉)이다. 5대조는 예안 군수 사인(斯仁)이고 6대조는 군기시 부정 윤홍(允弘)이며 7대조는 판장작감사판서 숙(璹)이다. 8대조는 감찰 장령 지제교(知製教)350) 세충(世忠)이고 9대조는 첨의찬성사 신유(信禾)이며 10대조는 도첨의중찬 상장군 인경(仁卿)인데 서산정씨의 시조이다.

장인은 남원인 판서 양희(梁喜)이고 외할아버지는 진주인 충순위 강눌(姜訥)이다.

아들은 사헌부 장령 연(沇)이고 손자는 산청 현감 릉(棱)이다. 아우는 군자감 판관 인영(仁榮)과 인엽(仁燁)이다.

🟦 생애

조식의 수제자이다. 기축옥사로 조식 학파가 탄압을 받자 북인을 형성했고 임진왜란 때 곽재우 등과 의병을 모집하여 경상우도를 방어함으로 조식 학파가 경상우도에서 정치적 기반을 닦고 중앙정계로 진출하게 된다. 세자책봉 문제가 발생하자 영창대군을 지지하던 소북파의 영수 유영경을 죽이고 광해군을 옹립하다가 영변에 유배되었다. 광해군이 즉위한 뒤에 이이첨·이산해와 함께 대북정권의 정치적 영향력을 발휘했다. 남명의 문묘 종사를 추진하고 이언적을 비판한 일로 8도 유생의 탄핵을 받고 청금록에서 삭제되었고 인조반정으로 서인이 정권을 잡은 뒤에 추형을 당했다.

---

348) 정초본 : 민몽룡을 우의정으로 한효순을 좌의정으로 정인홍을 영의정으로 …
349) 정초본 : 박승종을 영의정으로 승진시키고 박홍구를 좌의정으로 조정을 우의정으로 …
350) 지제교(知製教)는 조선에서 교지를 초안해서 바치던 관직으로 고려시대의 지제고(知制誥)를 고친 관직이다.

선조 6(1573)년 23세에 생원시에 합격하였으나 관직에 뜻을 두지 않아서 과거를 보지 않았다. 선조 6(1573)년 대신 김무웅의 천거를 받고 6품직인 황간 현감에 임명되었다. 선조 10(1577)년에 사헌부 지평에 임명되고 선조 13(1580)년에 사헌부 장령에 제수되었다. 그러나 정철·윤두수 등이 주축이 된 서인이 정권을 잡자 선조 17(1534)년 벼슬을 내려놓고 낙향했다. 선조 22(1589)년 기축옥사로 최영경·이발을 비롯한 조식 학파가 탄압을 받자 북인을 형성하였다. 선조 25(1592)년에 임진왜란이 일어나자 곽재우·김면과 의병을 모아 성주·고성·합천에서 왜적을 격퇴하고 경상우도를 방어했다. 이를 바탕으로 조식 학파가 경상우도에서 정치적 기반을 닦고 중앙 정계로 복귀하게 되었다. <선조실록>에서 선조 25(1592)년에 옮긴 관직은 진주 목사로 임용되고 봉정대부에 가자되었으며 제용 감정을 역임하였다. 이어 선조 32(1599)년에 형조 참의에 제수되었다. 선조 35(1602)년에 대사헌에 제수되었으나 서인과 남인을 배제하려고 다투다가 수개월 낙향하기도 했다. 이어서 행용양위 부호군·동지중추부사·공조 참판·대사헌에 제수되었으나 벼슬에 나가지 않고 산림으로서 영향력을 행사하다가 선조 37(1604)년 공조 참판에 제수되었다.

선조 41(1608)년 영창대군과 광해군을 둘러싼 세자책봉 문제로 북인이 대북과 소북으로 갈라서자 영창대군을 지지하던 소북의 영수 유영경을 죽이고 광해군을 옹립하자는 상소[351]를 올렸다가 영변에 유배되었다.

1608년 광해군이 즉위하면서 유배에서 풀리고 관작이 회복되었으며 이이첨·이산해 등 대북정권 주도를 지원하면서 정치적 영향력을 발휘하였다. 광해군 즉위(1608)년 한성부 판윤 겸 세자보양관·사헌부 대사헌·의정부 우찬성 겸 세자보양관·의정부 좌찬성·의정부 우찬성을 역임했다. 광해군 1(1609)년에 다시 의정부 좌찬성에 임명되고 광해군 2(1610)년에 의정부 우찬성에 제수되었다. 광해군 3(1611)년에는 우찬성으로 있으면서 정인

---

351) 일명 무신년 상소

홍의 유적을 삭제할 것을 요청한 유생들을 유적에서 삭명하고 금고시켰다. 광해군 4(1612)년에 우의정으로 있던 이원익이 병으로 해직되자 뒤를 이어 우의정에 임명되었다. 광해군 5(1613)년 계축옥사가 일어나자 영창대군을 지원하는 세력의 제거를 주장하면서 영창대군의 처형에는 반대하는 태도를 보였다. 이 해에 잠시 우의정에서 물러나 서령부원군으로 있다가 다시 우의정에 제수되었고 광해군 6(1614)년 좌의정으로 승진하였다가 물러나 서령부원군이 되었다. 광해군 7(1615)년 다시 좌의정으로 제수되었으며 광해군 8(1616)년에는 우의정과 좌의정을 연달아 역임했다. 광해군 10(1618)년에 폐모론이 일어날 때 영의정에 임명되었다가 광해군 11(1619)년에 영의정에서 물러나 서령부원군이 되었다.

정인홍은 남명과 남명학파의 학문적 위상을 강화하면서 조식의 문묘 종사를 추진했다. 또한 이언적·이황의 학문을 비판하면서 이들의 문묘 종사를 제지하였다. 이 일로 8도 유생의 탄핵을 받고 청금록에서 삭제되었다.

광해군 15(1623)년 인조반정이 일어나고 서인이 정권을 잡던 날 이이첨 등은 참형을 받았고 정인홍도 추후하여 처형되었다.

참고문헌

〈다음백과사전〉, 〈선조실록〉, 〈광해군일기〉, 〈서산정씨세보〉

박승종(朴承宗)

본관은 밀양이고 자는 효백(孝伯)이며 호는 퇴우당(退憂堂)이고 시호는 숙민(肅愍)이다. 명종 17(1562)년에 태어나서 인조 1(1623)년 인조반정이 일어나자 아들 자흥과 함께 광주에서 자결했다.

🔷 재임기간

광해군 11(1619)년 3월 13일[352] - 광해군 12(1620)년 7월 11일 ※ 후임 박승종
광해군 12(1620)년 7월 11일[353] - 광해군 15(1623)년 3월 13일[354] ※ 후임 이원익

🔷 가문

아버지는 지돈령부사 안세(安世)이고 할아버지는 계현(啓賢)인데 병조 판서와 지중추부사를 역임했다. 증조부 충원(忠元)은 이조 판서·우찬성·대제학을 역임한 밀원군이고 고조부는 별제 조(藻)이다. 5대조는 한성부 우윤 광영(光榮)이며 6대조는 승지 미(楣)이다. 미는 진주인 강희맹의 아버지이자 영의정 심온의 사위인 지돈령부사 강석덕(姜碩德)의 사위이다. 따라서 심온은 미의 처외할아버지이다. 7대조는 이조 판서·좌참찬 중손(仲孫)이고 8대조는 교서관 정자 절문(切問)이며 9대조는 집현전 부제학 강생(剛生)이다. 10대조는 전의판사 침(忱)이고 11대조는 전법판서 겸 상장군 사경(思敬)이며 12대조는 경주 판관 문유(文有)이고 13대조는 사헌부 규정 현(鉉)인데 현은 규정공파의 파조이다. 14대조는 태사중서령 홍(興)이고 15대조는 문하시중 유효(惟孝)이며 16대조는 보문각 제학·평장사 광례(光禮)이다. 17대조는 시중 윤공(允恭)이고 18대조는 병부상서 육화(育和)이며 19대조는 병부상서 공필(公弼)이고 20대조는 문하시중 효신(孝臣)이다. 21대조는 문하시중 언부(彦孚)이고 22대조는 시중 찬행(讚行)이며 23대조는 이부상서 시주(施做)이다. 24대조는 합문지후 기

---

352) 정사가 있었다. 박승종을 영의정으로 승진시키고 박홍국를 좌의정으로 조정을 우의정으로 삼았으며 …
353) 정사가 있어서 재임용됨.
354) 이이첨·박승종은 도망쳤다.

세(基世)이고 25대조는 참지정사 영정(永禎)이며 26대조는 요동 독포사 란(瀾)이다. 27대조는 삼한벽공도대장군 욱(郁)이고 28대조는 밀양박씨의 시조인 밀성대군 언침(彦沈)이다.

장인은 초배는 광주인 이이첨이다. 이이첨은 무오사화를 주도한 이극돈의 5대손이고 우의정 이인손의 아들이다. 폐모론으로 인목대비를 폐위시키고 김제남과 영창대군을 죽음으로 몰아넣은 인물이다. 예조 판서 겸 대제학을 역임했다. 계배는 청풍인 군수 김사원(金士元)인데 김사원은 전주이씨 완풍부원군 이서(李曙)의 처남이다. 외할아버지는 창림군 황림(黃琳)이다.

아들은 1남이 자홍(自興)이고 2남이 자응(自凝)이다. 자홍은 경기도 관찰사를 역임했다. 자홍의 딸은 광해군의 세자 이지(李祉)의 빈이다. 자응은 홍문관 교리를 역임했으며 훈련대장 이흥립(李興立)의 사위이다. 이흥립은 수원부사 겸 방어사로 인조반정에 참여했다. 장인 이흥립이 인조반정에 참여했기 때문에 인조반정으로 집안이 멸문에 가깝게 화를 입을 때 살아남아 후대를 번창시켰다. 자응의 아들은 수경(守慶)인데 인목대비를 보호하고 할아버지의 죄과를 덮기 위해 노력했다. 아우는 연안 부사 승조(承祖)와 김제 군수 승황(承黃)이다.

🎲 생애

이이첨의 사위이고 우의정 이인손의 손녀사위이며 광해군의 세자인 이지의 처할아버지이다. 이인경 등이 경안궁에 난입하여 인목대비를 죽이려 할 때 제지했고 폐모론에 극력 반대했다. 인조반정이 일어나자 광해군의 세자 이지의 장인인 아들 자홍과 함께 자결했다. 죽은 뒤에 관직이 추탈되고 가산이 적몰되었으나 송시열의 상소로 신원되었다.

선조 19(1586)년 별시문과에 급제하고 봉교·지제교에 임명되었다. 선조 22(1589)년 좌랑에 임명되었으며 선조 26(1593)년 지평·지제교·지평에 임명되었다. 선조 27년 병조 좌랑·장령·군기정을 역임하고 선조 28년 헌납·장령·집의·동부승지를 역임했으며 선조 30(1590)년에는 주서·예조 참의·우부승지·우승지·병조 참지를 역임했다. 선조 31년 주서·판결사·좌승지를 역임했고 선조 32년에는 좌부승지·우승지·좌부승지·대사간·우부승지를 역임했다. 선조 33(1600)년 병조 참의에 임명되어 동지사로 명나라에 다녀왔다. 선조 34년 좌부승지에 임명되고 통정대부에 가자되었으며 호조 참의·고성 부사·좌승지·강원도 관찰사를 역임했다. 선조 36(1603)년 예조 참판·병조 참판·대사간을 역임했고 선조 37년 부제학·예조 참판·대사헌·동지중추부사·도승지를 역임했으며 선조 38(1605)년에는 동지중추부사·대사헌을 역임했다. 선조 40년 동지중추부사·병조 판서를 역임하고 선조 41년 대사헌으로 전임되었다.

광해군 즉위(1608)년 대사헌에서 동지경연사로 전임되어 좌부빈객을 겸하고 병조 판서에 임명되었으나 양사의 탄핵을 받아 파직되었다. 광해군 1(1609)년 전라도 관찰사를 역임하고 영의정지사가 되었으며 광해군 2년에는 지의금부사를 지내고 형조 판서에 임명되었다. 광해군 3(1611)년 아들 자흥(自興)의 딸이 광해군의 세자빈으로 책봉되었다. 같은 해에 박승종은 병조 판서에 임명되었으며 광해군 4(1612)년 이이첨의 사주를 받은 윤인(尹訒)·이인경(李寅卿) 등이 경인궁에 난입하여 인목대비를 죽이려 할 때 죽음을 무릅쓰고 저지했다. 이로 인해 숭정대부로 가자되어 판의금부사를 겸했다. 광해군 5(1613)년 겸 병조 판서로 김제남을 사사하고 밀창부원군에 봉해졌으나 아들 자웅으로 인해 사직 상소를 냈다. 광해군 9(1617)년 폐모론이 제기되자 극력 반대했고 좌찬성에 임명되었다. 광해군 10년 도체찰사·우의정·좌의정을 역임하고 광해군 11(1619)년 3월 영의정에 올랐다가 광해군 12년 잠시 영의정에서 물러났으나 광해군 12년 7월 다시 영의정에 임명되었다. 광해군 15(1623)년 인조반정이 일어나자 도망하였다가 광해군 15(1623)년 3월 14일 아들 박자흥과 함께 광주에서 목을 매어 자결했다. 죽은 뒤에 관작이 추탈되고 가산이 적몰되었다가 이준(李埈)과 송시열 등의 상소로 신원되었다.

<광해군일기> 광해군 15년 3월 14일 네 번째 기사에 '박승종과 아들 박자흥이 공주에서 자살하다'는 기록이 있다.

<광해군일기중초본>

박승종과 아들 박자흥이 광주에서 자살하다

박승종과 아들 박자흥(朴自興)이 광주(廣州)에 가서 자살하였다.【승종은 이 때 체찰사의 직위에 있었고 자흥은 경기 감사의 자리에 있었는데 반정이 일어난 날 승종과 자흥이 가동(家僮) 몇 사람을 데리고 수구문(水口門)으로 나아가 양주(楊州)에 가서 군사를 일으키려고 하였고 자흥은 이미 군사를 징집하는 격문(檄文)을 띄워 경기 도내에 전달하였다. 이 때 승종의 족부(族父)인 안례(安禮)가 양주 군수(楊州郡守)로 있었는데 상이 사신을 보내어 잡아오게 하였다. 길에서 승종과 서로 만났는데 주상이 거의(擧義)하여 조정이 이미 안정되었다는 말을 듣고 편지를 써서 안례에게 주어 조정에 전하게 하였다. 그 편지에 "승종이 임금을 바른말로 간하지 못하여 오늘의 사태가 발생하게 되었다. 다급한 상황에 이미 성을 나왔는데 다시 들어가려고 할 경우 여러 군사들에게 살해되어 명분이 뚜렷하지 않은 죽음이 될까 염려되므로 못에 빠져 죽어 신명과 사람들에게 사죄하려고 한다." 하였고, 또 영광 군수(靈光郡守)인 아들 박자응(朴自凝)에게 보내는 편지에 "우리 가문이 불행하게도 왕실과 혼인을 하여 부자가 머리를 맞대고 죽게 되었으니 참으로 슬픈 일이다. 너는 이위경(李偉卿)과 서로 논쟁을 한 일이 있고 처음부터 조정의 큰 의논에 참여하지 않았으니 조정이 필시 너를 죽이지 않을 것이다. 따라서 자살하지 말고 선조의 제사를 지키도록 하라." 하였다. 그리고 광주의 선산에 가서 배알하고 승방(僧房)에 들어가서 자흥과 함께 술에 독약을 타서 마시고 죽었다. 승종은 재주와 기량이 있는 사람으로서 그가 병판으로 있을 때 장사(將士)들의 인심을 샀다. 만년에 광해가 패망할 것을 알고 늘 주머니 속에 독약을 넣고 다니면서 변을 당했을 때 자살하려고 하였다. 그러나 부자 모두가 사치스러운 생활을 하며 재산을 모으고 저택을 치장하여 조정의 귀척들 중에서 으뜸가는 부자였다. 그런데도 재물을 탐내기를 그지없이 하였는가 하면 세력을 믿고 권력을 쟁취하려고 하여 물러날 줄을 몰랐다. 이리하여 세상 사람들이 그를 삼창(三昌)[355]의 한 사람으로 지목하였으니, 아무리 명분을 끌어대어 자결했더라도 옛사람의 장렬한 죽음에 비교해 본다면 부족한 점이 있는 것이다.】

<광해군일기정초본>
박승종·박자홍이 달아나 자결하다

박승종(朴承宗)이 그 아들 박자홍(朴自興)과 함께 달아났다가 스스로 목매어 죽었다. 승종은 선묘조(宣廟朝) 때 출신하여 재간과 기국이 있는 자로 일컬어졌고 이르는 곳마다 직책을 잘 수행하였다. 유영경(柳永慶)과 결탁하여 오랫동안 요로에 있었는데, 광해 때에 이르러 그 아들 자홍의 딸이 폐세자(廢世子)의 빈(嬪)이 됨으로써 권세가 날로 성해졌다. 7년 동안 정승으로 있으면서 아첨으로 총애를 굳히며 오직 탐욕만 부려 전택(田宅)을 널리 점유하였다.

가정생활에 있어서 어버이를 섬김에 예도가 없고 거상을 삼가지 않아 명교(名敎)에 득죄하였으니 그의 위인을 알 만하다. 다만 난관에 임하여 동요하지 않고 죽음에 있어 처신을 명백히 한 것이 다소 볼 만한 점이다. 자홍은 그 위인이 사납고 드세었다. 본래 그의 처부 이이첨의 간교함을 미워하여 가까이한 적이 없었고, 대엽(大燁)의 무리를 개·돼지 같이 보았는데, 그 딸을 폐세자의 빈으로 들여보냄으로부터 권세를 빙자하여 기세를 부리고 전민(田民)을 널리 점유하여 저택을 크고 화려하게 하니 사람들이 모두 매도하였다.

참고문헌

<선조실록>, <광해군일기중초본>, <광해군일기정초본>, <다음백과사전>, <밀양박씨 규정공 파세보>

---

355) 부원군 호에 창(昌)자가 있다고 해서 붙여진 이름으로 이이첨, 유희분, 박승종을 일컫는다.

[역대 영의정 임기]

배극렴	태조 1(1392)년 7월 28일 - 태조 1(1392)년 11월 24일	※ 후임 조준
조 준	태조 1(1392)년 12월 13일 - 정종 1(1399)년 12월 1일	※ 후임 심덕부
심덕부	정종 1(1399)년 12월 1일 - 정종 2(1400)년 3월 3일	※ 후임 성석린
성석린	정종 2(1400)년 3월 15일 - 정종 2(1400)년 8월 21일	※ 후임 민제
민 제	정종 2(1400)년 9월 8일 - 정종 2(1400)년 11월 13일	※ 후임 이거이
이거이	정종 2(1400)년 11월 13일 - 태종 1(1401)년 3월 29일	※ 후임 김사형
김사형	태종 1(1401)년 윤 3월 1일 - 태종 1(1401)년 7월 13일	※ 후임 이서
이 서	태종 1(1401)년 7월 13일 - 태종 2(1402)년 4월 18일	※ 후임 이거이
이거이	태종 2(1402)년 4월 18일 - 태종 2(1402)년 11월 17일	※ 후임 성석린
성석린	태종 2(1402)년 10월 4일 - 태종 3(1403)년 4월 4일	※ 후임 조준
조 준	태종 3(1403)년 7월 16일 - 태종 4(1404)년 6월 6일	※ 후임 조준
조 준	태종 5(1405)년 1월 15일 - 태종 5(1409)년 6월 27일	※ 후임 성석린
성석린	태종 5(1405)년 7월 3일 - 태종 6(1406)년 12월 8일	※ 후임 이서
권중화	태종 6(1406)년 8월 19일 - 태종 6(1406)년 8월 21일 검교영의정	
이 서	태종 6(1406)년 12월 8일 - 태종 6(1406)년 12월 8일	※ 후임 성석린
성석린	태종 7(1407)년 1월 19일 - 태종 7(1407)년 7월 4일	※ 후임 이화
이 화	태종 7(1407)년 7월 4일 - 태종 8(1408)년 1월 3일	※ 후임 하륜
하 륜	태종 8(1408)년 2월 11일 - 태종 9(1409)년 8월 10일	※ 후임 이서
이 서	태종 9(1409)년 8월 10일 - 태종 9(1409)년 10월 11일	※ 후임 하륜
하 륜	태종 9(1409)년 10월 11일 - 태종 11(1411)년 4월 20일	※ 후임 하륜
하 륜	태종 11(1411)년 8월 2일 - 태종 12(1412)년 8월 21일	※ 후임 성석린
성석린	태종 12(1412)년 8월 21일 - 태종 14(1414)년 4월 17일	※ 후임 하륜
하 륜	태종 14(1414)년 4월 17일 - 태종 15(1415)년 5월 17일	※ 후임 성석린
성석린	태종 15(1415)년 10월 28일 - 태종 16(1416)년 5월 25일	※ 후임 남재
남 재	태종 16(1416)년 5월 25일 - 태종 16(1416)년 11월 2일	※ 후임 유정현
유정현	태종 16(1416)년 11월 2일 - 태종 18(1418)년 6월 5일	※ 후임 한상경
한상경	태종 18(1418)년 6월 5일 - 세종 즉위(1418)년 8월 15일	※ 후임 이지
이 지	세종 즉위(1418)년 8월 15일 - 세종 즉위(1418)년 8월 15일	※ 후임 한상경
한상경	세종 즉위(1418)년 8월 15일 - 세종 즉위(1418)년 9월 3일	※ 후임 심온
심 온	세종 즉위(1418)년 9월 3일 - 세종 즉위(1418)년 12월 7일	※ 후임 유정현
유정현	세종 즉위(1418)년 12월 7일 - 세종 6(1424)년 9월 7일	※ 후임 이직
이 직	세종 6(1424)년 9월 7일 - 세종 7(1432)년 12월 16일	※ 후임 이직

이 직	세종 8(1426)년 1월 15일 – 세종 8(1426)년 5월 13일	※ 후임 황희
황 희	세종 13(1431)년 9월 3일 – 기록이 없음	※ 후임 황희
황 희	세종 14(1432)년 9월 7일 – 세종 31(1449)년 10월 5일	※ 후임 하연
하 연	세종 31(1449)년 10월 5일 – 문종 1(1451)년 7월 13일	※ 후임 황보인
황보인	문종 1(1451)년 10월 27일 – 단종 1(1453)년 10월 11일	※ 후임 수양대군 이유
이 유	단종 1(1453)년 10월 11일 – 세조 1(1455)년 윤 6월 11일	※ 후임 정인지
정인지	세조 1(1455)년 윤 6월 11일 – 세조 2(1456)년 5월 18일	※ 후임 정인지
정인지	세조 2(1456)년 5월 18일 – 세조 4(1458)년 2월 13일	※ 후임 정창손
정창손	세조 4(1458)년 12월 7일 – 세조 4(1458)년 12월 18일	※ 후임 강맹경
강맹경	세조 5(1459)년 11월 6일 – 세조 5(1459)년 11월 11일	※ 후임 신숙주
신숙주	세조 5(1459)년 11월 11일 – 세조 5(1459)년 11월 15일	※ 후임 강맹경
강맹경	세조 5(1459)년 11월 15일 – 세조 7(1461)년 4월 17일	※ 후임 정창손
정창손	세조 7(1461)년 4월 29일 – 세조 8(1462)년 5월 10일	※ 후임 신숙주
신숙주	세조 8(1462)년 5월 20일 – 세조 12(1466)년 1월 15일	※ 후임 신숙주
신숙주	세조 12(1466)년 1월 15일 – 세조 12(1466)년 4월 18일	※ 후임 구치관
구치관	세조 12(1466)년 4월 18일 – 세조 12(1466)년 10월 19일	※ 후임 한명회
한명회	세조 12(1466)년 10월 19일 – 세조 13(1467)년 4월 6일	※ 후임 황수신
황수신	세조 13(1467)년 4월 6일 – 세조 13(1467)년 5월 20일	※ 후임 심회
심 회	세조 13(1467)년 5월 20일 – 세조 13(1467)년 9월 20일	※ 후임 최항
최 항	세조 13(1467)년 9월 20일 – 세조 13(1467)년 12월 12일	※ 후임 조석문
조석문	세조 13(1467)년 12월 12일 – 세조 14(1468)년 7월 17일	※ 후임 구성군 이준
이 준	세조 14(1468)년 7월 17일 – 세조 14(1468)년 12월 20일	※ 후임 박원형
박원형	예종 즉위(1468)년 12월 20일 – 예종 1(1469)년 1월 22일	※ 후임 한명회
한명회	예종 1(1469)년 1월 23일 – 예종 1(1469)년 8월 22일	※ 후임 홍윤성
홍윤성	예종 1(1469)년 8월 22일 – 성종 1(1470)년 4월 6일	※ 후임 윤자운
윤자운	성종 1(1470)년 4월 6일 – 성종 2(1471)년 10월 23일	※ 후임 신숙주
신숙주	성종 2(1471)년 10월 23일 – 성종 6(1475)년 6월 21일	※ 후임 정창손
정창손	성종 6(1475)년 7월 1일 – 성종 16(1485)년 3월 27일	※ 후임 윤필상
윤필상	성종 16(1485)년 3월 28일 – 성종 24(1493)년 11월 6일	※ 후임 이극배
이극배	성종 24(1493)년 11월 6일 – 연산군 1(1495)년 3월 20일	※ 후임 노사신
노사신	연산군 1(1495)년 3월 20일 – 연산군 1(1495)년 9월 16일	※ 후임 신승선
신승선	연산군 1(1495)년 10월 4일 – 연산군 3(1497)년 3월 29일	※ 후임 한치형
한치형	연산군 6(1500)년 4월 11일 – 연산군 8(1502)년 10월 3일	※ 후임 성준
성 준	연산군 9(1503)년 1월 4일 – 연산군 10(1504)년 윤 4월 5일	※ 후임 유순
유 순	연산군 10(1504)년 윤 4월 26일 – 중종 4(1509)년 윤 9월 27일	※ 후임 박원종

박원종	중종 4(1509)년 윤 9월 27일-중종 5(1510)년 3월 6일	※ 후임 김수동
김수동	중종 5(1510)년 3월 6일-중종 7(1512)년 7월 7일	※ 후임 유순정
유순정	중종 7(1512)년 10월 7일-중종 7(1512)년 12월 20일	※ 후임 성희안
성희안	중종 8(1513)년 4월 2일-중종 8(1513)년 7월 27일	※ 후임 송일
송 일	중종 8(1513)년 10월 27일-중종 9(1514)년 7월 27일	※ 후임 유순
유 순	중종 9(1514)년 10월 1일-중종 11(1516)년 4월 6일	※ 후임 정광필
정광필	중종 11(1516)년 4월 9일-중종 14(1519)년 12월 17일	※ 후임 김전
김 전	중종 15(1520)년 2월 14일-중종 18(1523)년 2월 13일	※ 후임 남곤
남 곤	중종 18(1523)년 4월 18일-중종 22(1527)년 3월 10일	※ 후임 정광필
정광필	중종 22(1527)년 10월 21일-중종 28(1533)년 5월 28일	※ 후임 장순손
장순손	중종 28(1533)년 5월 28일-중종 29(1534)년 9월 11일	※ 후임 한효원
한효원	중종 29(1534)년 11월 20일-중종 29(1534)년 12월 29일	※ 후임 김근사
김근사	중종 30(1535)년 3월 26일-중종 32(1537)년 10월 29일	※ 후임 윤은보
윤은보	중종 32(1537)년 11월 2일-중종 39(1544)년 7월 5일	※ 후임 홍언필
홍언필	인종 1(1545)년 1월 13일-인종 1(1545)년 윤 1월 2일	※ 후임 윤인경
윤인경	인종 1(1545)년 윤 1월 6일-명종 3(1548)년 5월 17일	※ 후임 홍언필
홍언필	명종 3(1548)년 5월 17일-명종 4(1549)년 1월 8일	※ 후임 이기
이 기	명종 4(1549)년 5월 21일-명종 6(1551)년 8월 19일	※ 후임 심연원
심연원	명종 6(1551)년 8월 23일-명종 13(1558)년 5월 18일	※ 후임 상진
상 진	명종 13(1558)년 5월 29일-명종 18(1563)년 1월 17일	※ 후임 윤원형
윤원형	명종 18(1563)년 1월 17일-명종 20(1565)년 8월 15일	※ 후임 이준경
이준경	명종 20(1565)년 8월 15일-선조 4(1571)년 5월 28일	※ 후임 권철
권 철	선조 4(1571)년 5월 1일-선조 6(1573)년 2월 1일	※ 후임 권철
권 철	선조 6(1573)년 5월 1일-선조 6(1573)년 9월 1일	※ 후임 이탁
이 탁	선조 6(1573)년 9월 1일-선조 7(1574)년 4월 1일	※ 후임 홍섬
홍 섬	선조 7(1574)년 4월 11일-선조 7(1574)년 8월 10일	※ 후임 노수신
노수신	선조 7(1574)년 10월 1일-선조 8(1575)년 5월 1일	※ 후임 권철
권 철	선조 8(1575)년 5월 1일-선조 8(1575)년 7월 1일	※ 후임 홍섬
홍 섬	선조 8(1575)년 7월 1일-선조 9(1576)년 8월 1일	※ 후임 권철
권 철	선조 9(1576)년 8월 1일-선조 11(1578)년 8월 1일	※ 후임 홍섬
홍 섬	선조 11(1578)년 11월 1일-선조 12(1679)년 2월 1일	※ 후임 박순
박 순	선조 12(1579)년 2월 1일-선조 18(1585)년 1월 1일	※ 후임 노수신
노수신	선조 18(1585)년 5월 1일-선조 21(1588)년 4월 1일	※ 후임 노수신
노수신	선조 21(1588)년 5월 1일-선조 21(1588)년 6월 1일	※ 후임 유전
유 전	선조 22(1589)년 2월 1일-선조 22(1589)년 10월 1일	※ 후임 이산해

이산해	선조 23(1590)년 4월 1일−선조 25(1592)년 5월 2일	※ 후임 유성룡
유성룡	선조 25(1592)년 5월 1일−선조 25(1592)년 5월 1일	※ 후임 최흥원
최흥원	선조 25(1592)년 5월 1일−선조 26(1593)년 11월 1일	※ 후임 유성룡
이양원	1592년 07월 1일 "전 영의정 이양원의 졸기"	
유성룡	선조 26(1593)년 11월 1일−선조 31(1598)년 9월 1일	※ 후임 이원익
이원익	선조 31(1598)년 10월 8일−선조 32(1599)년 5월 26일	※ 후임 윤두수
윤두수	선조 32(1599)년 7월 1일−선조 32(1599)년 9월 19일	※ 후임 이원익
이원익	선조 32(1599)년 9월 22일−선조 33(1600)년 1월 1일	※ 후임 이산해
이산해	선조 33(1600)년 1월 1일−선조 34(1601)년 4월 1일	※ 후임 이항복
이항복	선조 34(1601)년 5월 1일−선조 35(1602)년 윤 2월 1일	※ 후임 이덕형
이덕형	선조 35(1602)년 윤 2월 1일−선조 36(1603)년 9월 1일	※ 후임 이덕형
이덕형	선조 36(1603)년 12월 1일−선조 37(1604)년 3월 1일	※ 후임 이항복
이항복	선조 37(1604)년 4월 1일−선조 37(1604)년 윤 9월 1일	※ 후임 윤승훈
윤승훈	선조 37(1604)년 윤 9월 1일−선조 37(1604)년 11월 1일	※ 후임 유영경
유영경	선조 37(1604)년 12월 1일−광해군 즉위(1608)년 2월 14일	※ 후임 이원익
이원익	광해군 즉위(1608)년 2월 14일−광해군 1(1609)년 8월 13일	※ 후임 이덕형
이덕형	광해군 1(1609)년 9월 6일−광해군 3(1611)년 8월 24일	※ 후임 이원익
이원익	광해군 3(1611)년 8월 24일−광해군 4(1612)년 6월 12일	※ 후임 이덕형
이덕형	광해군 4(1612)년 8월 10일−광해군 5(1613)년 9월 20일	※ 후임 기자헌
기자헌	광해군 6(1614)년 1월 19일 −광해군 10(1618)년 1월 18일	※ 후임 정인홍
정인홍	광해군 10(1618)년 1월 18일−광해군 11(1619)년 3월 13일	※ 후임 박승종
박승종	광해군 11(1619)년 3월 13일−	※ 후임 박승종
박승종	광해군 12(1620)년 7월 11일−광해군 15(1623)년 3월 13일	※ 후임 이원익
이원익	인조 1(1623)년 3월 16일−인조 3(1629)년 2월 21일	※ 후임 이원익
이원익	인조 3(1625)년 8월 7일−인조 4(1626)년 12월 9일	※ 후임 윤방
윤 방	인조 5(1627)년 1월 18일−인조 5(1627)년 5월 11일	※ 후임 신흠
신 흠	인조 5(1627)년 9월 4일−인조 6(1628)년 6월 29일	※ 후임 오윤겸
오윤겸	인조 6(1628)년 11월 21일−인조 9(1631)년 8월 27일	※ 후임 윤방
윤 방	인조 9(1631)년 9월 15일−인조 14(1636)년 6월 13일	※ 후임 김류
김 류	인조 14(1636)년 7월 14일−인조 15(1637)년 8월 4일	※ 후임 이홍주
이홍주	인조 15(1637)년 9월 3일−인조 16(1638)년 6월 11일	※ 후임 최명길
최명길	인조 16(1638)년 9월 16일−인조 18(1640)년 1월 15일	※ 후임 홍서봉
홍서봉	인조 18(1640)년 1월 15일−인조 19(1641)년 8월 11일	※ 후임 이성구
이성구	인조 19(1641)년 10월 10일−인조 20(1642)년 7월 24일	※ 후임 최명길
최명길	인조 20(1642)년 8월 3일−인조 20(1642)년 11월 17일	※ 후임 신경진

신경진	인조 21(1643)년 3월 6일－인조 21(1643)년 3월 11일	※ 후임 심열
심 열	인조 21(1643)년 5월 6일－인조 22(1644)년 3월 12일	※ 후임 홍서봉
홍서봉	인조 22(1644)년 3월 12일－인조 22(1644)년 4월 5일	※ 후임 김류
김 류	인조 22(1644)년 4월 5일－인조 22(1644)년 12월 7일	※ 후임 홍서봉
홍서봉	인조 22(1644)년 12월 28일－인조 23(1645)년 2월 3일	※ 후임 김류
김 류	인조 23(1645)년 2월 3일－인조 24(1646)년 3월 4일	※ 후임 김자점
김자점	인조 24(1646)년 5월 3일－효종 즉위(1649)년 6월 22일	※ 후임 이경석
이경석	효종 즉위(1649)년 8월 4일－효종 1(1650)년 3월 11일	※ 후임 이경여
이경여	효종 1(1650)년 3월 11일－효종 1(1650)년 12월 30일	※ 후임 김육
김 육	효종 2(1651)년 1월 11일－효종 2(1651)년 12월 7일	※ 후임 정태화
정태화	효종 2(1651)년 12월 7일－효종 5(1654)년 6월 20일	※ 후임 김육
김 육	효종 5(1654)년 6월 20일－효종 5(1654)년 7월 24일	※ 후임 이시백
이시백	효종 5(1654)년 9월 6일－효종 6(1655)년 6월 18일	※ 후임 김육
김 육	효종 6(1655)년 7월 14일－효종 6(1655)년 7월 24일	※ 후임 이시백
이시백	효종 6(1655)년 8월 25일－효종 7(1656)년 윤 6월 11일	※ 후임 정태화
정태화	효종 7(1656)년 6월 11일－효종 9(1658)년 6월 16일	※ 후임 심지원
심지원	효종 9(1658)년 7월 8일－효종 10(1659)년 3월 25일	※ 후임 정태화
정태화	효종 10(1659)년 3월 25일－현종 2(1661)년 윤 7월 22일	※ 후임 정태화
정태화	현종 2(1661)년 12월 13일－현종 8(1667)년 3월 10일	※ 후임 홍명하
홍명하	현종 8(1667)년 윤 4월 27일－현종 8(1667)년 12월 27일	※ 후임 정태화
정태화	현종 9(1668)년 1월 2일－현종 11(1670)년 11월 17일	※ 후임 허적
허 적	현종 12(1671)년 5월 13일－현종 13(1672)년 4월 30일	※ 후임 정태화
정태화	현종 13(1672)년 5월 6일－현종 14(1673)년 4월 12일	※ 후임 허적
허 적	현종 14(1673)년 7월 26일－현종 15(1674)년 3월 20일	※ 후임 김수흥
김수흥	현종 15(1674)년 4월 26일－현종 15(1674)년 7월 16	※ 후임 허적
허 적	현종 15(1674)년 7월 26일－숙종 5(1679)년 7월 11일	※ 후임 허적
허 적	숙종 5(1679)년 10월 6일－숙종 6(1680)년 4월 2일	※ 후임 김수항
김수항	숙종 6(1680)년 4월 3일－숙종 11(1685)년 7월 4일	※ 후임 김수항
김수항	숙종 11(1685)년 8월 11일－숙종 13(1687)년 7월 24일	※ 후임 남구만
남구만	숙종 13(1687)년 7월 25일－숙종 14(1688)년 7월 14일	※ 후임 김수흥
김수흥	숙종 14(1688)년 7월 14일－숙종 15(1689)년 2월 2일	※ 후임 여성제
여성제	숙종 15(1689)년 2월 2일－숙종 15(1689)년 2월 9일	※ 후임 권대운
권대운	숙종 15(1689)년 2월 10일－숙종 20(1694)년 4월 1일	※ 후임 남구만
남구만	숙종 20(1694)년 4월 1일－숙종 21(1695)년 7월 2일	※ 후임 남구만
남구만	숙종 21(1695)년 10월 2일－숙종 22(1696)년 6월 25일	※ 후임 유상운

유상운	숙종 22(1696)년 8월 11일-숙종 24(1698)년 1월 23일	※ 후임 유상운
유상운	숙종 24(1698)년 3월 13일-숙종 25(1699)년 3월 16일	※ 후임 유상운
유상운	숙종 25(1699)년 6월 27일-숙종 25(1699)년 10월 17일	※ 후임 서문중
서문중	숙종 26(1700)년 1월 16일-숙종 26(1700)년 3월 22일	※ 후임 서문중
서문중	숙종 26(1700)년 5월 16일-숙종 27(1701)년 3월 27일	※ 후임 최석정
최석정	숙종 27(1701)년 6월 19일-숙종 27(1701)년 10월 1일	※ 후임 서문중
서문중	숙종 28(1702)년 1월 24일-숙종 28(1702)년 9월 29일	※ 후임 최석정
최석정	숙종 29(1703)년 2월 11일-숙종 29(1703)년 6월 16일	※ 후임 신완
신 완	숙종 29(1703)년 8월 6일-숙종 30(1704)년 6월 24일	※ 후임 신완
신 완	숙종 30(1704)년 9월 26일-숙종 31(1705)년 2월 5일	※ 후임 최석정
최석정	숙종 31(1705)년 4월 13일-숙종 31(1705)년 8월 10일	※ 후임 최석정
최석정	숙종 32(1706)년 1월 24일-숙종 32(1706)년 10월 28일	※ 후임 최석정
최석정	숙종 33(1707)년 1월 12일-숙종 33(1707)년 5월 7일	※ 후임 최석정
최석정	숙종 33(1707)년 7월 13일-숙종 34(1708)년 4월 19일	※ 후임 최석정
최석정	숙종 34(1708)년 7월 29일-숙종 35(1709)년 6월 29일	※ 후임 최석정
최석정	숙종 35(1709)년 10월 24일-숙종 36(1710)년 2월 30일	※ 후임 이여
이 여	숙종 36(1710)년 3월 26일-숙종 36(1710)년 윤 7월 17일	※ 후임 서종태
서종태	숙종 37(1711)년 4월 19일-숙종 38(1712)년 1월 20일	※ 후임 서종태
서종태	숙종 38(1712)년 4월 19일-숙종 38(1712)년 9월 26일	※ 후임 이유
이 유	숙종 38(1712)년 9월 26일-숙종 39(1713)년 7월 4일	※ 후임 서종태
서종태	숙종 40(1714)년 9월 27일-숙종 42(1716)년 8월 5일	※ 후임 김창집
김창집	숙종 43(1717)년 5월 12일-숙종 44(1718)년 8월 8일	※ 후임 김창집
김창집	숙종 45(1719)년 1월 4일-경종 1(1719)년 10월 11일	※ 후임 김창집
김창집	경종 1(1719)년 10월 13일-경종 1(1721)년 12월 9일	※ 후임 조태구
조태구	경종 1(1721)년 12월 19일-경종 3(1723)년 6월 6일	※ 후임 최규서
최규서	경종 3(1723)년 8월 28일-영조 즉위(1724)년 9월 23일	※ 후임 이광좌
이광좌	영조 즉위(1724)년 10월 3일-영조 1(1725)년 2월 2일	※ 후임 정호
정 호	영조 1(1725)년 4월 23일-영조 3(1727)년 4월 14일	※ 후임 이광좌
이광좌	영조 3(1727)년 7월 1일-영조 3(1727)년 8월 23일	※ 후임 이광좌
이광좌	영조 3(1727)년 10월 7일-영조 5(1729)년 5월 18일	※ 후임 홍치중
홍치중	영조 5(1729)년 6월 6일-영조 8(1732)년 6월 23일	※ 후임 심수현
심수현	영조 8(1732)년 12월 26일-영조 10(1734)년 5월 4일	※ 후임 이의현
이의현	영조 11(1735)년 2월 12일-영조 11(1735)년 2월 28일	※ 후임 김흥경
김흥경	영조 11(1735)년 11월 20일-영조 12(1736)년 2월 27일	※ 후임 이광좌
이광좌	영조 13(1737)년 8월 11일-영조 16(1740)년 5월 26일	※ 후임 김재로

김재로	영조 16(1740)년 9월 28일-영조 21(1745)년 3월 14일	※ 후임 김재로
김재로	영조 21(1745)년 4월 14일-영조 25(1749)년 9월 5일	※ 후임 조현명
조현명	영조 26(1750)년 3월 11일-영조 26(1750)년 10월 29일	※ 후임 김재로
김재로	영조 27(1751)년 3월 25일-영조 28(1752)년 9월 23일	※ 후임 이종성
이종성	영조 28(1752)년 10월 17일-영조 29(1753)년 5월 25일	※ 후임 김재로
김재로	영조 29(1753)년 9월 3일-영조 30(1754)년 5월 7일	※ 후임 이천보
이천보	영조 30(1754)년 5월 14일-영조 31(1755)년 4월 21일	※ 후임 이천보
이천보	영조 31(1755)년 7월 17일-영조 32(1756)년 2월 18일	※ 후임 이천보
이천보	영조 32(1756)년 3월 2일-영조 34(1758)년 8월 12일	※ 후임 유척기
유척기	영조 34(1758)년 8월 12일-영조 35(1759)년 3월 18일	※ 후임 김상로
김상로	영조 35(1759)년 5월 7일-영조 35(1759)년 8월 15일	※ 후임 김상로
김상로	영조 35(1759)년 8월 17일-영조 36(1760)년 10월 14일	※ 후임 홍봉한
홍봉한	영조 37(1761)년 9월 27일-영조 38(1762)년 윤 5월 2일	※ 후임 신만
신 만	영조 38(1762)년 윤 5월 2일-영조 38(1762)년 9월 17일	※ 후임 신만
신 만	영조 38(1762)년 9월 20일-영조 39(1763)년 5월 26일	※ 후임 신만
신 만	영조 39(1763)년 5월 30일-영조 39(1763)년 7월 4일	※ 후임 홍봉한
홍봉한	영조 39(1763)년 7월 10일-영조 42(1766)년 4월 16일	※ 후임 홍봉한
홍봉한	영조 42(1766)년 4월 26일-영조 42(1766)년 8월 29일	※ 후임 윤동도
윤동도	영조 42(1766)년 10월 21일-영조 42(1766)년 11월 5일	※ 후임 윤동도
윤동도	영조 42(1766)년 11월 24일-영조 42(1766)년 12월 9일	※ 후임 서지수
서지수	영조 42(1766)년 12월 9일-영조 43(1767)년 3월 14일	※ 후임 김치인
김치인	영조 43(1767)년 3월 19일-영조 44(1768)년 6월 8일	※ 후임 서지수
서지수	영조 44(1768)년 6월 8일-영조 44(1768)년 6월 14일	※ 후임 김치인
김치인	영조 44(1768)년 6월 14일-영조 44(1768)년 11월 3일	※ 후임 홍봉한
홍봉한	영조 44(1768)년 11월 24일-영조 46(1770)년 1월 10일	※ 후임 김치인
김치인	영조 46(1770)년 1월 10일-영조 46(1770)년 10월 2일	※ 후임 김치인
김치인	영조 46(1770)년 10월 4일-영조 46(1770)년 11월 21일	※ 후임 김치인
김치인	영조 46(1770)년 12월 5일-영조 47(1771)년 4월 24일	※ 후임 김치인
김치인	영조 47(1771)년 4월 28일-영조 48(1772)년 3월 9일	※ 후임 김상복
김상복	영조 48(1772)년 3월 9일-영조 48(1772)년 3월 24일	※ 후임 김상복
김상복	영조 48(1772)년 4월 8일-영조 48(1772)년 7월 26일	※ 후임 김상복
김상복	영조 48(1772)년 7월 29일-영조 48(1772)년 8월 2일	※ 후임 신회
신 회	영조 48(1772)년 8월 2일-영조 48(1772)년 8월 20일	※ 후임 김상복
김상복	영조 48(1772)년 9월 3일-영조 48(1772)년 10월 5일	※ 후임 한익모
한익모	영조 48(1772)년 10월 5일-영조 48(1772)년 10월 22일	※ 후임 김상복

김상복	영조 48(1772)년 10월 22일－영조 48(1772)년 11월 22일	※ 후임 신회
신 회	영조 48(1772)년 11월 22일－영조 48(1772)년 12월 1일	※ 후임 김상복
김상복	영조 48(1772)년 12월 1일－영조 48(1772)년 12월 14일	※ 후임 신회
신 회	영조 48(1772)년 12월 14일－영조 49(1773)년 1월 27일	※ 후임 한익모
한익모	영조 49(1773)년 1월 28일－영조 49(1773)년 2월 2일	※ 후임 김상복
김상복	영조 49(1773)년 2월 2일－영조 49(1773)년 윤 3월 13일	※ 후임 한익모
한익모	영조 49(1773)년 윤 3월 13일－영조 49(1773)년 4월 15일	※ 후임 김상복
김상복	영조 49(1773)년 4월 16일－영조 49(1773)년 9월 20일	※ 후임 김상복
김상복	영조 49(1773)년 9월 22일－영조 50(1774)년 6월 21일	※ 후임 한익모
한익모	영조 50(1774)년 6월 21일－영조 50(1774)년 6월 28일	※ 후임 신회
신 회	영조 50(1774)년 6월 28일－영조 51(1775)년 5월 1일	※ 후임 신회
신 회	영조 51(1775)년 5월 2일－영조 51(1775)년 7월 1일	※ 후임 한익모
한익모	영조 51(1775)년 7월 7일－영조 51(1775)년 11월 30일	※ 후임 김상철
김상철	영조 51(1775)년 12월 4일－정조 즉위(1776)년 3월 19일	※ 후임 김양택
김양택	정조 즉위(1776)년 3월 19일－정조 즉위(1776)년 6월 25일	※ 후임 김양택
김양택	정조 즉위(1776)년 7월 5일－정조 즉위(1776)년 8월 7일	※ 후임 김상철
김상철	정조 즉위(1776)년 8월 17일－정조 2(1778)년 7월 15일	※ 후임 김상철
김상철	정조 2(1778)년 7월 18일－정조 3(1779)년 9월 29일	※ 후임 서명선
서명선	정조 3(1779)년 9월 29일－정조 4(1780)년 1월 5일	※ 후임 김상철
김상철	정조 4(1780)년 1월 8일－정조 5(1781)년 1월 6일	※ 후임 서명선
서명선	정조 5(1781)년 1월 6일－정조 7(1783)년 1월 19일	※ 후임 정존겸
정존겸	정조 7(1783)년 6월 2일－정조 8(1784)년 10월 8일	※ 후임 서명선
서명선	정조 8(1784)년 10월 11일－정조 9(1785)년 3월 9일	※ 후임 정존겸
정존겸	정조 10(1786)년 2월 13일－정조 10(1786)년 7월 17일	※ 후임 정존겸
정존겸	정조 10(1786)년 7월 20일－정조 10(1786)년 10월 21일	※ 후임 김치인
김치인	정조 10(1786)년 10월 21일－정조 11(1787)년 7월 21일	※ 후임 김치인
김치인	정조 11(1787)년 8월 3일－정조 12(1788)년 3월 13일	※ 후임 김치인
김치인	정조 12(1788)년 4월 13일－정조 12(1788)년 12월 4일	※ 후임 김치인
김치인	정조 13(1789)년 1월 4일－정조 13(1789)년 1월 9일	※ 후임 김익
김 익	정조 13(1789)년 7월 11일－정조 13(1789)년 9월 27일	※ 후임 이재협
이재협	정조 13(1789)년 9월 27일－정조 13(1789)년 11월 17일	※ 후임 김익
김 익	정조 14(1790)년 1월 19일－정조 14(1790)년 3월 20일	※ 후임 채제공
채제공	정조 17(1793)년 5월 25일－정조 17(1793)년 6월 4일	※ 후임 홍낙성
홍낙성	정조 17(1793)년 6월 22일－정조 18(1794)년 4월 10일	※ 후임 홍낙성
홍낙성	정조 18(1794)년 4월 17일－정조 19(1795)년 6월 28일	※ 후임 홍낙성

홍낙성	정조 19(1795)년 8월 12일－정조 20(1796)년 10월 22일	※ 후임 홍낙성
홍낙성	정조 20(1796)년 11월 19일－정조 21(1797)년 5월 22일	※ 후임 이병모
이병모	정조 23(1799)년 10월 29일－정조 23(1799)년 11월 8일	※ 후임 이병모
이병모	정조 24(1800)년 1월 1일－순조 즉위(1800)년 7월 4일	※ 후임 심환지
심환지	순조 즉위(1800)년 7월 4일－순조 2(1802)년 10월 18일	※ 후임 이시수
이시수	순조 2(1802)년 10월 27일－순조 3(1803)년 1월 22일	※ 후임 이병모
이병모	순조 3(1803)년 3월 20일－순조 3(1803)년 7월 6일	※ 후임 이병모
이병모	순조 5(1805)년 10월 15일－순조 5(1805)년 12월 6일	※ 후임 서매수
서매수	순조 5(1805)년 12월 7일－순조 6(1806)년 1월 30일	※ 후임 이병모
이병모	순조 6(1806)년 2월 1일－순조 6(1806)년 9월 10일	※ 후임 김재찬
김재찬	순조 12(1812)년 5월 1일－순조 16(1816)년 5월 10일	※ 후임 서용보
서용보	순조 19(1819)년 1월 25일－순조 20(1820)년 6월 15일	※ 후임 한용구
한용구	순조 21(1821)년 4월 24일－순조 21(1821)년 10월 26일	※ 후임 김재찬
김재찬	순조 21(1821)년 11월 19일－순조 23(1823)년 2월 22일	※ 후임 남공철
남공철	순조 23(1823)년 2월 23일－순조 24(1824)년 12월 1일	※ 후임 남공철
남공철	순조 27(1827)년 4월 2일－순조 29(1829)년 6월 14일	※ 후임 남공철
남공철	순조 30(1830)년 9월 7일－순조 31(1831)년 5월 16일	※ 후임 남공철
남공철	순조 32(1832)년 7월 29일－순조 33(1833)년 5월 16일	※ 후임 이상황
이상황	순조 33(1833)년 5월 16일－순조 34(1834)년 2월 4일	※ 후임 심상규
심상규	순조 34(1834)년 7월 9일－헌종 1(1835)년 6월 10일	※ 후임 이상황
이상황	헌종 3(1837)년 10월 25일－헌종 4(1838)년 3월 23일	※ 후임 조인영
조인영	헌종 7(1841)년 5월 17일－헌종 7(1841)년 9월 4일	※ 후임 조인영
조인영	헌종 8(1842)년 1월 7일－헌종 8(1842)년 9월 12일	※ 후임 조인영
조인영	헌종 10(1844)년 8월 10일－헌종 10(1844)년 9월 22일	※ 후임 권돈인
권돈인	헌종 11(1845)년 3월 26일－헌종 11(1845)년 6월 2일	※ 후임 권돈인
권돈인	헌종 11(1845)년 11월 15일－헌종 12(1846)년 8월 18일	※ 후임 권돈인
권돈인	헌종 13(1847)년 11월 22일－헌종 14(1848)년 7월 4일	※ 후임 정원용
정원용	헌종 14(1848)년 7월 4일－헌종 14(1848)년 10월 25일	※ 후임 정원용
정원용	철종 즉위(1849)년 8월 5일－철종 1(1850)년 10월 6일	※ 후임 조인영
조인영	철종 1(1850)년 10월 6일－철종 1(1850)년 12월 6일	※ 후임 권돈인
권돈인	철종 2(1851)년 4월 15일－철종 2(1851)년 6월 19일	※ 후임 김흥근
김흥근	철종 3(1852)년 1월 20일－철종 3(1852)년 3월 17일	※ 후임 김좌근
김좌근	철종 4(1853)년 2월 25일－철종 6(1855)년 11월 26일	※ 후임 김좌근
김좌근	철종 9(1858)년 4월 1일－철종 10(1859)년 1월 12일	※ 후임 정원용
정원용	철종 10(1859)년 1월 12일－철종 11(1860)년 1월 24일	※ 후임 정원용

정원용	철종 12(1861)년 5월 30일－철종 12(1861)년 10월 20일	※ 후임 김좌근
김좌근	철종 12(1861)년 11월 1일－철종 13(1862)년 4월 19일	※ 후임 정원용
정원용	철종 13(1862)년 10월 19일－철종 14(1863)년 9월 8일	※ 후임 김좌근
김좌근	철종 14(1863)년 9월 8일－고종 1(1864)년 4월 18일	※ 후임 조두순
조두순	고종 1(1864)년 6월 15일－고종 2(1865)년 5월 16일	※ 후임 조두순
조두순	고종 2(1865)년 5월 17일－고종 3(1866)년 4월 13일	※ 후임 이경재
이경재	고종 3(1866)년 4월 13일－고종 3(1866)년 4월 29일	※ 후임 김병학
김병학	고종 4(1867)년 5월 18일－고종 5(1868)년 윤 4월 11일	※ 후임 정원용
정원용	고종 5(1868)년 윤 4월 11일－고종 5(1868)년 윤 4월 21일	※ 후임 김병학
김병학	고종 5(1868)년 윤 4월 23일－고종 9(1872)년 10월 1일	※ 후임 홍순목
홍순목	고종 9(1872)년 10월 12일－고종 10(1873)년 4월 29일	※ 후임 이유원
이유원	고종 10(1873)년 11월 13일－고종 11(1874)년 12월 4일	※ 후임 이유원
이유원	고종 11(1874)년 12월 5일－고종 11(1874)년 12월 11일	※ 후임 이유원
이유원	고종 11(1874)년 12월 12일－고종 11(1874)년 12월 27일	※ 후임 이유원
이유원	고종 12(1875)년 2월 15일－고종 12(1875)년 4월 22일	※ 후임 이최응
이최응	고종 12(1875)년 11월 20일－고종 15(1878)년 1월 16일	※ 후임 이최응
이최응	고종 15(1878)년 4월 26일－고종 17(1880)년 2월 11일	※ 후임 이최응
이최응	고종 17(1880)년 2월 13일－고종 18(1881)년 윤 7월 25일	※ 후임 이최응
이최응	고종 18(1881)년 11월 15일－고종 19(1882)년 1월 13일	※ 후임 서당보
서당보	고종 19(1882)년 1월 13일－고종 19(1882)년 3월 2일	※ 후임 홍순목
홍순목	고종 19(1882)년 3월 3일－고종 19(1882)년 10월 22일	※ 후임 홍순목
홍순목	고종 19(1882)년 10월 24일－고종 19(1882)년 11월 19일	※ 후임 홍순목
홍순목	고종 19(1882)년 11월 22일－고종 20(1883)년 6월 19일	※ 후임 김병국
김병국	고종 21(1884)년 5월 22일－고종 21(1884)년 10월 2일	※ 후임 심순택
심순택	고종 21(1884)년 10월 21일－고종 22년 11월 2일	※ 후임 심순택
심순택	고종 22(1885)년 11월 9일－고종 23(1886)년 8월 6일	※ 후임 심순택
심순택	고종 23(1886)년 11월 22일－고종 25(1888)년 4월 5일	※ 후임 심순택
심순택	고종 25(1888)년 4월 7일－고종 25(1888)년 8월 16일	※ 후임 심순택
심순택	고종 25(1888)년 9월 30일－고종 26(1889)년 10월 11일	※ 후임 심순택
심순택	고종 26(1889)년 10월 12일－고종 26(1889)년 10월 15일	※ 후임 심순택
심순택	고종 26(1889)년 10월 17일－고종 29(1892)년 1월 18일	※ 후임 심순택
심순택	고종 29(1892)년 4월 26일－고종 29(1892)년 윤 6월 17일	※ 후임 심순택
심순택	고종 29(1892)년 7월 21일－고종 29(1892)년 12월 5일	※ 후임 심순택
심순택	고종 30(1893)년 2월 2일－고종 31(1894)년 3월 14일	※ 후임 심순택
심순택	고종 31(1894)년 4월 30일－고종 31(1894)년 6월 18일	※ 후임 김병시

김병시	고종 31(1894)년 6월 20일 – 고종 31(1894)년 6월 25일	※ 후임 김홍집
김홍집	고종 31(1894)년 6월 25일 – 고종 31년 7월 15일	※ 후임 김홍집
김홍집	고종 32(1895)년 4월 1일 – 고종 32(1895)년 5월 5일	※ 후임 박정양
박정양	고종 32(1895)년 5월 8일 – 고종 32(1895)년 7월 5일	※ 후임 김홍집
김홍집	고종 32(1895)년 7월 5일 – 고종 33(1896)년 2월 11일	※ 후임 김병시
김병시	고종 33(1896)년 2월 11일 – 고종 33(1896)년 4월 22일	※ 후임 윤용선
윤용선	고종 33(1896)년 4월 22일 – 고종 33(1896)년 9월 24일	※ 후임 김병시
김병시	고종 33(1896)년 9월 24일 – 고종 34(1897)년 1월 10일	※ 후임 김병시
김병시	고종 34(1897)년 2월 19일 – 고종 34(1897)년 4월 19일	※ 후임 심순택
심순택	고종 34(1897)년 8월 1일 – 고종 34(18947년 12월 10일	※ 후임 김병시
김병시	고종 35(1898)년 7월 21일 – 고종 35(1898)년 8월 12일	※ 후임 심순택
심순택	고종 35(1898)년 9월 23일 – 고종 35(1898)년 10월 11일	※ 후임 윤용선
윤용선	고종 35(1898)년 10월 21일 – 고종 35(1898)년 10월 27일	※ 후임 조병세
조병세	고종 35(1898)년 11월 5일 – 고종 35(1898)년 12월 6일	※ 후임 윤용선
윤용선	고종 36(1899)년 6월 27일 – 고종 37(1900)년 1월 2일	※ 후임 윤용선
윤용선	고종 37(1900)년 1월 29일 – 고종 37(1900)년 8월 9일	※ 후임 윤용선
윤용선	고종 37(1900)년 8월 10일 – 고종 37(1900)년 8월 24일	※ 후임 윤용선
윤용선	고종 37(1900)년 9월 1일 – 고종 38(1901)년 4월 7일	※ 후임 윤용선
윤용선	고종 38(1901)년 6월 15일 – 고종 38(1901)년 8월 24일	※ 후임 심순택
심순택	고종 38(1901)년 8월 25일 – 고종 38(1901)년 9월 12일	※ 후임 윤용선
윤용선	고종 38(1901)년 9월 23일 – 고종 39(1902)년 5월 24일	※ 후임 심순택
심순택	고종 39(1902)년 5월 24일 – 고종 39(1902)년 6월 2일	※ 후임 윤용선
윤용선	고종 39(1902)년 6월 7일 – 고종 39(1902)년 12월 14일	※ 후임 이근명
이근명	고종 40(1903)년 1월 22일 – 고종 40(1903)년 5월 15일	※ 후임 윤용선
윤용선	고종 40(1903)년 5월 25일 – 고종 40(1903)년 7월 12일	※ 후임 이근명
이근명	고종 40(1903)년 9월 12일 – 고종 41(1904)년 1월 22일	※ 후임 이근명
이근명	고종 41(1904)년 1월 25일 – 고종 41(1904)년 3월 17일	※ 후임 이근명
이근명	고종 41(1904)년 11월 5일 – 고종 42(1905)년 1월 7일	※ 후임 민영규
민영규	고종 43(1906)년 5월 28일 – 고종 43(1906)년 6월 12일	※ 후임 조병호
조병호	고종 43(1906)년 6월 18일 – 고종 43(1906)년 7월 5일	※ 후임 조병호
조병호	고종 43(1906)년 12월 22일 – 고종 44(1907)년 2월 4일	※ 후임 이완용
이완용	고종 44(1907)년 6월 14일 – 순종 3(1910)년 8월 22일	

[성씨별 본관별로 본 영의정 배출 수와 이름]

　　우리나라 성씨 가운데 영의정을 배출한 성씨는 본관별로 75개 성씨이다. 75개 성씨 가운데 40개 성씨는 한 명씩 배출했고 35개 성씨는 두 명 이상 배출했다. 두 명을 배출한 성씨는 13개이고 세 명을 배출한 성씨는 6개이며 4명을 배출한 성씨는 7개, 5명을 배출한 성씨는 4개이다. 그리고 6명을 배출한 성씨 1개, 7명을 배출한 성씨 1개, 8명을 배출한 성씨 1개, 10명을 배출한 성씨 1개, 13명을 배출한 성씨 1개이다. 이 가운데 남양홍씨는 시조가 서로 다르기 때문에 당홍계와 토홍계로 구분했으나 이를 합치면 7명이 되고, 안동김씨의 경우 구안동과 신안동이 시조도 달리하고 종회도 달리하며 족보도 따로 편찬하기 때문에 구안동과 신안동으로 나누었으나 구안동과 신안동을 합칠 경우 11명으로 전주이씨 다음으로 많은 수의 영의정을 배출했다.

　　성별 본관별로 영의정을 배출한 수와 영의정의 이름은 다음과 같다. 2명 이상의 영의정을 배출한 경우 이름은 영의정을 역임한 순서로 배열했다.

　　1명의 영의정을 배출한 성씨는 모두 40개로 성씨와 영의정의 이름은 다음과 같다.

강(신천) : 강순
강(진주) : 강맹경
구(능성) : 구치관
기(행주) : 기자헌
김(강릉) : 김상철
김(순천) : 김류
노(광주) : 노수신
노(교하) : 노사신
박(밀양) : 박승종
박(번남) : 박정양
박(순천) : 박원종
박(죽산) : 박원형
박(충주) : 박순
배(성주) : 배극렴
상(목천) : 상진
송(여산) : 송일
신(거창) : 신승선
신(고령) : 신숙주
여(함양) : 여성제
오(해주) : 오윤겸

유(기계) : 유척기
유(전주) : 유영경
유(진주) : 유순정
유(풍산) : 유성룡
윤(무송) : 윤자운
이(성주) : 이직
이(우봉) : 이완용
이(청주) : 이거이
이(홍주) : 이서
장(인동) : 장순손
정(서산) : 정인홍
정(연일) : 정호
정(하동) : 정인지
조(임천) : 조병호
조(창녕) : 조석문
조(평양) : 조준
채(평강) : 채제공
최(해주) : 최규서
허(양천) : 허적
황보(영천) : 황보인

2명의 영의정을 배출한 성씨는 경주김씨, 광산김씨, 여흥민씨, 용인이씨, 전의이씨, 한산이씨, 풍양조씨, 삭녕최씨, 전주최씨, 진주하씨, 토홍계남양홍씨, 풍산홍씨, 장수황씨로 모두 13개의 성씨이다.

김(경주) : 김흥경·김홍집
김(광산) : 김상복·김양택
민(여흥) : 민제·민영규
이(용인) : 이의현·이재협
이(전의) : 이탁·이근명
이(한산) : 이산해·이경재
조(풍양) : 조현명·조인영

최(삭녕) : 최항·최홍원
최(전주) : 최명길·최석정
하(진주) : 하륜·하연
홍(토홍계남양) : 홍언필·홍섬
홍(풍산) : 홍봉한·홍낙성
황(장수) : 황희·황수신

3명의 영의정을 배출한 성씨는 창녕성씨, 광주이씨, 덕수이씨, 연안이씨, 양주조씨, 구안동김씨로 모두 6개의 성씨이다.

성(창녕) : 성석린·성준·성희안
이(광주) : 이극배·이준경·이덕형
이(덕수) : 이기·이여·이병모

이(연안) : 이시백·이천보·이시수
조(양주) : 조태구·조두순·조병세
김(구안동) : 김사형·김수동·김자점

4명의 영의정을 배출한 성씨는 안동권씨, 연안김씨, 청풍김씨, 의령남씨, 문화유씨, 파평윤씨, 경주이씨로 모두 7개의 성씨이다.

권(안동) : 권중화·권철·권대운·권돈인
김(연안) : 김전·김근사·김익·김재찬
김(청풍) : 김육·김재로·김상로·김치인
남(의령) : 남재·남곤·남구만·남공철

유(문화) : 유정현·유순·유전·유상운
윤(파평) : 윤필상·윤인경·윤원형·윤동도
이(경주) : 이항복·이광좌·이종성·이유원

5명의 영의정을 배출한 성씨는 평산신씨, 해평윤씨, 동래정씨, 당홍계남양홍씨로 모두 4개의 성씨이다.

신(평산) : 신흠·신경진·신완·신만·신회
윤(해평) : 윤은보·윤두수·윤승훈·윤방·윤용선
정(동래) : 정창손·정광필·정태화·정존겸·정원용
홍(당홍계남양) : 홍윤성·홍서봉·홍명하·홍치중·홍순목

6명의 영의정을 배출한 성씨는 청주한씨 뿐이다.

한(청주) : 한상경·한명회·한치형·한효원·한익모·한용구

　7명의 영의정을 배출한 성씨는 대구서씨 뿐이다.
서(대구) : 서문중·서종태·서지수·서명선·서매수·서용보·서당보

　8명의 영의정을 배출한 성씨는 신안동김씨 뿐이다.
김(신안동) : 김수흥·김수항·김창집·김흥근·김좌근·김병학·김병국·김병시

　10명의 영의정을 배출한 성씨는 청송심씨 뿐이다.
심(청송) : 심덕부·심온·심회·심연원·심열·심지원·심수현·심환지·심상규·심순택

　13명의 영의정을 배출한 성씨는 전주이씨 뿐이다.
이(전주) : 이화·이지·이유(瑈 : 수양대군)·이준·이양원·이원익·이홍주·이성구·이경석·이경
　　　　여·이유(濡)·이상황·이최응

저자 조오현

충청남도 청양에서 태어나 건국대학교 문과대학 국어국문학과를 졸업하고
건국대학교 대학원에서 문학석사·문학박사 학위를 받았다. 건국대학교 교
수로 기획조정처장과 문과대학장을 역임했고, 미국 USC 초빙교수를 역임했
으며 현재 건국대학교 명예교수이다. 저서로 <자료로 찾아가는 국어사>를
비롯해 공저 포함 20여 권이 있으며 수십 편의 논문이 있다.

조선의 영의정(상)

초 판 1쇄 인쇄 2017년 7월 10일

초 판 1쇄 발행 2017년 7월 20일

저 자 조오현

펴낸이 이대현

편 집 박윤정

표 지 홍성권

펴낸곳 도서출판 역락 | 등록 제303-2002-000014호(등록일 1999년 4월 19일)

주 소 서울시 서초구 반포4동 577-25 문창빌딩 2층

전 화 02-3409-2058(영업부), 2060(편집부) | 팩시밀리 02-3409-2059

전자우편 youkrack@hanmail.net

ISBN 979-11-5686-913-9 (전 2권)
　　　　979-11-5686-914-6 (04910)